普通高等教育“十二五”规划教材

企业信息化管理与应用

主编　袁清文　张策
副主编　刘忠诚　刘立娟　富元斋　高　斌
参编　孟祥豹　孙正凤　董俊峰　李敬银　刘　虎　霍媛媛

机械工业出版社

本书从信息的处理全过程模型入手，以人为企业信息化的智力要素，以信息资源与信息技术开发与应用为企业信息化核心，将拓展企业的信息处理能力作为为企业生产经营、管理、决策服务的手段。

本书的主要内容包括：信息、企业信息化的基本理论；信息处理过程中所涉及的主要信息技术；企业信息化应用的内外部信息系统；企业信息化建设所涉及的战略规划、实施、信息系统运行与维护管理；企业信息化的核心信息资源管理；企业信息化的人才培养与建设；信息化发展。

本书主要面向信息管理与信息系统专业、电子商务专业、企业管理专业等管理类、计算机类专业的师生，对企事业单位从事信息管理的管理人员和技术人员也有重要的参考价值。

图书在版编目（CIP）数据

企业信息化管理与应用/袁清文，张策主编．—北京：机械工业出版社，2012.7（2025.8 重印）

普通高等教育“十二五”规划教材

ISBN 978-7-111-39273-6

Ⅰ.①企…　Ⅱ.①袁…②张…　Ⅲ.①企业信息化—高等学校—教材　Ⅳ.①F270.7

中国版本图书馆 CIP 数据核字（2012）第 172256 号

机械工业出版社（北京市百万庄大街 22 号　邮政编码 100037）
策划编辑：易　敏　责任编辑：易　敏　　刘　静
版式设计：石　冉　责任校对：张　力
封面设计：马精明　责任印制：刘　媛
北京富资园科技发展有限公司印刷
2025 年 8 月第 1 版第 8 次印刷
184mm×260mm · 15.75 印张 · 380 千字
标准书号：ISBN 978-7-111-39273-6
定价：45.00 元

电话服务　　　　　　　　网络服务
客服电话：010-88361066　机　工　官　网：www.cmpbook.com
　　　　　010-88379833　机　工　官　博：weibo.com/cmp1952
　　　　　010-68326294　金　　书　　网：www.golden-book.com
封底无防伪标均为盗版　　机工教育服务网：www.cmpedu.com

前　言

21世纪是信息时代，信息技术已经深入渗透到生产、生活等社会各领域，成为经济全球化和社会信息化的重要推手。经济全球化和社会信息化所形成的外部压力，使企业所面临的生存环境和竞争规则发生了根本的变化，有机遇更有挑战，企业只有正确理解信息技术、信息系统与组织、管理之间的关系，才能有效地运用信息技术，建设行之有效的信息系统，使之成为改善管理、提升效率、获取竞争优势的促进因素和有效手段。

我国企业信息化的建设与应用，在政府的推动下，经过多年的发展，取得了一定的成绩，成为我国经济发展的重要国策，应用水平与层次得到了飞速提升，但是，落实到具体的企业上，对于什么是企业信息化，它的本质是什么，信息化与管理信息系统是什么关系，如何进行信息化规划，如何系统地实施信息化，企业在信息化建设过程中如何处理好业务流程优化、组织创新、制度创新等相关问题，还存在着认识上和操作上的问题。

编者基于以上思考，致力于为企业信息化实践活动提供参考、为高校学生提供企业信息化方面的系统性知识体系而编写了本书。本书主要面向信息管理与信息系统专业、电子商务专业、企业管理专业等相关管理类专业的学生，还适合企业管理人员，尤其是企业信息部门人员参考使用。

本书的目的是为读者提供完整、系统、清晰的企业信息化知识框架，希望读者对企业信息化的基本理论、本质、内容、技术、系统、规划、实施、运行与管理有较为全面的认识。为此，本书围绕着信息处理全过程模型，从企业信息化基本理论，信息处理所涉及的信息技术，企业内外应用的信息系统，企业信息化建设所涉及的主要步骤和存在的关键性问题以及企业信息化关键要素信息化人才、信息资源等几个方面进行组织，突出了信息处理全过程模型的主线，脉络清晰，便于读者掌握信息化实质和完整的企业信息化知识体系，体现了知识系统性强、内容新颖、易于理解、力求实用等特点。

本书由袁清文、张策主持编写，其中刘立娟、孟祥豹、霍嫒嫒主要完成了第一章、第二章、第八章的编写工作，刘忠诚、董俊峰完成了第三章、第四章的编写工作，张策、富元斋、孙正凤、刘虎完成了第五章、第六章、第七章、第十章的编写工作，高斌、李敬银完成了第九章的编写工作。袁清文负责全书的策划和大纲的制定，并负责全书的总纂和定稿。

在编写过程中，编者得到了很多老师和专家的帮助。在这里首先要感谢俞书伟教授对于知识体系给予的专业指导，还要感谢蒋衔武教授、田为厚教授对于编写工作给予的支持，他们为本书的编写提出了大量的宝贵意见。

在编写过程中，编者参阅了大量的书籍和网络资料，深入企业进行了详细的调研，拜访了一些专家、学者，在此一并表示诚挚的谢意。

由于网页变更，有些网络参考文献来源无法标出，也无法与原作者取得联系，对此编者除了表示衷心感谢外，希望获得他们的多多谅解。

由于信息技术的飞速发展、认知与实践的不断提高，加之时间仓促，编者自身学识所限，本书肯定存在不少问题，编者真诚希望各位读者不吝赐教，希望与各界同仁就企业信息化管理与建设的理论及实践问题共同探讨。

编　者

目　录

第一章
企业信息化概述

学习目标：

1．掌握信息、信息化、企业信息化等相关概念。
2．理解信息化的特征、层次。
3．理解企业信息化的作用、分类及内容。
4．明确企业信息化与管理信息系统的联系。
5．了解我国企业信息化的现状。

开章案例：

佳润农业：我们赢得了蒙牛和雀巢的订单

（资料来源：《中国计算机报》，作者：邱燕娜）

黑龙江佳润农业发展有限公司（以下简称佳润农业）是目前国内较大的液态保鲜奶生产、加工基地，是黑龙江省乳制品行业重要的龙头企业。公司注册资本 2 亿元，资产总额已经达到 5 亿元。佳润农业的起点很好，公司加工中心占地面积 6.3 万 m^2，有现代化保鲜奶加工厂房，拥有瑞典利乐公司无菌灌装机 10 余台，超高温灭菌机 4 台，共 10 余条液态保鲜奶加工自动化生产线，日处理能力达到 300t，年加工保鲜奶能力达到 10 万 t。

一、信息化与资金的矛盾

从市场环境来看，佳润农业可谓生不逢时。1997 年佳润农业投入生产时，正好是我国奶制品行业竞争极其激烈的时代。在企业成立之初，当佳润农业试图将自有品牌“绿乐尔”推向市场的时候，发现奶制品市场消费者已经非常关注产品的品牌，更加愿意接受伊利、蒙牛、光明等知名品牌。而如果要将“绿乐尔”品牌推广出去，需要巨额的市场费用，佳润农业难以承担。因此，佳润农业转而走向代工的道路，成为品牌厂商的供应商。优质的奶源和良好的质量控制，使佳润农业顺利地成为蒙牛、伊利和雀巢等知名奶制品品牌的供应商。

然而，与其他行业一样，代工的利润非常薄，更何况奶制品又是竞争最为激烈的行业之一。与此同时，佳润农业在管理上存在很多问题，其中最重要的问题是出货不及时——一张销售订单到生产部门核对价格等信息，然后再签字、审核就要两天时间，生产部门拿到订单后安排计划做物料清单，到采购又要三天，这样，准备工作就需要一个星期。

尽管佳润农业管理层已经意识到通过信息化手段可以优化流程、提高效率、减少浪费，从而增加利润并提升企业的竞争力，但是对他们来说，生存才是第一位的，在这种情况下只能重生产轻管理；而且，全面的信息化需要配置硬件、软件和网络设置等，要投入很多资金，这对于利润单薄的佳润农业来说是个很大的风险——大家都很清楚，万一项目不成功，那将意味着什么。因此，除了配置必需的软硬件、建设局域网之外，佳润农业不敢再往前走一步，甚至还没有实现财务电算化，更不用说实施企业的核心管理软件——ERP 了。

二、少花钱办大事

黑龙江省中小企业信息化服务平台是黑龙江企业信息化服务中心整合了运营商、制造商、设备提供商、应用开发商、系统集成商、客户服务供应商各方的优势资源，搭建的一个投资少、见效快、经济实用的信息化服务平台，可以为中小企业提供免费维护的、安全的全方位信息服务。这样，佳润农业只需要支付少量的软硬件租赁费用就可以了，从根本上解决了上线新系统的资金问题。而且，通过该平台，在系统上线以后，维护工作将由黑龙江企业信息化服务中心负责。这对位于哈尔滨远郊、缺乏专业 IT 人员的佳润农业来说是非常具有吸引力的。

更让佳润农业动心的是，当黑龙江企业信息化服务中心给他们演示“HLJASP.COM 平台”上的软件时，按照他们的需求，从销售订单，到生产计划，再开出采购单，只花一个小时的时间就可以完成。

于是，2007 年 1 月，佳润农业出一部分钱，并配置了 40 多台计算机作为终端，开始通过黑龙江省中小企业信息化平台获取用友 ERP-U8 财务和进销存模块的服务。系统的实施是由 ERP 软件的供应商——用友软件的实施人员来负责的。据佳润农业的会计王某透露，系统只用了一个多月的时间就轻松上线了，中间几乎没有出现什么大的问题。

现在在应用中碰到问题，佳润农业只要给黑龙江企业信息化服务中心打电话就基本上可以解决了。

三、从一周到一天

系统上线后半年多的时间，佳润农业的系统已经基本上实现了上线前设定的目标，既实现了企业信息化管理的内部集成，又实现了企业外部的协同。公司使人、财、物、产、供、销六大核心领域的基础数据、业务流程实现集成，做到部门、决策的完全数据共享；通过共享的物料清单（BOM）信息，使销售、生产、采购、成本核算的管理达到了高度的协调；贯穿于销售、生产、采购、库存、财务等部门的订单管理，实现了部门间的业务协同；通过计划管理实现了销售、生产、采购计划的一致性，最大限度地减少了结构性浪费；通过财务业务的同步管理，实现了企业的实时管理；实现了涉及员工薪资、考勤、保险福利、销售业绩等各项指标的集中管理；通过预算管理实现了决策层对管理层、运作层的全面监控，轻松驾驭企业管理。

效率的提升是佳润农业应用系统后的一个显著的效益。公司财务部的范主任反复强调，系统的应用使得财务部以及其他相关部门省去了很多手工统计和核算的工作，大大提高了财务、仓库等部门的工作效率。此外，系统的应用大大节省了信息核对和计算物料所需的时间，之前需要一个星期才能从销售部门流转到采购部门的销售消息，现在基本上当天就可以完成了。

佳润农业的总经理满意地评价说：“HLJASP.COM 平台把我们公司从头到脚，从生产到内部管理，从内部管理到内部决策，从内部决策到外部市场销售，从外部市场销售到品牌经营，从工作流程到权力分配……都再造了一番，HLJASP.COM 改变了我们，再造了我们，而且还在继续……”

2007 年，佳润农业传来了两个喜讯，在巩固与伊利的合作关系的基础上，顺利地成为奶业巨头蒙牛和雀巢的供应商。范主任告诉记者，这跟佳润农业应用 ERP 以后所带来的更好的现场管理不无关系。

在尝到信息化所带来的甜头后，佳润农业副总经理向记者展望着佳润农业未来信息化建设的长期规划，例如通过信息化手段将奶源管理细致到每一头牛上。

案例思考：

佳润农业的信息化主要体现在哪些方面？给企业带来了什么变化？

第一节　信息（化）概述

一、信息的内涵

（一）信息的定义

“信息”一词中的“信”字最早要追溯到两千多年前的西汉。那时的“信”作消息解释。而“信息”一词最早出现在西晋史学家陈寿的《三国志》中：“诸葛恪围合肥新城，城中遣士刘整出围传消息。王子俭期曰：‘正数欲来，信息甚大。’”在人们日常的生活中，“信息”常指“音讯、消息”，但随着信息的地位和作用的不断增强、人们对信息的认识的不断加深，信息的含义也在不断发展。

1948 年，美国数学家、信息论的创始人香农（Claude E.Shannon）在题为《通信的数学理论》的论文中指出：“信息是用来消除随机不定性的东西”。这个论述第一次阐明了信息的功能和用途，也是信息化之所以被提出的根源。1948 年，美国著名数学家、控制论的创始人维纳（Norbert Wiener）在《控制论》一书中指出：“信息就是信息，既非物质，也非能量。”哲学界认为：信息是事物普遍联系的方式。

据不完全统计，有关信息的定义有一百多种，它们都从不同的侧面、不同的层次提示了信息的特征与性质，人们研究目的不同，对信息定义的角度也不同。

1988 年，我国信息论专家钟义信教授在《信息科学原理》一书中把信息定义为事物的运动状态和状态变化的方式。他通过引入约束条件推导了信息的概念体系，对信息进行了完整和准确的描述。

为了进一步加深对信息概念的理解，下面讨论一些与信息概念关系特别密切、因而很容易混淆的相关概念。

（1）信息不同于消息。消息是信息的外壳，信息则是消息的内核。也可以说：消息是信息的笼统概念，信息则是消息的精确概念。

（2）信息不同于数据。数据是对客观事实记录下来的、可以鉴别的符号集合体。符号包括字符、文字、图形等。但是由于人的认识是有限的，所以客观世界肯定还有没有被记录下来的“事实”。那些没有被记录下来的“事实”也应该是信息。所以，数据是信息，信息并不都是数据，数据只是信息的一种表现形式。

（3）信息不同于情报。情报通常是指秘密的、专门的、新颖的一类信息；可以说所有的情报都是信息，但不能说所有的信息都是情报。

（4）信息也不同于知识。知识是由信息抽象出来的产物，是一种具有普遍性和概括性的信息，是信息的一个特殊子集。也就是说：知识就是信息，但并非所有的信息都是知识。

从上面的讨论可以知道，一般意义上的信息定义为：信息是事物运动的状态和状态变化的方式。如果引入必要的约束条件，则可形成信息的概念体系。

（二）信息的特征

1. 客观性

信息是对客观事物的特征和变化的反映，而物质世界的客观性决定了信息的客观性。信息不以人的意志为转移，独立于人的主观意识之外。

2. 普遍性

世界是物质的，物质世界处于不停的运动和变化之中，而在这个变化运动的过程中必然存在着信息，物质及其运动的普遍性决定了信息的普遍存在性。

3. 不完全性

随着社会和科学的发展，人们对客观事物的认识也在不断的深入变化，所掌握的信息不可能无所不包，由于人的理性有限，人们通过所掌握的信息也不可能预见一切，即信息具有不完全性。

4. 价值性

信息也可以是一种商品，是价值和使用价值的统一。信息的使用价值是指它的有用性，这是相对于其特定的接收者而言的。对于有需求的人来说，它就是有使用价值的信息；对另外一些不关心它的人来说，就没有作用和影响。信息是经过加工且对生产经营活动产生影响的数据，是劳动创造的，是一种资源，这就体现了信息的价值。

5. 无限性

在整个宇宙时空中，信息是无限的，即使是在有限的空间中，信息也是无限的。一切事物运动的状态和方式都是信息，事物是无限多样的，事物的发展变化更是无限的，因而信息是无限的。

6. 传递性

信息可以在时间上或在空间中从一点传递到另一点。信息的传输方式影响着传输的速率和质量，这对信息的效用和价值是很重要的。

7. 时效性

信息的时效性是指从信息源发送信息，经过接收、加工、传递、利用的时间间隔及其效率。信息经历的时间越短，使用价值就越大；反之，经历的时间越长，使用价值就越小。

8. 可存储性

在一定条件下，信息可以借助于不同的载体，以某种方式存储起来。存储的信息也可在适当的条件下与载体一起进行传输。

9. 共享性

一个信息源的信息可被多个信息接收者接收并且多次试验，还可以由接收者继续传输。信息的共享有两面性，一方面它有利于信息资源的充分利用，另一方面也可能造成信息的贬值，不利于保密。

（三）信息的处理过程

如图 1-1 所示，典型的信息处理全过程包括信息获取、信息传递、信息处理（认知）、信息再生（决策）、信息执行（按照智能策略形成智能行为并解决问题）等步骤，包含了把信息转化为知识以及把知识转化为智能策略的过程，这是它的核心过程。

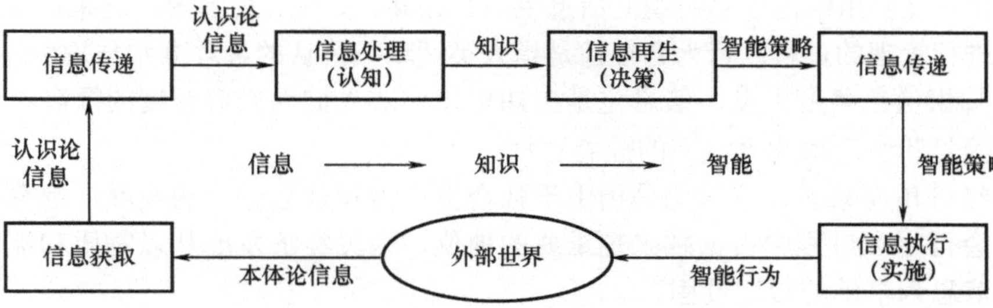

图 1-1　典型的信息处理全过程模型

人类认识世界的任务和先决条件之一就是把本体论信息恰如其分地转化为认识论信息，为其后决策提供依据。但是仅仅靠人类自身的信息处理功能来完成信息处理全过程是有局限性的。人的信息处理功能包括：感觉器官承担的信息获取功能，神经网络承担的信息传递功能，思维器官承担的信息认知功能和信息再生功能，效应器官承担的信息执行功能。这些人类自身的信息处理功能并不能完全帮助人们挖掘信息的潜在价值。而人类可以借助外部的信息技术来扩展人的信息处理功能，这些信息技术主要有：感测与识别技术（实现信息获取功能）、通信与存储技术（实现信息传递功能）、计算与智能技术（实现信息认知与再生功能）、控制与显示技术（实现信息执行功能）。而人类正是通过这些外部的信息技术的运用增强人类自身的信息处理能力。进而表现出超高的智能。这正是本书的第二章的内容。

信息处理的全过程主要是靠信息系统的这个平台来完成。我国系统工程专家王众托院士在研究企业信息系统的体系结构时，把企业信息系统的总体结构方案按三个维度来分解，第一维是管理与运行层次，第二维是职能部门的划分，第三维是信息的处理功能。其中的第一维是管理与运行层次，分了战略管理层、战术管理层、运行管理层和业务运行层，自上而下共四个层次。这四个层次的计算机信息系统，也是企业信息化的直接应用内容，本书第三、四章将介绍。

目前众多企业意识到或尝试到信息资源给其带来的效益，而且信息化是企业现代化的必然选择，但是一个企业并不是建立了一个或多个信息系统就等于实现了信息化，本书将在第五、六章介绍企业信息化建设与实施过程。信息化建设与实施应用是一个极其复杂的系统工程，首先，必须意识到，信息化取得成效的基础是业务流程重组以及规范的组织与管理。其次，信息化应用的核心内容是信息资源的深度开发与广泛应用，这将在第八章讲述。最后，在信息化建设与应用中，人是重要的能动因素，必须要加强信息化员工的培训与管理，人的因素是信息化成败的关键，这是本书第九章的内容。

二、信息化的概念及其发展

（一）信息化的概念

“信息化”是一个外延很广的概念，它涉及多个领域和行业，因而基于不同的研究角度和出发点，对“信息化”这一概念的表述也不尽一致。

（1）从物质技术手段方面考虑，信息化可定义为：信息化就是通信现代化、计算机化和行为合理性的总称。通信现代化是指社会活动中的信息流动是基于现代化通信技术进行的过程；计算机化是社会组织内部和组织间信息生产、存储、处理、传递等广泛采用先进计算机技术和设备进行管理的过程；行为合理性是指人类活动按公认的合理准则与规范进行。

（2）从知识信息角度出发，信息化是指知识化，即人们受教育程度的提高以及由此而引起的知识信息的生产率和吸收率的提高过程。

（3）从经济角度来看，信息化是指由于社会生产力和社会分工的发展，信息部门和信息生产在社会再生产过程中占据越来越重要的地位，国民经济发展从以物质和能源为基础向以知识和信息为基础的转变过程。

（4）从信息化的社会结果和运动过程来看，信息化是指利用信息技术实现比较充分的信息资源共享，以解决社会和经济发展中出现的各种问题。

总的来说，信息化无疑是指由信息技术推广和应用、信息资源开发利用及产业化所组成的整个信息革命的发展过程。信息化是随着人类信息时代的到来而提出的一个社会发展目标，它的实质是要在人类信息科学技术高度发展的基础上实现社会的信息化和信息的社会化，从而建立一种超越旧的人类时代的新的文明——信息社会文明。因此，信息化起码具有三方面的指标：第一个是信息处理和传播方式的巨大进步，第二个是先进的信息处理和传播方式的广泛普及化应用，第三个是由此对社会面貌、社会状态、社会结构和体制的全方位、综合性和全面性的改造。这一改造所包括的内容是极为广泛的，如信息技术的高度发展和广为普及化以及由此带来的科学的信息化、经济的信息化、政治的信息化、军事的信息化、社会生活的信息化、文化与教育的信息化，乃至人本身发展的信息化等。

（二）信息化的发展

1. 全球信息化的发展

进入20世纪后期，世界经济的发展出现了两种新的趋势。一方面，随着信息技术的飞速发展，以计算机、信息技术和网络为代表的信息化浪潮在全球范围内引发了一场“新经济革命”。这场“新经济革命”对传统的思维模式、发展模式、贸易模式、管理模式都产生了巨大的冲击，并推动信息产业成为全球最具活力的产业。它不仅在经济领域，而且对整个社会都产生了非常深远的影响。另一方面，传统经济结构和产业结构正在全球范围内发生着深刻的调整和变革。特别是现代高新技术、信息产业的迅速发展，提升了传统产业的生产力水平，在新的商务平台和新的技术条件下，传统产业获得了调整、改造与加速发展的持久动力。

全球信息化的构想由美国1993年提出“信息高速公路”后开始；1995年西方七国信息技术部长级会议提出了“全球信息化社会”的构想和发展方向；1996年世界“信息社会和发展”大会强调，要把现有的发展中国家和体制转轨国家聚合到全球信息社会中来。迄今为止，在各国政府的组织和推动下，随着信息处理、信息传输技术的不断更新、全球网络经济的发展不断加快，世界进入信息化时代。信息化推动了经济全球化，经济全球化又深刻影响着各国的经济发展战略选择。信息化已成为全球经济竞争的制高点，信息化水平是未来国家竞争力的主要标志。

全球信息化的浪潮促进了市场全球化，包括国际金融、商品贸易和劳务流动等许多方面，市场变得更加透明，直接竞争加剧。全球化的结果是迅速拉大各国之间，特别是发达国家与发展中国家之间的差距，并使发展中国家在全球经济分工中处于劣势。

从 20 世纪 90 年代开始，全球信息化建设再次进入高潮。近十几年来，各发达国家和发展中国家纷纷把信息作为一种战略资源加以对待，把信息化作为 21 世纪持续发展的重要途径。

进入后金融危机时代，信息化迎来了新一轮建设热潮。这股热潮的特点可以简单地用奥林匹克精神“更快、更高、更强”来形容，这意味着信息通信技术服务的速度将更快，普及、深化应用的要求将更高，提供的性能也将更强大。预计未来几年，世界信息化发展将呈现以下趋势：

（1）“以民为本”的信息化战略。2008 年金融危机的影响，使得今后“以民为本”的理念成了世界主要国家和地区的信息化发展战略制定的指导思想。国民对信息化成果的分享程度和满意度，也将是评判各国信息化战略执行好坏的最高标准。美国、日本等发达国家都从国民的角度制定了相应的计划和战略。民生导向的信息化战略一旦确立，将在今后通过各国（地区）具体信息化建设项目的投入和部署发挥真正的效用，为民众带来更多实惠。

（2）智能转型趋势明显。随着信息技术的发展，今后，网络架构将向方便提供关联性服务和融合性应用的架构演进。网络融合是必然的发展趋势，融合的架构将成为 NGN（Next Generation Network，下一代网络）的主要内涵。

始于金融危机之后的全球大规模的宽带投资，尽管有刺激经济尽快复苏的短期效用之嫌，但的确在客观上加速了全球信息基础设施泛在化、高速化的进程。

在全球范围内，移动互联网正在加速发展。爆炸性增长的移动通信需求，无疑会对信息基础设施的移动性提出更高的发展要求。随着移动网络向 LTE（Long Term Evolution，长期演进）、4G 发展，智能终端的普及，新业务特别是视频业务的开展，数据流量爆炸式的增长，将直接推动整个传输网络进入高速运行时代。

信息基础设施已经成为经济社会发展的关键载体，随着物联网与通信网、互联网之间不断加强的综合集成和无缝连接，人与人、人与物、物与物之间将实现更透彻的感知、更广泛的互通、更深入的智能化，基础设施向智能化型发展前景广阔。

（3）加强政府公共服务水平。随着信息化的发展，世界主要国家和地区本身的信息能力不断提高，提供“人性化”服务仍将是电子政务未来的改革和创新。

一方面，政府将继续加强数据整合和互动操作，提高政府信息资源的共享和利用程度，以提高公众和企业的办事效率，促进经济发展；同时，政府将努力提高电子政务的服务范围，确保所有公民，特别是急需社会支持而自身直接使用信息技术存在障碍的群体（如老人、残疾人、移民、低收入者等），能够从电子政务服务中受益。

另一方面，为满足公众需求，政府将以电子政务为手段制定和实施更为广泛而个性化的服务，允许用户定制符合个人需求的服务项目。

（4）重构经济社会发展新方式。微电子、计算机、网络通信和软件等各种信息通信技术不断突破时间、空间的限制和终端设备的束缚，未来，它们创新的内涵将更加丰富，技术、网络、应用、服务深度融合，不断创新产业形态和商业模式。

信息通信技术的创新和扩散，正在重构经济社会发展的新方式。信息通信技术在企业的深化应用，使得新兴的企业生产方式和组织管理模式不断涌现。而且，信息化在推动绿色增长方面已彰显了其巨大的绿色优势，预计在未来的绿色增长中，信息化的作用主要表现在：首先，开发低能耗信息技术产品，实现制造/服务过程绿色改造，加强信息技术产品的可回收利用等，将为整个国家（地区）的绿色经济作出积极贡献；其次，信息化带动产业结构调整，通过改造传统产业、催生新兴产业，优化经济发展结构，转变经济发展方式，推动经济的可持续发展；最后，信息化在社会的广泛普及和渗透，将不断改变和影响着人们的生产、生活方式，绿色理念将随着信息化的推进逐渐融入人们的日常生活。

（5）城市信息化备受关注。2010 年上海世界博览会引发了全球对城市信息化的高度关注。目前，以云计算、物联网为代表的信息通信技术应用，为实现城市的智能化发展创造了条件。例如，物联网可在城市监控、智能交通、环境保护、资源管理、公共安全、工业监测、社会服务、智能家居等各个领域发挥作用，促使人们生产、生活和消费方式的变革。信息化促进了城市的智能化管理，智能化资源管理将使城市的水、电、煤等基础资源的管理更加动态化、智能化。总之，信息化让城市的经济社会发展产生了深刻变革，促进了城市经济、社会与环境的协调发展，使城市更加宜居，生活更加美好。

（6）信息安全不断提升。由于信息安全关乎国家安全和社会稳定，各国（地区）对信息安全重要性的认识日益加深。

就发展趋势而言，信息安全攻击已经有向那些保护用户合法权益法律相对比较少的新兴互联网国家蔓延的趋势。而且随着移动应用的不断增多，智能设备特别是像智能手机这样的移动通信设备所受攻击面也在不断扩大。

随着信息化的飞速发展及广泛应用，由信息技术、信息系统引发的信息安全事件，对社会造成影响的深度和广度都在逐日增大。信息安全的战略地位不断提升，这不仅仅是由信息技术自身的发展所决定的，更是由社会对信息技术的强烈需求所决定的。

2. 我国信息化的发展

（1）发展历程。改革开放以来，党和国家领导人高度重视信息技术及其应用、信息资源开发利用、信息化建设在社会主义现代化建设中的重要作用。20 世纪 80 年代初，一场“新技术革命和我们的对策”的大讨论，引出了加快信息和通信技术研究和开发、加快信息系统建设的结论，国务院成立了大规模集成电路和计算机领导小组；1984 年，邓小平同志高瞻远瞩，提出了“开发信息资源，服务四化建设”的战略思想；90 年代初，江泽民同志提出了“四个现代化，哪一化也离不开信息化”的著名论断；党的十四大和十五大、“九五”计划多次提出了加快国民经济信息化建设的任务；1993 年 12 月，我国成立了国家经济信息化联席会议，确立了“实施信息化工程，以信息化带动产业发展”的指导思想，启动“金卡”、“金桥”、“金关”等重大信息化工程；1999 年 12 月成立国家信息化领导小组，进一步推动了国民经济和社会信息化建设的进程。世纪之交，政府和企业都认识到企业信息化在企业的生存和发展中的关键作用；2000 年当时的国家经济贸易委员会和信息产业部联合推动企业信息化工程，我国企业信息化即进入了高速发展期。2001～2005 年，先后由朱镕基和温家宝两位总理任组长的国家信息化领导小组连续召开五次会议主要讨论我国信息化发展过程中的重大战略问题，先后通过了《国民经济和社会信息化专项规划》、《关于我国电子政务建设的指导意见》、《关于加强信息安全保障工作的意见》、《关于加强信息资源开发利用工作的若干意见》、《关于加快我国电子商务发展的若干意见》、《2006—2020 年国家信息化发展战略》等我国信息化发展的重要的纲领性文件，为我国信息化指明了发展方向，促进了我国信息化的腾飞，为实现我国信息化发展作出了不可磨灭的贡献。2006 年至今，我国信息化的发展正按照《2006—2020 年国家信息化发展战略》制定的信息化目标有条不紊地进行着。

（2）发展成效。30 多年来，我国信息化发展的成效有目共睹。

首先，在信息产业方面实现了跨越式发展。

① 2011 年，我国电话用户累计达到 12.6 亿户，电话普及率为 94.2 部/百人。移动电话用户达到 9.75 亿户，普及率为 72.8 部/百人，其中 3G 移动电话用户达到 1.19 亿户，TD 用户达到 4800 万户，占 3G 用户的比例为 40.4%。互联网（固定）宽带接入用户达到 1.55 亿户。

② 截至 2011 年 12 月底，我国网民规模达到 5.13 亿人，家庭计算机上网宽带网民规模为 3.92 亿人，手机网民规模达到 3.56 亿人，我国 IPv4 地址数量为 3.30 亿个，拥有 IPv6 地址 9398 块/32。

③ 电视、手机、计算机产量居世界第一，信息产业规模跃居世界前列。目前，我国电子信息产业内销贡献率已超过外销，并且在未来仍有继续提升的趋势。在内销方面，国民经济与社会信息化建设的全面深化则是推动内销贡献率持续提升的根本动力。通信普及、用户使用和产业规模三者的良性互动，奠定了信息产业的发展基础，使信息产业成为国民经济的基础产业、支柱产业和先导产业。

其次，软件产业成为推动经济社会发展的战略性先导产业。我国软件产业从无到有，从小到大，经历了在 20 世纪 70 年代萌芽、80 年代起步、90 年代成长、2000 年以后快速发展的四个阶段。产业销售收入从 2000 年的 593 亿元增长到 2010 年的 13364 亿元，扩大了 20 多倍，年均增长 38%。国家工业和信息化部 2012 年 2 月 15 日发布的软件业经济运行情况显示，我国软件产业 2011 年共实现软件业务收入超过 18467.9 亿元，同比增长 32.4%，超过"十一五"期间平均增速 4.4 个百分点，并超过同期电子信息制造业增速 10 个百分点以上，实现了"十二五"软件产业的良好开局；按平均汇率计算，软件收入约合 2859 亿美元。我国信息化建设的起始特点是先"硬"后"软"，虽然"先修路，后跑车"的建设格局符合当时的国情，但信息化建设没有软件的驱动是发挥不了作用的，而且必然受制于人。2000 年国务院颁布的《鼓励软件产业和集成电路产业发展的若干政策》，促进了软件产业的快速增长，有力地支持了我国信息化的快速发展，使软件产业逐步成为经济社会发展的基础性和战略性的先导产业。

最后，信息技术在各个领域得到了广泛应用。在社会领域，政府网站得到快速发展，县级以上政府机构的网站平均拥有率达到 80%以上，初步形成了中央、省、市、县、乡五个层级的政府网站体系；现代远程教育渐成体系，教育信息资源开发利用已成规模；劳动和社会保障信息化也在稳步推进之中；社区信息化已经引起广泛重视。在文化领域，公共文化信息服务水平进一步提升；数字图书馆资源建设取得新的进展；市场化信息资源开发利用正在有序推进。

总的来看，人们对信息化的认识和理解在不断深入，信息化应用开始向经济社会的各个领域渗透，信息化推进的队伍不断扩大，涌现出许多高水平的应用成果。

（3）发展趋势。首先，信息化已经成为国家发展战略的首选。全球信息化正在引发当今世界的深刻变革，重塑世界政治、经济、社会、文化和军事发展的新格局。为巩固或取得更加有利的国际分工地位，世界各国纷纷推出了自己的信息化发展战略，并不断注入新的发展内容和投入巨额资金。发达国家侧重于技术、标准、法规的制定，发展中国家则侧重于方针政策的落实。我国从中央到地方，各层面纷纷确立信息化的发展战略，尤其是2006年提出的《2006—2020年国家信息化发展战略》，是覆盖我国现代化建设全局的战略举措，使作为信息化基础的信息产业站在了一个新的发展高点上。

其次，信息产业化与全球化紧密结合、国际产业转移加快了经济全球化进程，也极大地推进了我国信息产业的发展，突显了国际分工及区域产业链越来越紧密的互动趋向。虽然“在产业转移中发展中国家被动地接受和利用工业化国家的技术，被动地接受了它们所提供的整理了的知识和所设计的市场‘蓝图’”，但不可否认的是，国际产业转移为我国信息产业提供了发展契机。由于发达国家的信息技术在工业和服务部门已经相当成熟和普及，在产业转移过程中必然带来信息技术的扩散，全球化市场和技术的相互依赖已成为必然。与传统的国家间产业分工不同，国际分工表现出内容多层次、主体多元化、实现方式多样性的特征，形成了一种全球产业高关联度和复杂程序化的产业链。

再次，信息化与工业化融合步伐进一步加快。数字化、网络化、智能化是当今信息技术发展的总体方向。它促进了工业产品的电子化、数字化和智能化，同时加快了在管理、技术、市场等方面的渗透与融合，这种融合是信息技术发展的必然。发达国家的经验已经证明，没有信息化与工业化的融合，工业由大变强是不可能实现的。发达国家侧重于信息资源的整合，发展中国家则侧重于信息技术的应用。党的十七大提出的“信息化带动工业化，工业化促进信息化”，已经成为我国工业化的发展战略。

最后，信息化重心逐步趋向于信息服务业的提升。世界信息产业重心正在从制造业向软件和信息服务业转移，GDP中的信息服务业所占比重越来越大。同时，由于网络普及速度不断扩大，电子商务快速发展，信息化发展出现了新的趋势：一是系统软件、应用软件、网络软件成为重要的信息技术竞争领域；二是信息技术使更多的服务具备了“可贸易性”，尤其是信息服务业表现明显；三是制造业发展的瓶颈越来越趋向于信息服务环境的改善。发达国家开始输出信息服务，发展中国家则通过产业集聚来整合信息产业化的优势。我国发达地区的信息服务业发展越来越受到政府政策上的支持与鼓励，这也是产业比较优势发展的方向所在。

三、信息化的特征和层次

（一）信息化的特征

信息化是人类社会发展到一定程度所产生的一个新阶段。信息化是在计算机技术、数字化技术和生物工程技术等先进技术基础上产生的。信息化使人类以更快、更便捷的方式获得并传递人类创造的一切文明成果；它将提供给人类非常有效的交往手段，促进全球各国人民之间的密切交往和对话，增进相互理解，有利于人类的共同繁荣。信息化是人类社会从工业化阶段发展到的一个以信息为标志的新阶段；信息化与工业化不同，信息化不是关于物质和能量的转换过程，而是关于时间和空间的转换过程；在信息化这个新阶段里，人类生存的一切领域，包括政治、商业，甚至个人生活中，都是以信息的获取、加工、传递和分配为基础的。

信息化是从有形的物质产品创造价值的社会向无形的信息创造价值的新阶段的转化，

也就是以物质生产和物质消费为主，向以精神生产和精神消费为主的阶段的转变。

信息化特征的主要表现概括起来有四个方面：虚拟性、全球性、交互性与开放性。

（1）虚拟性。随着信息技术、计算机技术及通信技术的发展，信息交换越来越多地依赖于网络世界。这样，一方面网际关系的虚拟性是与实体性相对的。交往主体隔着“面纱”，以某种虚拟的形象和身份沟通、交流。另一方面关系的虚拟性并非与虚假性等同，尽管由于人的恶意操作它会变质为虚假。

（2）全球性。信息技术正在压缩时间和距离的概念，大大加速了全球化的进程。随着因特网（Internet）的发展和全球通信卫星网的建立，国家概念将受到冲击，各网络之间可以不考虑地理上的联系而重新组合在一起。

（3）交互性。信息化将信息技术手段应用到企业的生产和运营管理上来。通过先进的信息技术和管理手段去整合企业现有的生产、经营、设计、制造、管理、销售等，及时地为企业领导提供准确而有效的数据信息和决策参考。这样不仅增强了信息的共享性，而且也能让企业的职能部门及时进行信息的交互，更好地消除“信息孤岛”。

（4）开放性。创新是高新技术产业的灵魂，是企业竞争取胜的法宝。参与竞争，在竞争中创新，在创新中取胜。开放不仅是指社会开放，更重要的是心灵的开放。开放是创新的源泉。

（二）信息化的层次

信息化的层次只是一个相对概念，并无严格界限，下面所述的各层次在发展过程中经常还会并行发展、互相促进。但是从建设信息系统的角度看，从各个层次研究信息化还是十分必要的。

1. 产品信息化

产品信息化是信息化的基础，包含两层意思：一是产品所含各类信息比重日益增大、物质比重日益降低，产品日益由物质产品的特征向信息产品的特征迈进；二是越来越多的产品中嵌入了智能化元器件，使产品具有越来越强的信息处理功能。

2. 企业信息化

企业信息化是国民经济信息化的基础，是指企业在产品的设计、开发、生产、管理、经营等多个环节中广泛利用信息技术，并大力培养信息人才，完善信息服务，加速建设企业信息系统。

3. 产业信息化

产业信息化是指农业、工业、服务业等传统产业广泛利用信息技术，大力开发和利用信息资源，建立各种类型的数据库和网络，实现产业内各种资源、要素的优化与重组，从而实现产业的升级。

4. 国民经济信息化

国民经济信息化是指在经济大系统内实现统一的信息大流动，使金融、贸易、投资、计划、通关、营销等组成一个信息大系统，使生产、流通、分配、消费国民经济活动的四个环节通过信息进一步联成一个整体。国民经济信息化是各国急需实现的近期目标。

5. 社会生活信息化

社会生活信息化是指包括经济、科技、教育、军事、政务、日常生活等在内的整个社会体系采用先进的信息技术，建立各种信息网络，大力开发有关人们日常生活的信息内容，丰富人们的精神生活，拓展人们的活动时空。社会生活极大程度地信息化以后，也就进入了信息社会。

第二节 企业信息化

一、企业信息化的概念

（一）企业信息化的定义

企业信息化的概念涉及多个领域和学科，不少专家学者都从不同的角度给企业信息化下了定义，此外许多成功实践企业信息化的企业家及企业信息化的倡导者——政府也给出了企业信息化的概念。本书对企业信息化的定义是：企业信息化是指一个企业以企业流程优化重组为基础，在一定的深度和广度上利用计算机技术、网络技术和数据库技术，控制和集成化管理企业生产经营活动中的所有信息，实现企业内外部信息的共享和有效利用，以提高企业的效率、效益和市场竞争能力。

该定义需要强调以下三点：

① 企业信息化建设与应用要以流程优化、重组为前提，企业信息化需要在合理流程和规范化的管理基础上进行，才能取得实效。

② 信息技术应用只是手段，信息资源的深度开发与应用才是核心，最终目的是提高企业综合实力。

③ 企业信息化是一个长期的建设与应用过程。

（二）企业信息化的内涵及外延

1. 企业信息化的内涵

从企业信息化的定义来看，企业信息化的内涵主要包括以下要素：

① 目标：企业进行信息化建设的目标是“增强企业的核心竞争力”。

② 手段：计算机技术、网络技术、通信技术、数据库技术。

③ 涉及的部门：企业的各个部门，包括企业的生产、经营、设计、制造、管理等职能部门。

④ 支持层：高级经理层（决策层）、中间管理层（战略层）、基础业务层（战术层）。

⑤ 功能：进行信息的收集、传输、加工处理、存储、更新、维护和应用。

⑥ 构成：企业信息化建设应用主要由一个人机合一的信息系统等内容构成，包括人、计算机网络硬件、系统平台、数据库平台、通用软件、应用软件、终端设备（如数控机床等）等。

2. 企业信息化的外延

① 企业信息化的基础是企业的管理和运行模式，而不是信息技术本身，其中的信息技术仅仅是企业信息化的实现手段。

② 企业信息化建设的概念是发展的，它随着管理理念、实现手段等因素的发展而发展。

③ 企业信息化是一项集成技术。企业建设信息化的关键点在于信息的集成和共享，即实现将关键的、准确的数据及时传输到相应决策人的手中，为企业的运作决策提供数据。

④ 企业信息化是一个系统工程。企业的信息化建设是一个人机合一的有层次的系统工程，包括：企业领导和员工理念的信息化；企业决策、组织管理信息化；企业经营手段信

息化；设计、加工应用信息化。

⑤ 企业信息化的应用是一个过程。它包含了人才培养、咨询服务、方案设计、设备采购、网络建设、软件选型、应用培训、二次开发等过程。

二、企业信息化的作用

（一）宏观角度

从宏观上看，企业的信息化建设有以下作用：

① 增强国家经济的可持续性快速发展，增强国家的综合实力。

② 有利于适应国际化竞争。在全球知识经济和信息化高速发展的今天，信息化是决定企业成败的关键因素，也是企业实现跨地区、跨行业、跨所有制，特别是跨国经营的重要前提。

③ 有利于实现国有企业改革与脱困的目标。在综合运用好国家已经出台的各项政策的同时，利用现代信息技术，有效地开发和利用信息资源，有助于改善企业管理、提高竞争力和经济效益。

④ 有利于抓住新世纪的良好发展机遇。现在正处在知识经济迅速崛起、全球信息化迅速发展的时代。对信息的采集、共享、利用和传播，不仅成为决定企业竞争力的关键因素，也成为决定国家生产力水平和经济增长的关键因素。

⑤ 现代信息技术的迅速发展，为人们开发和利用信息提供了有力的技术支持。只有实现信息化，企业才有可能抓住机遇，实现健康发展。

⑥ 企业信息化可帮助企业实现全部生产经营活动的运营自动化、管理网络化、决策智能化。其中，运营自动化是基础，决策智能化是顶峰。

⑦ 增加企业间的技术流通，总体提升整个行业的技术水平。

（二）中观角度

从中观上看，企业信息化有以下作用：

① 有利于增强企业的核心竞争力，适应市场化竞争的要求。

② 有利于理顺和提高企业的管理，实现管理的井井有条。

③ 提高设计效率，缩短设计周期，保证设计质量。

④ 降低企业的库存，节约占用资金，节约生产材料，降低生产成本。

⑤ 缩短企业的服务时间和提高企业的客户满意度，并可及时地获取客户需求，实现按订单生产。

⑥ 加速资金流在企业内部和企业间的流动速率，实现资金快速、重复、有效的利用。

⑦ 加速信息流在企业内部和企业间的流动速率，实现信息的有效整合和利用。

⑧ 加速知识在企业中的传播，实现现有知识的及时更新和应用。

（三）微观角度

从微观上看，企业信息化可以为使用人员带来以下好处：

① 企业发展信息化有利于及时抓住市场相关信息，并对其作出积极反应，达到企业迅速发展的效果。

② 企业发展信息化有助于实现传统经营方式的转变。

③ 企业发展信息化可节约成本并大大提高工作效率。

④ 企业发展信息化可使内部管理结构更加扁平化。

⑤ 降低技术人才的劳动强度，用计算机完成繁杂、重复的简单体力劳动，从而提升技术人才的脑力价值。

⑥ 能给企业提供一个的强大、快捷的信息交流平台，有助于紧紧跟踪一些先进经验和成果，从而有助于企业的发展，提高员工的创新能力。

三、企业信息化的分类与内容

（一）企业信息化的分类

企业信息化有不同的分类方式，常用的分类方式有按照行业、企业运营模式和企业信息化的应用深度等进行分类。

① 按所处行业分类，企业信息化可分为制造业的信息化、商业的信息化、金融业的信息化、服务业的信息化等。

② 按照企业运营模式分类，企业信息化可分为离散型企业的信息化和流程型企业的信息化。

③ 按企业信息化的应用深度分类，企业信息化可分为高度企业信息化、中度企业信息化和低度企业信息化。企业信息化程度的划分以企业信息化的内容为标准。当一个企业的信息化内容仅包含一方面内容时，称之为低度企业信息化；如果包含两至三方面内容时，称之为中度企业信息化；如果包含了全部内容时，称之为高度企业信息化。当然，企业信息化是一个过程，企业信息化的内容也会不断发生质和量的变化，因而企业信息化程度的划分也会随之发展变化。

（二）企业信息化的内容

企业信息化包含内、外两个部分：企业内部信息化和企业外部信息化。内部信息化主要表现在作业、管理层次上，外部信息化主要表现在企业的商务层次上。企业信息化包括制造业、服务业等领域企业的信息化。尽管不同的领域企业信息化的主要内容有所差异，但也存在许多共性。以制造业为例，企业信息化的内容主要包括以下几个方面：

1. 企业内部信息化

（1）作业层。作业层主要包括设计、采购、生产、库存、销售等各个环节信息系统（或子系统）的建设与运行，包括 CAD/CAM、DCS、CIMS、CIPS 等。

（2）管理层。管理层主要涉及人员、物资、信息等管理过程的信息系统、决策支持系统及办公自动化系统的建立与运行，包括 OA、MIS、MRP（MRP Ⅱ）、ERP、PDM、DSS 等。

2. 企业外部信息化

企业采购和销售过程中的信息化极大地拓宽了企业信息系统的应用范围，从而使企业的信息化由内部扩展到外部，并借助于企业内部网、外部网和公共网络将企业内部的生产管理和外部的供应、销售整合在一起。企业外部信息化的内容主要是电子商务系统、客户关系管理系统及协同商务系统的建立与运行。

四、企业信息化建设与应用框架

作为 21 世纪前 20 年经济建设和改革的重要任务之一，企业信息化建设进入了全面发展的历史时期，信息技术在更大范围得到了广泛应用。目前，中国大型企业信息化建设已取得丰硕成果，大型企业信息化已进入主动建设阶段。中小企业信息化建设，受外部环境和政策的推动、产业链的拉动，以及出于提高市场竞争力的需要，其建设也进入快速发展时期。但企业信息化建设是一个长期的过程。

企业信息化建设与应用的体系框架可按下列层次构建：

（1）企业信息化战略规划。它以整个企业的发展目标和发展战略和企业各部门的业务需求为基础，结合行业信息化方面的实践和对信息技术发展趋势的掌握，定义出企业信息化建设的远景、使命、目标和战略，规划出企业信息化建设的未来架构，如表 1-1 所示。该架构为信息化建设的实施提供了一幅完整的蓝图，全面、系统地指导企业信息化建设的进程。

表 1-1　企业信息化战略规划内容框架

架构内容	要　点	途径（阶段性目标）	手　段
战略目标	1．观念：为企业战略服务 2．建立一套有效的、长期的信息化工作机制 3．明确现在的、将来的任务		
系统规划	1．阶段的、渐进式的，抓核心系统 2．基础规范和管理规范要配套 3．保证信息化工作，促进企业的发展、变革、战略转变	1．确立阶段目标 2．整合信息资源、建立工作机制 3．跟踪、预测、促进企业战略的变化	1．BPR 2．借用外部资源 3．建立制衡、评估、调整的程序
组织结构	1．资源的最优配置 2．面向流程、层次少、效率高 3．必要的分工	1．多种选择方案 2．结合 BPR	1．分析流程 2．诊断和设计
信息基础规范	1．长期、有效、开放 2．抓住主要问题，逐渐完善 3．面向集团	1．制定主要框架、目录 2．制定主要规范 3．强制执行，发现问题及时修订	1．参照国家、行业标准 2．结合现有系统现状
信息管理	1．战略信息管理：集中、统一 2．知识管理、情报收集 3．简便、实用	1．信息流程重组 2．网站建设 3．建立信息情报系统 4．建立信息管理机制	1．建立信息仓库 2．集中相关资源 3．分工维护
技术管理	1．减少风险、防止局部信息化、延长企业生命周期 2．正规化、可追溯	1．建立技术管理规范和程序 2．对技术管理进行周期性评估	1．评审合作方资格 2．强化项目管理规范
信息安全	1．高度重视信息安全 2．从管理和技术上协同保障	1．纳入统一规划 2．建立安全预警评估机制	1．硬件、软件、人员管理并重 2．引入安全认证

（2）企业信息化实施。企业信息化实施的主要内容包括企业信息化咨询、企业信息化总体规划、企业信息化需求分析和可行性分析、企业信息化的具体实施、企业信息化评价、企业信息化项目管理等。这一部分的具体内容在本书的第六章有详细介绍，在此不再赘述。

（3）信息系统的运行和维护。标准化、规范化的信息系统的运行、维护与管理可以保证企业信息资源交换与共享，优化企业的生产、经营和管理过程，成为企业现代化管理的平台和工具。关于信息系统运行的基本条件，信息系统运行管理，信息系统的维护管理及异常事故的处理本书第七章将详细介绍。

第三节 企业信息化与管理信息系统

一、管理信息系统概述

（一）管理信息系统的定义

管理信息系统（Management Information System，MIS）将管理学的理论和管理方法融入计算机处理过程，提供信息，支持企业或组织的运行、管理和决策功能。从1970年瓦尔特·肯尼万（Walter T. Kennevan）给出的第一个定义到现在，纵观国内外著名学者对管理信息系统的研究，他们都在强调一个核心内容，管理信息系统是提供企业管理所需信息的人机系统。

为了便于理解企业信息化与管理信息系统的关系，在此简单介绍管理信息系统的概念，在本书第三章还会详细介绍。大体上可以从广义和狭义两个方面来理解管理信息系统。

1. 广义的管理信息系统

从系统论和管理控制的角度来看，管理信息系统是存在于任何组织内部，为管理决策服务的信息收集、加工、存储、检索和输出系统，即任何组织和单位都存在于一个管理信息系统。通常又称之为信息系统。

2. 狭义的管理信息系统

它是指按照系统思想建立起来的以计算机为工具，为管理决策服务的信息系统。它体现了信息管理中的现代管理科学、系统科学、计算机技术及通信技术，向各级管理者提供经营管理的决策支持，强调管理系统的预测和决策功能，是一个综合的人机系统。

（二）管理信息系统的特点

作为一个理论研究领域和实用领域，管理信息系统是一门边缘学科。它是管理科学与工程、信息技术和系统工程的一个混合体。当管理科学与信息技术相互独立的时候，它们解决的是各自领域中的问题。管理科学探讨管理的计划、组织、监督、控制等种种职能，研究管理者在管理实践中如何扮演沟通人际关系、传递信息和制定决策的三类管理角色，研究管理者如何对生产、财务、人事、后勤等活动流程进行描述和管理的手段。而信息技术则在探讨与企业活动有关或者与企业活动无关的信息处理手段，包括信息设备的结构、信息处理的算法以及数据库、网络等。当它们没有结合的时候，组织的管理可以没有信息技术的支持，而信息技术也可以不用在企业管理上，它们的关系是分离的。但是，为了更有效地进行企业管理，人们自然而然地用系统工程的观点把管理科学与信息技术有机地结合了起来，因而产生了管理信息系统这一门新的学科。在理论上，管理信息系统将管理科学中的管理模型、运筹学、组织行为学等理论和方法与计算机科学中的软件技术、硬件技术、软件开发方法，以及相关的其他边缘学科的成果如决策方法和决策理论、心理学、人工智能等相结合，从而为企业的信息管理、信息系统的分析与设计、实施与运行、维护与更新等提供了强有力的支持。这样，实用中的管理信息系统就有了如下的特点：

1. 管理信息系统是管理科学与信息技术相结合的产物

管理科学起源于20世纪初叶的泰勒（Taylor），他提出提高生产率是管理的目标，为此就要对所完成的任务进行仔细的研究，对任务的执行者即工人要进行训练，使之能和机器保持协调一致，最大限度地满足机器的动作需求。以后又有人从激励对工人的作用提出管理制度和管理控制的原理，还有人从资源管理的角度、从社会技术方法的角度、从决策和信息处理的角度，不断地进行管理科学的研究。总的来说，管理科学主张用定量化的方法，通过数学模型和程序来实现组织的目标，管理科学及其分支的运筹学、统计学、经济计量学、管理会计学等领域中提出的模型，都可以借助于信息技术运用到管理信息系统中去。特别是在管理信息系统中，组织的具体问题可以利用管理模型和计算机技术，通过采集大量数据进行计算而得以解决。管理科学与信息技术的结合产生了巨大的作用。

2. 管理信息系统是一个组织——社会技术系统

管理信息系统是建立在组织上的，组织是管理信息系统的根基。在管理信息系统这样一个人机系统中，人的部分便是由组织结构、组织目标、组织职能以及组织中人的分工和活动所构成的。组织作为一个有特定意图和特定目标的社会存在，它一定要借助某些手段来协调组织内部成员的能力、责任、活动和利益才能满足它的特定需求，这种手段无论从哪个方面来讲都与信息管理是分不开的。组织作为有一定技术能力的社会技术系统，它的要素可以由人、结构、技术和任务四个变量来表征，这四个变量有着强烈的依存关系。例如，当引进一项新技术时，组织中可能会有一部分人被淘汰，而要吸收或培养可以掌握这种技术的另外一些人，这样组织的任务和组织的结构就会因此而变化。管理信息系统是融合到组织之内的社会技术系统，因此组织中管理信息系统的演变同样受到这四个变量的约束。

3. 管理信息系统必然随着信息技术的进步而发展

现代意义上的管理信息系统因为信息技术的诞生而缘起，也必然随着信息技术的进步而发展。在20世纪50年代和60年代，当主流信息技术是电子管、晶体管，还没有发展到集成电路、大规模和超大规模集成电路以及高速的光纤通信的时候，管理信息系统当然只能局限在TPS和狭义的MIS上面。信息技术的发展驱动企业管理的演进，首先就表现为任何一项新技术都会在管理中找到它的应用位置，并结合到管理信息系统的研究之中。无论是宽带通信网络还是分布式计算环境，无论是办公自动化还是计算机辅助设计和制造技术，都在管理信息系统中得到了应用。人工智能领域的研究进展对管理信息系统也起了促进作用，例如利用模糊逻辑、神经网络、遗传算法和智能代理技术等设计知识管理中的信息建模和搜索引擎，建立可理解系统和智能机等。Internet的出现更给了企业管理信息系统以辽阔的发展空间，以至于现在没有哪个企业建设的管理信息系统不是建立在Web界面上的了，而且原来以企业内部的局域网为基础的信息系统很快演变为基于TCP/IP技术的企业内部网（Intranet）和外部网（Extranet），虚拟企业（Virtual Enterprises）也破土而出。

4. 管理信息系统是一个人机结合的辅助管理系统

在管理信息系统中，管理和决策的主体是人，计算机系统只是工具和辅助设备。这里的“人”指的是系统的最终使用者而不是系统的分析设计者或者编程人员。正由于此，管理信息系统的建设就是一种高智力的劳动密集型项目，比一般技术工程系统的建设具有更大的难度和复杂性。系统的需求变化大，应用环境多变，技术手段更为复杂，开发周期比较长，而产生的效果不易衡量，甚至在建设完成以后对组织的管理体制、管理思想、管理方法和手段，对人们的习惯、心理状态，以及对现行的制度、惯例和社会、政治等还会起作用，当然也会受到这些因素的反作用。

5. 管理信息系统在组织的不同层次中完成着不同的任务

按照责任层次划分，管理可以分为高层、中层和底层三个层次。高层管理者是组织的高级执行官员，他们确定组织的目标、负责与外部联系；中层管理人员负责分配资源以实现高层管理者确定的目标，通过在其职责范围内执行计划并监督底层管理人员来完成；底层管理人员负责监督或者办理日常的业务活动。现代企业由于大量采用了自动化技术特别是信息技术，所以在底层与中层之间又会出现一个庞大的知识工作者层面。他们接替了中层管理人员的一部分资源分配的工作，也接替了底层管理人员的带有决策性质的日常业务活动。前面所谈到的 TPS 一般为底层管理人员所用，中层管理人员主要使用的是狭义的 MIS，高层管理人员使用主管支持系统（ESS）和战略信息系统（SIS）。各层人员，特别是知识工作者，都在不同程度、不同领域中使用决策支持系统（DSS）、专家系统（ES）、办公自动化系统（OAS）、办公信息系统（OIS）等广义的管理信息系统来完成自己的任务。

二、企业信息化与管理信息系统之间的关系

根据诺兰模型，企业信息化的发展经历了六个阶段，如图 1-2 所示。

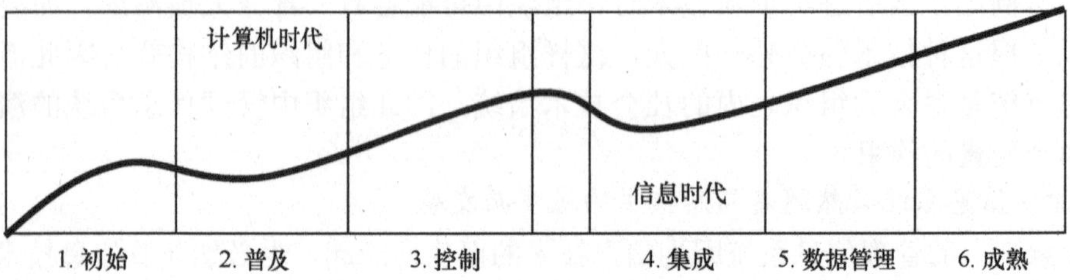

图 1-2 企业信息化发展的诺兰模型

初始阶段：开发计算机应用程序，仅仅用计算机代替人工。

普及阶段：开发数据处理能力，但数据冗余、不一致，数据不能共享。

控制阶段：单项应用系统普及，但不适用于全局，各应用系统之间不协调。

集成阶段：这是信息系统的一个质的飞跃，系统全面规划，信息系统整合。

数据管理阶段：系统在数据库支持下进行综合应用。

成熟阶段：数据深层次加工，支持决策，优化管理。

诺兰模型的第四阶段是企业信息化建设过程中不同信息系统的集成阶段。从层次论观点和权变论观点来看，把这些不同的信息系统按照企业员工的不同职能可分为三类：面向基层管理人员和操作人员的 TPS 和 OAS；面向中层管理人员的 MIS、DSS 及企业间信息系统；面向高层决策人员的高层支持系统（如 ESS）。

一方面，管理信息系统运用系统工程的理论和方法，应用计算机技术、网络技术、数据库技术以及其他先进技术，对信息进行收集、处理，最终为管理决策提供信息帮助，它作为提供企业管理所需信息的人机系统，是企业信息化发展过程中不可或缺的一个重要部分，它在企业中的应用极大地推动了企业信息化的发展。

另一方面，管理信息系统与决策支持系统的综合应用，使得企业不只是在内部事务上可以实现信息化，在外部事务的处理上也可以采用信息化，进一步推动了企业信息化的进程。总之管理信息系统与企业信息化的进程是相辅相成的。

第四节　我国企业信息化现状与存在的问题

一、企业信息化现状

（一）信息化工具主要依靠提供商

就目前整个国民经济的状况来看，我国实施企业信息化主要依靠的还是专门的软件提供商、咨询类服务提供商以及 ERP 软件提供商，很少有企业拥有专门的信息化实施团队，也因实施人员是外部进入的，这就会造成信息化实施稍有失实的可能，对于企业的需求的理解以及在企业信息化过程中产生的问题往往不能及时地解决。而对于一个企业来讲，这样的耽搁所造成的损失有时是无法估计的，而因目前我国软件行业的发展局限了信息化的发展，企业因信息化实施不畅造成巨大损失这样的事还是时有发生。

（二）信息化应用在不断深化

信息化应用深度上还不够，主要表现在以下几方面：一是基础应用的普及面较宽，重大信息工程建设相对滞后。目前我国各种规模企业绝大部分都用上了计算机，利用计算机技术进行信息处理和辅助管理。但重大信息工程，如制造资源计划（MRPⅡ）软件、企业资源计划（ERP）软件、计算机集成制造系统（CIMS）、物料需求计划（MRP）软件等普及率低，水平也相对落后，有些企业应用效果不好。二是信息化建设出现“分层”。目前企业的信息化投入和运用的分布很不均衡。企业的中间技术层，尤其是设计部门和财务部门已经初步实现计算机管理；但企业的决策部门的信息化建设依旧很薄弱。三是信息化水平和普及程度因行业、地区经济发展水平而存在差异。总的来看，技术含量高的行业、经济发展水平及市场化程度高的地区和企业管理水平高的企业，信息化水平和普及程度相对较高。

从图 1-3 可以看出，应用更为深化是当前管理软件需求的最大特点，表现为以下四个方面：第一，用户需要全面集成的应用。一方面，用户希望 ERP 与 CRM、SCM、OA、BI（商业智能）、PLM（产品生命周期管理）等实现全面集成；另一方面，用户需要后台系统与前台业务系统实现集成。企业后台的基础架构、应用系统等能随着前台业务和服务的需要进行变化和扩展。第二，企业应用的行业化特征日益凸显，各行各业都有自己的特殊行业需求。例如，食品行业对配方管理有明显要求，制药行业对 GMP（药品生产质量管理规范）有明显要求。标准的、统一的产品已不能完全满足用户的需求。第三，越来越多的企业开始对集团管控的一体化有强烈的需求。从单一企业的管理到覆盖集团的全面管理，是管理软件需求更为深化的第三个表现。第四，电子商务的需求日益得到重视。实际上，企业构建电子商务系统并非是简单增加一种销售途径，更为重要的是，企业通过实施电子商务，能将前台业务系统和后台管理系统的应用进行深度整合，可大大提高企业的运营效率，降低成本。

（三）中小企业信息化道路艰辛

实施一套信息系统是一项涉及面广、周期长、风险大的系统工程。占中国很大比重的中小企业要实施信息化，同样要投入大量的人力、物力和财力，要引进和留住高级 IT 人才很困难，不易具备建立企业信息系统项目组的条件，缺乏完备的项目管理体制和运作机制，没有管理顾问对项目进行监理，这些都是影响项目成功的关键。中小企业领导层对于企业信息化需求不够了解，对于信息化项目不够重视，使得中小企业在信息化过程中从开始的发展就充满艰辛。

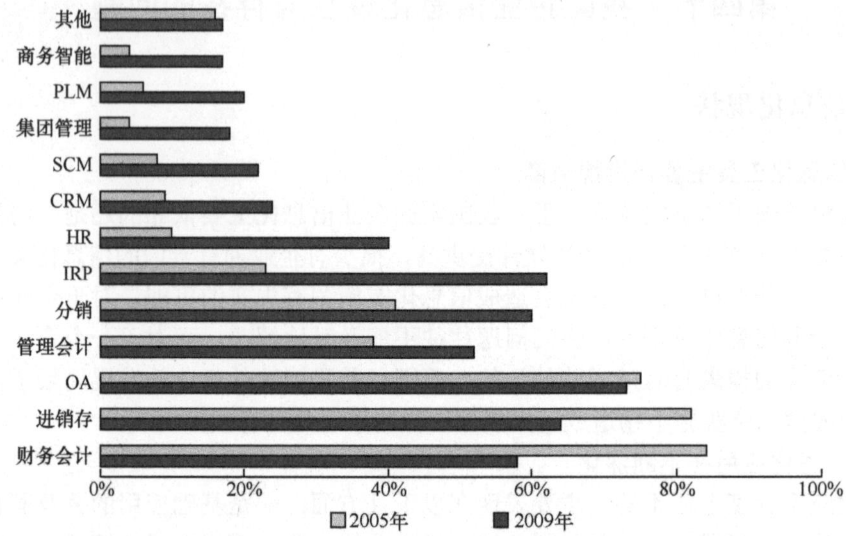

图 1-3 企业对管理软件的需求

在 2008 年年底和 2009 年上半年的经济危机中，中国的中小企业受到了较大的冲击，特别是对外向度较高和劳动密集型的中小企业影响尤其严重。在此期间，中小企业的 IT 投资也相应有较大程度的压缩。但 2009 年下半年，国内经济逐渐企稳回升，中小企业生产经营也出现了积极变化。随着经济形势好转、经济危机的影响逐渐消退、市场竞争和信息化认识的逐步提高，中小企业纷纷加大信息化投入，通过信息化手段来提升企业的竞争力。

计世资讯（CCW Research）《2011 年中国中小企业信息化建设与 IT 应用趋势研究报告》指出，从 2010 年全年来看，整个中小企业 IT 投资逐渐走出了下滑的趋势，增长速度明显高于 2009 年。尽管与 2007 年以前中小企业 20%以上的平均 IT 投资增长速度相比还存在很大差距，但已呈现出回升的趋势。

2007～2011 年中小企业信息化投资规模如图 1-4 所示。

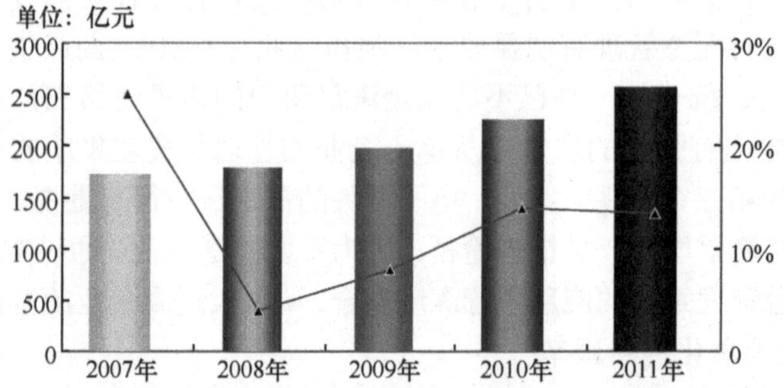

图 1-4 2007～2011 年中小企业信息化投资规模

目前我国中小企业信息化存在的主要问题有以下四个：一是在思想观念方面，仍有相当数量的中小企业对信息化的作用、效果在认识上有误区，对政府支持信息化建设的政策措施了解不够。我国中小企业个人计算机（PC）普及程度不仅远低于美国、日本、韩国、德国等，也低于亚太其他一些国家。二是对信息化培训的重视程度较低，调查中，仅有 10%的企业派人参加过信息化培训，其中，企业领导参加培训的只有 8.9%。三是在技术应用方面，虽然有高达 80%的中小企业具有接入互联网的能力，但用于业务应用的只占 44.2%。只有 16.7%的企业拥有自己的网站，14%的企业建立了企业门户网站。网站主要用于发布信息，其次是开展电子商务。只有 9%的中小企业实施了电子商务，4.8%的企业应用了 ERP。四是在发展环境方面，社会服务体系还不健全，覆盖面较小，服务内容不完善，面对中小企业信息化存在的资金、人才、技术等困难，除信息服务、技术支持外，还有很多领域没有形成服务网络。

（四）国内外供应商选择

通过以下几组数据，可以对目前国内主要的 ERP 软件提供商的各项情况有更直观的了解。2010 年，中国生产制造 ERP 的市场规模达到 58.2 亿元，同比增长 27.2%，意味着生产制造 ERP 市场规模的增速基本恢复到了金融危机之前的水平。另外，从 2010 年 ERP 整体市场情况来看，其整体增长幅度是 24.6%，生产制造 ERP 市场增速继续领跑 ERP 总体市场。参与该市场竞争的厂商包括 SAP、Oracle 等国际厂商，也有用友、金蝶、浪潮等国内厂商。在所有品牌中，排在前三名的品牌分别是用友、SAP 和金蝶，它们的市场占有率分别为 22.80%、9.80%、9.80%。在国内品牌中，排在前三名的分别是用友、金蝶和浪潮，如图 1-5 所示。

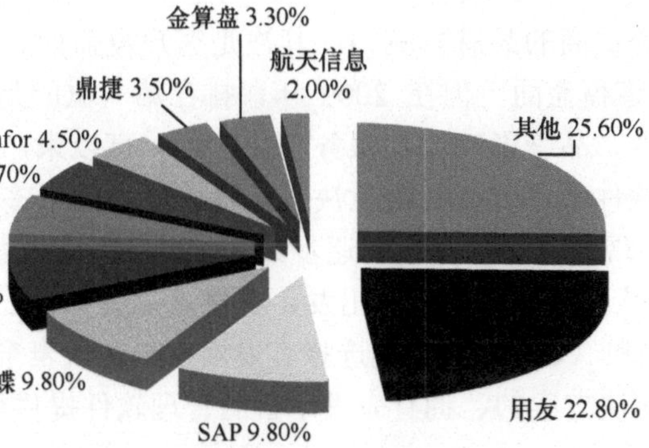

图 1-5　2010 年供应商排名

2011 年，随着管理软件行业的发展成熟，竞争更为激烈。调查结果显示，2011 年中国通用管理软件市场总规模达 161.41 亿元，在 2011 年中国通用管理软件领域市场品牌结构中，按照销售额统计，前十名的厂商依次是用友、SAP、金蝶、浪潮、Oracle、东软、Infor、鼎捷、金算盘、航天信息，其中用友排名第一，用友通用管理软件的市场份额为 23.50%；SAP 排名第二，SAP 通用管理软件的市场份额为 10.00%；金蝶排名第三，金蝶通用管理软件的市场份额为 9.40%。相关情况如图 1-6 所示。

在中国管理软件市场中，国际品牌中除 SAP、Oracle 这些传统的国际巨头之外，Infor、Sage、Epicor、QAD、Exact 等国外中等规模的厂商在中高端市场也占有一定的市场份额。本土品牌中以用友和金蝶为龙头代表的国内厂商的逐渐崛起正在成为中国管理软件市场的一个主要发展趋势。用友和金蝶凭借其在财务软件领域的深厚积累抢占了较大的市场份额；

鼎捷软件依靠的是强大的IT分销网络；浪潮凭借在航天、军工等外资厂商难以涉足的行业的市场占有率；和佳软件从MRP软件发展起来成为专业ERP厂商的领军企业：它们成为凭借本土化竞争优势在最近几年迅速崛起并保持了良好发展势头的代表。

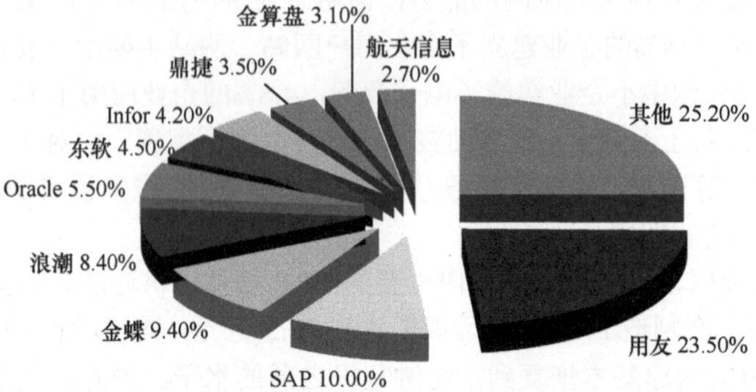

图 1-6　2011 年供应商排名

众多供应商众多产品，如何选择，选择国内还是国外产品？如何选择自己企业最合适的产品，是一个难以抉择的问题。

和 2005 年相比，2009 年用户选择管理软件提供商的关注因素有了很大的变化，如图 1-7 所示。其中最为明显的变化是，用户的考虑更为全面，更为成熟。2005 年，用户最关注的是管理软件提供商的品牌影响力，其次是客户覆盖面、产品适合度、总体拥有成本（TCO）适合度和渠道覆盖面。但在 2009 年，排在第一位的是产品适合度，随后是公司稳定性、产品线全面性、品牌影响力和服务专业性。一直以来，用户选择大型的，尤其是投入金额较多的管理软件项目时，为避免决策风险，国内的很多用户往往会选择国内甚至是全球最好的品牌。但现在这种情况正在逐步改变，用户在选择管理软件提供商时，不再“唯品牌”，而是更多地从自己的实际需求出发，选择真正适合自己的管理软件。在当前的应用环境下，企业总信息师（CIO）更希望选择有发展前景、代表未来发展方向的管理软件，总体而言，拥有全面解决方案的、拥有先进平台的管理软件提供商更受用户所青睐。

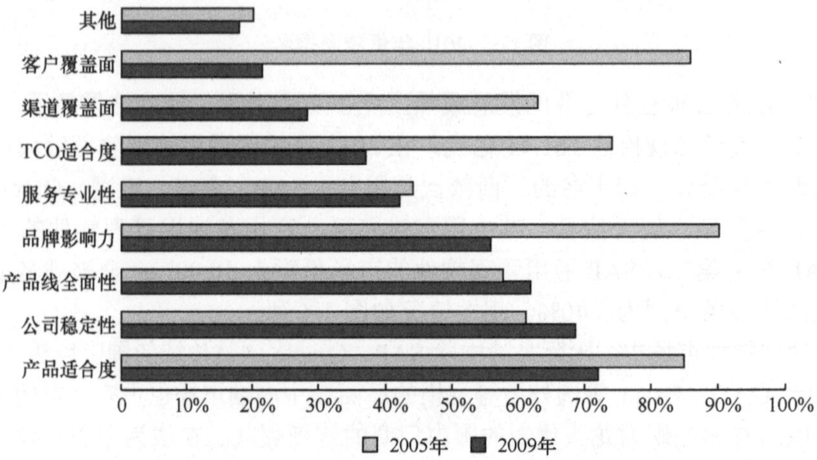

图 1-7　企业选择供应商的关注因素

总的来说，由于我国信息技术起步比较晚，与西方发达国家存在着很大差距，所以在信息化在中国刚刚开始起步的时候，国内没有实力足够强大的管理软件公司来为中国企业提供信息化服务，再加上人们对于国外管理软件巨头的盲目崇拜，国内信息化的订单绝大多数是掌握在国外软件供应商的手中，如 SAP 和 Oracle。但近年来，形势发生了极大的变化，尤其是 2009 年国内厂商实现大逆转。国内以用友和金蝶为代表的国内管理软件奋起直追，利用后来居上的优势和本土化策略，用户规模迅速成长。而中国企业对信息化的认识不断增强，不再盲目跟风，选择供应商时更为理性和成熟，国内厂商因此而受到更多企业的接受和认可。

二、我国企业信息化存在的问题

（一）信息化成本较高

现阶段，我国 IT 厂商主要提供 PC、显示器、终端等产品，虽然硬件设备的费用已在之前有了较大的降低，但是能够提供给企业从售前咨询，到易实施、模组化的方案，再到方案的实施，直至售后的运营维护这样一条龙服务的 IT 厂商少之又少。而这些才是信息化实施的关键所在，这样一个过程，被迫分拆开来，中间所造成的费用成本也是相当大的一个数字。这是导致企业信息化成本高、建设周期长、后期维护与协调困难的重要原因。另外，软件功能的冗余往往也是造成项目投资浪费的一个重要原因。

（二）信息化规划不完善

信息化不仅仅只是个结果，更是个过程，一个需要长期予以关注的企业重点项目，而这样一个关系企业未来发展的重点项目，有相当一部分企业忽视了信息化规划这样一个重要的步骤。所谓“千里之行始于足下”，“磨刀不误砍柴工”，凡事只有做足了准备工作，才能有个美好的结果。然而，很多企业主管却忽视了这点，以为企业信息化只要简单地找到软件供应商，配备相应的硬件设施，由信息化实施顾问全权实施即可，在这之前也只是作了针对软件提供商所提供软件的简单的调研，更有甚者干脆不调研直接上线，而这样做的结果会有两个：一是软件恰巧暂时符合了企业的发展需求，管理者误以为这就信息化成功了，然而，其中的隐患会在之后的企业发展中显现出来，而到时再来对信息化作新的调整，这期间所花费的时间、精力暂且不提，花费的成本更是企业关注的重点；二是在上线不久之后就即刻显现出不适合，当下就可以对信息化策略作调整，这相比较而言可能造成的成本浪费较小，但对于企业来讲也会造成不小的冲击。所以，集合以上几点来看，企业信息化规划还是很有必要的。

（三）信息化认识有局限

有些条件较好的企业满足于眼前的状况，认为不进行信息化建设，企业照样能搞好，因此，对企业的信息化建设重视程度不够。有些企业高层甚至有这样的想法：信息化实施的过程较于结果不重要，有些企业的高层领导在企业信息化初期，对信息技术抱较高期望，希望通过企业信息化获得较高效益，结果一旦看到投资费用增多，而效益又未见明显提高便丧失信心。如果高层领导不能用长远的眼光来看待问题，急功近利，将不利于信息化建设的持续发展。

（四）ERP 个性发展局限

企业间的独特差异是软件工程人员难以全面理解的，因为计算机工程人员与企业管理者的思维并不相同。大部分企业管理者并不充分理解计算机工程的理念和流程，而作为项目实施方的软件、系统集成公司，同样很难全部理解客户商业思维的所有环节和其中的内在关系。人们希望借助 IT 来提升企业管理，但对于实施方而言，充分理解客户目前的管理尚有难度，就更不要说超越性的管理理念了。所以，目前大多数的项目都必须依靠中间人——咨询顾问来解决客户与技术人员的沟通问题。这似乎找到了解决之道，但 ERP 实施成功率依然很低，那么。究竟是什么原因掣肘 ERP 的发展呢？

仔细观察咨询顾问的工作：他们往往是 ERP 厂商的雇员，这决定了其在为客户服务的优先级、对客户需求和对自己产品的理解上很难保证相同力度，达到相同水平。所以他们永远只推荐自己公司的产品，总是只使用自己熟悉的软件，对于不涉及自己产品、业务范围的问题则往往无能为力，其局限性可想而知。而就管理软件厂商来说，其商业目的决定了——产品越通用，覆盖面越广，相同的产品能生产、复制和销售数量就越大，越容易规模化，利润越高，成本越低，这无形中使得其产品的设计、生产向通用化靠拢，这和企业管理的个性化是一对矛盾。

另外，在软硬件投资方案的问题上，冗余几乎是不可以避免的。举个通俗的例子：几乎大部分人都会用 Word 来处理文字，但有几个人能用全其所有功能呢？调查显示，大多数人只使用其中 30%的基础功能，假如人们花 100 元购买这个软件，但只对其中 30 元的功能有需求，那能否只付 30 元呢？当然，这样的小数目人们可以不计较，但在面临百万元、千万元的项目投资时，问题就大不一样了。数据库、知识库、商务智能每一项都不是免费的，当 ERP 厂商们忙于炫耀自己拥有多少时髦技术的同时，人们却不得不在浩如烟海的纷繁系统中寻找自己想要的那些基本功能。为什么会这样？因为产品要通用，所以必须有很好的复用性；要有好的复用性，所以软件要模块化；这就需要把很多功能封装在一个模块中。所以，人们需要用其中任何一个功能，都必须购买整个模块。更为可怕的是：要保证这一功能的运行，就必须保证每个模块正常运行，为此，人们不得不花大力气去操作本来并不需要的模块，而逐渐认为这是理所当然的。于是，可以看到很多 ERP 项目实施后，人们的工作量不但没有减少，反而增加了，而整个企业的绩效却并不见提高。

本章小结：

本章从信息的发展起源阐述了信息、信息化、企业信息化及其相关概念，分析了信息化的发展趋势及企业信息化的内容体系，同时分析了企业信息化与管理信息系统的关系及我国企业信息化的现状及存在的问题。

信息化就是将信息技术手段应用到企业的生产和运营管理上来。通过先进的信息技术和管理手段去整合企业现有的生产、经营、设计、制造、管理、销售等，及时地为企业领导提供准确而有效的数据信息和决策参考。

企业信息化是指一个企业以企业流程优化、重组为基础，在一定的深度和广度上利用计算机技术、网络技术和数据库技术，控制和集成化管理企业生产经营活动中的所有信息，实现企业内外部信息的共享和有效利用，以提高企业的经济效益和市场竞争能力。

管理信息系统是企业信息化发展过程中的一个重要环节，但企业使用了管理信息系统并不代表实现了企业的信息化。

思考题：

1. 如何正确理解信息化这一概念？
2. 信息化有哪些特征？包括哪些层次？
3. 企业信息化的内容有哪些？
4. 企业信息化的作用有哪些？
5. 如何看待管理信息系统与企业信息化之间的关系？
6. 我国企业信息化的发展存在什么问题？

第二章
企业信息化技术基础

学习目标：

1．理解传感和遥感技术、计算机技术、通信技术及网络技术的内容。
2．理解企业数据管理技术发展过程，掌握数据库、数据仓库及数据挖掘的含义。
3．理解企业信息系统集成技术。
4．了解企业信息化技术在企业信息化建设中的应用。

开章案例：

沃尔玛："信息技术始于战略，而不是系统"

1991年，沃尔玛年销售额突破400亿美元，成为全球大型零售企业之一。据1994年5月美国《财富》杂志公布的全美服务行业分类排行榜，沃尔玛1993年的销售额高达673.4亿美元，比1992年增长118亿美元，超过了1992年排名第一位的西尔斯（Sears），雄居全美零售业榜首。1995年沃尔玛销售额持续增长，并创造了零售业的一项世界纪录，实现年销售额936亿美元，在《财富》杂志1995年美国最大企业排行榜上名列第四。此后一路高歌猛进，分别在2006年、2007年、2008年、2010年四度跃居世界500强榜首。

一、沃尔玛的信息化理念和战略

沃尔玛创始人山姆·沃尔顿早年服役于美国陆军情报部队，所以他特别重视信息的沟通和信息系统的建设。在公司开始进入规模化市场扩张及发展阶段后，沃尔玛公司率先在行业内使用各种融入先进技术的电子商务信息系统化管理模式。沃尔玛的信息化管理贯穿于整个价值链，以先进的信息化技术为手段，以信息流为中心，带动物流和资金流的运动，通过整合全球供应链资源和全球用户资源，实现零库存、零营运资本、与用户的零距离的目标。信息化管理不应仅是一个系统，而应被提高到战略的高度，不应将其投入到大量低价值的维护与运作事宜中。正如沃尔顿所坚持的："信息技术始于战略，而不是系统。"

将信息化提到战略高度正是沃尔玛迈向成功的重要原因之一。一方面，沃尔玛通过供应链信息化系统实现了全球统一采购及供货商自己管理上架商品，使得产品进价比竞争对手降低10%之多；另一方面，沃尔玛还通过卫星监控全国各地的销售网络，对商品进行及时的进货管理和库存分配。当凯玛特（美国第三大折扣零售连锁公司）也意识到信息化的重要性并效仿前者开始起步时，沃尔玛早已在全球4000个零售店配备了包括卫星监测系统、客户信息管理系统、配送中心管理系统、财务管理系统、人事管理系统等多种技术手段在内的信息化系统。

二、沃尔玛公司信息化过程的一些关键事件

（1）购买第一台计算机用于支持日常业务（1969 年）。

（2）存货管理系统上线（1969 年）。

（3）电子收款机（Point of Sells，POS）系统上线（1973 年）。

（4）建立了商店与总部之间相联结的卫星网络（1979 年），初期投入 1600 万美元及 60 万美元/年的通信费，占当年利润总额超过 55%，节省电话费 1000 万美元/年。

（5）统一产品标志码（1980 年）。

（6）与休斯公司合作的人造卫星发射升空（1983 年）。

（7）与供应商建立电子数据交换（1985 年）。

（8）通过 Retail Link 系统与供应商共享预测方法等（1991 年，1993 年），总投入成本是当年利润的 3 倍。

（9）启动电子商务网站（1996 年）。

（10）店内的广告采用沃尔玛的视频网络（2000 年）。

（11）第二次启动电子商务网站（1999 年）。

（12）在 Sam's Club 测试射频识别（RFID）系统（2001 年）。

（13）实施人力资源管理系统（2001 年）。

（14）实施高级销售规划系统部件和财务报告系统（2001 年）。

（15）与供应商之间的数据交换采用因特网数据标准（2002 年）。

三、沃尔玛的信息化亮点

1. 1 小时——全球商品全盘点

沃尔玛在全球的 4000 多家门店通过它的网络可在 1 小时之内对每种商品的库存、上架、销售量全部盘点一遍。

整个公司的计算机网络配置在 1977 年完成，可处理工资发放、顾客信息和订货——发货——送货，并达成了公司总部与各分店及配送中心之间的快速直接通信。1979 年，位于本顿威尔总部的第一个数据处理和通信中心建成，虽然面积只有 1500m^2，但在整个公司实现了计算机网络化和 24 小时连续通信。

先进的电子通信系统也让沃尔玛占尽了先机。曾有一个说法是，沃尔玛的电子信息系统是全美最大的民用系统，甚至超过了电信业巨头美国电报电话公司。在沃尔玛本顿威尔总部的信息中心，1.2 万 m^2 的空间装满了计算机，仅服务器就有 200 多个。在公司的卫星通信室里看上一两分钟，就可以了解一天的销售情况，可以查到当天信用卡入账的总金额，可以查到任何区域或任何商店、任何商品的销售数量，并为每一商品保存长达 65 周的库存记录。

1981 年，沃尔玛开始试验利用商品条码和电子扫描器实现存货自动控制。在利用商品条码上，沃尔玛凭借自己的计算机网络通信系统又走在了其他零售商前面。采用商品条码可代替大量手工劳动，不仅缩短了顾客结账时间，更便于利用计算机跟踪商品从进货到库存、配货、送货、上架、售出的全过程。据沃尔玛方面说，在对商品的整个处置过程中总计节约了 60%的人工。

20 世纪 80 年代，沃尔玛还开始利用电子数据交换（EDI）系统与供应商建立自动订货系统。到 1990 年，沃尔玛已与它的 5000 余家供应商中的 1800 家实现了 EDI，成为 EDI 技

术的全美国最大用户。

2. 7亿美元——“用卫星卖鸡蛋”

到20世纪90年代初，沃尔玛在计算机和卫星通信系统上就已经投资了7亿美元，而它不过是一家纯利润只有2%～3%的折扣百货零售公司。

1983年，沃尔玛与休斯公司合作的人造卫星发射升空，这次卫星升空可谓零售业历史上独一无二的里程碑。

到20世纪80年代末期，沃尔玛配送中心的运行完全实现了自动化。每个配送中心的面积约10万m^2。每种商品都有条码，由十几公里长的传送带传送商品，由激光扫描器和计算机追踪每件商品的储存位置及运送情况。到90年代，整个公司销售8万种商品，85%由这些配送中心供应，而竞争对手只有大约50%～65%的商品集中配送。

沃尔玛的送货车队也可能是美国最大的，沃尔玛通常为每家分店送货的频率是每天一次，而凯玛特平均5天一次。沃尔玛的5000辆运输货车全部装备了卫星定位系统。

随着世界经济的不断发展和现代科技的日新月异，社会生产方式和人们生活方式的巨大变化使消费需求进一步多样化、个性化，从而要求零售方式必须不断创新，以适应时代的变化。当代零售业态的发展呈现出了以下几种趋势：新的零售业态层出不穷；零售生命周期缩短；零售技术日益重要；各业态之间的竞争日趋激烈；经营向两极化方向发展；垂直营销系统进一步发展；无店铺销售迅速成长；零售界的全球化趋势增强。这些复杂多变的形势都要求企业的发展必须依靠强有力的信息系统战略，这样才能满足当今零售业销售的需求。而沃尔玛正是凭借着对零售业不同阶段的认识，使用不同阶段的信息技术才能得以领先其他竞争对手，从而铸造沃尔玛帝国的传奇。

案例思考：

1. 沃尔玛在信息化实施的过程中主要运用了哪些信息技术？
2. 如何理解沃尔玛的“信息技术始于战略，而不是系统”这句话？

第一节　信息网络技术

一、信息网络技术概述

“信息技术”一词，可以说是家喻户晓，但人们对它的理解却是往往大相径庭。最大的误解是把信息技术等同于计算机技术。后来对这一错误理解作出修正，把信息技术理解为计算机与通信技术，但这一解释也不全面，于是又有人对它进行修正，版本很多，将它理解为控制技术、家用电器、芯片等。这些理解都有一定的道理，但都不够准确。实际上，凡是能够扩展人的信息功能的技术都是信息技术。

信息网络技术是电子信息技术和网络技术的合称。电子信息技术包括：传感和遥感技术、计算机技术、通信技术三大部分，其实也包括网络技术，所以原来讲“信息化”都只用“电子信息技术”一词。近几年来，由于以因特网为代表的网络技术在信息化中的作用越来越大，“信息网络技术”一词也就盛行起来。

（一）传感和遥感技术

信息技术的首要环节是获取信息。信息自古以来就有，长期以来，人类靠自身的感觉器官，眼、耳、鼻、舌、身等直接获取信息，然而这是非常有限的。为了克服人体器官的局限性和自然条件的限制，人们发明了传感和遥感技术。各种传感技术和遥感技术的迅速发展，使信息获取的手段发生了一次革命，极大地增强了人们获取信息的能力。

1. 传感器

（1）传感器的发展。我国传感器行业已经历了 50 多年，进入 21 世纪，国家更加重视传感器技术的发展，相继开发了光纤、红外、超声波、生物、智能及模糊控制传感器，采用 MEMS（微机电系统）技术制作微传感器等。《信息产业科技发展“十一五”规划和 2020 年中长期规划纲要》中明确指出，新型元器件技术开发重点围绕敏感元件和传感器等。

传感器是机器感知物质世界的“感觉器官”，可以感知热、力、光、电、声、位移等信号，为网络系统的处理、传输、分析和反馈提供最原始的信息。传感器技术的发展与突破主要体现在两个方面，一是感知信息方面，二是传感器自身的智能化和网络化。随着科学技术的不断发展，传统的传感器正逐步实现微型化、智能化、信息化、网络化，正经历着一个从传统传感器（dumb sensor）——智能传感器（smart sensor）——嵌入式 Web 传感器（embedded web sensor）的内涵不断丰富的发展过程。

（2）传感器的含义及组成。在利用信息的过程中，首先就是要获取准确、可靠的信息，而传感器是获取自然领域和生产领域中信息的主要途径与手段。所谓传感器（Transducer/Sensor），是指能够感受规定的被测量并按照一定规律将其转换成可用输出信号的器件或装置。传感器一般由敏感元件、转换元件及基本转换电路三部分组成，如图 2-1 所示。

图 2-1　传感器的构成

敏感元件是直接感受被测量，并输出与被测量成确定关系的某一物理量的元件。转换元件将敏感元件的输出转换成一定的电路参数。有时敏感元件和转换元件的功能是由一个元件（敏感元件）实现的。基本转换电路将敏感元件或转换元件输出的电路参数转换、调理成一定形式的电量输出。

（3）传感器的应用。在高度发展的现代工业中，现代测试技术向数字化、信息化方向发展已成必然趋势，传感器的应用领域也越来越广泛，例如，在石油、化工、电力、钢铁、机械等工业生产中所需的各种工艺参数的信息的获取。传感器在汽车上不只限于测量行驶速度、行驶距离、发动机旋转速度以及燃料剩余量等有关参数，而且在一些新设施中，如汽车安全气囊、防滑控制等系统，防盗、防抱死、排气循环、电子变速控制、电子燃料喷射等装置以及汽车“黑匣子”等都安装了相应的传感器。美国为实现汽车自动化，曾在一辆汽车上安装了 90 多只传感器去检测不同的信息；在智能机器人中，传感器可用作视觉和触觉感知器，机器人成本的 1/2 是耗费在高性能传感器上的。另外在医学、环境保护、航空航天及遥感技术中都有传感器的应用。在我们日常生活中也比较常见，例如，唱卡拉 OK 时使用的麦克风、电视机的遥控器中使用的光学传感器、电子门、感应水龙头等。

2. 遥感

遥感是一种远离目标，通过非直接接触，而对目标物进行测量和识别的信息技术。它的主要目的是通过安装在地面、飞机、卫星、航天飞机等运载工具上的各种遥感器，收集遥感目标辐射的电磁波信号，再经过计算机数据处理，获得遥感目标的特征、状态等诸多信息特征。

（二）计算机技术

计算机技术是指在计算机领域中所运用的技术方法和技术手段。计算机技术具有明显的综合特性，它与电子工程、应用物理、机械工程、现代通信技术和数学等紧密结合，发展很快。

1. 计算机系统技术

计算机系统技术是计算机作为一个完整系统所运用的技术，主要有系统结构技术、系统管理技术、系统维护技术和系统应用技术等。

（1）系统结构技术。它的作用是使计算机系统获得良好的解题效率和合理的性能价格比。现代计算机的系统结构技术主要有两个方面：其一为程序设计者所见的系统结构，它是系统的概念性结构与功能，关系到软件设计的特性；其二为硬件设计者所见的系统结构，实际上是计算机的组成或实现，主要着眼于性价比的合理化。随着并行处理技术的发展，解题效率有了一定的进步。同时由于器件价格大幅度下降，为某种特殊用途专门设计的系统，如数据库计算机、图像处理计算机等，可以显著提高性能价格比。

（2）系统管理技术。计算机系统管理自动化是由操作系统实现的。操作系统的基本目的在于最有效地利用计算机的软件、硬件资源，以提高机器的吞吐能力、解题时效，使机器方便操作和使用，改善系统的可靠性，降低算题费用等。操作系统的基本功能是对计算机系统的各种资源以至用户程序施行有效的管理、调度和指挥，主要是作业管理、文件管理、数据管理、处理器管理、输入输出管理、存储空间管理、人机通信管理、终端网络管理、系统故障管理、系统再组合以及对其他软件的管理等。此外还负责对诸用户的数据和程序实施保护和保密以及收费计算等。操作系统技术正向提高通用性、可扩展性、可移植性及提高工作效率、降低辅助时间等方面改进。

（3）系统维护技术。它是计算机系统实现自动维护和诊断的技术。实施维护诊断自动化的主要软件是功能检查程序和自动诊断程序。功能检查程序针对计算机系统各种部件各自的全部微观功能，以严格的数据图形或动作重试进行考查测试并比较其结果的正误，确定部件工作是否正常。自动诊断程序根据部件的具体逻辑，以特定的算法生成大量的测试数据和故障字典，利用诊断机或其他特设硬件作为“硬核”，对与故障部件有关的测试路径进行布数启动，并回收测试结果。

（4）系统应用技术。计算机系统的应用十分广泛。程序设计自动化和软件工程技术是与应用有普遍关系的两个方面。程序设计自动化，即用计算机自动设计程序，是使计算机得以推广的必要条件。程序设计主要经历了汇编语言和高级程序设计语言的发展。汇编语言与机器指令一一对应，以记忆码和符号地址替代机器指令的操作码和地址码，再通过翻译器产生机器指令，有效地改善了程序设计的条件，虽然它是低级语言，但因可人工编写出高质量的程序而仍保有其生命力。高级程序设计语言可根据课题算法的规律与特点，定义严格的语言和描述方法，使设计者可以用语言形式编制出课题的源程序，然后通过编译程序，自动编出以机器指令形式表达的目的程序，大大提高了程序设计的劳动生产率，主要有 BASIC、FORTRAN、ALGOL、COBOL、Pascal 等。由于语言繁多又互不相通，程序移植困难，造成很大浪费，因此，人们对创造统一语言的问题相当重视，美国 Ada 语言就是一例。接近自然语言的算法语言也在探索之中。

软件工程，即将软件生产视为一种工程或工业，使软件生产采取与硬件相类似的形式，创立软件设计、调试、维护、生产组织管理等的科学方法，制定软件标准，研制软件生产的工具等。软件工程的主要内容包括软件开发的方法论和软件开发的支援系统。方法论研究程序设计的原理、原则和技术，借以生产出价格合理、可靠和易读的程序。支援系统则主要对软件生产过程各阶段提出支持工具，以提高软件生产的效率与质量。软件工程已受到很大重视并获得较普遍的推广。

2. 计算机器件技术

电子器件是计算机系统的物质基础，计算机复杂逻辑的最基层线路为“与门”、“或门”和“反相器”。由此组成的高一层线路有“组合逻辑”和“时序逻辑”两类。这些逻辑由电子器件来实现，通常以电子器件在技术上的变革作为计算机划代的标志。

计算机器件技术，从 20 世纪 50 年代的真空电子器件到 80 年代的超大规模集成电路，经历了几个重大发展阶段，使机器组装密度提高约 4 个数量级，速度约提高 5～6 个数量级，可靠性提高约 4 个数量级（以器件失效率为比较单位），功耗降低约 3～4 个数量级（以单个“门”为比较单位），价格降低约 4～5 个数量级（以单个“门”为比较单位）。器件技术的进步大大提高了计算机系统的性能价格比。

3. 计算机部件技术

计算机系统是由数量和品种繁多的部件组成的。各种部件技术内容十分丰富，主要有运算与控制技术、信息存储技术和信息输入、输出技术等。

（1）运算与控制技术。计算机的运算和逻辑功能主要是由中央处理器、主存储器、通道或输入输出处理器以及各种外部设备控制器部件实现的。中央处理器处于核心地位。运算算法的研究成果对加速四则运算，特别是乘除运算有重要作用，器件价格的降低，从逻辑方法上大大缩短进位与移位的时间。指令重叠、指令并行、流水线作业以及超高速缓冲存储器等技术的应用，可提高中央处理器的运算速度。微程序技术的应用，是控制逻辑设计方法上的一大改进，但因受到速度的限制，多用于中小型计算机、通道和外部设备部件控制器中。多道程序和分时系统技术的产生和各种存储器和输入输出部件在功能和技术上的发展，使计算机的控制从集中式走向分布式，出现了存储器控制技术与通道、外部设备部件控制技术等。

（2）信息存储技术。信息存储技术使计算机能将极其大量的数据和程序存放于系统之中，以实现高速处理。由于存储手段在容量、速度、价格三者之间存在尖锐矛盾，存储器不得不采取分级的体系，形成存储器的层次结构，自上至下可分为超高速缓冲存储器、高速主存储器（又称内存储器）和大容量外存储器等。主存储器是存储体系的核心，直接参与处理器的内部操作，因此它应具有与处理器相适应的工作速度和足够大的容量。计算机巨量的数据，存储于速度较慢、价格较低的外存储器中，外存储器主要有磁盘机和磁带机。存储器的层次结构相对缓和了速度、容量、价格三者之间的矛盾，但给用户带来存储空间调度的困难。为此，一般以硬件自动调度缓存空间，使之对用户透明；以虚拟存储方法，在操作系统软件的支持下，实施主存与外存之间的自动调度。

（3）信息输入输出技术。输入输出设备是计算机送入数据和程序、送出处理结果的工具。常见的输入设备有键盘、鼠标、摄像头、扫描仪等。在输出方面，最普通的是建立在击打技术基础上的各类打印机，但速度受到机械运动的限制。非击打技术的输出设备能显著提高速度，主要有将电压直接加在电介质涂覆纸张以取得静电潜像的静电式打印机、靠激光在光导鼓上扫描而形成静电潜像的激光静电式打印机、利用喷墨雾点带电荷后受电极偏转而形成文字的喷墨式打印机等。作为轻便输出手段，则以利用热敏纸张遇热变色原理的热敏打印机比较流行。人机对话输出多采用以显像管进行图像文字显示的终端设备。计算机的输入、输出技术正向智能化发展。

4. 计算机组装技术

计算机组装技术同计算机系统的可靠性、维修调试的方便性、生产工艺性和信息传递的延迟程度有密切的关系。计算机电子器件的可靠性随着环境温度和湿度的升高而下降，尘埃的积聚可能造成插件或底板的短路或断路，因此制冷和空调是组装技术需要解决的重要问题。计算机电子器件的变革，对组装技术产生了极大的影响，组装技术的进步始终与计算机的换代相协调，不断向小型、微型化发展。

（三）通信技术

1. 通信技术概述

人类的通信事业有一个理想的奋斗目标，那就是任何一个人不管在何时何地都可与另外的任何人以各种方式进行任何种类的信息交流。为实现这一目标所开发的技术都称为通信技术。

现代通信技术的进步，主要表现在数字程控交换技术、光纤通信、卫星通信、智能终端等方面，而覆盖全球的个人通信则是通信技术的发展方向。

2. 数字程控交换技术

最初的交换机为人工交换机，由接线员来完成用户之间的连接。电子计算机出现以后，人们将交换机的各项功能编成计算机程序，自动控制交换过程，这种交换机就叫做存储程序控制交换机，简称程控交换机。

3. 光纤通信

光纤的全称是光导纤维，光纤通信利用光纤来传送光信号，它是 20 世纪 70 年代发展起来的一种新的通信方式。

4. 微波通信

利用微波进行的通信称为微波通信。微波通信的容量较大，因为微波处于无线电频率的最高段，300MHz～300GHz，频带宽度达到 299.7GHz，最高时，能同时传送几百套电视节目和几十万路电话。

5. 移动通信

所谓移动通信，就是指处于移动状态的通信对象之间的通信，它包括移动用户之间的通信、固定用户与移动用户之间的通信。移动通信的最大特点是使电话可以由移动体携带，也就是说，作为电话交换网络中的终端用户是变动的，因此，移动电话网的构成比任何固定电话网要复杂。

6. 卫星通信

自从 1957 年，前苏联发射第一颗人造地球卫星以来，人造卫星就被广泛应用于通信广播和电视等领域。卫星通信系统由卫星和地球站两部分组成。卫星在空中起到中继站的作用，就是将地球站发出的电磁波，放大后，再返送回另一地球站。地球站则是卫星系统与地面公众网的接口，地面用户通过地球站出入卫星系统形成链路。

7. 通信技术的发展

随着社会的信息化和经济全球化的潮流，信息技术在其中承担着非常重要的角色。在信息技术中，通信技术是最活跃、与公众联系最紧密的领域之一。在信息化的浪潮中，通信技术将向宽带与多媒体化、移动及个人化以及智能与网络化方向发展。

（四）网络技术

网络技术是从 20 世纪 90 年代中期发展起来的新技术，它把互联网上分散的资源融为有机整体，实现资源的全面共享和有机协作，使人们能够透明地使用资源并按需获取信息。资源包括高性能计算机、存储资源、数据资源、信息资源、知识资源、专家资源、大型数据库、网络、传感器等。当前的互联网只限于信息共享，网络则被认为是互联网发展的第三阶段。网络可以构造地区性的网络、企事业内部网络、局域网网络，甚至家庭网络和个人网络。网络的根本特征并不一定是它的规模，而是资源共享，消除“资源孤岛”。

计算机网络的类型有很多，而且有不同的分类依据。网络按交换技术可分为线路交换网、分组交换网；按传输技术可分为广播网、非广播多路访问网、点对点网；按拓扑结构可分为总线型、星形、环形、树形、全网状和部分网状网络；按传输介质又可分为同轴电缆、双扭线、光纤或卫星等所连成的网络；根据网络分布规模可分为：局域网、城域网、广域网和网间网。

在一般情况下，计算机网络的主要功能有资源共享、信息传输与集中处理、负载均衡与分布处理及综合信息服务等。

实例：网络搜索应用案例——金吉列降低推广成本提升业绩的秘密

北京金吉列出国留学咨询服务有限公司于 2000 年 1 月 15 日取得由管理部门颁发的自费留学服务资格认证书。

公司利用其自有的 $1200m^2$ 大厅，每年都会邀请国外院校、国内外留学专家举办数十场专项展会、数百场专场说明会。但如何让更多人了解到金吉列，这个问题一直困扰着金吉列。电视广告成本过高，报纸广告针对性又不强，时效性也低。

为此，金吉列想了很多办法，后来经朋友推荐，金吉列决定尝试眼下比较时兴的网络推广服务。考虑到百度的品牌和广泛的认知度，2004 年 8 月，金吉列开始与百度合作。

经过成本核算，金吉列推广负责人大吃一惊，他惊喜地发现金吉列的推广成本降低到了使用百度竞价排名以前的 1/3～1/2 之间，而公司业绩却大幅上升。

据金吉列总裁朱燕民介绍，使用百度竞价排名服务除成本低外，另一个重要的功能是客户可以通过百度直接进到金吉列公司网站，在网上谈合作。其实网络最大的一个特点就是互动性，百度竞价排名起到了桥梁作用，促进了金吉列公司与客户之间更好地互动沟通。

朱燕民用了“一见钟情”来形容金吉列与百度的合作启动。他认为，金吉列与百度的合作是不可替代的，是一个长期合作的战略伙伴关系。

（五）物联网技术

物联网技术的核心和基础仍然是互联网技术，是在互联网技术基础上延伸和扩展的一种网络技术；其用户端延伸和扩展到了任何物品和物品之间，进行信息交换和通信。因此，物联网技术是指通过 RFID、红外感应器、全球定位系统、激光扫描器等信息传感设备，按约定的协议，将任何物品与互联网相连接，进行信息交换和通信，以实现智能化识别、定位、追踪、监控和管理的一种网络技术。

物联网（Internet of Things）这个词，国内外普遍公认的是 MIT Auto-ID 中心阿什顿（Ashton）教授 1999 年在研究 RFID 时最早提出来的。在 2005 年国际电信联盟（ITU）发布的同名报告中，物联网的定义和范围已经发生了变化，覆盖范围有了较大的拓展，不再只是指基于 RFID 技术的物联网。

自 2009 年 8 月温家宝总理提出“感知中国”以来,物联网被正式列为国家五大新兴战略性产业之一，写入《政府工作报告》，物联网在中国受到了全社会极大的关注，其受关注程度是在美国、欧盟以及其他各国不可比拟的。物联网的概念与其说是一个外来概念，不如说它已经是一个“中国制造”的概念，它的覆盖范围与时俱进，已经超越了 1999 年 Ashton 教授和 2005 年 ITU 报告所指的范围，物联网已被贴上“中国式”标签。

实例：南京邮电大学校园中的“小型物联网”

在一般的学校，本校老师的汽车进校要办一张通行证，外面的汽车开进来，要在门卫处换通行证。由于学校里建设了汽车物联网，那就不需要这些手续了。因为该校老师的汽车上装了一个“射频标签 RFID”，车子一进学校，就自己“告诉”了分布在各个地方的“保安”——读码器“我是谁，在什么地方”等。在信息中心可以查到校园内所有联网汽车的信息。又如，学生的自行车、笔记本电脑，特别容易被小偷盯上。学生也不用怕，在每部自行车、笔记本电脑上装上“射频标签 RFID”，小偷来偷了，自行车、笔记本电脑就会自动“说话”，通过手机报警。再如，暑假期间，即使在外面休假，分管安全工作的主管也可以知道校园内的安全状况、实验室里的温度、食堂里的煤气灶有没有关好、禁烟的地方有没有人在吸烟等。这是因为，实验室仪器、煤气灶等借助嵌入自身或放置在近处的各种联网的感应设备自己会“说话”。

二、企业信息网络技术的具体应用

企业的信息化进程为企业带来了巨大的效益。小小的网络就像一把神奇的钥匙，帮助众多企业打开了世界市场之门，特别是为中小企业，网络让它们拥有了更广阔的舞台，从而改变了众多中小企业的发展轨道，从弱小走向强大。

实例：传统制造业通过网络做国际贸易

位于厦门的桃源塑料厂成立已经有 10 年多的时间了。它的主打产品是环保型的塑料烟灰袋。在没有网站之前，它的销售渠道很单一，靠销售人员上门推销，或公司去参加类似中国进出口商品交易会这样的贸易洽谈会。虽然也做出一些业绩，但效率不高。而且，因为塑料烟灰袋的客户大多数在海外，所以销路一直没有打开。

四年前，桃源塑料厂开始在阿里巴巴上建立自己的商户页。这之后陆续接到一些咨询和订单。厂长林先生慢慢熟悉了网络后，觉得完全依赖阿里巴巴的商户页面还是有一些局限，于是在三年前，开始建立自己的网站。在网络公司的帮助下，桃源塑料厂在很短的时间内就针对自己的客户群建立了一个中、英、日文三语的网站。网站里面有不仅包含了公司的介绍、详细的产品描述，更有如何订货之类的联系信息。

网站建好后，桃源塑料厂就开始尝试进行网络推广。最后把主要的投放费用投入了关键字排名这种广告形式。在搜索引擎上投放广告，因为广告是按照效果来收费的，所以成本很低，而且可以方便地更换广告语言和目标国家。他们的外贸订单从以前只来自有限的三四个周边国家变成来自欧美日的超过 10 个国家。推广成本比频繁参加各种展会更是低了很多。客户下单时，一般是通过电子邮件（E-mail），联系的成本也几乎下降到零。

现在他们正准备把广告翻译成西班牙文，然后推广到更广大的市场上。通过以网站为中心对自己营销模式的改进，桃源塑料厂现在已经在欧美日同类产品市场上占有很大的份额。并且通过电子邮件同潜在客户进行交流，他们对市场需求的反应也比以前快了很多，开发出了很多适应客户不同需求的产品。一个投入很小的制造业企业，利用网络，闯出了一条自主做国际贸易的路子。

思考题：桃源塑料厂主要依靠哪些方法和技术打开自己的销售市场？

第二节　企业数据管理技术

一、数据管理技术的发展

数据处理由来已久。很久以前，人们就利用文字和一些简陋的工具记录数据并进行处理。后来由于处理大量数据的需要，人们需要寻求更加有效的数据处理方法。

早在 1880 年美国进行人口统计时，就采用了穿孔卡片存储信息，称为机器卡片文件。后来由于计算机的出现，在数据处理中采用了计算机，数据处理就进入了电子数据处理系统时代。

随着计算机技术的发展，数据管理技术也得到了相应的发展，其发展历程一般可分为三个阶段：人工管理阶段、文件系统阶段、数据库系统阶段。

（一）人工管理阶段

20 世纪 50 年代中期以前，计算机刚刚诞生不久，硬件和软件的发展水平还很低，计算机主要用于科学计算，数据量少，数据的结构简单，用户一般用机器指令编写程序，通过纸带输入程序和数据。这个时期，数据管理处于人工管理阶段，其主要特点是：

① 没有专门的软件用来管理数据，管理数据需要依赖应用程序本身来处理。

② 数据和程序是紧密联系的，一组数据只能对应一个应用程序，而数据又不能共享。

③ 数据通常包含在程序中，不具有独立性，一旦数据的结构发生变化，程序就要作相应的修改。

（二）文件系统阶段

20 世纪 50 年代后期～60 年代中期，数据管理进入了文件系统阶段。在文件系统中，数据可按其内容、结构和用途组织成若干个独立的文件，应用程序可以通过操作系统从文件中读写数据。

文件的逻辑结构与物理结构脱钩，程序和数据分离，使数据与程序有了一定的独立性。用户的程序与数据可分别存放在外存储器上，各个应用程序可以共享一组数据，实现了以文件为单位的数据共享。但它仍然存在以下几个问题：

（1）数据冗余度大。由于数据的组织仍然是面向应用程序，因此数据共享性差，存在大量的数据冗余。同时由于数据重复存储，各自管理，易产生数据的不一致性。

（2）数据独立性差。数据的逻辑结构不能方便地修改和扩充，数据逻辑结构的每一点微小改变都会影响到应用程序。

（3）数据的安全性和完整性难以保障。由于文件之间互相独立，因而它们不能反映现实世界中事物之间的联系，操作系统不负责维护文件之间的联系信息。

（三）数据库系统阶段

20 世纪 60 年代后期，计算机性能得到进一步提高，更重要的是出现了大容量磁盘，存储容量大大增加且价格下降。在此基础上，才有可能克服文件系统管理数据时的不足，而满足和解决实际应用中多个用户、多个应用程序共享数据的要求，从而使数据能为尽可能多的应用程序服务，这就出现了数据库这样的数据管理技术。数据库系统主要有以下特点：

（1）数据结构化。数据不再只针对某一个特定的应用，而是面向全组织，具有整体的结构性。

（2）数据共享性高。数据库中的数据可以被多个应用程序共享，冗余度减小。

（3）数据具有较高的独立性。在数据库系统中，数据通过数据库管理系统（DBMS）管理，使用户或应用程序在操作数据时，并不需要了解数据库中的数据是如何存储的，只需要以简单的逻辑结构来操作数据。

（4）数据的安全性得到保证。数据库的安全性和完整性由 DBMS 进行统一的管理和控制。

二、数据库技术

（一）数据库的基本概念

1. *数据及数据处理*

数据（Data）是指用于描述现实世界中各种具体事物或抽象概念的，可存储并具有明确意义的符号，包括数字，文字，图形和声音等。

数据处理是指对各种形式的数据进行收集、存储、加工和传播的一系列活动的总和。其目的之一是从大量的、原始的数据中抽取，推导出对人们有价值的信息以作为行动和决策的依据；目的之二是为了借助计算机技术科学地存储和管理复杂的、大量的数据，以便人们能够方便而充分地利用这些宝贵的信息资源。

2. *数据库*

数据库（Database，DB）是指存储在计算机辅助存储器中的、有组织的、可共享的相关数据集合。数据库具有如下特性：

（1）数据库是具有逻辑关系和确定意义的数据集合。

（2）数据库是针对明确的应用目标而设计、建立和加载的，每个数据库都具有一组用户，并为这些用户的应用需求服务。

（3）一个数据库反映了客观事物的某些方面，而且需要与客观事物的状态始终保持一致。

3. *数据库管理系统及其基本功能*

数据库管理系统（Database Management System，DBMS）是对数据库进行管理的系统软件，它的职能是有效地组织和存储数据，获取和管理数据，接受和完成用户提出的各种数据访问请求。能够支持关系型数据模型的数据库管理系统，称为关系型数据库管理系统（Relational Database Management System，RDBMS）。

4. *数据库应用系统及其组成*

数据库应用系统又简称为数据库系统，是指拥有数据库技术支持的计算机系统，它可以实现有组织地、动态地存储大量相关数据，提供数据处理和信息资源共享服务的功能。

各类人员主要参与数据库应用系统的需求分析、设计、开发、使用、管理和维护，他们在数据库应用系统的开发、运行及维护等阶段扮演着不同的角色，并起着不同的作用。各类人员主要包括：①最终用户；②系统分析员；③应用程序员；④数据库管理员（Database Administrator，DBA）。

（二）数据库技术的作用

从其应用方式来看，数据库技术主要起着以下两方面的作用：

（1）信息系统开发。利用数据库技术以及互联网技术，并结合具体的编程语言，可以开发一个信息系统，从而解决业务数据的输入和管理问题。在信息系统开发中，主要利用的是 RDBMS 的基本功能，即数据定义功能、数据操纵功能、数据查询功能以及数据控制功能。

（2）数据分析与展示。利用 RDBMS 的数据查询功能对数据库中的数据进行关联组合或逐级汇总分析，并以表格、图形或报表形式将分析结果进行展示，从而解决业务数据的综合利用问题。

（三）新型数据库系统

20 世纪 80 年代以后，数据库技术逐渐与面向对象、人工智能、分布式处理、并行处理、多媒体处理等相关技术相结合，产生了多种新型数据库系统，例如：

（1）数据库技术与面向对象程序设计方法相结合产生的面向对象数据库系统（OODBS）。

（2）数据库技术与计算机辅助系统（CAD/CAM、CAT、CASE 等）相结合产生的工程数据库系统（EDBS）。

（3）数据库技术与并行处理技术相结合产生的并行数据库系统（PDBS）。

（4）数据库技术与人工智能（AI）、知识工程（KE）等技术相结合产生的知识库（KB）、演绎数据库（DDB）、主动数据库（ADB）等智能数据库系统。

（5）数据库技术与分布式处理技术相结合产生的分布式数据库系统（DDS）。

（6）数据库技术与计算机多媒体技术相结合产生的多媒体数据库系统（MDBS），以满足对超长文本数据、图形及图像数据、视频、声音数据等多媒体数据处理的需求。

（7）数据库技术与 Web 技术结合形成的基于 Web 的数据库系统。

随着计算机科学技术的飞速发展，数据管理技术作为它的一个重要分支将会一直发展下去。社会信息化进程越来越快，对数据管理技术的要求也越来越高，人们期望着一个“后关系数据库”时代的到来。

三、数据仓库与数据挖掘

（一）数据仓库

数据处理有两种类型：一类是操作型处理，是指对数据库联机的日常操作，例如记录的增、删、改或查询；另一类是分析型处理，主要用于管理人员的决策分析，需要经常访问大量的历史数据。

1. 概念

数据仓库（Data Warehouse，DW）是指用来更好地支持企业或组织决策分析处理的、面向主题的、集成的、稳定的、随时间变化的一种数据集合。

2. 结构

数据仓库系统结构至少包括三个部分：数据源与数据集成、数据存储、数据查询与分析工具，如图 2-2 所示。

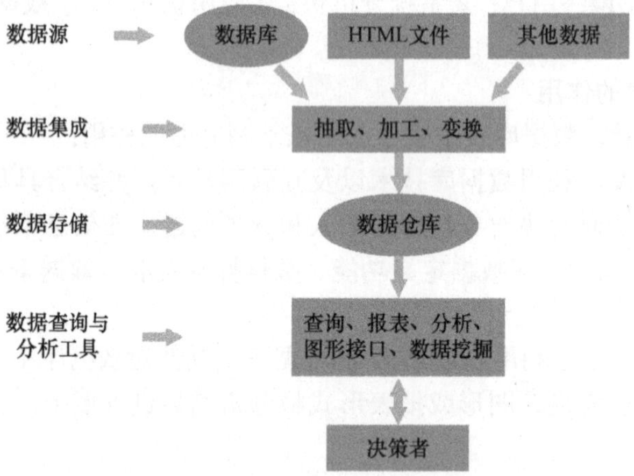

图 2-2 数据仓库系统的结构

（1）数据源与数据集成。数据源包括数据库、文件系统等各种数据来源，数据源一般是异构的，通过网络互联。

在数据装载到数据仓库之前，要根据需要，对数据进行加工、变换、抽取等操作完成数据的集成。

（2）数据存储。这部分是数据仓库的核心部分。

（3）数据查询与分析工具。数据查询和分析工具不仅能将数据以直观的形式提供给用户，而且能对数据仓库中的数据进行分析，使用户获得数据之间隐藏的知识。目前，数据查询工具一般有用户查询工具和报表生成工具，分析工具则有联机分析处理和数据挖掘等工具。

（二）数据挖掘

数据仓库虽然满足了企业对数据分析处理的要求，但是它需要访问大量的历史数据，而面对浩如烟海的数据，如何能提取有用的信息和知识？数据挖掘（Data Mining）应运而生。

数据挖掘不是对数据库的简单检索、查询和调用，它是一门广义的交叉学科，需要利用人工智能、数理统计、可视化、并行计算等领域中的技术，通过对大量数据进行各种技术处理，找出潜在的对用户有价值的信息和知识。

四、企业数据管理技术的具体应用

实例：大鹏证券企业数据管理系统的建立

如何深入了解各个户头信息背后的联系，各营业部的营业面积是否合理，大户室的投资回报率如何……是2002年之前困扰大鹏证券的种种问题。用数据仓库系统将分散的各个业务系统上的用户数据集中并统一起来，辅助管理层决策，由“坐商”变为“行商”，实现“以客户为中心”的经纪业务运作模式，是大鹏证券选择的解决之道。

有一种情况在银行、证券、保险等金融机构很常见：一个客户开了多个户头，原来的系统只是分别记录了多个人的信息，从表面看可能都不是公司需要关注的客户，但是如果将多个户头的交易和资产情况关联在一起，这个客户可能就是公司需要关注、值得进一步挖掘的潜力客户。然而怎样发现这样的潜力客户呢？

1. 业务面临挑战

国外著名投资银行纷纷与国内同行合作，以图抢占更多的市场份额，而国内银行、保险等各种金融机构也在混业经营的口号下，图谋进军证券市场。双重压力之下的中国证券业经营者们感受到了前所未有的压力，于是如何提高自己的核心竞争力，以便在这个激烈的市场竞争中立于不败之地，就成为证券经营者必须面对的问题。

据大鹏证券网络开发中心总经理汪照群介绍，大鹏证券以前的统计分析报表都是以交易数据为中心，没有上升到客户分析层面，多年的信息化建设给公司留下了大量的数据信息，虽然这些信息之间有着各种联系，但是由于分属于不同的系统，例如证券公司网上有网上交易，营业部有营业部交易，信息之间互不共享，从而导致有价值的客户资料分布十分分散，同时没有关注公司在每一个客户上所花费的成本，因此很难做到真正的客户分析。没有充分地利用有价值的客户资料和整个客户的各种数据，就很难判断出客户对公司的贡献程度，到底客户是属于“高价值客户”、“有潜力客户”，还是“负价值客户”，就更难对需要服务好的“高价值客户”和“有潜力客户”提供相应的服务了。

而确定营业面积的大小和是否应该建设大户室这个问题更能反映公司在数据资源整合方面的不足。哪些营业部应该缩减面积，哪些营业部的大户室、中户室应该搬迁？对这些问题的解答，不但要进行一般的数据分析，还要分析各个营业部使用各种不同交易委托方式进行证券交易的客户个数、交易金额、交易笔数，分析现场交易、非现场交易的比例，搞清楚占有中户室、大户室的客户是否在做现场交易，这些客户为公司创造的收入是多少、公司付出的成本是多少。这其中会涉及很重要的数据分析过程，而此前的大鹏证券根本无法获得这些必需的数据。

汪照群认为，随着市场环境的不断变化，必须引入客户关系管理理念，实施客户关系管理，建立‘以客户为中心’的经纪业务运作模式。通过国外多次考察和厂商的介绍，大鹏证券决定建设数据仓库系统。

2. 寻找“定海神针”

大鹏证券期望通过先进的数据仓库技术对经纪业务、客户数据进行强有力的分析，从定量分析的角度认知、了解客户和业务状况，为客户关系管理的成功实施提供理性决策支持。当然，在大鹏证券看来，要上马这样一个数据仓库的项目，也面临着一定的风险。因为这需要比较大的投入，同时也会对未来的业务带来较大的影响。对于大鹏证券这样资产和规模都不是很大的公司而言，上线这样的系统颇有些伤筋动骨的意味。大鹏证券深知数据仓库建设的复杂性，在此前大鹏证券做了大量的调研工作，还专门聘请了德勤公司来进行咨询，进行相应的业务流程改造，为后期的顺利建设打下了基础。

依据自身的需要并结合大鹏证券的现状，大鹏证券在数据仓库的选型方面进行了大量认真细致的工作。在经过慎重的反复评测与比较后，大鹏证券最终选择了全球领先的数据管理及企业集成解决方案供应商 Sybase 公司。

大鹏证券之所以选择 Sybase，是因为 Sybase 在数据仓库领域具有很强的实力，尤其是它在国内外证券市场中广泛的企业知名度与众多成功的应用实施案例，而且大鹏证券也从多家第三方企业那里了解了比较详细的应用情况。在具体的沟通过程中，Sybase 提供的方案满足了大鹏证券的应用要求。

首先，Sybase 的方案具有良好的集成性。数据仓库是多种数据集中后的数据集合，必须能够将来自多个数据源的数据的浏览和分析集成一体，Sybase 的方案很好地解决了这个问题。其次，就是安全性。在证券行业，安全是顶级重要的事情，Sybase 的方案提供了可靠的安全性控制。再次，就是可扩展性。随着大鹏证券业务的发展，系统扩展将是不可避免的问题。Sybase 的方案允许大鹏证券从简单易行的体系架构开始实施，并可以轻松地、平滑地扩展现有的体系架构以适应未来的需求。再次，Sybase 的方案还考虑到新建的数据仓库体系与大鹏证券信息框架总体规划的结合，这给大鹏证券未来的发展更是带来了极大的便利。最后，Sybase 的方案还具有良好的开放性，能够支持多种开放接口或标准的技术，并且还支持大鹏证券已有的异构数据源。

通过以上全方位的考察，在与其他方案进行反复比较后，2001 年，大鹏证券选定了和 Sybase 公司共同开发建设数据仓库系统。汪照群介绍说：“我们当时的目标很明确，就是要将数据仓库作为我们各个系统的‘定海神针’，将分散于各个系统中的数据有机地联系起来，为实现‘以客户为中心’的经纪业务运作模式提供服务。”Sybase 为大鹏证券设计的数据仓库系统采用了集中式数据仓库。之所以选择集中式数据仓库设计，是因为这样有利于实现较大强度的集中管理，有利于信息共享，也便于系统管理维护，同时，该体系架构还可以很好地控制大鹏证券在数据仓库初期的投资和降低系统维护难度。

3. 亲自参与实施

在实施之前，Sybase 从日本请来两位数据仓库专家花费两个月为大鹏证券进行需求调研。汪照群回忆说：“当时我们参与这个项目的所有人看完专家提供的 60～100 个数据报表模型时都非常高兴，因为觉得找到了当时我们需要的东西。”需求调研完成后，项目组马不停蹄地进入了系统实施阶段，整个系统实施持续了八个多月。在这段时间里，汪照群既高兴又着急。高兴的是整个实施过程基本顺利，各个环节进展都比较顺畅；着急的是和国外比，大鹏证券在业务数据的统计分析方面还有一定的差距，需要借助先进的技术手段来缩短这部分差距。

当问及整个实施过程让她最难忘的事情时，汪照群表示："整个工程进展非常顺利，只是在数据清洗的时候遇到了一定的困难。"

她进一步介绍说，由于有多个独立的业务系统，加上以前信息管理不够规范，所以造成了数据不规范和数据不完整的情况。为了避免系统上线以后再出现类似的情况，大鹏证券成立项目组时专门邀请了相关的业务代表参与，这为最终系统上线后各业务部门按照业务流程规范操作提供了非常好的帮助。现在大鹏证券每天都能够及时收到从营业部和业务系统传来的有效数据，这也为大鹏证券利用数据仓库进行各种分析处理工作提供了有效的保证。

在介绍整个实施过程时，汪照群还介绍了大鹏证券的技术人员参与全程的项目实施的好处："首先，我们有自己的研发人员参与了项目实施的全过程，对以后的系统维护非常有帮助，现在整个系统在我们自己的维护下已经稳定运行一年多了。其次，我们有自己的研发力量，参与实施的全过程对以后进行拓展业务的开发很有帮助。"

4."宝藏"有待挖掘

系统正式上线运行以后，给大鹏证券带来了可喜的变化。大鹏证券的业务管理部门通过这一系统可以将所有的操作记录进行归类和整理，并结合行情走势、上市公司资料、宏观微观经济数据等，在掌握大量数据的情况下，对交易盈亏情况、公司的利润分布等进行统计和分析，从而更好地为客户提供个性化的投资组合与理财建议，真正做到对客户的贴心服务。

而且利用这一系统可以细分客户群的需求，及时开发适合的产品和服务满足客户的需求，以保持客户的忠诚度、吸引新的客户。

数据仓库的分析功能囊括了资产、交易、贡献、流动等各个业务部门所关心的内容，使大鹏证券的业务部门可以从自然轮廓、行为轮廓、综合方面进行分析，从而为公司的领导层提供决策方面的依据，为客户服务部门提供资料，为市场部提供明确的客户分类，为市场销售工作提供依据和支持。而且，数据仓库系统的统计功能还大大提高了大鹏证券业务人员的工作效率，减轻了他们的工作负担。例如，过去需要几个工作日处理的报表，现在能够马上处理完成。

汪照群举了一个应用的实例。数据仓库系统上线后，可以及时了解各营业部在指定时间区间内新增客户数、流失客户数、休眠客户数、唤醒客户数、新增保证金、流失保证金、转入证券市值、转出证券市值等指标各为多少，找出流失保证金、转出证券市值比较大的营业部，督促营业部找出客户流失的原因，发现潜在的客户服务问题。通过调查这些客户，可以发现潜在的威胁。

汪照群表示，除了上述的优点以外，数据仓库在大鹏证券已经不仅是纯粹意义上的数据仓库系统了，它还担负了连接各个业务系统的作用，实现了系统间的信息集成，为以后的业务拓展奠定了良好的数据基础。

不过在看到实施的数据仓库系统为公司带来的种种便捷的同时，汪照群也存在危机意识："现在由于种种原因，我们数据仓库系统的所有功能还没有完全地利用起来，现在主要还是在满足基本的业务需求，我们下一步需要将它的所有功能都利用起来。"

市场是不断发展变化的，业务需求也不断在更新，汪照群表示，在数据仓库的基础上下一步的建设目标有三个：第一，进一步加大系统使用培训，让各业务部门充分使用系统提供的灵活分析功能；第二，建立数据集市，利用数据集市小、易于建设和恢复的特点，满足业务部门的需求和为系统集成提供数据基础；第三，在满足经纪业务需求的基础上，拓展建设其他业务。

大鹏证券的数据仓库系统，体现了以“客户为中心”的设计思想。它是一个分析型的客户关系管理系统，这与大鹏证券的“以服务营销为宗旨”的业务理念是一致的。它目前已经对大鹏证券各业务部门在客户关系管理方面起到了很好的分析支持作用。虽然它积累的数据目前只有交易行为数据、轮廓数据和部分成本数据，但随着各系统的发展，公司将把与客户有关的各种信息及时抽取进入仓库，以更大程度地实现公司对客户数据的全视角审视、统一化管理和客户价值分析，为公司建立客户关系管理服务平台起到最根本的作用。

思考题：根据上述案例，谈谈其成功的关键点，并总结其成功的因素。

第三节　企业信息系统集成技术

从企业信息化发展的诺兰模型来看，企业信息化的第一到第三发展阶段建立的各种信息系统基本都是孤立的，企业中的计算机应用系统大多用来替代重复性的劳动。由于缺少不同系统相互集成的技术，很多关键的信息被封闭在相互独立的系统中，部门间重复着冗余的工作，这直接导致了企业工作效率的降低和运营成本的上升。

所谓系统集成（System Integration,SI），就是指通过结构化的综合布线系统和计算机网络技术，将各个分离的设备（如 PC）、功能和信息等集成到相互关联的、统一和协调的系统之中，使资源达到充分共享，实现集中、高效、便利的管理。

从 20 世纪 80 年代开始，企业意识到问题的严重性，并着手设计对信息系统进行集成，从而引入了企业应用集成（Enterprise Application Integration，EAI）的概念。同时供应链管理（B2B 集成）、基于流程的业务处理以及 Web 应用集成也推动了 EAI 的发展。可以把 EAI 看成是信息集成、过程集成、功能集成的科学、方法和技术，其目的就是将企业内、外连接起来。也就是说，EAI 是一种改造原有信息系统的代表技术，它可以充分地利用现有系统的价值，而不需要重新“启动”新的系统。

一、EAI 模型

随着企业对“企业集成骨干网”的需求急剧增加，EAI 成了实现企业主要战略目标的必需手段和捷径。EAI 能够将业务流程、应用软件、硬件和各种标准联合起来，在两个或更多的企业应用系统之间实现无缝集成，使它们像一个整体一样进行业务处理和信息共享，如图 2-3 所示。尽管 EAI 常常表现为对一个商业实体（例如一家公司）的信息系统进行业务应用集成，但当在多个企业系统之间进行商务交易的时候，EAI 也表现为不同公司实体之间的企业系统集成，例如 B2B 的电子商务。同时，为了实现网上交易，必须将企业后台系统（例如 ERP）与企业的外部网站集成在一起，以便让客户在能够进行自助式服务时（例如 B2C 的商务活动），EAI 也可以大显身手。

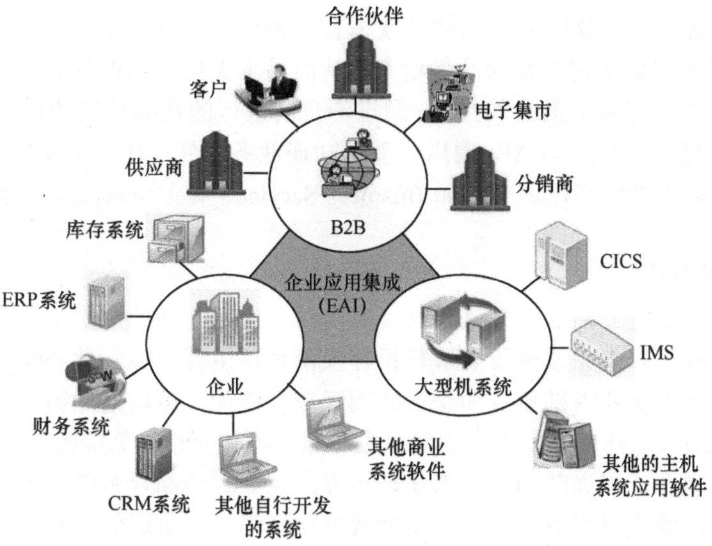

图 2-3　EAI 模型

从实现技术上分，目前 EAI 有以下三种主要类型：

（一）数据层集成

数据层集成支持不同数据存储器如数据库之间的直接数据交换，能够方便地在不同应用中传送数据，这好比从一个数据库中抽取信息。如果需要，还可对这些信息进行适当的处理，并在另一个数据库中进行数据更新。数据层集成需要支持数据库、文件、电子邮件和 XML 的集成能力，支持双向访问、实时同步的能力，支持数据之间映射、关联和汇集的能力，以便适应数据整合、数据共享等企业需求。数据层 EAI 技术的优势在于实施成本较低。这种方法大都不用管应用本身，不用对应用源代码进行改变。所以企业不需要花钱来修改应用的代码、重新测试和再部署。而且，这种能在数据库之间转移数据、并对信息重新格式化的 EAI 技术实施成本也相对较低。此类集成虽然无须修改应用程序而易于实现，但它的维护和扩展昂贵且一般不适用于 B2B 集成。

图 2-4 为非组件架构的订单管理应用、整合到库存管理应用的示意图，这时后者只要调用前者的某个参数如物料编号即可将库存管理应用中已有的数据提取出来。判断是否属于数据整合的标准，就是看整合是否直接发生在应用系统的数据低层、有无触及应用的业务逻辑功能。

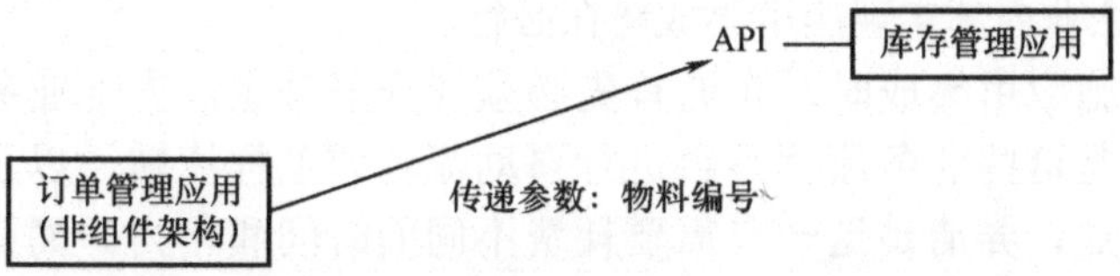

图 2-4　数据层利用应用程序接口 API 进行的整合

（二）消息层集成

消息层集成通过交换消息，不同应用实现各自功能的集成。消息层集成需要支持不同应用系统，如 ERP、SCM、CRM、客户自开发应用等，支持底层的中间件平台，包括 J2EE、

COM、CORBA 等，还需要适应不同的开发语言，例如 C/C++、Java、BASIC 等。此类集成利用了现有应用的数据转换及合法性检查，从而易于保持数据的完整性，但它需要修改现有应用以建立发送和接受消息的接口。通过消息所进行的业务功能的集成，有三种方法，即可以通过应用提供商开发的 API 调用，基于功能业务组件（Business Component）的方法调用，以及目前最新的基于服务（如 Business Service、Web Service）功能调用三种方法实现。

（三）流程层集成

流程层集成通过建立商业流程来整合现有应用。应用之间的数据交换仍然通过消息进行，但有一个流程引擎来完成流程的解释执行及消息路由等功能。此类集成基于业务逻辑的共享，可以适用于企业内部集成和企业之间集成。例如，可以借助被多个应用调用的方法来更新客户记录，这种情况多出现在共享应用服务器和分布对象架构中。通过共享方法，应用系统变得紧耦合。将离散的应用系统转换成商业流程的黏合系统，灵活性高，但实现难度最大。此外，流程层集成还需要在支持数据层和消息层集成的基础之上实现业务流程的实时管理，支持行业标准，适应集中、扁平、透明的管理机制，适应企业供应链、企业内部流程共享和流程优化。

流程层的 EAI 有两种基本的技术：在一个共享的物理服务器（如应用服务器）上创建一个共享应用服务（方法）集；或使用分布式方法共享技术（如分布对象）使应用变得可以共享。随着 XML 和应用服务器等技术的出现和发展，流程层集成逐渐成为 EAI 的主流。单项技术上已出现了 BPML 等用于描述商业流程的 XML 标准，还有 SOAP、UDDI、WSDL 等用于商业流程和 Web 服务（Web Service）的通信、注册与发现的一系列 XML 标准。

二、企业内应用集成

EAI 主要包括两方面：企业内应用集成和企业间应用集成。企业内应用集成就是企业信息系统的大连接。在企业范围内如何集成现有的应用系统和数据库是一个棘手的问题：应用或数据库可能是几年前的老系统，很难进行无缝地集成；不同的系统和应用可能包括同样的数据，从而造成了数据冗余；此外，还要保持所有的数据版本同步更新。例如，企业在不同时期开发的信息系统十分庞杂，新增加的子系统必须与遗留系统协调运作，既要接受遗留系统 A 的数据，还要将计算结果传递到遗留系统 B，说不定还要调用遗留系统 C 的函数。而对于那些已经在信息系统建设上投入了大量资金的用户来说，历经多年建成的信息系统虽然有效，但如何让新引入的 ERP、CRM 和 SCM 等系统协调工作，避免重复劳动，这更是难题，所以企业内部实现应用集成势在必行。

当在企业内实施应用集成时，企业首先必须要弄清楚企业内部业务流程和数据的流量流向，必须要清楚这些业务流程是否进行自动流转或怎样流转，以及业务过程的重要性。根据不同的企业，弄清楚这一点需要耗费不同的时间和精力。简而言之，企业必须清楚业务流程及数据流向以及哪些业务过程和数据元素需要集成。这对于 EAI 非常重要，因为从本质上讲，EAI 就是维持数据正确而自动地流转。不同的 EAI 解决方案采取不同的技术途径。

目前，大多数的应用集成的解决方案是整体战略性的方法和技术，例如为企业创建一个公共的基础架构，用于在“一对一”、“一对多”、“多对多”的配置环境中共享信息。其他方案如更新 EAI 技术，或利用消息代理和应用服务器，消息代理和应用服务器正在逐渐取代传统的“点对点”中间件，以及定制应用集成解决方案等。

三、企业间应用集成

EAI 技术可以适用于大多数要实施电子商务的企业，以及企业之间应用集成。EAI 涉及应用集成架构里的客户和业务伙伴，通过集成供应链内的所有应用和数据库可以实现信息共享。传统的 B2B 电子商务应用了诸如 EDI 和专用 VAN（增值网络）的技术。当企业之间进行资料传输时，每个伙伴企业都要有一套转换系统。如果各个企业系统不同、传输协议不同，将会使资料交换变得非常复杂。因特网使用的标记交换语言 XML 弥补了 EDI 标准定义所缺乏的扩充性和弹性以及通用性。以 XML 标准制定要交换的文件的结构，通过因特网进行 XML 商业文件的交换所需要的技术，如 HTTP、SMTP、SOAP、Web 服务器浏览器等都是普遍的技术和标准，很容易接受。然而今天，大多数 B2B 电子商务则采用了实时性更强的、基于因特网的网络服务技术，如基于因特网的消息代理技术、应用服务器以及像 XML 等新的数据交换标准。许多公司的供应链系统也可能包括交易系统，新的 EAI 技术可以首先在交易双方之间创建连接，然后再共享数据和业务过程。当然，他们如今不再使用 VAN，而采用因特网作为传输介质。和 B2B 商务有所不同，B2C 商务需要信息能被更广泛的企业之外的人或客户访问到，所以企业应用要能支持基于 Web 的销售和信息共享。显而易见，B2B 和 B2C 电子商务的需要促进了 EAI 技术的发展。

在所有 EAI 产品中，EAI 中间件是最为典型的。一般说来，中间件产品主要应用了以下几类技术：

1. 数据访问技术

数据访问技术提供直接访问不同数据源的手段，而不必改变应用层的程序，如大家很熟悉的 ODBC、JDBC、JDO、ADO 这些数据标准接口。

2. 基于消息的中间件技术

基于消息的中间件技术（Message Oriented Middleware，MOM）提供一个异步消息传送机制，其处理方式如图 2-5 所示。应用将消息通过 MOM API 传给 MOM 处理器队列，而后将处理过的消息返回给应用。MOM 在所有需要集成的应用系统内，都要安装 MOM 的 API 调用程序，以把消息递交给中间件进行处理。显然，MOM 的优点是：发送和接收方不必在线等待（松耦合）。其缺点是：会发生过载情况。当然随着产品的不断改进，这个缺点在负载平衡方面会得到进一步改善。提供 MOM 产品的主要有 IBM MQSeries、微软的 MSMQ。随着 JMS（Java Message Service）的兴起，MOM 产品的应用也将变得更为广泛。相对于下面讲到的应用服务器，它比较“单纯”——专为整合服务。

3. 远程呼叫

远程呼叫（RPC）也同 MOM 一样利用客户/服务器模式，不同点是，RPC 是同步在线的，即要等待接收方的回复才继续自己的工作。这减少了出错概率，当然等待使速度变慢。

4. 交易处理监控器

交易处理监控器（Transaction Processing Monitors，TPM）作为一个中间件，是现代应用服务器的雏形。它主要用于监控和管理客户端及多个后台应用之间的交易状况，考虑负载平衡，将客户的请求映射到各个应用，如图 2-6 所示。

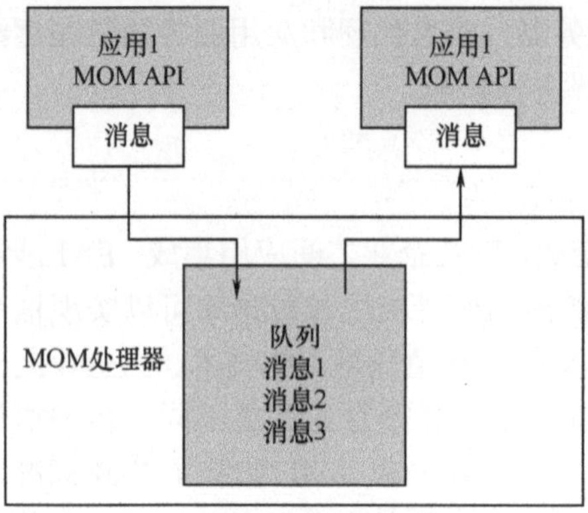

图 2-5 MOM 的发送机制

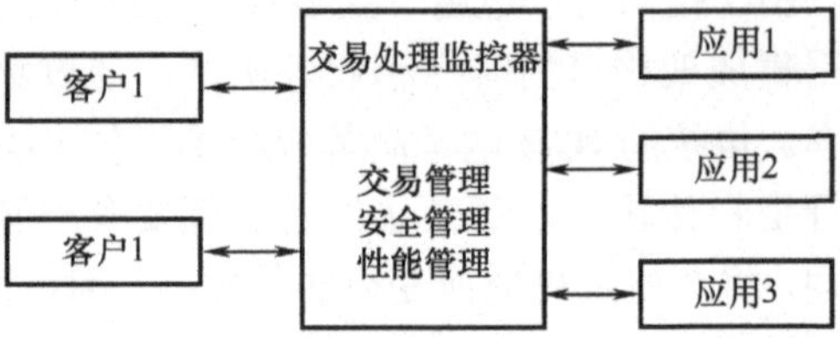

图 2-6 交易处理监控器

5. 目标请求代理

目标请求代理（Object Request Brokers，ORB）是专门替应用转交功能组件的“代理”，是业务功能整合层次的整合中间件，基于 COM、CORBA 及 Java RMI 等标准组件，如图 2-7 所示。

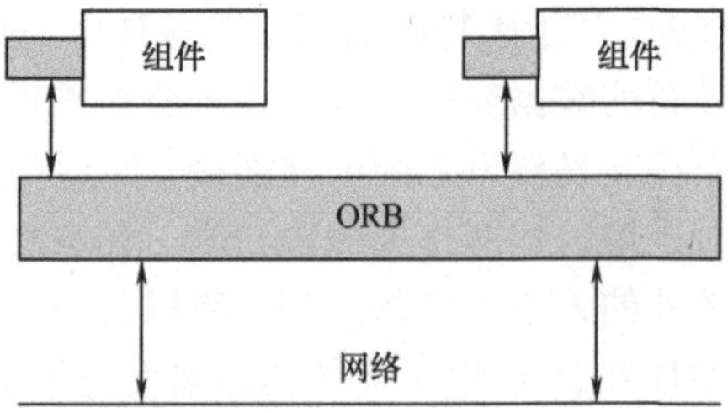

图 2-7 ORB 原理图

6. 应用服务器

应用服务器是一个软件开发平台，除可以开发独立的应用系统外，服务器也集成了各种整合技术。应用服务器不仅提供应用逻辑的处理，也能使用事务语义协调许多资源的连接，从而让应用服务器的用户能够使用交易的概念（交易开始、信息抽取、信息传输、信息更新、交易中止）来集成后台资源。应用服务器典型的用途是提供诸如集成开发环境（Intergrated Development Environment，IDE）的应用开发特性，以及应用测试和应用部署等工具。新一代的应用服务器都支持 Java 和 EJB。应用服务器在事务处理中可以使方法共享，从而支持技术方法级的 EAI。然而，每一种应用服务器都有各自的支持 EAI 的特性，所以在选择应用服务器来实施 EAI 时，必须对这一点要了解得非常清楚才行。

四、上海三菱公司制造全过程的集成案例

对于制造型企业的信息化来说，能够实现全过程的大集成基本上已经是最高目标，这时候信息化给企业带来的效益就不仅仅是提高工作效率或创造效益了，而是为企业搭建了一个与竞争对手完全不同的经营平台，在这平台上，不仅可以把事情做得更快、更好，成本更低，关键是支持战略变化的速度更快、能力更强。

为达到全过程的大集成目标，上海三菱的信息化建设借鉴国外典型的制造全过程的企业信息化模式，即内部的信息化由产品数据管理（PDM）、ERP、工厂自动化（FA）组成，并且内部信息化要逐步向外部延伸，建立客户关系管理（CRM）、供应链管理（SCM）等系统。因此，上海三菱的全过程大集成的总体思路是：在统一的数据库和网络系统的支持下，改进和充实现有的信息系统，建立规划还需要补充的新系统；横向上，以电梯产品为主，实现内部供应链和外部供应链信息流的全线贯通；纵向上，以高层的战略决策信息为导向，实现企业信息的全面集成。

电梯产品的全过程，可以分为合同准备与合同签订阶段、设计阶段、生产制造阶段、安装保养阶段，以及贯穿始终的管理控制过程，同时还涉及横向的与客户、供应商以及联营企业的各类交互活动。与之相适应，上海三菱形成了由工程信息分系统、管理信息分系统、营销信息分系统、车间底层控制分系统、安装保养分系统五个分系统构成的整体解决方案。

（一）工程信息分系统：EIS

工程信息分系统是上海三菱基于 Oracle 数据库根据电梯制造的体系和特点自行开发的应用系统，工程信息分系统的主要功能模块有CAD与图库、产品BOM、产品配方管理、CAE、计算机辅助工艺计划（CAPP）、刀具管理、技术文件管理、任务管理和流程管理、图档管理、系统管理。工程信息分系统的主要功能都是结合了电梯行业的独特特点来设计的，作为自主开发程度最高的系统，它有效地提高了上海三菱设计与制造工艺的自动化程度。通过 EIS（PDM）可以对产品设计、计算分析、工艺、定额、CAM、任务、流程、档案管理等实现全过程的管理；在系统上实现了CAD/BOM/ERP系统全面集成，包括前端与BOM连接，后端与ERP和底层控制连接，为ERP提供了工艺路线、工作中心、工时定额等制造数据。

（二）管理信息分系统：ERP

上海三菱的管理信息分系统基于SAP R/3的ERP系统，包含了物料管理、生产管理、销售管理、人力资源、企业采购系统以及财务监控和管理监控体系等模块。其中生产管理模块是最为困难、同时对上海三菱来说又是最重要的一部分内容，主要包括计划的需求管理、物料需求计划的编制、物料清单管理、工艺路线管理、生产订单管理、车间执行信息系统等。生产管理模块的全面运行改变了传统的生产计划方式，通过“滚动计划”模式，由以“月”为计划单位的固定模式实现了“一个计划”的模式。另外，EBP（企业买方专业系统）逐步与供应商建立统一的计划性采购平台，为今后的电子商务应用打下基础。选择了联营企业老港申菱作为试点，已于2003年年底正式成功上线，项目功能包括：供应商从Internet 接受公司下达的计划性采购订单、创建交货确认、过账、发票输入、批准及财务凭证过账等。EBP的应用使ERP应用得到新的延伸，提高了采购工作的质量和工作效率。

（三）营销信息分系统

销售和产量的急剧增加，给总公司和分公司的合同签约和合同技术准备带来了很大的压力，为了改善和提高售前和合同的技术处理的效率和管理水平，上海三菱在 EIS、OA、ERP的基础上进一步整合开发了营销信息分系统。

营销信息分系统由合同签约子系统和合同技术处理子系统组成。该系统基于企业的Intranet 和分布式数据库网络实现分公司和总公司签约、处理的全过程信息化，包括合同的预报、签约、评审到客户的电梯安装设计、合同的产品配置的技术准备等。该系统与 EIS的电梯技术规格系统、营业设计系统以及 SAP 系统集成，实现从产品合同的洽谈、签订、销售订单和安装订单在SAP中建立、技术准备、排产到生产的流程信息化。

（四）车间底层控制分系统

车间底层控制信息化（又称工厂自动化）通过自动化技术、计算机技术、通信技术、制造技术和现代管理技术，以工程信息分系统、管理信息分系统为依托，将人力资源、工作中心和物流系统有机地集成起来，形成一个集控制、监测、调度、管理等功能于一体、适应各种市场需求的现代化企业综合自动化系统。从制造过程的全局出发，通过“订单主数据”驱动物流在制造过程中的流转，使库存得到最充分的控制。在生产的过程中，系统实时监视和分析设备的运行状态，分析设备的利用率、完好率，保证计划完成。

（五）安装保养分系统

为了提高电梯维修技术和管理水平，上海三菱参考营销系统的管理方式，开发了安装保养分系统。其主要功能包括：安装合同签约系统、安装计划管理系统、安装验收管理系统、备品配件管理系统、保养合同管理系统、SMOS与地理信息系统（GIS）。

其中SMOS是公司自主研发的小区电梯集中监控系统，利用计算机串行通信技术，对分布在小区内的电梯实施全面、系统的监测和控制，也可用于远程监控。GIS可以非常直观地将客户在空间位置的分布特性等信息，以地图化的方式展现出来。GIS通过定制接口，集成MIC和SMOS的自动报警功能，将这两个系统收到的客户信息、电梯故障信息自动显示并定位于GIS中，采用特殊效果进行标示。运用其中的可视化功能和路径分析功能，为维修部门提供快速响应的信息化工具。

在这一阶段，各个应用系统之间的边界越来越模糊，员工甚至都不知道自己每天操作的系统到底是ERP、OA还是工程信息系统或自我开发的软件包，系统之间已经完全交织在一起，集中了企业经营的所有信息，并基本贯穿企业所有的业务节点。信息系统对于企业的重要性，一如遍布全身的血管体系对于人体的重要性。

思考题：通过此案例，你如何看待企业信息化集成？它的优势是什么？

本章小结：

本章介绍了与信息全过程相关的技术理论，包括企业信息网络技术、企业数据管理技术及企业信息系统集成技术，并引入了相关的案例。

企业信息网络技术主要包括四大技术：传感和遥感技术、计算机技术、通信技术及网络技术，作为信息处理的技术手段，对企业信息化的建设及实施起到了支持作用。

企业数据管理技术经历了人工管理阶段、文件系统阶段、数据库系统阶段三个阶段。数据库是指存储在计算机辅助存储器中的、有组织的、可共享的相关数据集合。利用数据库技术开发信息系统，可以解决业务数据的输入和管理问题，同时也可以对数据进行有效的分析和展示。数据仓库正是为了满足对数据的分析处理而出现的新的数据库技术，数据挖掘技术帮助用户从浩瀚的数据中找出潜在的对用户有价值的信息和知识。

企业信息系统集成技术包括信息集成、过程集成、功能集成的科学、方法和技术，其目的就是将企业内、外连接起来。也就是说，EAI是一种改造原有信息系统的代表技术，它可以充分地利用现有系统的价值，而不需要重新“启动”新的系统。

思考题：

1. 企业信息网络技术主要包括哪些技术？举例说明其在企业信息化进程中的应用情况。
2. 什么是物联网技术？
3. 企业数据管理技术经历了哪几个阶段？
4. 数据仓库与数据挖掘有什么关系？举例说明。
5. 说明企业信息系统集成的必要性。

第三章
企业管理信息化

学习目标：

1．了解事务处理系统的概念、运行过程和运行方法。
2．掌握管理信息系统的概念及功能，了解其开发方法和开发过程。
3．了解决策支持系统的基本构成和工作过程。
4．掌握企业资源计划的概念、特点，了解其系统的主要功能模块。

开章案例：

Mr. Sweeper 商店的仓储管理信息系统

（资料来源：Ralph M. Stair. 信息系统原理[M]. 北京：机械工业出版社，2000）

本部位于亚特兰大的 Mr. Sweeper 商店是真空清洁器和清洁部件、办公室清洁设备和必需品的零售商和分销商。两年以前，Mr. Sweeper 的雇员仍然需要笨手笨脚地通过目录来查找其需要的部件号或价格。商店的行政主管贝蒂·史密斯（Betty Smith）说："因为手头有 8000 多种商品，我们需要一个完全有经验的存货控制系统来追踪我们的存货状况，并与三个商店相互联通。"他还说："还需要为我们的销售人员提供一个非常容易使用的软件，同时还需要相应的工作机制。"

在与当地的一家咨询公司签署一份 20000 美元的合同之前，Smith 花了 6 个月的时间研究适合自己公司的硬件和软件。通过这份合同，Mr. Sweeper 商店购买了 6 台个人计算机、打印机、软件以处理诸如控制存货、支付账单、收款等工作。所有需要的有关存货和会计的数据都存于同一个数据库内，计算机、打印机及其他设备通过通信线路联成网络。Smith 骄傲地说："现在从一个最小的螺钉到最大的机器都存于数据库中了。"

新的基于计算机的信息系统已经帮助 Smith 降低了运营费用。信息系统可以指出哪个产品库存已经高于标准，哪个产品的库存太低了，它还能帮助制定订购计划，甚至还能计算出供应商运送所订购商品的平均时间。Smith 估计这样公司可以将其存货减少一半。与此同时，销售人员可以通过查看数据库中的老订单帮助顾客记起以前他们曾买过些什么产品，而且机械师能查看维修的历史信息。Smith 说："如果一台维修好的机器又恢复使用，我们可以看到谁为此做了些什么。""虽然这个系统用了近一年的时间才能够平稳地运行，但是，我无法想象我们如何再用老办法来完成现在的工作。"这是她得出的结论。

案例思考：

1. 该公司输入到信息系统中的是哪些数据？信息系统输出的又是哪些类型的信息？
2. 该公司为什么要从手工信息系统转向计算机信息系统？

第一节 事务处理系统

事务处理系统（Transaction Processing System，TPS）是提供给基层业务人员使用的信息系统。事务处理是企业经营活动中最基本、最底层的业务活动，业务量大，涉及面宽，因此是企业实施信息化的第一步工作，也是企业开展电子商务的基础设施。TPS 的开发和应用会为其他信息系统奠定良好的基础。

一、事务处理系统的概念

事务处理系统是大多数企业中信息系统的一种，属于业务处理系统，是其他系统的基础。TPS 不需要综合或复杂的处理，但需要进行大量的数据输入和输出。从事务处理上升到信息管理、决策支持和专家系统，例行处理减少，决策支持增加，输入输出减少，处理和分析的综合性和复杂性增加。随着 TPS 上升而增加的综合性和复杂性并不意味着事务处理对企业来说不重要，而是说事务处理是基础，其他是基础上的飞跃，在大多数情况下，所有这些系统均是以事务处理为基础的。

事务处理系统又可称为电子数据处理（Electronic Data Processing，EDP）系统，它是面向企业基层管理活动的，并对企业每个正常运作必需的常规业务所发生的信息进行处理。TPS 是信息系统的最初级形式，也是伴随着计算机的诞生而出现得最早的信息系统。其特点是所处理的问题高度结构化，即能完全按照事先制定好的规则或程序进行，为企业运行提供实时的信息，而且功能单一，设计范围小，如订票系统、订票管理系统、工资发放系统、仓库进出管理系统等。TPS 的运行目的在于大大提高作业管理人员的工作效率，在某些情况下，甚至可以完全取代作业层的手工操作，如商业实时零售（Point of Sales，POS）终端系统、全球贸易的 EDI 系统。TPS 通常处于企业系统的边界，即它能将企业和它的外部环境联系起来，同时也是其他层次信息系统的信息来源，建立企业信息系统大都是从 TPS 的开发入手的。

二、事务处理系统的运行过程

虽然不同组织的 TPS 处理的具体活动不同，但所有 TPS 的目标都是为了获取和处理反映企业基本业务的数据，完成一系列共同的基本数据处理活动。这些数据用来更新数据库并产生供组织内部和外部人员使用的报告。这一系列共同的基本数据处理构成了事务处理周期，包括数据收集、数据编辑、数据修改、数据操作、数据存储和文档生成。

（一）数据收集

获取和收集完成事务处理所需数据的过程称为数据收集。数据收集在有些情况下可以由操作员手工完成，在有些情况下还可以通过扫描仪、POS 设备和终端等设备自动进行。数据应从源头获得，并及时、准确地被记录。如果是手工收集数据，则应减少录入工作量。数据通过某种录入设备能直接送入计算机而不需以某种文档形式键入，这种方式称为源数据自动化。数据收集应该尽量采用源数据自动化，以保证数据的准确性和高效性。

百货店结账处用扫描仪自动读取通用产品代码（UPC）便是源数据自动录入，读取 UPC

条码要比收银员人工输入代码快速而且准确。许多百货店将 POS 扫描仪和发票打印机连接起来。每次当某个产品通过结账处的扫描仪时，系统就能打印出相应发票。TPS 可以通过提高工作效率来提高销售量和百货店的利润。

另外一个数据收集的例子是工业数据收集设备，员工在开始或结束工作时被要求刷 UD 磁卡，以便向工资 TPS 系统输入出勤的数据。这些设备不仅提供重要的员工注册信息，而且帮助组织决定每件工作或项目要多少劳动力，以此进行劳动力的调整或更好地计划将来的项目。

（二）数据编辑

数据编辑是处理事务数据的一个重要步骤，其目的是检查数据的有效性和完整性。例如，成本和价格必须是数字型的数据，且以字母命名，录入的数值必须在有效的数值范围内，否则无效；与个别事务有关的代码也会与数据库中的有效代码进行比对，如果不符合，那么它将被拒绝。

（三）数据修改

由于种种原因，在数据收集、录入时不可避免地有无效数据的输入，这时系统发出错误提示信息，这些错误提示信息提示出现了什么问题，数据需要进行修改。数据修改包括重新输入那些错误键入或错误扫描的数据。

例如，扫描的 UPC 必须在有效的 UPC 主表中，假如代码不在主表中，系统应该给出指示，要求重新扫描或手工键入数据。

（四）数据操作

数据操作，即执行计算和其他与企业事务相关的数据转换过程。数据操作包括数据分类、数据排序、计算和汇总结果以及存储数据，以作进一步处理。例如在工资 TPS 中，数据操作包括将员工工作时间和每小时工资相乘，也包括超时工资、为政府代扣所得税和扣减额等的计算。

（五）数据存储

数据存储是指用新事务来更新数据库。一旦完成更新，数据可被其他系统进一步处理和使用，因而这些数据可用于管理决策。因此，事务数据库又可被认为是事务处理的副产品，它们对组织的几乎所有的其他信息系统和决策支持过程都会产生显著影响。

（六）文档生成

文档生成包括生成输出记录文档和报告，它们可以是纸质文档或是显示在计算机屏幕上的电子文档。例如，工资支付支票是工资 TPS 生成的纸质文档，而显示发票平衡报表是应收账款 TPS 的电子文档。TPS 的输出常作为其他系统的输入，用于更新库存数据库的结果，并生成低于再订购下限的库存报告。

除了支票和发票等文档外，大多数 TPS 还产生其他有用信息，例如帮助员工完成各种操作的报告，如当前库存报告、订购的商品清单文档、有关财务结算文档、反映实际业务工作效率的文档等。

三、事务处理系统的运行方法

TPS 的运行方法一般可以分为三种：批处理方法、联机处理方法和处理延迟的联机录入方法。

（一）批处理方法

批处理是指将一段时间内的一批事务只作一次性处理。这段时间的长度通常根据用户的需要而定。例如，应收账款系统应按日处理发票和顾客的支付款、工资单系统接受时间记录卡并按双周处理以生成支票、更新员工工资记录和分配劳动成本。批处理系统的重要特征是在事件的发生和更新记录的最终事务处理之间有延迟。因此，批处理有时也称为延时处理或脱机处理。

（二）联机处理方法

联机事务处理（On-line Transaction Processing，OLTP）又称为实时处理。这种处理方法对事务采用即时处理，而不累积成批。数据输入后，计算机程序即刻完成必要的处理，并更新这一事务涉及的数据库。因此，联机系统的数据在任何时刻都能反映当时的状况，如航空订票系统就可以即时处理事务，更新座位和应收账款数据库。这种处理对诸如订票、股票投资等需要迅速获取数据和更新数据的业务是必需的。在现代社会中，许多公司采用OLTP提供快捷有效的服务，以吸引更多的顾客。

（三）处理延迟的联机录入方法

处理延迟的联机录入方法，是批处理方法和联机处理方法的折中。在这种方法中，事务或订单在发生时就送入系统，但并不立刻处理。

对大多数软件，批处理是更适合并有成本效益的，例如工资单事务和账单处理往往采用批处理的方法。一个组织的TPS系统中选择的事务处理的方法要适合公司不同的应用场合。

对应于以上的运行方法，TPS有以下特征：

（1）能迅速、有效地处理大量数据的输入、输出。

（2）能进行严格的数据编辑，确保记录数据的正确性和时效性。

（3）通过审计可确保输入数据、程序和输出数据是完整、准确和有效的。

（4）提供有关安全问题的保障能力。

（5）支持多用户处理，系统的故障对组织有严重、致命的影响。

第二节 管理信息系统

一、管理信息系统概述

（一）系统与管理的相关概念

1. 系统

系统是指在一定环境中为了实现某种目标，由若干个相互联系、相互作用的元素组成的有机集合体。

在现实世界中存在着多种多样的系统，如宇宙系统、原子系统、人体消化系统、交通运输系统、电力系统、供水系统、管理系统、教育系统、经济系统等。任何系统都具有以下五个基本特征：

（1）独立性。每个系统都是一个相对独立的个体，与周围环境有明显的边界。

（2）目的性。每个系统都有特定的目的，系统的每个组成部分都在为实现整个系统的目的而服务。

（3）层次性。任何系统都是由许多子系统组成的，每个子系统又可以分为更小的子系统。

（4）运动性。系统总是处在不停的运动中，不断接受外界的输入，经过处理，不断向外界输出。

（5）适应性。每个系统都可以根据需要扩充和压缩自己，以适应系统变化的需要。

2. 信息系统

信息系统是指能够进行数据收集、加工处理、检索查询、存储和传输，并能够提供有用信息的系统。

信息系统一般由信息源、信息处理器、信息接收器和信息管理者组成。

（1）信息源。它是被系统采集和录入的原始数据来源。按照企业系统边界划分，可以将信息源分为内部信息源和外部信息源。内部信息源产生于企业内部自身的系列活动，如生产、人事、销售、财务等方面的信息；外部信息源主要涉及企业的外部环境，如国家经济政策、同行业竞争、市场需求等方面的信息。

（2）信息处理器。广义的信息处理器是指获取数据并将它们转换成信息，向信息接收器提供这些信息的一套完整的系统。具体地讲，它是由数据采集、录入、变换、存储和检索等一系列硬件和软件组成的。

（3）信息接收器。它是信息系统输出信息的接收装置。一般来讲信息系统的输出有两大去向：一是用户；二是存储介质，如磁带、磁盘、光盘等。

（4）信息管理者。信息管理者是指负责信息系统分析、设计、实施、维护、操作和管理的人员。

3. 管理

管理是人们有目的、有意识的实践活动，是指管理者在一定的社会条件（资源与环境的约束）下，为了实现预定目标对各种资源和实施环节进行规划安排、优化控制活动的总称。

管理的实质是通过对资源的合理配置，达到以最小的投入获得最大效益的目的。管理具有目的性、约束性、实践性和艺术性等特征。管理学是现代社会中一门重要的学科，有关的理论、方法等可参考有关文献。

4. 管理信息

管理信息是指反映企业生产经营活动及相关因素状况，并对企业管理的控制与决策产生影响的信息的总称。

（二）管理信息系统的概念

管理信息系统（Management Information System，MIS）的概念起源很早，可以追溯到20世纪30年代，当时切斯特·巴纳德（Chester Barnard）强调了决策在组织管理中的作用。管理信息系统的第一个定义始于1970年，由瓦尔特·肯尼万给出：“以书面或口头的形式，在合适的时间向经理、职员以及外界人员提供过去的、现在的、预测未来的有关企业内部及其环境的信息，以帮助他们进行决策。”这个定义很明显是出自管理的，它强调了用信息支持决策，而没有强调要运用计算机的手段。1985年管理信息系统创始人明尼苏达大学卡尔森管理学院的著名教授戈登·戴维斯（Gordon B. Davis）给出了一个较完整的定义：“它是一个利用计算机硬件和软件，以及数据库的用户—机器系统，是一个分析、计划、控制和决策模型，它能够提供信息，支持企业或组织的运行、管理和决策功能。”这个定义说明了管理信息系统的目标、功能和组成。在以后的近十几年的时间内，许多专家、学者站在不同的角度给出了若干的定义。管理信息系统一词在我国出现是20世纪70年代末，《中国企业管理百科全书》上的定义为“管理信息系统是一个由人、计算机等组成的能进行信息的收集、传递、储存、加工、维护和使用的系统。管理信息系统能实测企业的各种运行情况，利用过去的数据预测未来，从企业全局出发辅助企业进行决策，利用信息控制企业的行为，帮助企业实现其规划目标。”

综上所述，管理信息系统可定义如下：

管理信息系统是运用系统的理论方法，以计算机网络和现代通信技术为工具和手段的，具有进行信息的收集、存储、加工处理、传递等功能，能为管理决策提供信息服务的人机系统。

从以上概念可以归纳管理信息系统具有以下几个基本含义：

（1）管理信息系统是融合人的现代思维与管理能力和计算机强大的处理、存储能力为一体的协调、高效的人机系统。

（2）管理信息系统的处理对象是企业生产经营活动的全过程，如生产、销售、财务、采购等，同时通过反馈为各级管理者提供有用的信息。

（3）管理信息系统运用了数据库技术，通过集中统一规划的中央数据库的运用，使得系统中的数据实现了一致性和共享性。

（4）管理信息系统是一门综合了管理科学、系统理论、计算机科学的系统性边缘学科。

（三）管理信息系统的功能与分类

1. 管理信息系统的功能

（1）数据处理功能。管理信息系统能够对各种类型的数据进行收集录入、加工处理、检索查询、存储、传输，这是管理信息系统的首要任务和基本功能。

（2）预测功能。管理信息系统运用一定的数学方法和预测模型，利用历史的数据对未来可能发生的结果进行预测，这是管理计划和管理决策工作的前提。

（3）计划功能。管理信息系统对各种具体工作合理地计划和安排，例如生产计划、销售计划等，这是指导各个管理层次高效率地工作的前提。

（4）控制功能。管理信息系统通过信息反馈可以对整个企业生产经营活动的各个部门、各个环节的运行情况进行监测、协调、控制，保证系统的正常运行。

（5）辅助决策功能。管理信息系统运用运筹学的方法和技术，为合理地配置企业的各项资源、作出最佳决策而提供科学依据。

2. 管理信息系统的分类

企业的规模、组织机构和行业的不同，使得管理信息系统所采用的技术和方法也不同，所以管理信息系统可以从不同的角度按照不同的方式进行分类。

（1）按照信息处理的技术手段分类。按照所使用的技术手段不同，管理信息系统可以分为手工系统、机械系统和电子系统三种类型。

1）手工系统是指所有信息处理工作全部由人工完成的系统，这是最原始的系统。

2）机械系统是指用机械装置（如打字机、收款机、自动记账机等）来代替手工信息处理工作的系统。这种系统加快了数据处理工作的速度，提高了系统的效率。

3）电子系统是指以计算机为主要信息处理工具的系统。这类系统利用电子计算机运算速度快、存储容量大、逻辑判断功能强的特点，可以快速、准确地为各级管理人员提供所需要的信息，提高了信息的使用价值。

（2）按照信息处理的方式分类。按照信息处理的方式不同，管理信息系统可以分为脱机处理、联机实时处理系统两种类型。

1）脱机处理是按一定的时间间隔，将数据成批送入中央处理器进行集中数据处理的方式，也称批处理方式。这种方式系统效率高，但处理不及时，不能保证数据处于最新的状态，一般用于处理数据量大、实时要求不严的工作，如日汇总、年度结转等工作。

2）联机实时处理是将各终端机和中央处理器相连接的系统。这种方式随时处理数据，始终保持系统中的信息处于最新状态，但这种系统的要求高，设计比较复杂。

（3）按照信息服务对象分类。按照信息服务对象不同，管理信息系统可以分为战略计划级、管理控制级、作业处理级三种类型。这种分类主要是依据管理的三个层次划分的。

（4）按照信息内容分类。按照信息内容的不同，管理信息系统可分为企业的物流系统、资金流系统和信息流系统。

1）企业的物流系统。任何企业都存在着物流系统，无论是生产型企业、流通型企业、服务型企业等，都有物流。

对于典型的生产型企业而言，生产是企业的基本活动，产品的生产也就是物质的制造加工过程。企业的物流系统也称为企业的生产系统，它以原材料为起点，以产品为终点，按其物理形态的转换过程而连续运动。

2）企业的资金流系统。产品的形成过程也就是物化劳动和活劳动的消耗过程，在产品的生产过程中如何降低消耗，使企业取得较好的经济效益是企业的基本任务之一。为此，企业必须对物流过程的每一阶段进行核算、监督和管理。

对企业的物流过程进行核算，实际上主要是对产、供、销三个环节分阶段进行核算。资金运动的过程如下：货币资金→储备资金→生产资金→成品资金→货币资金。这个资金流反映了企业在组织生产的过程中，资金的筹集、使用、消耗、收回和分配的全貌，这是一个不断循环的过程。

3）企业的信息流系统。人们依靠什么去启动企业的物流和资金流呢？靠的是信息，它包括各种计划、单据、料单、凭证、报表等，这些信息的产生、传递就形成了企业的信息流。

以上系统的划分是按某一种标准划分的不同类型，而在实际的应用中，往往是几种不同的类型共存于一个管理信息系统之中，所以需要根据不同的实际情况综合应用。

（四）管理信息系统的发展

计算机管理信息系统是与计算机技术同步发展的。从原理上讲，任何部门和企业，无论有无计算机，均有信息的收集、加工和使用，因而都需要管理信息系统。但是，只是有了计算机以后管理信息系统的功能才能真正体现出来。计算机化的管理信息系统的发展可从两个方面来看：一方面是从计算机系统的功能来看，即根据计算机的速度、内存容量、输入输出的速度、高级语言的功效、数据通信的范围与速度管理等来划分系统的发展阶段；另一方面是从系统功能来看，即根据现有计算机能完成的工作、所能执行任务的种类、提供信息所作用的决策模型，以及从信息系统服务于哪几层管理级别来看系统的发展。从系统功能来看，管理信息系统的发展大致可分为下述五个阶段。

1. 电子数据处理系统阶段（1953～1965 年）

计算机用于企业管理始于 20 世纪 50 年代，当时科学技术的发展以及管理业务数据量的激增，既对企业管理提出了新的信息处理要求，又为数据处理提供了必要的技术手段，计算机开始成为企业中信息处理的重要工具。在这一阶段，管理信息系统主要以单项事务处理为主，可以归纳为 EDP。EDP 的目标是迅速、及时、正确地处理大量信息，如工资计算、成本计算、库存记录等。在这个阶段，计算机在某种程度上被当做“现代算盘”使用，对管理活动没有产生实质性的影响。

2. 数据综合处理阶段（1965～1970 年）

在这个阶段计算机已经用于一个管理系统的控制，并具有一定的反馈功能。库存管理系统就是这样的一个系统。由于计算机技术和通信技术的发展，出现了单处理中心网络，如企业管理系统的专用网络，处理方式是联机实时处理。

3. 管理信息系统阶段（1970～1980 年）

20 世纪 70 年代，数据处理已从单一的业务数据处理发展为功能比较完善、综合性较好的管理信息系统。这一时期的数据处理方式已发展为面向终端的联机处理，使多个终端用户联成一个有机整体，并充分利用运筹学等数学处理方法对数据进行综合处理，可以共同使用存储的数据文件，初步达到数据共享。

4. 决策支持系统阶段（1980～1990 年）

进入 20 世纪 80 年代，随着数据库技术和计算机网络技术的进步，管理信息系统也逐步走向成熟，在基本理论和解决方法方面也渐趋完善和规范化，在系统中已将数据处理与经济管理模型结合起来进行预测和辅助决策。在这个时期，管理信息系统的发展进入了一个新的领域，即决策支持系统；同时，人工智能理论的发展，导致了专家系统技术在管理信息系统中的应用。

随着市场经济的迅速发展，竞争日益激烈，市场需求越来越多变，企业迫切要求加快产品的更新换代，缩短产品设计与生产周期，尽量采用多品种、中小批量生产的灵活经营策略。这就使管理信息系统与计算机辅助设计、辅助制造相结合，向一体化的计算机集成制造系统发展。决策支持系统已经发展成一门独立的学科领域。

5. 大规模发展阶段（1990 年以后）

自 20 世纪 90 年代以来，随着 Internet 技术的发展，管理信息系统迎来了新的发展机遇，其理论和实践都有很大的发展，并和 Internet 及企业经营逐渐融合，出现了一些新的模式如企业资源计划、供应链管理、客户关系管理等，但从本质上讲，这都是管理信息系统的进一步发展，管理信息系统的基本理论和方法仍然起着非常重要的指导性作用。管理信息系统本身也将随着技术的进步而不断发展。

二、管理信息系统开发方法

管理信息系统的开发是一个投入资金大、开发周期长、技术要求高、影响因素多的复杂系统工程。由于当前管理信息系统的开发还存在着技术上、认识上以及人员素质等方面的问题，因此，必须认真分析系统开发的特点、条件与问题，制定系统开发的目标与原则，为管理信息系统的开发成功打下良好的基础。

（一）管理信息系统开发的特点

管理信息系统的开发是一个复杂的系统工程，其特点体现在以下几个方面：

1. 投入资金大

管理信息系统开发的投资是指从信息系统的立项开始，到信息系统实施运行以及系统运行期间经营、维护所需费用的总和。它一般包括系统设备的购置费、系统开发费和系统运行与维护费各部分。目前信息系统开发的费用已呈日益增长的趋势，需要上亿元投资的信息系统开发项目已经屡见不鲜。

2. 开发周期长

一个较大信息系统的开发是严格按照系统规划、系统分析、系统设计、系统实施、系统管理与评价的开发规范来进行的。一般比较大的信息系统的开发周期需要一年，甚至更长时间。

3. 技术要求高

信息系统的开发需要管理科学、信息科学、系统科学等学科的理论和方法，还要运用计算机、现代通信、多媒体等技术。任何一个技术环节的失误都可能导致信息系统开发的前功尽弃，造成重大的经济损失。

4. 影响因素多

信息系统的开发除了以上经济、技术上的影响因素以外，还要涉及各类人员的相互协调、各种环境的适应等因素的影响。尤其是人的行为因素影响，直接关系到一个信息系统开发的成功与否。

（二）管理信息系统开发的条件

众多实践经验和教训表明，管理信息系统的开发必须符合一定的规律和条件才能够获得满意的效果。

1. 符合客观实际的需要

任何一个企业管理信息系统的开发都必须遵循客观需求这个基本规律，这是管理信息系统开发成功的前提条件和依据。信息系统的开发不是时尚，不需要赶时髦，而是企业自身发展的需要。是否开发一个新的系统去替代旧的系统，这要看企业生存与发展的需要。

2. 领导的重视与支持

建立和开发管理信息系统是实现企业管理现代化的重要手段和措施。这一措施的实施涉及部门、人员、资金、时间、技术、资料等各个方面的问题。企业的主要领导可以凭借地位和权威去直接协调各方面的关系和资源等问题，同时企业领导还要参与信息系统开发方案的审定等工作。经验表明，企业主要领导在管理信息系统的开发中具有不可替代的重要作用，他们自始至终的支持是使管理信息系统开发顺利开展的重要条件，其重视与参与的程度是与管理信息系统开发成功的程度成正比的。

3. 较好的管理基础工作

“三分技术、七分管理、十二分数据”是管理信息系统开发实践经验的总结。计算机只是一个工具，它只有在合理的管理体制、完善的规章制度和完整准确的原始数据资料的基础上，才能有效地开发管理信息系统。企业的管理基础工作很多，对于开发管理信息系统而言，主要包括以下四个方面：

① 管理工作程序化。

② 管理业务标准化。

③ 报表文件的规范化。

④ 数据资料的代码化。

对于管理基础工作，并不是要求其非常完善，管理信息系统的开发和企业管理基础工作是相辅相成的，因此在开发管理信息系统的同时又促进了企业管理基础工作规范化水平的进一步完善与提高。

4. 资金经费的保证

管理信息系统开发的经费应该包括计算机系统设备的费用、系统开发的费用以及系统交付使用后的运行管理与维护费用。必须对系统开发的费用作全面的预算，保证系统开发工作的顺利进行。

5. 必要的人员配备

管理信息系统的开发与运行需要一批既懂管理又懂计算机理论与技术的复合型人才，并非只是专业计算机人员或管理人员单方面的事情，而必须两者共同承担，缺一不可。开发队伍中的管理人员必须具备相当丰富的企业管理知识和管理经验，一般由企业内各职能部门的有管理经验的人员组成；计算机人员一般来自系统开发单位。同时，企业应该委派一些人员参加系统培训，以保证系统交付使用后的运行、维护和扩展工作的正常进行。

6. 加强项目管理

坚持工程化的项目管理方法，坚持质量控制、进度控制和投资控制，是高效率、高效益开发管理信息系统的重要条件。

（三）管理信息系统开发前的准备工作

1. 借鉴同类系统的开发经验

可选择业务性质和规模相近或相似的企业信息系统，对其进行考察、分析和类比，吸取开发经验和失误教训，使得本企业系统开发少走弯路，并提出合适的需求。

2. 选择适合本企业实际情况的开发方式

管理信息系统的开发方式有多种，通常包括自行开发方式、外包开发方式、联合开发方式和购买软件方式。

（1）自行开发方式。这种方式要求企业有出色的领导和开发队伍，包括各种专门人才。使用该方法的优点是能完全体现开发方的意愿，且培养了人才，可持续发展性较好；其缺点是对企业自身要求很高，一般只有大中型企业才有此条件。

（2）外包开发方式。这种方式主要是委托软件公司、高校、科研单位等进行开发。外包开发可以紧跟技术潮流，但是费用较高，并且存在沟通问题，所以一定要搞好协调工作。

（3）联合开发方式。这种方式实际上是半委托开发，基本上是由合作单位主要负责技术问题，企业主要作好系统分析。开发成果共享，并且具有一定的推广意义。采用这种方式开发的企业为数不少。

（4）购买软件方式。现在有许多功能强、技术先进的全套集成管理系统，总体来说比较经济，但是对企业来说，可用度不是很高，一般需要进行二次开发。

开发方式的选择应根据本企业的具体条件而定。开发方式确定以后，就应根据所选用的方式来建立相应的开发组织机构，不同的开发方式有不同的人员配置方式。

3. 确定系统目标、开发策略和投资方式

系统目标是信息系统所要收到的效果，在确定好投资方式和开发策略后，必须和相关单位和部门共同合作，确定具体细节。

4. 收集和整理基础数据

基础数据是任何管理信息系统项目都必需的，整理基础数据是一项重要性的工作，必须给予足够的重视。

（四）管理信息系统的开发方法

管理信息系统的开发与研制方法目前有四种，分别是结构化生命周期法、快速原型法、面向对象方法、计算机辅助软件工程方法。

1. 结构化生命周期法

结构化生命周期（Structured Design Life Cycle，SDLC）法是一种采用结构化分析与设计的方法，按照生命周期的工作步骤来进行管理信息系统开发，产生于 20 世纪 50 年代，具有深远的影响。

（1）管理信息系统的生命周期。任何一个系统都遵循一个产生、发展、成熟和消亡的过程。一个新的系统是在旧的系统基础上产生、发展、成熟、老化，最后又被更新的系统所取代。这一如此连续、反复循环的系统发展更新的过程被称为系统的生命周期。

一个管理信息系统的生命周期一般可分为五个阶段，这五个阶段也称为 SDLC 法的开发过程。

1）系统规划阶段。在现行系统因为种种原因已经不能适应企业发展需要时，由用户提出开发建立一个新的系统请求，这时，系统规划阶段开始了。这一阶段的主要工作是：进行初步调查，弄清楚原系统的问题，分析用户的需求，确定新系统开发的目标、原则、方法，并且进行可行性研究。

2）系统分析阶段。这一阶段的主要工作是：在对企业现行系统的现状、问题、需求、条件等的详细调查的基础上，经过对业务流程、数据流程以及功能结构的分析，运用一系列图表工具构造出新的系统逻辑模型。这一阶段的主要目的是要解决旧的系统正在"做什么，怎样做"和新的系统将要"做什么"的问题。

3）系统设计阶段。这一阶段的主要工作是：在系统分析的基础上进行总体结构设计、代码设计、数据库设计、输入输出设计以及模块功能设计等。这一阶段的主要目的是要构造出新系统的物理模型，解决新系统具体"怎样做"的问题。

4）系统实施阶段。这一阶段的主要工作是：按照系统设计提出的物理模型以及实施方案进行设备购置、安装与调试、程序设计、数据录入与系统人员培训以及系统转换等。这一阶段的主要目的是将系统设计的物理模型转换成实际运行的系统。

5）系统管理与评价阶段。这一阶段的主要工作是：在新系统投入运行以后进行各项管理、维护以及运行一段时间以后对系统工作质量、经济效益等进行评价。这是保证系统正常运行和发展的需要。

以上各个阶段是循序渐进、循环反复的，每一个阶段都是在上一个阶段成果的基础上开始，同时又为下一个阶段作准备。

（2）结构化生命周期法开发步骤。开发步骤主要有：

1）确定系统任务。信息系统的任务是实现企业战略目标，因此企业最高管理部门将对新系统的目标、应用范围等方面进行研究和讨论。定义完整和明确的目标与范围是整个研制工作的出发点。

2）初步调查。研制人员接受任务，通过初步调查，在了解企业概况（包括企业目标、边界、拥有资源、现行管理情况、外部环境的影响、现行信息系统状况、提出问题的迫切性等）的基础上，明确任务、定义需求。

3）可行性分析。在初步调查的基础上，根据系统目标、环境和条件，研制人员对所提出的任务和需求从技术上、经济上、社会环境上进行分析，提出可行性分析报告，作出判断和结论，以便将其列入企业发展计划。

4）系统立项与招投标。根据可行性分析报告提出的系统初步方案与可行性论证，对项目进行立项，争取有关部门支持和使全体员工为建立新系统而努力，并为项目开展做好准备工作，对于需要招投标的项目要进行招投标工作。

5）详细调查。详细调查是对现行系统的分析。分析工作是自上而下进行详细的调查（包括组织机构、工作流程、信息流程、现行系统模型、人员知识结构等）。目的是从信息处理的角度理顺现行系统模型，找出存在的问题与不足。

6）新系统的逻辑设计。根据现行系统模型和存在的问题，建立新的信息系统的逻辑模型，即确定新系统的信息流程及系统功能。它表明了新系统应该“做什么”。逻辑模型的主体部分是新系统的总体逻辑结构、子系统划分、功能分析，并以数据流程图、数据字典以及有关图表等工具来描述。系统逻辑设计的成果一般称为系统说明书。

7）系统的物理设计。依据系统说明书所确定的数据结构与功能结构、采用的技术手段进行物理设计，包括数据库设计、界面设计和应用程序设计等。这是解决系统应该“怎样做”的问题，物理设计的成果是系统设计说明书。

8）系统实施。从概念上划分，系统实施阶段有四项彼此配合同步进行的工作，即硬件安装、软件开发、系统调试以及操作人员的培训，直至新系统交付使用。

9）系统的运行和维护。在运行过程中，应对系统进行监督、统计，及时对系统作出评价，找出存在的问题，并进行修改、完善和扩充。

由此可见，结构化生命周期法划分的信息系统生命周期的每一阶段都是一个独立的、完成一定任务的工作阶段，它规定了该阶段的工作内容、应产生的工作文档。

（3）结构化生命周期法的特点。这种系统开发方法具有以下特点：

1）强调面向用户的原则。系统开发的过程吸收用户单位的管理人员和业务人员参加，并且每一个阶段的成果都经过用户的审批，系统开发人员与用户的关系密切，有利于及时沟通思想、及时发现和解决问题，有利于提高系统开发的质量。

2）自顶向下设计，运用结构化分析与设计的思路。这种方法从信息系统的总体效益出发，并从全局的观点来规划设计系统，从而保证系统内部数据和信息的完整性、一致性；同时密切注意系统内局部或子系统之间的有机联系和信息交流，防止系统内部数据的重复存储与处理。

运用系统工程的方法自顶向下地将系统划分为子系统直至模块，模块化是结构化方法的主要特征之一。

3）严格按照阶段顺序进行。这种方法严格按照生命周期的五个阶段顺序进行，它阶段划分清楚、任务明确、基础扎实、不易返工，有利于对管理信息系统的开发，实现工程化的项目管理。

4）文档标准、规范。这种方法的每一个阶段都有标准的图表说明以及各种说明书、成果报告等文档资料。

5）充分预料可能发生的变化。系统开发是一项耗费人力、物力、财力且周期长的工作，一旦周围的环境发生变化，会直接影响系统的开发工作，所以，SDLC 法强调在进行系统调查时必须对将来可能发生的变化引起足够的重视，强调所设计的系统对环境的变化要有一定的适应性。

（4）结构化生命周期法的缺点。

1）系统需求难以确定，用户介入系统开发的深度不够，在系统开发的起始阶段要准确地描述出系统需求是很困难的。

2）开发周期长，文档过多。

3）各阶段文档的审批工作非常困难。

正因为 SDLC 法存在着技术上要求高、开发周期长、费用较高、灵活性差等缺点，所以 SDLC 法一般适用于在比较大型的、复杂的管理信息系统的开发工作中运用。

2. 快速原型法

（1）快速原型法的开发步骤。快速原型（Rapid Prototyping，RP）法是 20 世纪 80 年代以来发展的，是旨在改进 SDLC 法缺点的一种系统开发方法。它是根据用户提出的需求，由用户与开发者共同确定系统的基本要求和主要功能，并在较短时间内建立一个实验性的、简单的信息系统原型。在用户使用原型的过程中，不断地依据用户提出的评价意见对简易原型进行修改、补充和完善，如此反复进行，使简易原型越来越能够满足用户的要求，直至用户和开发者都比较满意为止。这样就形成了一个相对稳定、较为理想的管理信息系统。

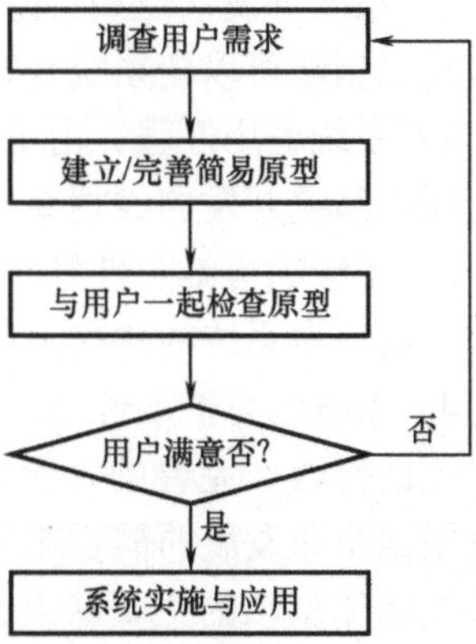

图 3-1 快速原型法的大致开发步骤

快速原型法的大致开发步骤如图 3-1 所示。

快速原型法的具体开发步骤如下：

1）确定系统的基本要求和功能。确定系统基本要求和主要功能是建立快速原型法的首要任务和构造原型报告的依据，它是由用户通过对系统输出的描述来说明的。开发者根据用户对系统提出的主要要求与功能，确定计算机管理的范围和应具有的基本功能、人机界面的基本形式等，得到一个简单的计算机模型。通常在应用快速原型法的早期工作中，是以最简单的基本功能形式置入原型中的。

2）建造初始快速原型框架。系统开发人员在明确了对系统基本要求和功能的基础上，依据计算机模型，以尽可能快的速度和尽可能多的开发工具来建造一个结构仿真模型，即快速原型框架。之所以称为原型框架，是因为这样的模型是系统总体结构子系统以上的高层模型。

由于要求快速，这一步骤要尽可能使用一些软件工具和原型建造工具，以辅助进行系统开发。

3）运行、评价、修改快速原型框架。快速原型框架建造以后，就要交给用户立即投入试运行，各类人员对其进行试用、检查分析效果。由于构造原型中强调的是快速，省略了许多细节，一定存在许多不合理的部分。所以，在试用中要充分进行开发人员和用户之间的沟通，尤其是对用户提出的不满意的地方要认真细致地反复修改、完善，直至用户满意为止。

4）建造各子系统的快速原型，并将其连接到总体原型系统。用户基本满意的快速原型框架是管理决策的原型。作为一个管理信息系统，管理的范围很广，业务处理子系统很多，必须在原型的基础上通过构造各个子系统快速原型，最后连接全部子系统快速原型，才能构成总体原型系统。

总体原型系统的建立需要通过用户和开发者的密切合作，不断改造，直至双方完全满意才最终完成。

5）补充完善原型，形成最终管理信息系统。如果用户和开发者对原型比较满意，则将其作为正式原型，双方继续进行细致的工作，把开发原型过程中的许多细节问题逐个补充、完善、求精，最后形成一个适用的管理信息系统。

（2）快速原型法的特点。快速原型法是一种基于模拟的简单系统开发方法，它的优点如下：

1）系统开发效益高。由于快速原型法是站在前人工作经验的基础上，起点高，所以运用快速原型法可以使系统开发的周期短、速度快、费用低，获得较高的综合开发效益。

2）系统适用性强。由于快速原型法是以用户为中心的，系统的开发符合用户的实际需要，所以系统开发的成功率高，容易被用户接受。

3）系统的可维护性好。由于用户参与了系统开发的全过程，对系统的功能容易接受和理解，这使得系统的移交工作比较顺利，而且有利于系统的运行、管理与维护。

4）系统的可扩展性强。由于快速原型法开始并不考虑许多细节问题，系统是在原型应用中不断修改、完善的，所以系统具有较强的可扩展性，功能的增减都比较灵活、方便，可以根据企业发展的需要随时完善系统的功能。

快速原型法的主要缺点在于系统的开发缺乏统一的规划和开发的标准，难以对系统的开发过程进行控制，同时快速原型法对系统开发的环境要求较高。例如开发人员和用户的素质、系统开发工具的运用、软件环境、硬件环境等，都对快速原型法的开发效果产生重要的影响。

快速原型法适用于在一般比较小的，或者有比较成熟借鉴经验的系统开发工作中运用。大的管理信息系统极为错综复杂，涉及的因素多且互相制约，应先用结构化生命周期法事先作好周密的调查论证、统筹规划、分步实施，然后对其中功能相对独立的模块可采用快速原型法。

结构化生命周期法和快速原型法各有自己的特点，两者应在应用中相互补充、相互促进。

3. 面向对象方法

面向对象（Object Oriented，OO）方法，是一种研究和模拟客观世界的方法。它按照人们对现实世界认识和思维的习惯方式，将现实世界中的任何事物均视为“对象”，将客观世界看成是由许多不同种类的对象构成的，每一个对象都有自己的内部状态和运动规律，不同对象之间的相互联系和相互作用就构成了完整的客观世界。

用面向对象技术开发信息系统的方法强调了系统设计阶段之前的系统分析，强调以系统小的数据和信息为主线，全面、系统、详尽地描述系统，用以指导系统的设计。从某种程度上讲，它是一种数据驱动的系统开发方法。

（1）面向对象方法简介。面向对象是一种认识方法，它把客观世界的事物理解为具有不同属性和操作的对象，把具有某些相同属性和操作的对象抽象为一个对象类，每个具体对象则是此对象类中的一个实例。对象间可以互相通信，通过继承可以形成新对象。它既提供了从一般到特殊的演绎手段（如继承），又提供了从特殊到一般的归纳形式（如类等）。面向对象方法是以事物（对象）为中心来考虑计算机的处理体系。这里指的事物不仅基于信息隐蔽和抽象数据类型等概念，并把事物的形象（数据）、功能意义（处理）一体化，作为处理的基本单位，即把系统中所有资源都视为对象，每个对象都嵌入数据和方法，而方法实施是对数据的处理。所以在面向对象时，只要给出“执行它”的信息，便可以完成处理。

面向对象方法由面向对象分析、面向对象设计和面向对象程序设计组成。其最主要的特征之一是整个开发过程中使用相同的概念、表示法和策略，即每一件事都围绕对象。面向对象方法通常从三个不同的方面建立一个系统模型，这就是对象模型、动态模型和功能模型。

面对对象方法的开发步骤如下：

1）系统分析。

① 规范需求定义：将系统的需求按照规定进行对象和类的定义。

② 建立系统的静态模型：明确描述系统的静态数据结构，包括从需求定义中提取对象和类，并作筛选，去掉冗余和含义不清的名词等；再为筛选出的对象或类建立数据字典，提取关联并筛选，删除衍生的属性；利用继承和聚集等性质对所得到的模型进行整理，这样反复修改直到满意为止。

③ 建立系统的动态模型：通过画出一组对象或类的状态图，清晰地描述对象或类的动态行为。建立动态模型，主要是通过对事件以及对象对时间的响应分析进行的，其主要步骤包括：对需求定义进行分析，提取主要的控制流，提取事件，作出状态图以便描述对象或类的动态行为。

④ 建立功能模型：功能模型描述了系统中所有的计算，表明了一个计算如何从输入值得到输出值。它由多张数据流图组成。数据流图说明数据流是如何从外部输入，经过操作和内部存储而到外部输出的。

⑤ 整理模型：对对象或类的操作进行整理，最后对系统的模型进行整理。

2）系统设计。系统设计是通过制定适用于整个系统的高层策略，确定出系统的整体结构。该结构是将系统分解成子系统的全面组织结构，它为进一步的详细设计提供了基础。系统设计的主要步骤有：

① 划分子系统。系统设计的第一步是将系统分解为多个小部分，称之为子系统。划分子系统一般有纵向划分和横向划分之分。纵向划分是将系统分解成若干功能阶梯层次，各层控制与管理范围、人机交互水平等方面均有较大区别。在企业管理与控制系统中，一般划分为经营决策、计划管理、调度协调、优化监控、实时测控等层次。横向划分则对同一层次上的系统按功能分解或地域分解。

② 处理全局资源。全局资源包括物理资源（设备等）、空间资源（磁盘空间、屏幕空间等）和共享的数据（数据库等）。各个全局资源都必须有一个受保护的对象来控制对该资源的访问，一个受保护的对象可以控制多个资源，所有对资源的访问都必须通过相应的受保护对象来进行。

3）对象设计。对象设计采用系统设计时所确定的实现策略，对对象、关联及操作接口和算法作出完整、详细和规范化的定义。详细设计的结果是以完整的数据结构形式提供的对所有对象和关联的定义，是以静态模型为基础，将动态模型和功能模型转化为对操作、算法、控制结构的描述并加到静态模型上而形成的。

（2）面向对象方法的优缺点。面向对象方法的最大优点是以对象为基础，利用特定的软件工具模块，直接完成了从对象客体模块的描述到软件体系结构之间的转换过程，避免了其他开发方法在开发过程中出现的客观世界描述和软件结构不一致的问题，使得系统的开发具有简单性、统一性、开发周期短、费用低的特点。

面向对象方法能迅速适应资源运用的变化。企业产品变化时，只要在追加新产品中包含新的要素，而无须修改整个系统，这样在企业业务发展过程中，信息系统就不会成为阻碍发展新业务的瓶颈，而且老系统的维护和新系统的开发相对简单。

面向对象方法的缺点和快速原型法一样，不适用于大的、复杂的系统开发。

4. *计算机辅助软件工程方法*

计算机辅助软件工程（Computer Aided Software Engineering，CASE）方法是20世纪80年代末期，从计算机辅助编程工具、第四代语言（4GL）和绘图工具发展而来的一个大型综合计算机辅助软件工程开发环境的方法。

CASE方法的基本思路是：在任何一种系统开发方法中，如果满足在系统开发过程中的每一步都可以在一定程度上形成对应关系的条件，则完全可以借助于专门的软件工具来实现系统开发的每一个过程。

CASE方法具有自动编程的功能，并逐渐发展成为可以实现各种需求分析、功能分析、结构图表生成（如数据流程图、结构图、层次化功能图）等功能，支持整个系统开发全过程的一种大型综合系统。它简化了软件管理和维护工作，使开发者从复杂的分析设计图表和编程工作中解脱出来，从而缩短了开发的周期，提高了系统开发的质量和效率。

CASE方法的特点如下：

（1）在实际开发一个系统的过程中，环境的应用必须依赖于一种具体的开发方法，如结构化生命周期方法、快速原型法等。

（2）CASE方法只是一种辅助开发方法。这种辅助主要体现在它能帮助开发者方便、快捷地产生出系统开发过程中的各类图表、程序和说明文档。

（3）CASE方法环境的出现从根本上改变了开发的物质基础，从而使得利用CASE方法开发一个系统时，在考虑问题的角度、开发过程以及实现系统的措施等方面都与传统做法有所不同。

（4）CASE方法更多地是一种编程的辅助手段。这是其优点，也是其缺点。

综上所述，无论哪一种方法，都具有各自的优点和缺点，只有在实际运用中互相结合才能在系统开发中发挥较为理想的效果，其中结构化生命周期法是基础和基本框架。

三、管理信息系统开发过程

管理信息系统的建设是一项大型系统工程，受到技术、社会、经济、人才等诸多条件的制约。在开发管理信息系统的前期，必须作好调查研究，借鉴同行的开发经验，收集和整理基础数据，确定适合本企业的开发方式。目前，管理信息系统的开发已经形成了一系列科学严谨的方法体系，对企业信息化系统的开发具有较强的指导意义。本节以管理信息系统开发方法之一的结构化生命周期法为蓝本，对此作简要说明。

（一）系统分析

1. 系统分析简介

分析通常是指对现行系统的内、外情况进行调查、研究、分解、剖析，以明确问题或机会所在，认识解决这些问题或把握这些机会的必要性，为确定有关活动的目标和可能的方案提供科学依据。

系统分析是指以系统的观点，对已选定的对象与开发范围进行有目的、有步骤的实际调查和科学分析。

系统分析是系统开发的重要阶段。系统分析的目的是要回答新系统将要“做什么”这个关键性问题。在这个阶段要集中精力，认真分析用户的需求，用科学的方法来表达新系统的逻辑方案，建立新系统的逻辑模型。

系统分析的任务是在现行系统的基础上建立一个满足用户需求的新系统的逻辑模型，实际上就是绘制新系统蓝图，因此，又把系统分析称为系统的逻辑设计，即用图表、资料定义系统。它是一个反复调查、分析和综合的过程，是下一阶段工作的基础，为下一阶段进行物理方案设计、解决“怎么做”提供依据。系统分析工作深入与否直接影响到系统设计的质量。许多信息系统开发失败的原因往往是忽视或没有作好系统分析。

2. 系统分析工作的内容与步骤

系统分析工作的基本内容是指系统分析员与用户在一起，充分了解用户的要求，并把双方的理解通过系统分析报告表达出来。系统分析报告审核通过之后，将成为系统设计的依据和将来验收系统的依据。

系统分析工作始于用户提出新系统的要求，首先进行初步调查与可行性分析，确认新系统开发为可行；然后进行详细调查与分析，提出新系统逻辑模型；再建立新系统的逻辑模型；最后写出系统分析报告。

（1）系统的初步调查与可行性分析。系统初步调查的任务是尽量搞清用户要求，对选定对象进行调查和分析，明确系统目标，提出初步模型和完成系统分析报告。

1）初步调查内容。

① 企业概况。它包括企业的规模、历史、系统目标、人力、物力、设备和技术条件，产、供、销概况，组织机构、管理体制、管理要素及水平等概况。

② 系统的外部环境。企业与外界的物资、资金、信息、人员的往来关系对信息系统的开发有很大的影响。因此必须了解企业的纵向隶属关系、横向联合关系、同行的竞争状况，以及对企业供应、销售情况有重大影响的协作单位的概况，尤其是影响企业竞争力的外部情况。

③ 当前信息系统的概况。要了解现行信息系统的职能、工作内容、人员的素质与数量；掌握信息系统的工作质量、效率、可靠性以及薄弱环节。这部分的内容对于判断开发新系统的必要性和形成新系统的目标非常重要。

④ 现行系统的重要性。这主要包括：它和用户的领导、各管理部门以及各基层是怎样联系的？信息收集和传递的渠道是什么？它能掌握哪些信息，不能掌握哪些信息？哪些部门向信息系统提出信息要求？

⑤ 对开发新系统的态度。这主要包括：各方面对现行系统的情况及新系统的研制持怎样的态度？包括各级领导、各管理部门、各基层单位，以及有工作联系的外单位，它们对现

行系统是否满意、什么地方不满意、希望如何改变、反对如何改变，以及这些看法的理由。

⑥ 新系统的开发条件。这主要包括：用户研制新的信息系统，可以或者打算投入多少人力（何种技术水平及管理水平的人）、物力（多少资金、多少设备）以及时间（可以给出多长的研制时间）。

2）可行性分析。可行性分析是指在当前组织内、外的具体条件下，这个信息系统的研制工作是否具备必要的资源及其他条件。可行性分析要从以下几个方面来考虑：

① 技术上可行。根据新系统目标衡量所需要的技术是否具备，如硬件、软件和其他应用技术，以及从事这些工作的技术人员数量及水平等。

硬件方面主要考虑计算机的计算能力、存储器的大小、功能、联网能力、安全保护设施，以及输入输出设备、联网数据通信设备的配置、功能、效率等。软件方面考虑操作系统、编译系统、数据库管理系统、应用软件包的配置和功能等。当然，这里讨论的技术必须是已经普遍应用、有成熟技术和现成产品的，而不是待研究或正在研制的。

② 经济上可行。对开发项目的成本与效益作出评估，即新系统所带来的经济效益是否超过开发和维护所需要的费用，判断开发这样的项目在经济上是否合适。这包括费用和收益两个方面。

在费用估计时，维护费用是一个经常被忽略的问题，一些单位只考虑购买设备的费用，一次性投资审批可以通过，但每年的维护费用却没有预算，出现买得起、用不起的局面。

收益的估计不像费用估计那样具体，因为应用系统的收益往往不易定量计算，收益估计可以从直接效益和间接效益这两方面考虑。

在进行经济上的可行性分析时，必须认真作好调查，运用各种技术经济手段，确保不走弯路。

③ 管理上可行。管理上可行应从以下两个方面去考虑：

第一，科学管理的基础工作是建立管理信息系统的前提。只有在合理的管理体制、完善的规章制度、稳定的生产秩序、一套科学的管理方法和程序，以及完整、准确的原始数据基础上，才能有效地建立管理信息系统。如果一个企业连原始数据都不齐备，无章可循或有章不循、管理混乱，则该企业暂不具备开发新系统的可能性。

第二，领导的现代化管理水平，尤其是领导层的信息意识如何，是新系统成败的关键。一个具有现代化管理意识的领导会从长远的发展角度看问题，从提高组织的素质、增强组织竞争力的意义上看待建立新系统的必要性，这样才能开发一个成功的系统。

将初步调查与可行性分析的结果编写成可行性分析报告。可行性分析报告反映了系统研制人员对系统开发的看法。这一报告应提交到正式会议上讨论，这种会议除了用户的领导、管理人员、系统研制人员之外，还应该尽可能地邀请一些有经验的局外人员参加，充分估计各种可能出现的问题，集思广益，作出尽可能符合实际的判断。

如果可行性分析报告通过审批，则形成一个正式文件，文件中确定的系统目标和范围将成为下一阶段工作的依据。

（2）详细调查与分析。新系统开发项目的可行性一旦认定，经过招投标工作确定合作方后，必须进行详细调查与分析的工作。

详细调查与初步调查不同，详细调查是要了解现行系统中信息处理的具体情况，而不是系统的外部情况，是要弄清现行系统的基本逻辑功能及信息流程，其重点在于调查分析系统内部功能结构，其中包括组织机构、业务流程、数据流程、数据存储及组成等。这些正是新系统研制中有可能加以修改、更换的内容。详细调查的细致程度比初步调查要高得多，工作量也大，参加的人也多，而且要有熟悉现行系统业务和管理工作的人员参加。

详细调查与分析是系统分析中最重要的工作。如果对具体情况不调查清楚，就不能完整地、正确地反映现行系统的状况，也不能设计出一个好的新系统逻辑模型，从而就要影响到后续的系统设计工作，影响到整个系统开发的质量。

系统调查要目标明确，调查的内容应紧紧围绕系统的任务。调查中要注意调查方法，不断积累和分析有关资料，并利用各种系统分析技术和工具，把系统确切地描述出来。

（3）建立新系统的逻辑模型。从调查、分析到新系统逻辑模型是一个反复定义的过程，其中需要分析的内容包括以下几个方面：目标分析、系统环境分析、系统组织分析、对原系统存在问题的分析、功能分析与数据分析、子系统的划分、新系统的边界分析等。

（4）系统分析报告。系统分析报告又称为系统说明书，它反映了这一阶段详细调查分析的全部情况，是系统分析阶段最重要的文档。

系统分析报告是系统分析阶段工作的全面总结，是这一阶段的主要成果。它又是用户领导对系统进入设计阶段的决策依据。只有系统分析报告经过系统开发工作的领导部门审查批准后才能进行下一阶段的工作。系统分析报告又是后续各阶段工作的主要依据之一。因此，系统分析报告是整个系统开发工作最重要的文档之一。编写系统分析报告是系统开发中一项十分重要的工作。

系统分析报告应达到的基本要求是全面、系统、准确、翔实、清晰地表达系统开发的目标、任务和系统功能。

系统分析报告是系统分析阶段的技术文档，也是这一阶段的工作报告，必须提交审议。系统分析报告一旦审议通过，则成为有约束力的指导性文件，成为用户与技术人员之间的技术合同，成为下阶段系统设计的依据。因此，系统分析报告的编写很重要。它应简明扼要，抓住本质，反映系统的全貌和系统分析员的设想。它的优劣是系统分析人员水平和经验的体现，也是系统分析人员对任务和情况了解深度的体现。

对系统分析报告的审议是整个系统研制过程中一个重要的里程碑。审议应由研制人员、企业领导、管理人员、局外系统分析专家共同进行。审议通过之后，系统分析报告就成为系统研制人员与企业对该项目共同意志的体现，至此，系统分析作为一个工作阶段，宣告结束。若有关人员在审议中对所提方案不满意，或者发现研制人员对系统的了解有比较重大的遗漏或误解，则需要返回，重新进行详细调查分析。也有可能发现条件不具备、不成熟，导致项目中止或暂缓。一般说来，经过认真的可行性分析之后，不应该出现后一种情况，除非情况有重大变动。

上面提到的局外系统分析专家，是指研制过类似系统而又与该企业无直接关系的人，一般是专业咨询公司或高等院校的专家学者。他们一方面协助审查研制人员对系统的了解是否全面、准确；另一方面审查提出的方案，特别是对实施后会给企业的运行带来的影响作出评估。这种评估需要借助于他们的经验。

（二）系统设计

1. 系统设计简介

系统设计是在系统分析的基础上，根据系统分析阶段所提出的新系统逻辑模型，建立起新系统物理模型。具体地讲，就是根据新系统逻辑模型所提出的各项功能要求，结合实际条件，详细地设计出新系统处理流程和基本结构，并为系统实施阶段的各项工作准备好必要的技术资料和有关文件。

2. 系统设计的目标

系统设计的目标就是使所设计的系统必须满足系统逻辑模型的各项功能要求，同时尽可能地提高系统的性能。系统设计的目标是评价和衡量系统设计方案优劣的基本标准，也是选择系统设计方案的主要依据。评价与衡量系统设计目标实现程度的指标主要有以下几个：

（1）系统的可靠性。系统的可靠性是指系统在正常运行时对各种外界干扰的抵抗能力，这是对系统的基本要求。系统的外界干扰来自很多方面，大致可分为对硬件的干扰、对软件以及对数据的干扰。这些干扰既有自然灾害导致的事故，又有人为的不经意的或恶意的侵入与篡改。

提高系统可靠性可基本归结为保证系统安全和提高数据的完整性，需要从立法、硬件、软件、数据及运行规程多方面综合考虑。

（2）系统的可变更性。系统的可变更性是指系统的可维护或可修改性，也可称为系统的适应性。系统投入运行以后，系统的环境和条件会不断发生变化，系统在设计上的缺陷和功能上的不完善，以及在使用过程中出现的硬、软件故障等都会影响系统的正常运行。可变更性强的系统应便于维护，便于扩充完善。软件的设计水平是影响系统可变更性的主要因素。结构化模块设计、数据存储结构的优化、系统功能设计的前瞻性都是提高系统可变更性的重要措施。

（3）系统的效率。系统的效率主要反映在系统对处理请求的响应时间和单位时间内处理的业务量方面，与硬件平台的选择、系统软件的性能、系统工作方式、系统结构等因素有关。要求设计人员在一定资源的条件下，选择合理的设计方案，设计较优的算法。

（4）系统的通用性和规范性。系统的通用性是指同一软件系统在不同使用单位可应用的程度。这一指标对商品化软件尤为重要。提高系统通用性的主要措施是进行充分的系统分析，业务处理的规范化、标准化，功能与数据结构设计的模块化以及对系统参数设计较大的包容性等。系统的规范性是指软件系统开发的标准化，以利于软件的易读性与通用性。

（5）系统的工作质量。系统的工作质量是指系统处理数据的正确性、友好的人机界面，即操作的方便性与输出信息的易读、易懂性。它主要与系统的硬件设备和软件设计的质量有关。

（6）经济性。系统应该给用户带来效益，包括直接效益和间接效益；同时在设计过程中，要尽可能地降低成本，减少不必要的费用与支出。

3. 系统设计的内容

系统设计的主要内容如下：

（1）系统结构设计。它包括信息系统流程图设计、功能模块结构图设计。

（2）计算机处理流程设计。它包括输入设计、输出设计、处理流程图设计以及编写程序设计说明书等。

（3）系统物理配置方案设计。它包括设备配置、网络的选择和设计以及数据库管理系统的选择等。

（4）代码设计。对系统中的数据进行编码，用以代表客观存在的实体或属性，以保证它的唯一性和便于计算机分类处理。

（5）数据文件和数据库设计。根据系统分析阶段所得到的数据流程图和数据字典，再结合系统处理流程图，进行数据文件结构设计和数据库设计。

（6）系统安全与数据完整性设计。它主要包括安全技术的综合运用、数据完整性校验等。

4. 系统设计的原则

总的原则是保证系统设计目标的实现，并在此基础上使技术资源的运用达到最佳。在系统设计中，应遵循以下原则：系统性原则、经济性原则、可靠性原则、管理可接受的原则。

（三）系统实施

1. 系统实施简介

系统实施是开发信息系统的最后阶段，主要任务是实现系统设计阶段提出的物理模型，按照实施方案完成一个能实际运行的信息系统，交付用户使用。系统实施既是成功地实现新系统的重要阶段，也是取得用户对系统信任的关键阶段。

2. 系统实施的主要内容

与系统分析、系统设计阶段相比较，系统实施阶段的特点是工作量大，投入的人力物力多。系统实施的主要内容包括物理系统的实施、程序设计与调试、人员培训、数据准备与录入、系统转换和评价等。

第三节　决策支持系统

一、决策支持系统的概念和特征

企业信息化经过了几十年的发展，已经形成一整套比较完整的理论体系，并且产生了一些新的边缘学科，如决策支持系统、专家系统、计算机集成制造系统等企业智能系统。随着现代信息技术的发展，企业信息化焕发了新的生机，其理论和技术将进一步发展和提高。

企业智能就是以现代信息技术为基础，通过实现企业的经营管理、生产、技术等多方面的智能化，从而实现生产、决策等的自动化。

（一）概念

决策支持系统（Decision Support System，DSS）是以管理科学、运筹学、控制论和行为科学为基础，针对某一类型的半结构化或非结构化决策问题，通过提供背景资料、协助明确问题、修改完善模型、列举可能的方案、进行分析比较等方式，为管理者正确决策而提供帮助的人机交互系统。

DSS 是在 MIS 基础上发展起来的计算机应用的又一重要领域。它充分运用了决策理论、管理科学、运筹学、系统工程、人工智能、计算机技术和网络通信技术等最新成果，开辟了为决策者提供决策依据和帮助决策者正确决策的新领域，极大地提高了决策的有效性、科学性和信息化程度。

（二）特征

（1）DSS 辅助支持中高层管理人员解决半结构化和非结构化的决策问题。半结构化和非结构化问题是组织中高层管理活动经常遇到的。传统的信息处理系统如 EDPS 或 MIS，无法或很少向这类问题提供辅助和支持，这正是 DSS 产生的主要原因。

（2）使用交互方式，方便非计算机人员使用。DSS 是通过它的人机交互界面为决策者提供辅助支持的。一个决策问题的解决，是人机交互作用的结果，因此应尽可能为人机交互提供一种方便、友好的环境。

（3）DSS 必须是支持决策者进行决策，而不是代替决策者进行判断。直观地说，DSS 只能是一个人机交互系统，在这个系统中，人（决策者）始终是主体，计算机只是决策者的助手，为决策过程中的研究和思考提供帮助。

（4）能够把模型或分析技术的利用与传统的数据存储和检索功能结合起来，如建立模型库、方法库、数据库和知识库，对各种信息进行识别、描述、处理和存储。

（5）DSS 强调决策的有效性，而不是提高决策效率。虽然 DSS 在客观上可能提高了决策工作的效率，但这并非是 DSS 的主要目标。

（6）应具有灵活性和适应性，以应付决策环境的改变和决策者决策方法的变化，支持动态决策。面对复杂多变的决策环境，一个适应性强、灵活性高的 DSS 才具有真正的生命力。

（7）DSS 中模型具有十分重要的作用。在 MIS 中，主要使用固定模型，而 DSS 不仅要提供各种与决策有关的模型，还要具备模型管理的功能，因此，DSS 是模型驱动的。

（三）主要技术层次

从系统开发的角度看，DSS 可以分为三个不同的技术层次。它们面向不同的人员，具有不同的作用。各部分的关系如图 3-2 所示。

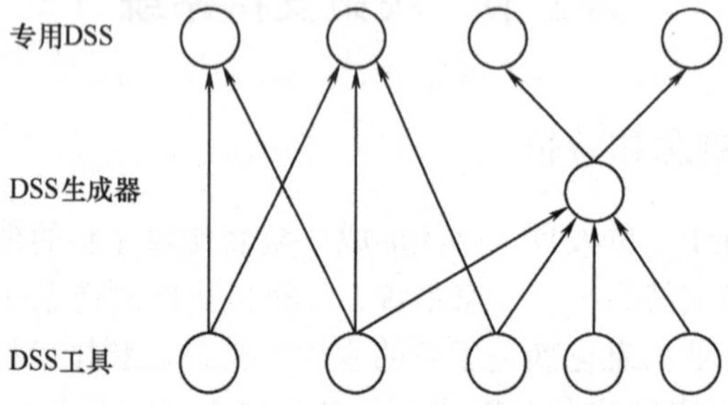

图 3-2 DSS 三种技术层次之间的关系

1. 专用 DSS

专用 DSS 是面向特定决策问题或领域的具有决策支持功能的计算机信息系统。专用 DSS 属于高层次，可由 DSS 工具生成，亦可由 DSS 生成器产生。DSS 生成器可以理解为一个由各种 DSS 工具组成的软件包。专用 DSS 能够帮助决策者去完成特定的决策问题。

2. DSS 生成器

它是一种能用来方便和迅速地研制、构造专用 DSS 的计算机硬件和软件系统。它包括数据管理、模型管理和对话管理所需的技术以及能将它们有机地结合起来的接口。利用 DSS 生成器，研制者可以根据决策者的要求、环境和任务，迅速构造一个专用 DSS，从而大大缩短 DSS 的研制周期，使其具有充分的扩充性能。

3. DSS 工具

它可用来构造专用 DSS 或 DSS 生成器的硬件和软件单元。DSS 是一个功能非常复杂的系统，利用 DSS 工具帮助构造 DSS，可以缩短 DSS 的研制周期和使 DSS 具有充分的扩充性能。

二、决策支持系统的基本构成和工作过程

（一）基本构成

目前一种结构成熟的 DSS 结构是所谓的四库系统。下面简单介绍其各个部件及其工作过程。

1. 数据库子系统

数据库及数据库管理系统统称为数据库子系统。在一般情况下，任何一个 DSS 都不能缺少数据库子系统。由于 DSS 主要面向半结构化和非结构化问题，因此 DSS 的数据库不仅反映内部数据，而且更重要的是应有外部数据，如政策法规、市场行情、科技信息等。为此，它必须具有从多个外部数据源获取、分析和取舍数据的功能。DSS 数据库的这些特点说明它与 MIS 数据库有本质的不同，DSS 数据库无法用 MIS 数据库直接代替。

2. 模型库子系统

它主要由模型库与模型库管理系统两大部分组成。它是构建和管理模型的计算机软件系统，是 DSS 中最复杂与最难实现的部分。DSS 用户是依靠模型库中的模型进行决策的，因此一般认为 DSS 是由模型驱动的。

一个完整的模型库子系统往往由模型库、模型字典、内部数据库和模型库管理系统等组成。

（1）模型库。它是 DSS 的核心部分，用于存储决策模型的代码。实际上模型库中主要存储的是能让各种决策问题共享或专门用于某特定决策问题的单元模型以及它们之间的关系。使用 DSS 支持决策时，根据具体问题构成或生成决策支持模型，这些决策支持模型如果有再用的可能性，则也可存储于模型库。从这个意义上讲，模型库不是预先建立的模型的一般集合，而是一个“产生”模型的基地。目前，模型在模型库中的存储方式主要有子程序、语句和数据等几种形式。

（2）模型字典。用来存放有关模型的描述信息，如限制、约束条件和参数模型等以及模型的数据抽象。

（3）内部数据库。内部数据库是模型库系统自含的数据库，它与外部的数据库是两个逻辑上和物理上独立的实体，但可由同一数据库管理系统支持。

（4）模型库管理系统。其功能是对模型的建立、维护、调用、查询、运行、检验和评价进行集中的控制。

3. 方法库子系统

它由方法库及其管理系统组成，是存储、管理、调用及维护 DSS 各部件要用到的通用算法、标准函数等方法的部件。方法库中的方法一般用程序方式存储，包括分类算法、排序算法、最小生成树算法、最短路径算法、计划评审技术、线性规划、整数规划、动态规划、各种统计算法和各种组合算法等。建立方法库子系统可以为 DSS 提供一个合适的环境，允许计算过程本身实现交互式存取数据，从数据库选择数据，从方法库中选择算法，然后将数据和算法结合起来进行计算，并以直观的显示方式将结果输出，供决策者使用。

4. 知识库子系统

它由知识库及其管理系统组成。知识库是知识库子系统的核心，其中存储的是决策专家的决策知识和经验知识，同时也包括一些特定问题领域的专门知识。知识库中的知识表

示是知识库系统研究的一个重要课题，对于同一知识，可有不同的知识表示形式，知识的表示形式直接影响推理方式，并在很大程度上决定着一个系统的能力和通用性。知识库管理系统完成对知识库中的知识进行增、删、改等维护性工作，并回答决策过程中问题分析与判断所需知识的请求。另外，知识库管理系统还应具有一定的推理能力，从而模拟人的决策思维过程，达到辅助决策的目的。

（二）工作过程

DSS 可以利用领域知识和信息辅助决策者解决半结构化和非结构化问题，这是 DSS 最具吸引力的特征之一。DSS 可以根据决策者的决策思维方式，从系统分析角度为决策者创造出一种交互式的决策环境。在此环境中，DSS 的主要作用是：组织和管理好所有能供决策使用的数据或信息、计算模型、分析方法与判断规则（知识），并提供相应的机制以方便决策者对这些“资源”的使用；针对不同的决策问题，通过各种数据、模型与方法的组合作用，引导决策者详细分析决策过程中的各主要因素及其影响，不断激发决策者的思维创造力，最终有效地作出决策。

不同系统结构的 DSS，其工作过程可能略有不同，但它们的共同特点都是不断的人机交互过程。对于四库系统，其求解问题的一般过程是：决策者（用户）通过用户接口管理系统把问题及环境的描述和解题要求输入 DSS，用户接口管理系统对此进行识别和解释；问题处理系统通过知识库子系统或数据库子系统收集与该决策问题有关的各种数据、信息和知识，据此对该问题进行识别，判定问题的性质和求解过程；通过模型库子系统集成构造解题需要的规则模型或数学模型，对该模型进行分析鉴定；在方法库中识别进行模型求解需要的具体算法，并进行模型的分析求解，对得到的结果进行分析评价，最后通过用户接口管理系统对求解结果进行解释，转变为具有实际含义、用户可直接理解使用的形式，输出结果。这样就完成了一次求解过程。用户可以根据需要与不断交互对话，进行多次求解，直到得到满意的结果为止。

三、决策支持系统与企业信息化

随着全球经济一体化进程的加剧，信息技术的不断发展，企业面临着更为激烈的竞争。为了适应市场的各种发展，掌握信息，开拓业务，提高自身的竞争能力和地位，正确的决策和管理就显得至关重要。

市场竞争的加剧对企业决策的制定有了更高的要求。DSS 作为一种新兴的信息技术，能为企业提供各种决策信息以及商业问题解决方案，从而减轻了管理者从事低层次信息处理和分析的负担，使他们能够专注于最需要决策智慧和经验的工作，因此提高了决策的质量和效率。

（一）面临的挑战

在过去的许多年，管理者制定决策是一门纯粹的艺术，要通过很长一段时间的经验积累。管理之所以被看成一门艺术，是因为许多个体风格被用于处理并成功地解决了同一类型的管理问题。这些风格源于创造力、判断力、直觉和经验，而不是建立在科学方法基础上的系统化的定量分析方法。但是，今天管理所面临的外部环境正在发生迅速变化，商业及其本身的环境也比以往更加复杂，且这种复杂性正日益增加。这些都对现代企业的管理决策带来了下列新的挑战：

① 决策质量的要求更高。

② 决策时要考虑的因素更复杂。

③ 决策速度要求更快。

④ 决策失败的代价更高。

面对这些趋势和变化，管理者必须变得更加精明。他们需要新的工具和技术来帮助他们制定有效的决策，而传统的企业信息管理系统却不具备这样强大的分析功能，具体体现在以下几个方面：

1. 分析工作量大

企业通常的运营系统只能提供面向交易的数据，因此，许多管理者要花费 80%的时间进行数据分析，真正用于决策的时间只有 20%。对于许多大型企业，还必须为之配备庞大的专业分析队伍。

2. 分析结果滞后

由于分析时间过长，管理者经常无法及时拿到所需的报表，因此贻误了许多商业机会。

3. 无法按照商业习惯进行分析

传统的报表只能进行简单的汇总。管理者有时为了分析一个关键的商业因素，不得不在大量打印的报表中前后翻阅，极不方便。

4. 无法进行复杂的分析

管理者经常希望能综合多种因素来分析问题，例如：石油价格的上涨、物价指数的波动对企业各方面有哪些影响，如果现在采取降价措施，本年度末公司的市场份额、销售额和盈利是否有所增长，哪些客户对企业最关键，他们有什么特征，如何增加他们对企业的忠诚度等。

5. 无法提供关键问题的解决方案

例如对于大型零售企业，为了实现最高效率，如何在一个区域内设立自己的连锁店、如何制定有效的预算计划和现金流计划、如何防止客户的流失，传统的信息技术无法提供针对这些关键性问题的解决方案。

6. 缺乏量化的衡量指标

随着企业规模的扩大和机构的日益复杂，管理者不能只依赖经验和直觉来评价企业的整体表现，必须借助一些关键的、量化的指标。通常的 MIS 无法做到这一点。

（二）需求

处于以下状况的企业会对 DSS 产生迫切需求：

① 公司在不稳定的经济形式下运作。

② 公司所面临的国内和国外竞争加剧。

③ 公司在跟踪大量业务操作时面临的困难日益增加。

④ 公司现存的计算机系统无法支持提高效率、收益率和进入可盈利市场等目标。

⑤ 信息系统部门无法解决公司需求的多样性或者管理上特别的查询；现行的系统不具备商业分析功能。

企业采用 DSS 后可以感受到的收益有：更高的决策质量、沟通的改进、成本的削减、生产率的提高、时间的节约以及客户和员工满意度的改善。这些可感受的收益与企业竞争的程度、行业特点、公司的规模以及 DSS 的用户友好性密切相关。

由于现代企业管理所面临的种种挑战，企业的管理者迫切需要一种计算机化的 DSS。虽然每个企业的状况和需求都不相同，但是共同的需求如下：

1. 快速

及时的决策在许多情况下非常关键，如股票交易、市场营销策略等。

2. 克服人在处理和存储上的限制

人的智力受制于人处理和存储信息的能力，而且，人不可能无论何时都能准确无误地回想起信息。

3. 认知极限

当需要许多不同的知识和信息时，个人解决问题的能力将受限制。计算机系统能帮助人快速访问和处理大量存储的信息。计算机还有助于减轻工作组中的协调和沟通工作量。

4. 削减成本

计算机化的支持能削减小组的大小，并允许小组在异地相互交流，可提高支持人员的生产率（如财务或法律分析师）。提高生产率就意味着更低的成本。

5. 信息支持

通过计算机技术，管理者可以获得正确的、及时的和最新的信息来进行决策。

6. 质量支持

计算机能提高决策的质量。例如可以评价更多的备选方案，快速进行风险分析，以很低的代价迅速收集专家的意见。许多专业知识甚至可以直接由计算机系统导出。利用计算机，决策制定者可以执行复杂的模拟，检查各种可能的情况，快速、经济地评定不同的影响。

7. 有助于业务流程重组和员工授权

竞争不仅仅在于价格，还在于质量、及时性、产品的定制以及对客户的支持。决策支持技术，如专家系统，使欠缺知识的人也能作出良好的决策。这样就可以进行有意义的授权。DSS 还可用于业务流程重组中，研究竞争者的活动、定制产品、优化生产流程等。

（三）因地制宜采用决策支持系统

企业根据自己的情况可以实施不同的 DSS 应用。最主要的应用有以下几个方面：

1. 销售支持

每日按地区、部门、销售员和产品生成销售情况的汇总，给高级经理提供支持。它可以汇总丢失的业务、挽回的业务和新的业务。根据需要还可以定制额外的周期报表，这些特殊的报表给经理提供比较和趋势分析，有助于确定问题和机会。DSS 应用能够分析和评价以往产品的销售，以确定产品成功或失败的因素。借助 DSS，可以利用全公司的数据来推测一个决策所隐含的利润和收入。

2. 客户分析和市场研究

DSS 应用可以利用统计工具来分析每天收集的交易数据，以确定各种类型客户的消费模式，然后采取相应的营销措施，从而实现最大的利润。对于重点客户要提供更好的服务和更优惠的价格策略，对于潜在客户要进行促销以争取，对于易流失的客户要分析原因以挽回。市场研究包括：利用预测模型分析得出每种产品的增长模式，以便作出终止或者扩张某种产品的适当决定；进行企业品牌和形象的研究，以便提高企业和品牌的知名度和美誉度；分析客户满意度；进行市场规模和潜在规模的研究等。

3. 财务分析

财务分析包括：按年、月、日或其他自定义周期来进行实际费用和花费的比较；审查过去现金流的趋势，并预测未来的现金需求量；进行复杂项目的预算计划和成本分摊；整合各分支机构的财务数据，形成正确、一致的财务报表。

4. 运筹和战略计划

运筹和战略计划包括：基于资源和时间的限制来确定最优的项目时间表；制定工厂每日的生产计划；确定大型连锁机构中分支网点的设立，如连锁店、加油站、通信中继站等；协助制定大规模资本投资计划，并计算投资风险。

5. 企业分析

为了实现组织的目标所必须考虑的因素被称为关键成功因子（Critical Success Factor，CSF）。CSF 是企业级分析的焦点。这样的因子可以是战略性的或者操作性的，主要从三个来源导出：组织性因素、行业因素和环境因素。关键性能指标（Key Performance Index，KPI）提供了 CSF 在公司层次上的度量。

典型的关键性能指标如下：

① 盈利能力：每个部门、产品和区域的盈利能力；部门之间、产品之间以及竞争者之间的比较。

② 财务：流动比率、现金储备情况、资产负债分析、投资回报率。

③ 市场：市场份额、广告分析、产品定价、每周（每天）的销售结果、客户的销售潜力。

④ 人力资源：人员流动率和工作的满意度。

⑤ 计划：销售增长/市场份额分析。

⑥ 经济分析：市场趋势、对外贸易和汇率、行业趋势、劳动力成本趋势。

⑦ 消费者趋势：消费者的信心级别、购买习惯、人口数据。

（四）建设企业决策支持系统的注意事项

技术的发展、经济的全球化、商业环境的复杂化等都给现代企业管理带来了巨大的挑战。有挑战，就有机遇。如果能够成功地建设企业自己的决策支持系统，提高企业的经营决策质量和效率，就能在竞争中把握主动，争得先机。在一个不断发展的市场经济环境下，各企业间在外部资源条件方面的差异将越来越小，真正的竞争优势将越来越集中于企业内部的知识和智力资源。一个高效的、满足企业自身商业需要的决策支持系统，将会成为企业的核心竞争力。作为企业用户，在考虑本企业决策支持系统的建设时要认识到如下几点：

1. DSS 是一个解决方案

DSS 不是一种通用的产品，而是一个解决方案。每个企业都要结合自身的状况、明确待解决的管理困难，然后进行决策支持系统的分析、设计、开发和实施，以真正满足企业管理决策的需要。

2. 先进的管理思想是 DSS 的灵魂

一个成功的 DSS 应用，应该融合了优秀的管理思想，能给企业提供分析和解决商业问题的有效的方法论。DSS 中所包含的计算机软硬件技术将这种管理思想和方法论具体表现出来，从而让 DSS 的用户在使用过程中能够贯彻这种管理思想，实践这种方法论，组织整体的管理，绩效由此而得到提高。这从另一角度说明，企业必须首先整合自己的管理思路，提升管理意识，明确通过 DSS 将实现的管理目标，才能开始 DSS 的实施。

3. DSS的实施存在很高风险

实施DSS是复杂的，因为它不仅仅是搜集、处理和分发信息的信息系统，而且还可能显著改变组织运作的方式。DSS应用系统的成功最终取决于企业的使用效果，让管理者感受到投资带来的回报。因此，DSS的实施除技术之外还包含着诸多人为因素。每个企业的情况都是不同的，所以要做到具体问题具体分析。这些人为的、组织的不确定性造成了DSS应用实施的高风险。据国外统计，大约60%～70%的人工智能项目都没有收到良好效果。

（五）实施决策支持系统的原则

中国企业在30多年的改革开放过程中取得了飞速的发展，企业的规模不断扩大，产品更加丰富，产值和利润持续增长。与此同时，涌现出一大批具有现代企业制度和先进管理意识的企业。随着国内市场竞争的加剧和中国加入WTO，这些企业已经意识到通过IT来改善管理，提高竞争力。它们将成为中国企业DSS应用的先行者。对于中国企业DSS应用的实施，建议遵循总体规划、分步实施、迅速受益、不断完善的原则，具体如下：

① 首先要整合内部管理，总结出能保证企业持续取得成功的管理思想，然后在DSS的总体规划中贯彻这些思想。

② 应该建设出满足自身需要的系统，不必盲目地求大、求新。

③ 分阶段实施，要确保每部分都在管理上可控，降低风险。

④ 应该让企业尽快从中受益，看到投入的回报。这样可以增加系统建设的信心。

⑤ 随着企业的业务发展和信息技术的发展，DSS应用需要不断地调整和完善。

（六）决策支持系统应用实例

1. DSS生成器实例

下面是几种DSS生成器的简介：

（1）GADS（Geodata Analysis and Display System）。这是IBM公司开发的地理数据分析与显示系统。这是一个DSS生成器，由它可以开发出许多专用DSS，如城市规划、资源分配、学校及商业有关规划、警官布置出击计划等。该系统的图形功能很强，可以显示地图、略图等。

（2）IFPS（Interactive Financial Planning System）。这是美国Execucom Systems公司研制的交互式财务计划系统。它是一种DSS生成器，主要用来建立财务模型，既可求解模型，又可进行灵敏度分析等，可在多种计算机上运行，国内已有汉化版本。

（3）SIMPLAN。这是美国Simplan公司研制的辅助战略规划DSS。这是一种DSS生成器，用于公司的长远规划、财务预测、销售预测、策略模拟、资本投资预算与审核等方面的决策，现已商品化。

2. DSS应用实例

下面是几种系统的简介：

（1）AAIMS（An Analytical Information Management System）。这是美国航空公司研制的，用于支持计划、财务、销售和运营功能。该系统对任何从事市场股份、比率和变化分析的人都适用。它提供各种计划最优化、效益分析、计划预测、趋势分析和绘图等手段。

（2）PAMS（Plan Analysis and Modeling System）。这是Getty Oil公司研制的计划分析与

建模系统，用于支持投资决策、投资效益分析等。

（3）CDSMS（China Development Strategic Modeling System）。这是华中科技大学研制的，用于我国人口与经济发展战略规划及仿真。

我国在 DSS 的理论和应用方面与国外发达水平仍然有一段差距，仍需要不断努力，迎头赶上。

第四节　企业资源计划

一、ERP 的概念

ERP 的全称是 Enterprise Resource Planning，中文通常翻译为企业资源计划或企业资源规划，最早由美国著名咨询公司 Gartner Group 在 1990 年年初提出的。

虽然 ERP 早已广泛地应用到企业管理中，但是至今也没有一个统一的定义。各国专家、学者从不同的角度给出了不同的表述。以下是一个比较具有代表性的定义：

企业资源计划是指建立在信息技术基础上，以系统化的管理思想，为企业决策层及员工提供决策运行手段的管理平台。ERP 系统集信息技术与先进的管理思想于一身，成为现代企业的运行模式，反映时代对企业合理调配资源、最大化地创造社会财富的要求，成为企业在信息时代生存、发展的基础。

近几年来，伴随着全球经济一体化进程的不断加快，IT 的飞速发展，Internet/Intranet 技术和电子商务的广泛应用，人类已从工业经济时代跨入了知识经济时代，企业所处的商业环境发生了根本性变化。顾客需求瞬息万变、技术创新不断加速、产品生命周期不断缩短、市场竞争日趋激烈，这些构成了影响现代企业生存与发展的三股力量：顾客（Customer）、竞争（Competition）和变化（Change）（简称 3C）。过去在工业经济时代的商业规则、“科层制”管理模式和以制造资源计划应用为主的管理手段已经不再适用于今天企业的发展，甚至严重影响到企业的生存。为了适应以“顾客、竞争和变化”为特征的外部环境，企业必须要进行管理思想上的革命（Revolution）、管理模式与业务流程上的重组（Reengineering）、管理手段上的更新（Reform）（汉普公司称之为 3R），从而在全球范围内引发了一场以业务流程重组（Business Process Reengineering，BPR）为主要内容的管理模式革命和以 ERP 系统应用为主体的管理手段革命。

二、ERP 的管理思想

ERP 的核心管理思想就是实现对整个供应链的有效管理，主要体现在三个方面。

（一）体现对整个供应链资源进行管理的思想

在知识经济时代仅靠自己企业的资源不可能有效地参与市场竞争，还必须把经营过程中的有关各方如供应商、制造工厂、分销网络、客户等纳入一个紧密的供应链中，才能有效地安排企业的产、供、销活动，满足企业利用全社会一切市场资源快速、高效地进行生产经营的需求，以期进一步提高效率和在市场上获得竞争优势。换句话说，现代企业竞争不是单一企业与单一企业间的竞争，而是一个企业供应链与另一个企业供应链之间的竞争。ERP 系统实现了对整个企业供应链的管理，适应了企业在知识经济时代市场竞争的需要。

（二）体现精益生产、并行工程和敏捷制造的思想

ERP 系统支持对混合型生产方式的管理，其管理思想表现在两个方面。其一是“精益生产（Lean Production，LP）”的思想。它是由美国麻省理工学院（MIT）提出的一种企业经营战略体系，即企业按大批量生产方式组织生产时，把客户、销售代理商、供应商、协作单位纳入生产体系，企业同其销售代理、客户和供应商的关系，已不再简单地是业务往来关系，而是利益共享的合作伙伴关系。这种合作伙伴关系组成了一个企业的供应链，这就是精益生产的核心思想。其二是“敏捷制造（Agile Manufacturing，AM）”的思想。当市场发生变化、企业遇有特定的市场和产品需求时，企业的基本合作伙伴不一定能满足新产品开发生产的要求。这时，企业会组织一个由特定的供应商和销售渠道组成的短期或一次性供应链，形成“虚拟工厂”，把供应和协作单位看成是企业的一个组成部分，运用“并行工程（Simultaneous Engineering，SE）”，组织生产，用最短的时间将新产品打入市场，时刻保持产品的高质量、多样化和灵活性，这就是“敏捷制造”的核心思想。

（三）体现事先计划与事中控制的思想

ERP 系统中的计划体系主要包括主生产计划、物料需求计划、能力计划、采购计划、销售执行计划、利润计划、财务预算和人力资源计划等，而且这些计划功能与价值控制功能已完全集成到整个供应链系统中。

ERP 系统通过定义事务处理相关的会计核算科目与核算方式，以便在事务处理发生的同时自动生成会计核算分录，保证了资金流与物流的同步记录和数据的一致性，从而根据财务资金现状，可以追溯资金的来龙去脉，并进一步追溯所发生的相关业务活动，改变了资金信息滞后于物料信息的状况，便于实现事中控制和实时作出决策。

此外，计划、事务处理、控制与决策功能都要在整个供应链的业务处理流程中实现，要在每个流程业务处理过程中最大限度地发挥每个人的工作潜能与责任心，流程与流程之间则强调人与人之间的合作精神，以便在有机组织中充分发挥每个人的主观能动性与潜能．实现企业管理从“高耸式”组织结构向“扁平式”组织机构的转变，提高企业对市场动态变化的响应速度。

总之，借助 IT 的飞速发展与应用，ERP 系统得以将很多先进的管理思想变成现实中可实施应用的计算机软件系统。

三、ERP 的特点

（一）扩展管理信息集成的范围

除传统 MRPⅡ系统的范围（制造、供销和财务）外，ERP 系统还集成了企业其他管理功能，如质量管理、实验室管理、设备维修管理、仓库管理、运输管理、项目管理、市场信息管理、国际互联网和企业内部网、电子通信和电子商务、金融投资管理、法规与标准管理以及过程控制接口、数据采集接口等，成为一种覆盖整个企业、全面的管理信息系统。

（二）满足同时具有多种生产类型企业的需要

传统的 MRPⅡ系统把企业归类为几种典型的生产方式来进行管理，如重复制造、批量生产、按订单生产、按订单装配、按库存生产、连续流程等，对每一种类型都有一套管理标准。而在 20 世纪 90 年代初期，企业为了紧跟市场的变化，纷纷从单一的生产方式向混合型生产方式发展，许多企业的生产方式是“多品种小批量生产”和“大批量生产”两种

情况或多种情况并存，而很少有单纯的离散制造环境和单纯的流程环境，因而更需要用不同的方法来制定计划。

ERP 系统汇合了零散型生产和流程型生产的特点，能够很好地支持混合型生产方式，满足企业多样化经营的需求。

（三）采用计算机和网络通信技术的最新成就

ERP 系统除了已经普遍采用的诸如图形用户界面技术、SQL 结构化查询语言、关系数据库管理系统、面向对象技术、第四代语言/计算机辅助软件工程、浏览器/服务器和分布式数据处理系统等技术之外，还要实现更为开放的不同平台的互操作，采用适用于网络技术的编程软件，加强了用户自定义的灵活性和可配置性功能，以适应不同行业用户的需要。网络通信技术的应用，使 ERP 系统得以实现供应链管理的信息高度集成和共享。

（四）同企业业务流程重组密切相关

信息技术的发展加快了信息传递的速度和实时性，扩大了业务的覆盖面和信息的交换量，为企业进行信息的实时处理、作出相应的决策提供了极其有利的条件。为了使企业的业务流程能够预见并响应环境的变化，企业的内、外业务流程必须保持信息的敏捷通畅，而且企业的组织机构也必须能够实时地对市场动态变化作出有效的反应。因此，为了提高企业供应链管理的竞争优势，必须重新构建企业的业务流程、信息流程及组织机构。只有这样，才能把传统 MRPⅡ系统对环境变化的应变性，上升为 ERP 系统通过网络信息对内、外环境变化的能动性。

四、ERP 系统的主要功能模块

ERP 主要是一种管理思想，它通过技术来实现。对于原理的初步了解是认识 ERP 的基础。为了对 ERP 有一个感性的认识，下面从它的功能上再给予进一步的介绍。

对于不同的企业、不同的软件提供商，ERP 产品有很大的差异。由于各个企业自身管理的千差万别，各 ERP 软件产品的风格与侧重点也不尽相同，因而其 ERP 产品的模块结构也相差较大。所以，撇开实际的产品，从企业的角度描述 ERP 系统的功能结构，即 ERP 系统能够为企业做什么？它的模块功能到底包含哪些内容？

ERP 系统是将企业所有资源进行整合集成管理，简单地说，是将企业的物流、资金流、信息流进行全面一体化管理的管理信息系统。它的功能模块不同于以往的 MRP 或 MRPⅡ的模块，它不仅可用于生产企业的管理，而且在许多其他类型的企业，如一些非生产、公益事业的企业，也可导入 ERP 系统进行资源计划和管理。现以典型的生产企业为例，介绍的 ERP 系统的功能模块。

在企业中，一般的管理主要包括三个方面的内容：财务管理、生产控制管理和物流管理。这三大系统本身就是集成体，它们互相之间有相应的接口，能够很好地整合在一起对企业进行管理。另外，随着企业对知识管理及人力资源管理的重视和加强，已经有越来越多的 ERP 厂商将知识管理、人力资源管理、业务流程重组等纳入了 ERP 系统。

（一）财务管理

在企业中，清晰分明的财务管理是极其重要的。所以，在 ERP 整个方案中，财务管理模块是不可缺少的部分。ERP 系统中的财务模块与一般的财务软件不同，作为 ERP 系统中的一部分，它和系统的其他模块有相应的接口，能够相互集成，如它可将由生产活动、采购活动输入的信息自动计入财务模块生成总账、会计报表，取消了输入凭证烦琐的过程，几乎完全替代了以往传统的手工操作。一般的 ERP 软件的财务部分分为会计核算模块与财务管理模块。

1. 会计核算模块

会计核算主要是记录、核算、反映和分析资金在企业经济活动中的变动过程及其结果。它由总账、应收账、应付账、现金管理、固定资产核算、多币制等部分构成。

（1）总账模块。它的功能是处理记账凭证输入、登记，输出日记账、一般明细账及总分类账，编制主要会计报表。它是整个会计核算的核心，应收账、应付账、固定资产核算、现金管理、工资核算、多币制等各模块都以其为中心来互相传递信息。

（2）应收账模块。应收账是指企业应收的由于商品赊欠而产生的正常客户欠款账。该模块具有发票管理、客户管理、付款管理、账龄分析等功能。它和客户订单、发票处理业务相联系，同时将各项事件自动生成记账凭证，导入总账。

（3）应付账模块。它包括了发票管理、供应商管理、支票管理、账龄分析等。它能够和采购模块、库存模块完全集成以替代过去烦琐的手工操作。

（4）现金管理模块。它主要是对现金流入流出的控制以及零用现金及银行存款的核算。它包括了对硬币、纸币、支票、汇票和银行存款的管理。在 ERP 中提供了票据维护、票据打印、付款维护、银行清单打印、付款查询、银行查询和支票查询等和现金有关的功能。此外，它还和应收账、应付账、总账等模块集成，自动产生凭证，记入总账。

（5）固定资产核算模块。该模块完成对固定资产的增减变动以及折旧和有关基金计提和分配的核算工作。它能够帮助管理者了解目前固定资产的现状，并能通过该模块提供的各种方法来管理资产以及进行相应的会计处理。它的具体功能有登录固定资产卡片和明细账、计算折旧、编制报表以及自动编制转账凭证，并转入总账。它和应付账、成本、总账模块集成。

（6）多币制模块。这是为了适应当今企业的国际化经营，对外币结算业务的要求增多而产生的。多币制将企业整个财务系统的各项功能以各种币制来表示和结算，且客户订单、库存管理及采购管理等也能使用多币制进行交易管理。

多币制和应收账、应付账、总账、客户订单、采购等各模块都有接口，可自动生成所需数据。

（7）工资核算模块。该模块自动进行企业员工的工资结算、分配、核算以及各项相关经费的计提。它能够登录工资，打印工资清单及各类汇总报表，计算、计提各项与工资有关的费用，自动做出凭证，导入总账。这一模块是和总账、成本模块集成的。

（8）成本模块。它将依据产品结构、工作中心、工序、采购等信息进行产品的各种成本计算，以便进行成本分析和规划。还可用标准成本法或平均成本法按地点进行成本维护。

2. 财务管理模块

财务管理模块的功能主要是基于会计核算的数据，再加以分析，从而进行相应的预测、管理和控制活动。它侧重于财务计划、控制、分析和预测。

（1）财务计划。根据前期财务分析作出下期的财务计划、预算等。

（2）财务分析。提供查询功能和通过用户定义的差异数据的图形显示进行财务绩效评估、账户分析等。

（3）财务决策。财务管理的核心部分、中心内容是作出有关资金的决策，包括资金筹集、投放及管理。

（二）生产控制管理

这一部分是ERP系统的核心所在，它将企业的整个生产过程有机地结合在一起，使得企业能够有效地降低库存，提高效率，同时各个原本分散的生产流程的自动连接，也使得生产流程能够前后连贯地进行，而不会出现生产脱节，耽误产品交货时间。

生产控制管理是一个以计划为导向的先进的生产、管理方法。首先，企业确定主生产计划，再经过系统层层细分后，下达到各部门去执行，即生产部门以此生产，采购部门按此采购等。

1. 主生产计划

主生产计划根据生产计划、预测和客户订单的输入来安排将来的各周期中提供的产品种类和数量。它将生产计划转为产品计划，在平衡了物料和能力的需要后，精确到时间、数量的详细的进度。它是企业在一段时期内的总活动的安排，也是一个稳定的计划，它在生产计划、实际订单、对历史销售分析、预测的基础上产生。

2. 物料需求计划

在总生产计划决定生产多少最终产品后，再根据物料清单，把整个企业要生产的产品数量转变为生产所需的零部件的数量，并对照现有的库存量，可得到还需加工多少、采购多少的最终数量。这才是整个部门真正依照的计划。

3. 能力需求计划

它是在得出初步的物料需求计划之后，将所有工作中心的总工作负荷，在与工作中心的能力平衡后产生的详细工作计划，用以确定生成的物料需求计划是否是企业生产能力上可行的需求计划。能力需求计划是一种短期的、当前实际应用的计划。

4. 车间控制

这是随时间变化的动态作业计划，是将作业分配到具体各个车间，再进行作业排序、作业管理、作业监控。

5. 制造标准

在编制计划中需要许多生产基本信息，这些基本信息就是制造标准，包括零件、产品结构、工序和工作中心，均用唯一的代码在计算机中识别。

零件代码：物料资源的管理中，对每种物料给予唯一的代码识别。

物料清单：定义产品结构的技术文件，用来编制各种计划。

工序：描述加工步骤及制造和装配产品的操作顺序。它包含加工工序顺序，指明各道工序的加工设备、所需要的额定工时和工资等级等。

工作中心：使用相同或相似工序的设备和劳动力组成的，从事生产进度安排、核算能力、计算成本的基本单位。

（三）物流管理

1. 分销管理

销售的管理是从产品的销售计划开始，对销售产品、销售地区、销售客户的各种信息进行管理和统计，并可对销售数量、金额、利润、绩效、客户服务等作出全面的分析。因此，分销管理模块有以下三个方面的功能：

（1）客户信息的管理和服务。它能建立一个客户信息档案，对其进行分类管理，进而对其进行针对性的客户服务，以达到最高效率地保留老客户、争取新客户。

（2）销售订单的管理。销售订单是 ERP 的入口，所有的生产计划都是根据它下达并进行安排生产的。销售订单的管理贯穿了产品生产的整个流程。它包括如下内容：

① 客户信用审核及查询（查询客户信用分级，审核订单交易）。

② 产品库存查询（决定是否要延期交货、分批发货或用代用品发货等）。

③ 产品报价（为客户作不同产品的报价）。

④ 订单输入、变更及跟踪（订单输入、变更的修正及订单的跟踪分析）。

⑤ 交货期的确认及交货处理（决定交货期和发货事件安排）。

（3）销售的统计与分析。这是系统根据销售订单的完成情况，依据各种指标作出统计，如客户分类统计、销售代理分类统计等，再利用统计结果对企业实际销售效果进行评价。

① 销售统计：根据销售形式、产品、代理商、地区、销售人员、金额、数量分别进行统计。

② 销售分析：包括对比目标、同期比较和订货发货分析，从数量、金额、利润及绩效等方面作相应的分析。

③ 客户服务：客户投诉纪录，原因分析。

2. *库存控制*

库存控制用来控制存储物料的数量，以保证稳定的物流，支持正常生产，但又最小限度地占用资金。它是一种相关的、动态的、真实的库存控制系统。它能够结合、满足相关部门的需求，随时间变化动态地调整库存，精确地反映库存现状。这一系统的功能又涉及如下几个方面：

① 为所有的物料建立库存，决定何时订货采购，同时作为交给采购部门采购、生产部门作生产计划的依据。

② 收到订购物料，经过质量检验入库，生产的产品也同样要经过检验入库。

③ 收发料的日常业务处理工作。

3. *采购管理*

采购管理能够确定合理的订货量、优秀的供应商和保持最佳的安全储备，能够随时提供订购、验收的信息，跟踪和催促外购或委托外加工的物料，保证货物及时到达，建立供应商的档案，用最新的成本信息来调整库存的成本。具体功能如下：

① 供应商信息查询：查询供应商的能力、信誉等。

② 催货：对外购或委托外加工的物料进行跟催。

③ 采购与委托外加工统计：统计并建立档案，计算成本。

④ 价格分析：对原料价格分析，调整库存成本。

（四）人力资源管理

以往的 ERP 系统基本上都是以生产制造及销售过程（供应链）为中心的。因此，长期以来一直把与制造资源有关的资源作为企业的核心资源来进行管理。但近年来，企业内部的人力资源开始越来越受到企业的关注，被视为企业的资源之本。在这种情况下，人力资源管理作为一个独立的模块，被加入 ERP 系统，和 ERP 系统中的财务、生产系统组成了一个高效的、具有高度集成性的企业资源系统。它与传统方式下的人事管理有着根本的不同。

1. 人力资源规划的辅助决策

① 对于企业人员、组织结构编制的多种方案，进行模拟比较和运行分析，并辅之以图形的直观评估，辅助管理者作出最终决策。

② 制定职务模型，包括职位要求、升迁路径和培训计划，根据担任该职位员工的资格和条件，系统提出针对该员工的一系列培训建议，一旦机构改组或职位变动，系统会提出一系列的职位变动或升迁建议。

③ 进行人员成本分析，可以对过去、现在、将来的人员成本作出分析及预测，并通过集成环境，为企业成本分析提供依据。

2. 招聘管理

人才是企业最重要的资源。只有拥有优秀的人才才能保证企业持久的竞争力。招聘系统一般从以下几个方面提供支持：

① 进行招聘过程的管理，优化招聘过程，减少业务工作量。

② 对招聘的成本进行科学管理，从而降低招聘成本。

③ 为选择聘用人员的岗位提供辅助信息，并有效地帮助企业进行人才资源的挖掘。

3. 待遇及薪金管理

① 根据公司跨地区、跨部门、跨工种的不同薪资结构及处理流程制定与之相适应的薪资核算方法。

② 与时间管理直接集成，能够及时更新，实现对员工的薪资核算动态化。

③ 实现回算功能，通过和其他模块的集成，自动根据要求调整薪资结构及数据。

4. 工时管理

① 根据本国或当地的日历，安排企业的运作时间以及劳动力的作息时间表。

② 运用远端考勤系统，可以将员工的实际出勤状况记录到主系统中，并把与员工薪资、奖金有关的时间数据导入薪资系统和成本核算中。

5. 差旅核算

系统能够自动控制从差旅申请、差旅批准到差旅报销的整个流程，并且通过集成环境将核算数据导入财务成本核算模块中去。

（五）知识管理

ERP 从对企业内部供应链的管理延伸和发展为面向全行业的广义产业链管理；管理的资源对象从企业内部扩展到了外部。而在知识经济已经到来的今天，企业已经开始认识到最宝贵的资产和资源是知识，知识已成为推动经济增长的动力，故在 ERP 的管理范围内，将增加新的内容——知识管理。

早在 20 世纪 80 年代，保罗·罗默（Paul Romer）教授就曾提出了经济增长要素理论，其核心思想是把知识作为经济增长最重要的要素。他认为：首先，知识能提高收益；其次，知识需要投资；最后，知识与投资存在良性循环关系，投资促进知识，知识促进投资。现今，企业的价值已不在于拥有多少厂房、设备和产品，而在于知识产权、客户的信赖程度、与商业伙伴合作的能力、电信基础结构以及雇员的创造潜力和技能等，公司中最大的资产就是继资本、劳动之后脱颖而出的“第三资源”——知识资源。为此，ERP 在 21 世纪的知识经济社会环境下，把企业的知识资源纳入其管理之中，即把知识的识别、获取、开发、分解、储存、传递、共享等组成一条知识链，并对其进行有效的管理。

1. 什么是知识管理

知识经济是以知识为基础的经济，是建立在知识的生产、分配和使用之上的经济。在知识经济时代，知识是企业最重要的战略性资源，知识管理是企业面临的新挑战。目前，对于知识管理的描述有多种，比较好的是卡尔·费拉保罗（Carl Frappaolo）的提法，即“知识管理就是运用集体的智慧提高应变能力和创新能力，是为企业实现显性知识和隐性知识共享提供的新途径”。简单地说，知识管理就是企业对其所拥有的知识资源进行管理的过程。识别、获取、开发、分解、储存、传递知识，从而使每个员工在最大限度地贡献出知识的同时，也能享用他人的知识，是知识管理的最终目标。

当今国际信息管理发展的三个趋势是：从信息管理走向知识管理、从信息资源开发走向知识资源开发、由客户/服务器结构走向 Internet 结构。知识管理则是信息管理的延伸和发展。信息管理只是将各种各样的信息以一定的方式汇总、组织起来，方便人们利用计算机进行查询和检索。然而，如何由信息产生知识，即如何利用数据信息取得知识、再利用知识获得最大的利润或效益，这已经上升到一个新的层次。知识是由信息而来，它是通过对信息的提取、识别、分析和归纳转换而来的，故信息管理是知识管理的基础，知识管理则是信息管理的延伸。知识管理通过一组问答序列，即解决方案的集合寻找和识别与问题有关的关键性信息，并将这些信息进行提取，形成对某一问题的专门知识，作为决策的依据。在信息社会和知识社会，信息、知识和一些专门的技巧是获取利润的工具。知识管理是把信息转化为知识，用知识指导决策付诸行动，再将该行动转化为利润。

2. 知识管理的内容及企业知识链管理

通常所说的企业知识大致可分为四大类：Know-what（知道是什么的知识），是指关于企业事实方面的知识，例如企业有多少员工，产品用的什么原料，企业的主要产品是什么等；Know-why（知道为什么的知识），是指企业生产的原理和规律的知识，例如为什么选用某种原料，为什么生产某种产品而非另外一种产品等；Know-how（知道怎样做的知识），是指做某些事情的技术和能力，如熟练工人操作机器的技术等；Know-who（知道是谁的知识），是指在工作过程中，如果出现了问题知道应该请教谁。

一个企业的知识链通常包括知识的识别、知识的获取、知识的开发、知识的分解、知识的储存、知识的传递、知识的共享以及知识产生价值的评价等环节。在这个知识链上，形成了一条知识流。

知识管理大致包括以下六个方面的内容：

（1）知识管理的基础措施。它是知识管理的支持部分，如关系数据库、知识库、多库协调系统、网络等基本技术手段以及人与人之间的各种联系渠道等。

（2）企业业务流程的重组。其目的是使企业的知识资源更加合理地在知识链上形成畅通无阻的知识流，让每一个员工在获取与业务有关知识的同时，都能为企业贡献自己的知识、经验和专长。

（3）知识管理的方法。它包括内容管理、文件管理、记录管理、通信管理等。

（4）知识的获取和检索。它包括各种各样的软件应用工具，例如智能客体检索、多策略获取、多模式获取和检索、多方法多层次获取和检索、网络搜索工具等。

（5）知识的传递。例如建立知识分布图、电子文档、光盘、DVD 及网上传输、打印等。

（6）知识的共享和评测。例如建立一种良好的企业文化，激励员工参与知识共享，设立知识主管，促进知识的转换，建立知识产生效益的评测条例等。

总之，知识管理的具体方式就是将各部门和各个人的知识产权和其他无形资产汇总成电子文件放在公用网上，形成一个知识库，随时可供取阅。该知识库要有一套系统来支持和服务以及一些基本的安全措施和网络权限控制功能。员工可以利用该系统阅读公报和查找历史事件，并且在需要交流时彼此在虚拟的广告板上相会。例如在售后维护过程中，由于产品更新换代非常快，往往维护手册滞后于产品的更新，为此，企业可以利用知识管理技术，将每一个维护工程师的经验、技术、诀窍和与客户交往的技巧等集中起来，形成一个知识库，供大家来共享。

本章小结：

本章简要介绍了企业内部的各类信息系统，包括 TPS、MIS、DSS 以及 ERP 系统。

TPS 是提供给基层业务人员使用的信息系统。事务处理是企业经营活动中最基本、最底层的业务活动，业务量大，涉及面宽，因此是企业实施信息化的第一步工作，也是企业开展电子商务的基础设施。TPS 的开发和应用会为其他信息系统奠定良好的基础。

MIS 是运用系统的理论方法，以计算机网络和现代通信技术为工具和手段的，具有进行信息的收集、存储、加工处理、传递等功能，能为管理决策提供信息服务的人机系统。

DSS 是以管理科学、运筹学、控制论和行为科学为基础，针对某一类型的半结构化或非结构化决策问题，通过提供背景资料、协助明确问题、修改完善模型、列举可能的方案、进行分析比较等方式，为管理者正确决策而提供帮助的人机交互系统。

ERP 是指建立在信息技术基础上，以系统化的管理思想，为企业决策层及员工提供决策运行手段的管理平台。ERP 系统集信息技术与先进的管理思想于一身，成为现代企业的运行模式，反映时代对企业合理调配资源、最大化地创造社会财富的要求，成为企业在信息时代生存、发展的基础。其核心管理思想就是实现对整个供应链的有效管理。

思考题：

1. 事务处理系统的概念是什么？
2. 事务处理系统的运行过程包括哪几个步骤？
3. 事务处理系统的运行方法有哪些？
4. 管理信息系统的概念是什么？
5. 管理信息系统的功能有哪些？
6. 管理信息系统的开发方法有哪些？
7. 管理信息系统的发展可以划分为哪几个阶段？
8. 简述结构化生命周期法的开发步骤和特点。
9. 简述原型法的开发步骤和特点。
10. 简述决策支持系统的概念和基本构成。
11. 企业资源计划的管理思想是什么？它包含哪些主要的功能模块？

第四章
企业商务信息化

学习目标：

1．掌握供应链的概念、特征，供应链管理的含义、内容、目标和原则。
2．掌握电子商务的定义和分类，了解电子商务的基本框架结构。
3．掌握客户关系管理的概念与内涵。

开章案例：

青岛啤酒：像送鲜花一样送啤酒

（资料来源：周艳军. 供应链管理[M]. 上海：上海交通大学出版社，2008）

新鲜是啤酒品牌的竞争利器，注重口感的消费者如果碰上了过期酒，品牌忠诚度绝对会大打折扣。曾经，在青岛啤酒（以下简称青啤）原产地青岛，由于缺乏严格的管理监控，外地卖不掉的啤酒竟流回了青岛，结果不新鲜的啤酒充斥市场，使青啤的美誉度急剧下跌，青啤人坐不住了。而此时，供应链管理的概念被引入到青啤，青啤制定的“新鲜度战略”开始实施。从运输到仓储，青啤逐步理清头绪，并通过青啤的ERP系统和招商物流的SAP物流管理系统的自动对接，借助信息化对订单流程进行全面改造，“新鲜度战略”有条不紊地实施。在一系列的整合后，青啤的每年过千万元亏损的车队转变成一个高效诚信的运输企业。而且就运送成本来说，由0.4元/km降到了0.29元/km，每个月下降了100万元。青啤运往外地的速度也比以往提高了30%以上。据称，青岛300km以内区域的消费者都能喝到当天的啤酒。

案例思考：

青岛啤酒“新鲜度战略”所体现的供应链管理目标和原则有哪些？

第一节　供应链管理

一、供应链概述

（一）供应链的概念

目前，由于供应链的发展历史尚短，对于供应链尚未形成统一的定义，不同的学者从不同的角度出发给出了许多不同的定义。我国国家标准GB/T 18354—2006《物流术语》对供应链的定义是：“供应链（Supply Chain）是生产及流通过程中，涉及将产品或服务提供给最终用户活动的上游与下游组织所形成的网链结构。”

该定义涵盖了企业从原材料采购开始，经过运输、生产、仓储、配送，到销售至终端用户的全过程。一个完整的供应链始于原材料的供应商，止于最终用户。整个供应链就是围绕核心企业，通过对信息流、物流、资金流的控制，从采购原材料开始，到制成中间产品以及最终产品，最后由销售网络把产品送到消费者手中的将供应商、运输商、制造商、分销商、零售商等，直到最终用户连成整体的一个功能网链结构模式。

（二）供应链的特征

（1）协调性和整合性。供应链本身是一个整体合作、协调一致的系统，它有多个合作者，像链条似的环环相扣，节点企业在一个共同目标的驱动下，整合企业资源，紧密配合，协调运作。

（2）选择性和动态性。供应链中的各节点企业都是围绕其中的核心企业在众多企业中筛选出的合作伙伴，企业加入供应链网络是有选择性的，但供应链网络也需要随目标、市场、服务方式、客户需求等的变化而变化，它随时处在一个动态调整过程中，因此具有动态性。

（3）复杂性和虚拟性。不少供应链是跨国家、跨地区和跨行业的组合。各国的国情、体制、法律、文化、地理环境、习俗都有很大差异，经济发达程度、物流基础设施、物流管理水平和技术能力等也有很大不同，而供应链操作又必须保证其目的的准确性、行动的快速反应性和高质量服务性，因此供应链具有复杂性的特点。在供应链的虚拟性方面，主要表现在它是一个协作组织，而并不一定是一个集团企业或托拉斯企业。这种协作组织以协作的方式组合在一起，依靠信息网络的支撑和相互信任关系，为了共同的利益，强强联合，优势互补，协调运转。由于供应链需要永远保持高度竞争力，必须是优势企业之间的连接，所以组织内的吐故纳新、优胜劣汰是必然的。供应链犹如一个虚拟的强势企业群体，在不断地优化组合。

（4）交叉性和需求方向性。一方面，供应链中的节点企业可以是这个供应链的成员，同时又是另一个供应链的成员，众多的供应链形成交叉结构；而另一方面，供应链的形成、存在、重构，都基于一定的市场需求而发生，在供应链的运作过程中，用户的需求拉动是供应链中信息流、商品流和服务流、资金流运作的驱动源。因此，供应链具有交叉性和需求方向性。

二、供应链的类型

根据不同的划分标准，可以将供应链分为以下几种类型：

（一）稳定的供应链和动态的供应链

根据供应链存在的稳定性划分，可以将供应链分为稳定的供应链和动态的供应链。基于相对稳定、单一的市场需求而组成的供应链稳定性较强，而基于相对频繁变化、复杂的需求而组成的供应链动态性较高。在实际管理运作中，需要根据不断变化的需求，相应地改变供应链的组成。

（二）平衡的供应链和倾斜的供应链

根据供应链容量与用户需求的关系，可以将供应链划分为平衡的供应链和倾斜的供应链。一个供应链具有一定的、相对稳定的设备容量和生产能力（所有节点企业能力的综合，包括供应商、制造商、运输商、分销商、零售商等），但用户需求处于不断变化的过程中，当供应链的容量能满足用户需求时，供应链处于平衡状态；而当市场变化加剧，造成供应链成本增加、库存增加、浪费增加等现象时，企业不是在最优状态下运作，供应链则处于倾斜状态。

（三）有效性供应链和反应性供应链

根据供应链的功能模式（物理功能和市场中介功能），可以把供应链划分为两种：有效性供应链（Efficient Supply Chain）和反应性供应链（Responsive Supply Chain）。有效性供应链主要体现供应链的物理功能，即以最低的成本将原材料转化成零部件、半成品、产品以及在供应链中的运输等；反应性供应链主要体现供应链的市场中介的功能，即把产品分配到满足用户需求的市场，对未预知的需求作出快速反应等。

（四）以客户要求为核心构筑的供应链、以销售为核心构筑的供应链和以产品为核心构筑的供应链

根据供应链的构筑核心可以把供应链划分为以下三种：

1. *以客户要求为核心构筑的供应链*

以客户要求为核心构筑的供应链是指根据客户的要求和标准，以达到客户满意为目标来设计和组合的供应链。这种类型的供应链一般要考虑企业的以下三方面因素：

① 企业的实际需要、现有条件。

② 企业的外围条件和环境。

③ 企业的可操作性。

2. *以销售为核心构筑的供应链*

在市场饱和及买方市场的条件下，销售是生产企业的主要矛盾。以销售为核心构筑的供应链往往是众多生产企业的客观需求，而且这方面的需求在不断增加。以销售为核心构筑的供应链，重点在于销售的数量、时间、成本和服务水平。

3. *以产品为核心构筑的供应链*

以产品为核心构筑的供应链，是指企业以产品质量保证和服务水平为重点建构的供应链。当然，企业在提高产品质量和服务的同时，还要降低成本，增加效益。

（五）企业内部供应链、产业供应链或动态联盟供应链、全球网络供应链

根据供应链的发展进程可以把供应链划分为以下三种：

1. *企业内部供应链*

供应链管理最初起源于 ERP，是基于企业内部范围的管理。它是将企业内部经营所有的业务单元，如订单、采购、库存、计划、生产、质量、运输、市场、销售、服务等，以及相应的财务活动、人事管理均纳入一条供应链内进行统筹管理的一种管理模式。这种供应链管理将企业各个业务环节的“信息孤岛”连接在一起，使得各种业务和信息能够实现集成和共享。

2. *产业供应链或动态联盟供应链*

随着全球经济的一体化，人们发现在全球化大市场竞争环境下任何一个企业都不可能在所有业务上成为最杰出者，必须联合行业中其他上下游企业，建立一条经济利益相连、业务关系紧密的行业供应链实现优势互补，充分利用一切可利用的资源来适应社会化大生产的竞争环境，共同增强市场竞争实力。因此，企业内部供应链管理延伸和发展为面向全行业的产业链管理，管理的资源从企业内部扩展到了外部。

在这种供应链的管理过程中，首先，应在整个行业中建立一个环环相扣的供应链，使多个企业能在一个整体的管理下实现协作经营和协调运作。把这些企业的分散计划纳入整个供应链的计划中，实现资源和信息共享，从而大大增强了该供应链在大市场环境中的整体优势，同时也使每个企业均可实现以最小的个别成本和转换成本来获得成本优势。

其次，在市场、加工、组装、制造环节与流通环节之间，建立一个业务相关的动态企业联盟（或虚拟公司），即为完成向市场提供商品或服务等任务而由多个企业相互联合所形成的一种合作组织形式，通过信息技术把这些企业连成一个网络，以更有效地向市场提供商品和服务来完成单个企业不能承担的市场功能。这不仅使每一个企业保持了自己的个体优势，也扩大了其资源利用的范围，使每个企业可以享用联盟中的其他资源。

产业供应链这种广义供应链拆除了企业的围墙，将各个企业独立的“信息孤岛”连接在一起，建立起一种跨企业的协作，以此来追求和分享市场机会，通过 Internet、电子商务把过去分离的业务过程集成起来，覆盖了从供应商到客户的全部过程，包括原材料供应商、外协加工和组装、生产制造、销售分销与运输、批发商、零售商、仓储和客户服务等，实现了从生产领域到流通领域一步到位的全业务过程（见图 4-1）。

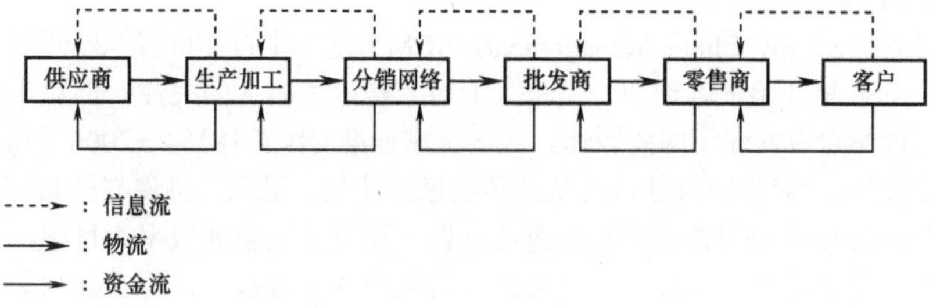

图 4-1　广义供应链

3. 全球网络供应链

Internet、交互式 Web 应用以及电子商务的出现，彻底改变了人们的商业方式，也改变了现有供应链的结构，传统意义的经销商正在消失，其功能将被全球网络电子商务所取代。传统多层的供应链（见图 4-2）转变为基于 Internet 的开放式的全球网络供应链（见图 4-3）。

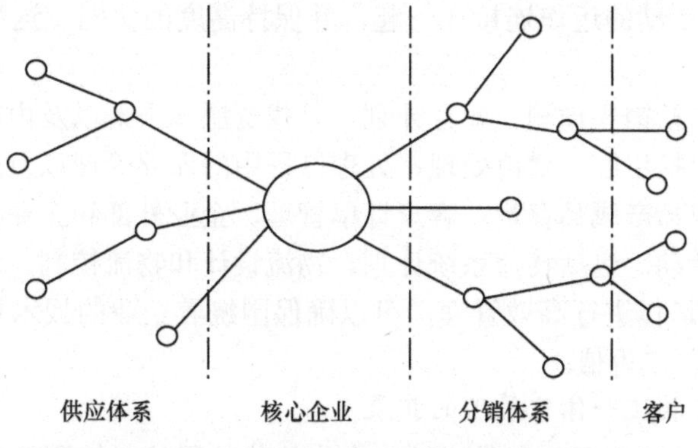

图 4-2　传统多层式的供应链

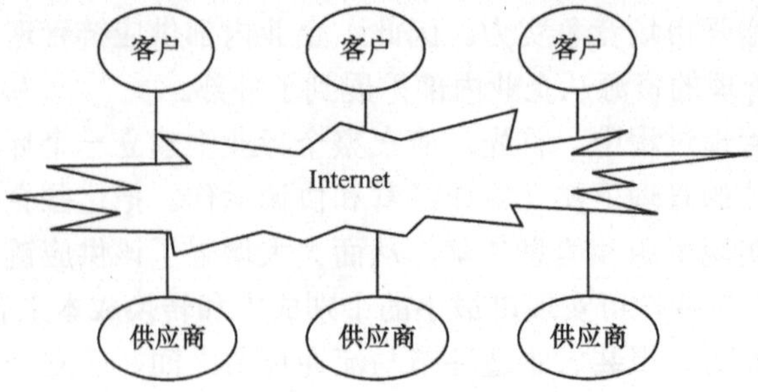

图 4-3 基于 Internet 的全球网络供应链

在网络上的企业都具有两重身份，既是客户又同时是供应商，它不仅上网交易，更是构成该供应链的一个元素。在全球网络供应链中，企业的形态和边界将产生根本性改变，整个供应链的协同运作将取代传统的电子订单，供应商与客户间信息交流层次的沟通与协调将是一种交互式、透明的协同工作。这种全球网络供应链将广泛和彻底地影响并改变所有企业的经营运作方式。

三、供应链管理概述

（一）供应链管理的含义

供应链管理（Supply Chain Management，SCM）是一个自 20 世纪 80 年代使用和风靡起来的术语，它最早开始于咨询业，后来人们对其给予了极大的关注，但对于供应链管理的定义，不同的学者有许多不同的表述。我国国家标准 GB/T 18354—2006《物流术语》将供应链管理定义为："对供应链涉及的全部活动进行计划、组织、协调与控制。"本书认为，供应链管理是指运用集成的管理思想和方法，以实现供应链整体效率为目标，对整个供应链系统，包括产品从原材料阶段一直到最终交付用户这一过程中，与产品相关的物流、信息流、资金流、价值流及业务流所进行的计划、协调、组织、执行和控制等管理活动。供应链管理的含义可以从以下几个方面理解：

1. 供应链管理是一种运作管理技术

它能够使企业的活动范围从仅仅追求最佳的物流活动扩展到所有的企业职能。这些职能包括市场营销、加工制造和财务，所有这些职能都以最佳的方式紧密地结合在一起，成为一个整体。在这个层面上的企业集成将使企业管理者能够将他们日常的、在竞争中起决定性作用的主要价值活动的运作连接在一起，并保持高度的协同。这种运作活动包括以下四个方面：

① 输入物流，包括销售预测、库存计划、寻找资源和采购以及内向运输。

② 处理活动，包括生产、增值处理、处理过程中的库存管理以及产成品仓储。

③ 输出活动，包括产成品存货、客户订单管理、企业外部和企业内的运输活动。

④ 规划和控制活动，包括物流系统计划、物流设计和物流控制。

对供应链管理的运作进行高效管理，可以确保围绕着企业的战术目标，将所有的工作职能优化，并为客户创造价值。

2. 供应链管理是物流一体化管理的扩展

其目的是将组织的物流职能和供应链中合作伙伴使用的对等职能的物流部分进行合并

或紧密连接，以便将企业内部物流职能和外部供应商和客户，或者第三方物流联盟连接在一起，形成一个完整的集成化系统。另外，还能使库存计划人员直接通过计算机网络查看其供应商的库存，或者使生产人员能够满足统一计划的客户需求。在当今的业务环境中，任何企业都不能独立地参与竞争，或是自己全部占有保持市场领导地位的所有竞争能力和知识，所以对物流环节的集成，是供应链运作管理的一个重要方面。

3. 供应链管理是一种战略

供应链管理的实际应用是以一个共同目标为核心的组织管理。最初，供应链管理被认为是一种关于加快物品和信息在供应通道中流动的运作管理活动，这种活动可以优化业务环节，并能使它们和供应链中的伙伴的活动保持同步，以在整个供应链中降低成本，提高生产率。然而这仅是供应链管理概念所涵盖的一部分，在供应链管理中还应加入至关重要的战略内容。供应链管理包含加快发货速度、降低成本，也包含利用新的管理方法和信息技术的力量，以便在针对市场具体需求的产品和服务方面实现重大突破。供应链管理的运作方面不仅能为企业提供生存能力及市场竞争能力，而且供应链管理的战略作用能使供应链中的合作伙伴达成共识，构筑发展和互利的供应链联盟，管理复杂的客户和供应商之间的关系，以便在市场中处于领导地位，并开拓业务，探索新的机遇。

（二）供应链管理涉及的内容

供应链管理主要涉及四个主要领域：供应（Supply）、生产计划（Schedule Plan）、物流（Logistics）、需求（Demand）。供应链管理是以同步化、集成化生产计划为指导，以各种技术为支持，尤其以 Internet/Intranet 为依托，围绕供应、生产作业、物流（主要指制造过程）、满足需求来实施的。供应链管理主要包括计划、合作、控制从供应商到用户的物料（零部件和成品等）和信息。供应链管理的目标在于提高用户服务水平和降低总的交易成本，并且寻求两个目标之间的平衡（这两个目标往往有冲突）。供应链管理涉及的领域在以上四个领域的基础上，还可细分为职能领域和辅助领域。职能领域主要包括产品工程、产品技术保证、采购、生产控制、库存控制、仓储管理、分销管理，而辅助领域主要包括客户服务、制造、设计工程、会计核算、人力资源、市场营销。

由此可见，供应链管理关心的并不仅仅是物料实体在供应链中的流动，除了企业内部与企业之间的运输问题和实物分销以外，供应链管理还包括以下主要内容：

① 战略性供应商和用户合作伙伴关系管理。

② 供应链产品需求预测和计划。

③ 供应链的设计（全球节点企业、资源、设备等的衡量、选择和定位）。

④ 企业内部与企业之间物料供应与需求管理。

⑤ 基于供应链管理的产品设计与制造管理、生产集成化计划、跟踪和控制。

⑥ 基于供应链的用户服务和物流（运输、库存、包装等）管理。

⑦ 企业间资金流管理（汇率、成本等问题）。

⑧ 基于 Internet/Intranet 的供应链交互信息管理等。

供应链管理注重总的物流成本（从原材料到最终产成品的费用）与用户服务水平之间的关系，为此要把供应链各个职能部门有机地结合在一起，从而最大限度地发挥出供应链整体的力量，达到供应链企业群体获益的目的。

（三）供应链管理的目标

1. 总成本最小化

众所周知，采购成本、运输成本、库存成本、制造成本，以及供应链的其他成本费用都是相互联系的。因此，为了实现有效的供应链管理，必须将供应链各成员企业作为一个有机整体来考虑，并使实体供应物流、制造装配物流与实体分销物流之间达到高度均衡。从这一意义出发，总成本最小化目标并不是指运输费用或库存成本，或其他任何供应链运作与管理活动的成本最小，而是指整个供应链运作与管理的所有成本的总和最小化。

2. 客户服务最优化

供应链管理的本质在于为整个供应链的有效运作提供高水平的服务，而由于服务水平与成本费用之间的背反关系，要建立一个效率高、效果好的供应链网络结构系统，就必须考虑总成本费用与客户服务水平的均衡。供应链管理以最终客户为中心，客户的成功是供应链赖以生存与发展的关键。因此，供应链管理的主要目标就是要以最低化的总成本费用实现整个供应链客户服务的最优化。

3. 总库存最小化

在实现供应链管理目标的同时，要使整个供应链的库存控制在最低的程度，"零库存"反映的即是这一目标的理想状态。所以，总库存最小化目标的实现，有赖于实现对整个供应链的库存水平与库存变化的最优控制，而不只是单个成员企业库存水平的最低。

4. 总周期最短化

当今的市场竞争不再是单个企业之间的竞争，而是供应链与供应链之间的竞争。从某种意义上说，供应链之间的竞争实质上是基于时间的竞争，如何实现快速有效的客户反应。最大限度地缩短从客户发出订单到获取满意交货的整个供应链的总周期已成为企业成功的关键因素之一。

5. 物流质量最优化

在市场经济条件下，企业产品或服务质量的好坏直接关系列企业的成败。同样，供应链物流服务质量的好坏直接关系到供应链的存亡。如果在所有业务过程完成以后，发现提供给最终客户的产品或服务存在质量缺陷，就意味着所有成本的付出将不会得到任何价值补偿，供应链的所有业务活动都会变为非增值活动，从而导致整个供应链的价值无法实现。因此，达到与保持物流服务质量的高水平，也是供应链物流管理的重要目标。而这一目标的实现，必须从原材料、零部件供应的零缺陷开始，直至供应链管理全过程、全人员、全方位质量的最优化。

从传统的管理思想来看，上述目标相互之间呈现出互斥性：客户服务水平的提高、总周期的缩短、交货品质的改善必然以库存、成本的增加为前提，而无法同时达到最优。然而，通过运用一体化的管理思想，从系统的观点出发，改进服务、缩短时间、提高品质与减少库存、降低成本是可以兼得的。

（四）供应链管理的原则和实施步骤

根据美世（Mercer）管理顾问公司的报告，有近一半接受调查的公司经理将供应链管理作为公司的十项大事之首。调查还发现，供应链管理能够提高投资回报率，缩短订单履行时间和降低成本。美国的 Andersen 咨询公司提出了供应链管理的七项原则：

（1）根据所需的服务特性来划分客户群。传统意义上的市场划分基于企业自己的状况，如行业、产品、分销渠道等，然后对同一地区的客户提供相同水平的服务；供应链管理则强调根据客户的状况和需求，决定服务方式和水平。

（2）根据客户需求和企业可获利情况，设计企业的后勤网络。一家造纸公司发现两个客户群存在截然不同的服务需求：大型印刷企业允许较长的提前期，而小型的地方印刷企业则要求在 24 小时内供货，于是它建立的是 3 个大型分销中心和 46 个紧缺物品快速反应中心。

（3）倾听市场的需求信息。在制定和执行销售和营运计划时必须监测整个供应链，以及时发出需求变化的早期警报，并据此安排和调整计划。

（4）时间延迟。由于市场需求的剧烈波动，而且距离客户接受最终产品和服务的时间越早，需求量预测就越不准确，因此，企业不得不维持较大的中间库存。例如，一家洗涤用品企业在实施大批量客户化生产时，先在企业内将产品加工结束，然后才在零售店完成产品的最终包装。

（5）与供应商建立双赢的合作策略。迫使供应商相互压价，固然能使企业在价格上收益；但与供应商相互协作则可以降低整个供应链的成本，企业将会获得更大的收益，而且，这种收益将是长期的。

（6）在整个供应链领域建立信息系统。信息系统首先应该处理日常事务和电子商务，然后支持多层次的决策信息，如需求计划和资源规划，最后应该根据大部分来自企业之外的信息进行前瞻性的策略分析。

（7）建立整个供应链的绩效考核准则。供应链的绩效考核准则应该建立在整个供应链而不仅仅是局部的个别企业的孤立标准。供应链的最终验收标准是客户的满意程度。

而 Kearney 咨询公司强调要实施供应链管理，首先应该制定可行的实施计划，这项工作可以分为以下四个步骤：

（1）将企业的业务目标同现有能力及业绩进行比较，首先发现现有供应链的显著弱点，经过改善，迅速提高企业的竞争力。

（2）同关键客户和供应商一起探讨、衡量全球化、新技术和竞争局势，建立供应链的远景目标。

（3）制定从现实过渡到理想供应链目标的行动计划，同时衡量企业实现这种过渡的现实条件。

（4）根据优先级安排上述计划，并且承诺相应的资源。根据实施计划，首先定义长期的供应链结构，使企业在与正确的客户和供应商建立的正确的供应链中，处于正确的位置；然后重组和优化企业内部和外部的产品、信息和资金流；最后在供应链的重要领域如库存、运输等环节提高质量和生产率。实施供应链管理需要耗费大量的时间和财力，在美国，也只有不足 50%的企业在实施供应链管理。Kearney 咨询公司指出，供应链可以耗费整个公司高达 25%的运营成本，而对于一个利润率仅为 3%～4%的企业而言，哪怕降低 5%的供应链耗费，也足以使企业的利润翻番。

第二节　电 子 商 务

电子商务是在计算机技术、网络通信技术的互动发展中逐步产生和不断完善的，是以 Internet 为依托，并随着 Internet 的广泛应用而迅速发展起来的。电子商务是促进人类信息技术发展并使传统商务活动发生巨大改变的一种方式，已经使人类的经济生活产生了巨大的变革。

一、电子商务的定义和分类

当前有关电子商务的定义很多，其中大多都是从某一个角度来看电子商务。如果说电子商务的主体是企业，那么相关企业提出的“电子商务”定义就最符合实际。美国IBM公司从企业电子商务的运作过程中，总结出如下切合实际的电子商务定义。

（一）广义的电子商务

1. 广义电子商务的定义

广义的电子商务（E-Business，EB）就是企业“商务整合”。它将信息技术策略与企业商务策略整合起来，形成企业全新的组织构架、全新的商业模式、全新的业务流程。它是传统企业商务电子化的过程，即传统商务向电子商务转型的过程。它的运作基础是万维网和信息技术。它结合了网络的标准性、简洁性、连通性的特点，形成企业业务的核心流程。所以，也可称“E-Business”为电子化企业。

广义的电子商务强调的是企业电子化的过程，注重研究企业电子化过程中的各种问题，如客户关系管理、供应链管理、企业资源规划、知识管理等一系列涉及企业运营的问题。

2. 广义电子商务的基本思想

企业在向电子化转型的过程中，为了能持续有效地进行电子商务的运营，必须有以下基本的指导思想：长远计划，简单入手；实事求是，建立企业所需要的商务模式；电子商务是商务，不是技术。

以上进行电子商务的基本思想是企业实施电子商务的务实做法。电子商务不是要企业重新另做一个商务，而是理顺现有企业商务流程，提高企业现有商务操作的效率，使企业可以向客户提供更有价值的产品或服务，而这种价值的优势远远超过竞争对手。

3. 实施电子商务的三个基本问题

企业如何导入电子商务、如何使信息技术投资产生效益最大化、电子商务如何帮助企业节约成本，增加收入——任何企业在导入电子商务的过程中都面临着这三个基本问题。这三个问题的解决对电子商务整体规划有着重大的意义。

4. 电子商务实施的阶段性

IBM公司认为，电子商务实施过程存在着四个阶段，这四个阶段形成了企业电子商务的周期性。这四个阶段是：转换核心商务流程；建立灵活的、可扩展的电子商务应用系统；运行一个可升级的、灵活的安全环境；通过电子商务系统获得起杠杆作用的关键知识和信息。

以上阶段的实施过程没有顺序和层级之分，成功的电子商务可以从不同的点开始，但最重要的是要识别好什么是企业核心的商务流程，什么技术是最适合的，什么是最需要首先转入电子商务的。电子商务实施的阶段性是指导构建电子商务系统的一般性原则，其内涵根据不同企业的实际情况不同而不同。

（二）狭义的电子商务——电子交易

电子交易（E-Commerce）被看成是在线交易的解决方案。它强调如何通过网络进行商业交易，它注重研究的是在线交易过程中所产生的一系列问题，如在线支付、交易认证等，所以它是“E-Business”的一个组成部分，是电子化企业的一个前端部分。这种电子商务解决方案使买卖双方可以进行在线的业务处理，进行交易或提供服务。

1. *电子交易包括的内容*

① 产品和服务的电子展示（Electronic presentation of goods and services）。

② 在线订购和账单的显示（Online order and bill presentation）。

③ 自动化的客户询价（Automated customer account inquiry）。

④ 在线支付和交易处理（Online payment and transaction handling）。

⑤ 自动的供应链管理系统（Automated Supply Chain Management solutions）。

2. *电子交易系统的组成*

电子交易系统由哪几部分组成，企业要根据自己的市场目标来定。但总体上来讲，电子交易系统往往由三层结构组成。

第一层是网络基础平台，它作为信息传递的载体和与用户交互的手段，主要包括各种软件和硬件设施。

第二层是电子交易基础平台，它是各种交易应用系统的基础，包括 CA 认证、支付网关（Payment Gateway）等与电子交易相关的部分。

第三层是各种电子商务应用层，如网上垂直商场等。

3. *成功电子交易的要素*

（1）良好的网络环境。成功的电子交易应有良好的网络环境，主要包括因特网、企业内部网、企业外部网。企业可以根据自己的需要创建良好的网络架构，以达到企业成功进行网上交易的目的。

（2）认证中心。它是承担电子商务安全交易认证服务，负责发放和管理数字证书，并确认用户身份受法律承认的权威机构。认证中心的主要任务是根据数字证书的申请，签发并对数字证书进行管理。

（3）网上银行。它是应用网络技术提供在线金融服务的银行系统。网上银行利用了因特网的方便性，在线实现某些传统的银行业务。另外，网上银行与信用卡公司合作，发放信用卡、电子钱包、智能卡一类的网上支付工具，为电子交易的用户和商家提供在线服务。

（4）完善的配送体系。在完成交易后，需要通过完善的配送系统将商品准确、快速地送达最终用户手中。

（三）“E-Business”和“E-Commerce”的区别

从商业的整体运作来看，E-Commerce 只是 E-Business 的一个部分。在不同的商业组织中电子商务有不同的侧重点，但总的来说，传统的企业组织电子商务时应该称为 E-Business 或“电子化企业”，它包含了企业流程前端部分即 E-Commerce 解决方案。

而新兴的网络公司在进行电子商务时，主要从 E-Commerce 入手，它们利用网络提供一种“虚拟的商场”或“虚拟的店面”进行商业活动，因为没有传统的实业基础，也就谈不上核心商务流程向电子化转型的问题，所以只是从网络交易上入手，建立网上商场，创造新的商业交易和服务模式。但是新兴网络公司的电子交易的成功有赖于实体企业的支持，而实体企业由于具有强大的实业支持，电子交易成功率较高。

（四）电子商务的分类

按照参与方式对电子商务进行分类是一种最常见的分类方式，在一般论述中谈到的各类电子商务类型，大多是基于这种分类方式的。

1. 企业——消费者电子商务

企业——消费者电子商务（Business to Consumer，B2C）以 Internet 为主要服务提供手段实现公众消费，基本上等同于网络零售。B2C 是人们最熟悉的一种电子商务类型，也是最吸引媒体关注的一种电子商务形式。目前网上商店提供的商品几乎涵盖了人们日常生活中所需的各类商品，如食品、鲜花、服装、书籍、计算机软硬件、音像制品、家具、汽车等各种消费商品。由于各类商品网上销售的适用性不同，它们的市场表现出很大的区别。B2C 模式节省了客户和企业双方的时间、空间，大大提高了交易效率，节省了各类不必要的开支，因而，这类模式得到了人们的认同，获得了迅速的发展。该类电子商务的典型代表是 Amazon 书店，作为世界上最大的虚拟书店，它没有固定的店面，但其营业额却超过了美国最老牌的书店 Barnes&Noble。

2. 企业——企业电子商务

企业——企业电子商务（Business to Business，B2B）是指企业在 Internet 上进行企业之间的谈判、订货、签约、付款以及索赔处理、商品发送管理和运输跟踪等企业运营全过程的商务活动。尽管 B2B 电子商务受媒体的关注程度一度不如 B2C，但它一直是电子商务的主流，也是企业面临激烈的市场竞争，改善竞争条件、建立竞争优势的重要方式。无论从目前电子商务发展的状况看，还是从未来电子商务发展趋势看，B2B 电子商务市场都会远远大于 B2C 电子商务市场。

3. 企业——政府电子商务

企业——政府电子商务（Business to Government，B2G）是指企业与政府机构在网上完成原有各种业务。政府可以通过其实现对企业行为的管理和监督，如政府采购、税收、商检以及仲裁等，这样就可以介入到电子商务中。

4. 消费者——政府电子商务

消费者——政府电子商务（Consumer to Government，C2G）是指消费者与政府机构在网上完成二者之间原有的各种事务，如纳税申报、福利发放、社区服务、政策发布、违章处罚等。

5. 消费者——消费者电子商务

消费者——消费者电子商务（Consumer to Consumer，C2C）类似于网上二手市场，就是通过为个体买卖双方提供一个在线交易平台，使卖方可以主动提供商品上网拍卖，而买方可以自行选择商品进行竞价。从理论上来说，C2C 模式是最能够体现互联网的精神和优势的，数量巨大、地域不同、时间不一的买方和同样规模的卖方通过一个平台找到合适的对家进行交易，在传统领域要实现这样大的工程几乎是不可想象的。与传统的二手市场相比，它不再受到时间和空间限制，节约了大量的市场沟通成本，其价值是显而易见的，该类模式的典型代表是美国的 eBay。

二、电子商务模型和基本框架结构

电子商务是一个市场环境，而任何企业都与市场有着千丝万缕的联系，企业作为市场这个系统中的一个单位，必定同市场系统保持着输入输出关系，进行着物质、劳动力、信息的交换。市场不仅是企业生产经营活动的起点和终点，也是企业与外界建立协作关系、竞争关系的传导和媒介。市场可以分为产业市场和消费者市场，企业在这两个市场的活动也各有侧重，如图 4-4 所示。

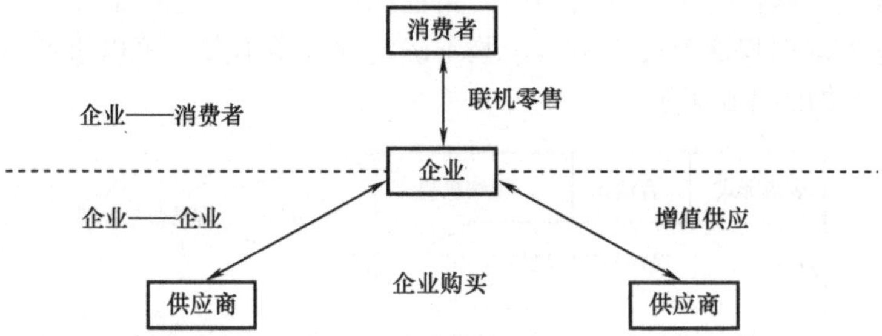

图 4-4　电子商务环境

（一）电子商务的概念模型

电子商务的概念模型是对现实世界中电子商务活动的一般抽象描述，它由交易主体、电子市场（Electronic Market，EM）、交易事务和信息流、资金流、物流等基本要素构成。在电子商务概念模型中，交易主体是指能够从事电子商务活动的客观对象，它可以是企业、银行、商店、政府机构、科研教育机构和个人等；电子市场是指交易实体从事商品和服务交换的场所，它由各种各样的商务活动参与者，利用各种通信装置，通过网络连接成一个统一的经济整体；交易事务是指交易实体之间所从事的具体的商务活动的内容，例如询价、报价、转账支付、广告宣传、商品运输等。

电子商务中的任何一笔交易，都包含着几种基本的“流”，即信息流、商流、资金流、物流。信息流既包括商品信息的提供、促销营销、技术支持、售后服务等内容，也包括诸如询价单、报价单、付款通知单、转账通知单等商业贸易单证，还包括交易方的支付能力、支付信誉等。商流是指商品在购、销之间进行交易和商品所有权转移的运动过程，具体是指商品交易的一系列活动。资金流主要是指资金的转移过程，包括付款、转账等过程。在电子商务下，以上的三种流的处理基本都可以通过计算机和网络通信设备实现。物流主要是指商品和服务的配送和传输渠道，对于大多数商品和服务来说，物流可能仍然经由传统的经销渠道，然而对有些商品和服务来说，可以直接以网络传输的方式进行配送，如各种电子出版物、信息咨询服务、有价信息等。对于每个交易主体来说，它所面对的是一个电子市场，必须通过电子市场选择交易的内容和对象。因此，电子商务的概念模型可以抽象地描述为每个交易主体和电子市场之间的交易事务关系，如图 4-5 所示。

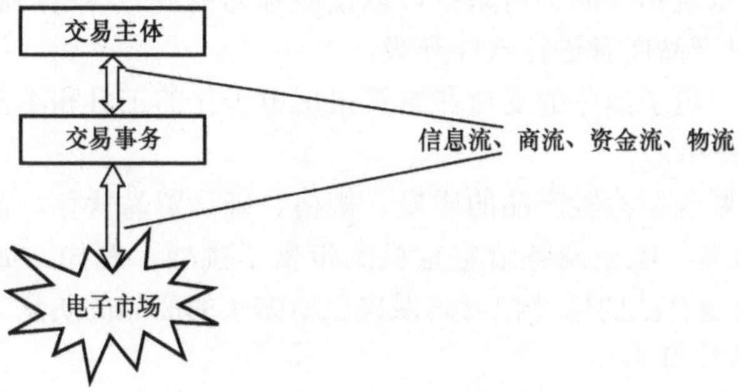

图 4-5　电子商务的概念模型

（二）电子商务的交换模型

电子商务改变了以往的贸易方式和中介角色的作用，降低了商品交换过程中的成本。从商品交换的基本过程和这个过程中的一些不确定性因素出发，可以概括出一个电子商务的基本交换模型，如图 4-6 所示。

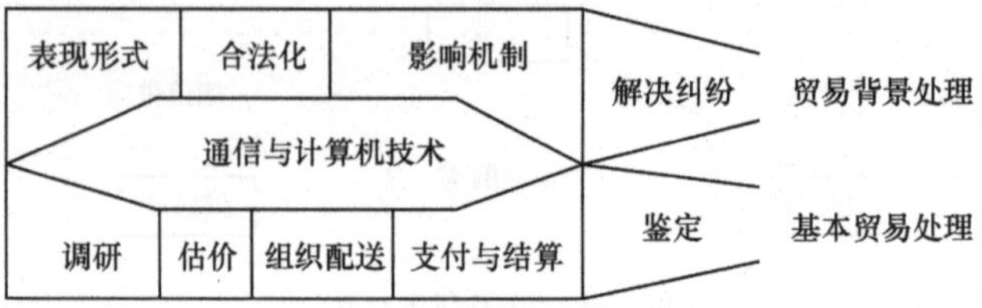

图 4-6 电子商务的基本交换模型

在电子商务的基本交换模型中，通信与计算机技术成为整个交易过程的基础。同传统的贸易活动相比，电子商务所依赖的基本贸易处理过程并没有变，而用以完成这些过程的方式和媒介却发生了变化。下面首先介绍基本的贸易处理过程，然后介绍贸易处理过程所依赖的贸易背景的处理，而电子商务对这些处理过程带来的影响将作为主线贯穿其中。

1. 基本流程

（1）调研。电子商务通常减少了买方的调研成本，而相对增加了卖方的调研成本。电子商务活动中常用的调研方式有三种：其一，卖方在电子市场上发放顾客偏好描述文件，向顾客提供产品的信息，同时收集顾客对产品的偏好；其二，从特定的用户群中收集信息，如根据用户对某类产品的偏好来决定卖方产品的买卖信息；其三，用户在电子市场上广播他们对产品的需求信息，让产品供应商提供报价。

（2）估价。任何贸易都离不开估价过程。在简单贸易模型中，通常由卖方提供一个非协商性价格，然后逐渐降价，直到有人来买。然而在电子商务模型下，商品和服务的定价过程对顾客来说变得更为透明。网络交易环境下良好的用户交互性、价格低廉的通信费用以及智能软件代理技术，为用户提供了各种不同的动态价格搜索机制，甚至可以为用户提供实时性要求很高的价格搜索，如拍卖活动中的拍卖报价。

（3）产品的组织与配送。在任何商业模型中，实际产品的组织和配送都是一个值得考虑的重要问题，电子商务在这方面为企业提供了一些新的商机。例如，销售商根据库存信息及时、方便地同供应商取得联系，调整库存，以减少不必要的库存开支；供应商建立更灵活、更方便的生产系统和产品交付系统，以便能够为更多的零售商服务；信息和软件经营商利用 Internet 交付产品或者进行软件升级。

（4）支付和结算。电子商务的支付和结算采用电子化的工具和手段进行，从而替代了以往贸易模型中的纸张单证。

（5）鉴定。这主要包括检验产品的质量、规格、确认贸易伙伴、监督贸易伙伴是否严格遵守贸易条款等内容。电子商务给鉴定机制带来了挑战，例如，如何检验一家设立在 Internet 上的电子商店是合法的以及如何确保自己所购买的商品的质量。

2. 贸易背景处理的内容

（1）表现形式。表现形式决定了卖方如何向买方表达产品的信息和贸易协议。实施了多年的 EDI 已经形成了一些企业与企业之间或者不同的行业和部门之间传递报文的文字化模板，但是对于范围更广的电子商务，尤其是对基于Internet的电子商务来说，需要更为严格、更为专业化的、统一的标准。

（2）合法性的确认。它决定了在电子商务世界里，如何声明一项贸易协议才算是有效的，关系到在电子世界里如何立法才能保证贸易活动的顺利开展。

（3）影响机制。影响机制能够刺激交易双方履行义务，以减少交易双方的风险。声誉影响是一种常见的影响机制，大多数企业总是希望保持自己的声誉。然而，电子商务却向声誉影响的作用提出了挑战，因为在网络环境下，企业甚至个人都可以随意地利用这种影响机制来影响一个企业的声誉，而且它们所产生的影响并不一定客观公正。

（4）解决纠纷。解决纠纷的手段主要有直接谈判、诉诸法律或者采用武力等。传统的纠纷解决机制和纠纷所带来的影响是局部的，而在电子商务环境下，尤其是在Internet环境下，纠纷的解决将是世界范围的，其影响范围也很广泛。

（三）电子商务的基本框架结构

电子商务的基本框架结构是指实现电子商务从技术到一般服务层所应具备的完整的运作基础，它在一定程度上改变了市场构成的基本结构。传统的市场交易链是在商品、服务和货币交换过程中形成的。如今电子商务的应用强化了一个重要因素——信息，于是就有了信息服务、信息商品和电子货币等。人们进行商品交易的实质虽没有改变，但在贸易过程中的一些环节因为所依附的载体发生了变化，也就相应地改变了形式。为了更好地阐述电子商务的基本框架结构，下面简要地描述电子商务环境中的主要层面，如图4-7所示。

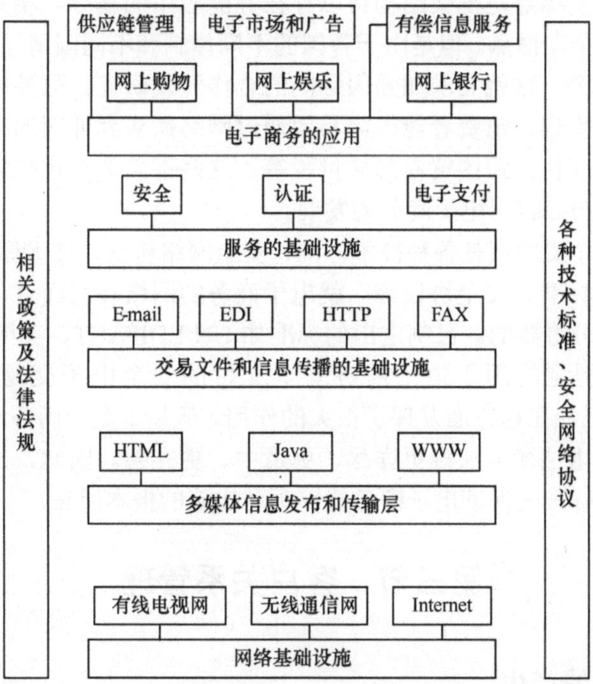

图4-7　电子商务的基本框架结构

第一层，网络基础设施。它是实现电子商务的最低层的硬件基础设施，是信息传输系统，包括有线电视网（Cable TV）、无线通信网（Wireless）和Internet。这些网络都在不同程度上提供电子商务所需的传输线路，但是大部分的电子商务运作还是基于 Internet。

第二层，多媒体信息发布和传输层。在网络层提供的信息传输线路上，通过 Internet 传输信息的内容，如文本、声音、图像等。最常用的方式是利用超文本标记语言（HyperText Makeup Language，HTML）将信息内容发布在 WWW 上，再通过传输协议将发布的信息内容传送到接收者的计算机里。

第三层，交易文件和信息传播的基础设施。文件传输一般有以下几种方式：一种是非格式化的数据交流，如 FAX、E-mail，它主要是面向人的；另一种是格式化的数据交流，如 EDI，它的传递和处理过程一般都是自动化的，无须人工干涉，主要是面向机器的，订单、发票、装运单都比较适合格式化的数据交流。

第四层，服务的基础设施。这一层之所以被称为服务的基础设施，是因为所有的企业和个人在进行交易时都需要它的服务。它主要包括标准的商品目录服务、建立价目表、电子支付工具的开发、保证商业信息安全传送的方法、认证买卖双方合法性的方法等。对于电子商务来说，为了确保交易的安全性，使传递的信息可靠、不可篡改、不可抵赖，在有争议时能够提供适当的证据，真正的交易完成应该是在卖方收到货款、买方得到货物时。因此，网上支付安全是保证交易顺利进行的关键。目前的做法通常使用 CA 认证来提供端到端的安全保障。

第五层，电子商务的应用。电子商务的具体应用范围较广，包括供应链管理、电子市场和广告、网上购物、网上娱乐、有偿信息服务及网上银行。

电子商务的两个支撑点是框架结构得以存在并能应用的基础。相关政策及法律法规是电子商务框架的第一个支撑点。但是由于各国的不同体制和不同国情与 Internet 和电子商务的跨国界性有一定冲突，这就要求加强国际间的合作开发研究。另外电子商务的应用加快了全球贸易一体化的步伐，消费者能很容易地通过网络购买到外国的产品，这时就会出现矛盾，诸如海关怎样应付，跨国贸易怎样付税等。这些都需要有相应的法律法规作保障，而法律法规的不完善势必阻碍电子商务的发展。

电子商务的第二个支撑点是各种技术标准、安全网络协议。技术标准定义了用户接口、传输协议、信息发布标准、安全协议等。就电子商务的网络环境而言，各项标准对于保证兼容性和通用性是十分重要的。已制定出的标准如 UN/EDIFACT、美国 X12 标准及一些国际组织同业界合作制定的用于电子商务安全支付的安全电子交易（Secure Electronic Transactions，SET）已经在这方面发挥了很大的作用。但基于电子商务活动必然是跨国界的活动这一特点，仍要求法律、法规更详尽、更适中、更完善。因此，建立全球性的法律法规环境及相应的技术标准是保证电子商务能够顺利实施的根本所在。

第三节　客户关系管理

一、客户关系管理的产生

管理大师彼得·德鲁克在其著作《知识社会的兴起》一书中指出，100 多年来人类经历过的三次革命——工业革命、生产革命和管理革命，都是由知识意义的根本转变驱动的。随着网络经济的形成和发展，需要新型企业管理模式、管理理论和实践与之相适应。

为适应新的市场竞争，企业需要建立完善的电子商务解决方案，以达到大幅度增进客户满意度、有效降低经营成本、显著提高经营管理效益等目的，进而提高企业适应市场、满足市场和开拓市场的能力。客户关系管理（Customer Relationship Management，CRM）正是企业电子化经营管理解决方案中最重要的组成部分。CRM 提供了一种能够反映企业与客户之间复杂联系的管理方法，不仅能够记录、追踪客户的信息资料和企业与客户之间的业务行为，而且能够分析这些信息，为企业的决策提供依据，从而适应网络经济时代消费者需求的特点和电子商务对企业经营管理所提出的要求。

最早发展 CRM 的国家是美国，美国在 1980 年年初便提出了所谓的"接触管理（Contact Management）"，专门收集、整理客户与公司联系的所有信息。到 1990 年，"接触管理"演变为包括电话服务中心与客户资料分析的客户关怀服务（Customer Care）。

尽管 CRM 的思想由来已久，但直到近年来借助先进的信息技术，其实现才有了较大的进展。CRM 解决方案不仅包括软件，还包括硬件、专业服务和培训，通过为企业员工提供全面的、及时的数据，让他们清晰了解每位客户的需求和购买历史，让他们更多地理解客户并为之服务。有了 CRM 应用软件，公司可以获得每次与客户交流、每次销售活动、客户存在的问题和每次产品升级的详细信息，并利用这些信息来逐步改进业务，最终使客户成为一个对企业忠诚、并能带来利益的终身客户。

20 世纪 90 年代后期，Internet 应用的迅猛发展促进了 CRM 的进一步发展。Web 站点、在线客户自助服务和基于销售自动化的电子邮件让每一个 CRM 解决方案的采纳者进一步扩展了为客户服务的能力。

随着电子商务的出现，企业有机会，而且有义务把传统的市场和销售实践转移到实时的商业环境中。大量的调查和行业分析家都明确了这样一个事实，新经济形势迫使公司首先考虑的不是产品或渠道，而是客户，特别是首先考虑新的保证客户满意和响应的方法，即建立和维持客户关系是取得竞争优势的最重要的、唯一的基础。企业由以产品为中心转变为以客户为中心是网络化经济和电子商务对传统商业模式变革的直接结果。

二、客户关系管理的概念与内涵

（一）客户关系管理的概念

目前，对 CRM 的概念众说纷纭，综合现有的 CRM 概念，大致上可以分为三类。

第一类概念概括为：CRM 是指遵循客户导向的战略，对客户进行系统化的研究，通过改进对客户的服务，提高客户的忠诚度，不断争取新客户和商机；同时以强大的信息处理和技术力量确保企业业务行为的实时进行，力争为企业带来长期稳定的利润。这类概念的主要特征是从战略和理念的宏观层面对 CRM 进行界定，但这种概念往往缺少对实施方案的思考和揭示。

第二类概念概括为：CRM 是指一种旨在改善企业与客户之间关系的新型的管理机制，它实施于企业的市场营销、销售、服务与技术等与客户相关的领域，一方面通过对业务流程的全面管理来优化资源配置，降低成本；另一方面通过提供优质的服务吸引和保持更多的客户，增加市场份额。这类概念的主要特征是从企业管理模式、经营机制的角度来对 CRM 进行定义。

第三类概念概括为：CRM 是指企业通过技术投资，建立能搜集、跟踪和分析客户信息的系统，或增加客户联系渠道、客户互动以及对客户渠道和企业后台整合的功能模块。这类概念主要从微观的信息技术、软件及其应用层面对 CRM 进行定义，但这种定义与企业的实际发展情况往往存在偏差。

上述三类关于 CRM 的定义，就其本身而言，如果就特定问题或在特定环境下对 CRM 予以界定，都有它特定的价值，但就对客户管理进行整体、系统、完备和深入认识的要求来讲，它们都只涉及问题的个别部分的描述和界定。

对 CRM 的完整定义应该包括以下几个基本要求：第一，比较全面地概括目前企业界和理论界对于 CRM 的各种认识和思考；第二，比较系统地反映出 CRM 的思想、方法和应用等各个层面的内容；第三，比较科学地界定 CRM 的应用价值。

在这些要求的基础上，本书对 CRM 的定义为：CRM 是指企业为提高核心竞争力，达到竞争制胜、快速成长的目的，树立以客户为中心的发展战略，并在此基础上开展的包括判断、选择、争取、发展和保持客户所需实施的全部商业过程，是企业以客户关系为重点，通过开展系统化的客户研究，通过优化企业组织体系和业务流程，提高客户满意度和忠诚度，提高企业效率和利润水平的工作实践，也是企业在不断改进与客户关系相关的全部业务流程，最终实现电子化、自动化运营目标的过程中，所创造并使用的先进信息技术、软硬件和优化的管理方法、解决方案的总和。

（二）客户关系管理的内涵

根据以上对 CRM 的定义，可以将其理解为理念、机制、技术三个层面。正确的理念、机制是 CRM 实施的指导，信息技术是 CRM 系统成功实施的手段和方法。三者构成 CRM 稳固的“铁三角”，如图 4-8 所示。

图 4-8　CRM 的铁三角

（1）CRM 是一种先进的经营管理理念。作为一种管理理念，CRM 起源于关系营销学，产生和发展在美国。近几十年来，关系营销学的理论和方法极大地推动了西方国家工商业的发展，深刻地影响着企业经营观念以及人们的生活方式。CRM 以客户为中心，视客户为企业最重要的资源，通过深入的客户分析，不断发现客户需求，并通过企业完善的服务，使客户的需求得到最充分的满足，以此来建立和巩固企业与客户长期的关系，确保企业的可持续发展等，这些都是该理念的核心所在。

（2）CRM 是一种旨在改善企业与客户之间关系的新兴管理机制，主要集中在市场营销、销售实现、客户服务和决策分析等企业与客户发生关系的业务领域。它一方面通过企业对业务流程的全面管理来优化资源配置，降低企业成本，缩短销售周期；另一方面通过提供更快捷、周到和优质的服务来吸引和保持更多的客户，增加市场份额。

（3）CRM 是一整套解决方案。在实践中，CRM 是一种专门的管理软件和技术。它集合了很多当今最新的科技发展成果，包括 Internet 和电子商务、多媒体技术、数据仓库和数据挖掘、专家系统和人工智能、呼叫中心等。CRM 软件将当今先进的信息化技术与企业经营管理模式、营销理论紧密地结合起来，为企业的销售、客户服务以及营销决策提供了一个集成化的解决方案。CRM 系统作为企业面向客户的信息管理平台，为企业经营活动的开展提供支持和保障。

三、客户关系管理的发展趋势

最近几年，CRM 的概念已经渗透到了各个领域、各个角落。实施 CRM 可以提高客户满意度，维持较高的客户保持率，对客户收益和潜在收益产生积极的影响，这些利益对企业来说都有很大的诱惑力。根据调查显示，在接受调查的企业中，2/3 以上的企业期望在未来五年内改变其客户关系的管理模式，3/4 以上的企业计划集成“面对客户”的信息管理系统及其组织的其他部分。因此，无论从技术还是从市场方面看，CRM 都具有很大的发展空间。

（一）从技术方面来看客户关系管理的发展趋势

CRM 的广泛运用还必须建立在与企业新的管理思想充分整合的基础上。近年来，SCM、ERP 等新的管理理念和思想不断提出，许多企业都将 SCM 能力视为一种重要的竞争资源，ERP 系统所反映的系统化管理思想也得到了越来越多企业的肯定。在这种形势下，CRM 只有与 SCM、ERP 充分整合，才会增加企业的核心竞争力，为企业有效利用自身资源、在市场竞争中取胜奠定良好的基础。从技术方面来看，未来 CRM 的发展趋势主要体现在以下几个方面：

1. CRM 与数据仓库、数据挖掘技术的融合

随着数据仓库技术的应用，越来越多的企业拥有了大量的客户数据，当这些数据成为“海量”数据时，数据挖掘技术在 CRM 中的应用就成为必然。如果说过去是因为企业掌握的客户数据太少而对客户行为无从把握，今天则是由于企业获得的客户数据太多而使企业无所适从。很显然，在今天浩如烟海的数据中淘金，仅靠人力是无法做到的。数据挖掘就是从客户数据的“矿山”中挖掘出潜在的、尚不为人知的趋势或模式，从而使企业能更好地进行 CRM。数据挖掘能帮助销售人员更准确地定位销售活动，并使活动紧密结合现有客户和潜在客户的需求、愿望和状态。数据挖掘软件能自动地从庞大的数据堆中找出好的预测客户购买行为的模式。统计、邻近、聚类、决策树、神经元网络、规则归纳等数据挖掘技术能在客户盈利能力分析、客户获取、客户保持、客户细分、交叉营销等方面体现出重大的商业价值。

在 CRM 中，数据挖掘正起着导向作用，只有应用数据挖掘技术，大企业才能将客户数据库的大量数据转变成描述客户特征的一些图像。数据仓库和数据挖掘都是 CRM 中不可或缺的重要内容，没有二者的结合应用，CRM 系统就不可能发挥其全部功效。

2. CRM 与电子商务的结合

电子商务的发展将 CRM 推到了一个新的高度。Forrester 研究所把基于 Internet 平台和电子商务战略下的 CRM 系统称为“电子客户关系管理”或“e-CRM”。他们认为，e-CRM 是一个把跨通信渠道、跨事务功能和跨用户的客户关系统一在一起的网络中心方法。表面上看电子商务与 CRM 并没有必然联系，二者似乎是两个不同层面的问题，但电子商务与传统的商务模式有着诸多不同，电子商务是建立在现代信息技术之上的“非接触经济”，交易双方越是“非接触”，CRM 就越显得重要。而且，电子商务环境下企业的客户不再以地理位置为界限，客户数量远远大于传统商务模式下的规模。电子商务模式下客户访问企业的时间是 24 小时的，客户不再以某一地区的日出日落为作息时间。空前的客户规模和即时对客户行为作出反应，这一切要求电子商务企业必须有良好的 CRM 系统提供支持。因此，CRM 应用在企业电子商务应用架构中承担着关键角色，即 CRM 的成功与否直接决定企业电子商

务实践的成败。CRM与电子商务整合可以实现快捷性、低价性、普及性、可塑性、自动记录、低边际成本、个性化等优势。

3. CRM与ERP、SCM的集成

随着CRM理论的逐渐成熟及在商业中的应用日渐广泛，关于CRM与ERP、SCM集成问题的相关研究也引起人们的关注。CRM注重改进企业和客户关系，ERP注重企业的内部作业流程，SCM注重企业间协调和上下游的供应链关系，三者的结合将更有利于提高企业的核心竞争力。

（1）CRM与ERP的集成。在CRM诞生之前，很多北美大中型企业已实施了ERP，而且，正是在独立依靠ERP已无法取得独特竞争优势的大背景下，CRM才在这些国家盛行起来。亚历克斯·伯森（Alex Berson）等人认为，CRM与ERP的相互渗透十分重要，任何资源分配最终都将成为重要的约束条件融入CRM系统，进而提高客户的利润。著名的管理咨询公司Yankee Group指出，尽管CRM与ERP通过不同途径去实现客户的价值，但能把企业前台管理与后台管理完全融合在一起的公司将最终取得成功。

（2）CRM与SCM的集成。CRM与SCM的集成范围一般包括销售管理、采购管理、客户管理等多方面，能使企业更有效地管理供应链，从而实现成本的节约和服务的改善，进而使大规模定制成为可能，实现需求和供应链上的资源的最优化配置，获得长久的竞争优势。CRM与SCM的整合，能真正实现企业实时响应客户的需求，能为企业提供创造高附加值的方法和途径。

（二）从市场方面来看客户关系管理的发展趋势

自1997年开始，全球的CRM市场一直处于爆炸性的快速增长之中。经过多年的发展，我国的CRM市场已经呈现了自身独有的特点。

（1）国内CRM市场处于萌芽时期。无论是从产品结构、区域结构、行业结构，还是从销售渠道来看，整个市场形态都还不健全。市场区域主要集中在北京、上海等经济发达地区。据调查，现已拥有CRM产品的国内厂商主要聚集在上海。在其他地区还在了解CRM概念的同时，上海的很多厂商已经开始开发其产品了。

CRM的应用行业以邮电、金融等经济实力较强、信息化程度较高的行业为主，这些用户一般都是重点行业企业，拥有强大的资金后盾，而且信息化建设已初具规模。我国进入WTO后引发的经济格局的变化，给这些行业带来了巨大冲击，它们在感受新机遇的同时也感到了竞争的压力。在这种机遇与竞争的双重压力下，很多颇具发展眼光的用户选中了能提高营业额、扩展新商机的CRM产品。

（2）提供CRM产品的厂商较少。目前能够提供功能比较全面的CRM产品的国内厂商很少，有些只能提供实现CRM的几个应用模块，有的只是在ERP的某些模块上稍作修改，并没有真正实现CRM系统的“以客户为中心”的理念。

（3）市场需求量大。对CRM系统的认识，在国内已有较长一段时间，它所遵从的“一对一个性化服务”的企业管理理念，逐渐被国内众多的用户所熟悉和接受。在竞争激烈的信息化时代，CRM系统提出的“帮助提高本产品用户营业额、扩大市场占有率以及提高客户忠诚度”等功能，使得很多企事业用户对此产品情有独钟，市场需求加大。而因为市场中真正的CRM产品很少，适合国情的产品更是少之又少，所以市场上呈现出供不应求的现象。

总之，我国的CRM市场正在迅速发展和壮大，其中孕育了较大的商机，已经成为投资商、软件开发厂商和用户共同关注的对象，CRM的市场前景将十分广阔。

本章小结：

本章简要介绍了与企业外部商务活动有关的各类信息系统，包括SCM系统、EB系统以及CRM系统。

SCM是指运用集成的管理思想和方法，以实现供应链整体效率为目标，对整个供应链系统，包括产品从原材料阶段一直到最终交付用户这一过程中，与产品相关的物流、信息流、资金流、价值流及业务流所进行的计划、协调、组织、执行和控制等管理活动。

EB就是企业“商务整合”。它将IT策略与企业商务策略整合起来，形成企业全新的组织构架、全新的商业模式、全新的业务流程。

CRM是指企业为提高核心竞争力，达到竞争制胜、快速成长的目的，树立以客户为中心的发展战略，并在此基础上开展的包括判断、选择、争取、发展和保持客户所需实施的全部商业过程，是企业以客户关系为重点，通过开展系统化的客户研究，通过优化企业组织体系和业务流程，提高客户满意度和忠诚度，提高企业效率和利润水平的工作实践，也是企业在不断改进与客户关系相关的全部业务流程，最终实现电子化、自动化运营目标的过程中，所创造并使用的先进信息技术、软硬件和优化的管理方法、解决方案的总和。

思考题：

1. 什么是供应链？
2. 供应链有哪些特征？
3. 根据不同的划分标准，供应链有哪些类型？
4. 什么是供应链管理？
5. 供应链管理的目标是什么？
6. 供应链管理的原则有哪些？
7. 供应链管理包括哪几个实施步骤？
8. 什么是电子商务？什么是电子交易？两者的区别是什么？
9. 电子商务的基本框架结构有哪几个层次？
10. 什么是客户关系管理？
11. 客户关系管理的发展趋势有哪些？

第五章
企业信息化战略规划

学习目标：

1. 了解企业信息化战略规划的目标、作用、内容与步骤。
2. 掌握企业信息化战略规划的方法。
3. 理解企业信息化组织机构设置的重要性，掌握组织机构的构成与职责。
4. 了解企业信息化管理制度的主要内容。
5. 理解企业信息化标准规范制定、组织和管理的意义，掌握企业信息化标准规范的内容。

开章案例：

安徽建工集团信息化战略规划

（资料来源：佳工机电网，作者：姚景斌　姚永存　李正茂　申华　姜慧）

安徽建工集团是以工程总承包为主，集建筑、科研、咨询、监理、设计、房地产开发、公路、桥梁、隧道、港口航道、市政环保、工业设备安装、装饰、建机建材、人才培养、劳务输出等为一体的跨行业、跨国经营的大型企业集团，也是目前安徽省唯一拥有住房和城乡建设部批准的房屋建筑施工总承包特级资质的大型建筑施工企业；拥有国家商务部批准的境外承包工程、劳务经营权和对外援助成套项目施工任务实施企业资格；具有房屋建筑设计甲级、工程咨询甲级、施工监理甲级、建筑产品质量检测甲级以及房地产开发、公路、桥梁、隧道、港口航道、市政、机电设备安装、建筑装饰等资质113项（一级以上资质近60项）。

在经济全球化的浪潮中，安徽建工集团以科学发展观为指导，按照现代企业制度要求和“脱胎换骨，二次创业”的总体思路，深化改革，优化结构，整合资源，理顺集团内、外部关系，建立符合集团跨越式发展要求的组织结构和运行机制。实施“延伸产业链，向产业链高端倾斜的相关多元化”战略，培育多个经济增长点；海外发展实施从“借船出海”到“造船出海”的跨国经营战略，大力开拓海外市场；不断推进文化创新战略、人才强企战略和科技创新战略，提升核心竞争力；有选择地进行企业收购兼并、合作联盟等适度的规模扩张，做大做强，实现企业的可持续发展；构建企业内部资本运作平台，实现生产经营和资本运营两翼齐飞。

安徽建工集团应用的系统虽然较多，但由于缺乏统一的信息系统应用平台，因此，还是形成了许多“信息孤岛”，无法实现彼此之间的信息沟通与共享，而且内容单一，软件、硬件水平远远不能适应生产经营和管理的需要。为解决企业高速发展中遇到的信息化建设问题、规范企业内部业务操作流程、加强集团与各所属公司及部门之间的信息交流，安徽建工集团的信息化建设已经成为迫在眉睫的任务。

经过咨询和需求分析，集团提出了符合实际需要的企业信息化战略规划，该规划以科学发展观为指导，专题设置合理，编写的依据调研充分，指导思想明确，规划内容全面系统、重点突出、文本规范，符合《2004—2010 年全国建筑业信息化发展规划纲要》、《安徽省“十五”国民经济和社会信息化发展规划》、《安徽建工集团发展战略与“十五”规划》等有关规定和要求，可作为建工集团信息化建设的依据和指导大纲，对建工集团信息化建设稳步、健康和有序发展，有重要的指导意义。

该规划提出信息化建设项目各阶段的目标，具有较强的针对性、指导性、可操作性和前瞻性；能够明确建工集团内部各项业务活动和外部交流，从该企业的当前运作需求和今后发展，较为准确地、全面地给出了建工集团的信息化需求；针对系统项目设计的实际情况和未来发展提出了建工集团信息化建设的技术需求，正确给出了企业信息系统架构和硬件平台架构；以提高企业工作效益和提升企业管理水平为目标，提出了建工集团信息管理模式和企业相关业务流程重组的建议，它符合现代信息技术要求，适合现代管理模式。

其中，敏捷咨询项目组出台的信息化整体规划方案得到了客户管理层和决策层的普遍认可和理解，并正按照信息化整体规划方案着手实施。

案例思考：

1. 通过安徽建工集团信息化战略规划的制定和实施，我们如何看待企业信息化战略规划的重要性？
2. 企业信息化战略规划如何开展？

现代社会进入 21 世纪以来，信息技术和信息革命成为时代的一个主题。这个时代是真正以信息为主的时代。作为社会经济细胞的企业，其企业信息化水平直接决定了它的生存和发展，因而无不投入到企业信息化建设的浪潮中来。

企业信息化已被大多数企业家普遍认同，几乎所有的现代化企业都已经或正在把企业信息化作为企业发展的战略之一。作为推动和实现企业体制创新、技术创新、管理创新，增强企业核心竞争力的重要手段和必由之路，企业信息化是一项艰巨和复杂的系统工程，尽管信息化技术与手段在我国已有多年的实践，但对很多企业来说仍然是全新的课题，无论在企业信息化战略规划阶段，还是在企业信息化建设过程中，都存在着很多疑虑和困惑。企业该如何利用信息技术来提升企业的核心竞争力？如何规划属于企业自己的信息化建设蓝图？如何把握信息化建设时机？如何合理安排和调度企业的资源？如何提高企业的信息化建设成效，保护已有的信息化投入？如何保证信息化真正的成功？

第一节　企业信息化战略规划概述

信息化的成功实施，必须要求企业根据自身的行业特征，统筹规划，合理安排。成功实施企业信息化必须要实行科学的信息化战略规划。

企业信息化战略规划是指为满足企业经营需求，实现企业战略目标，由企业高层领导、信息化技术专家、信息化用户代表根据企业总体战略的要求，对企业信息化的发展目标和方向所制定的基本谋划。

一、企业信息化战略规划的目标

企业信息化战略规划就是对企业信息化建设的战略部署，最终目标是推动企业战略目标的实现，并达到总体拥有成本最低。

企业信息化战略规划是以整个企业的发展目标和发展战略、管控模式和业务流程等为基础，结合本行业信息化方面的实践和对信息技术发展趋势的掌握，提出与企业战略发展相匹配的信息化战略、信息化策略、信息化建设蓝图和目标、实施策略和保障措施，对投入产出、风险控制等进行全面分析与规划。企业信息化战略规划是企业信息建设的纲领性文件，用以指导和帮助企业信息技术的协调发展、满足企业信息化建设的需要，达到有效地、充分地利用企业信息资源的目的。

二、企业信息化战略规划的作用

（一）信息化战略规划谱写信息化建设的顶层设计蓝图

企业信息化建设是一个系统工程。与建筑或制造工程不同的是，企业信息化的对象是“企业”，而不是一个建筑物或是一个产品。在建筑工程或是制造工程中，会有一张建筑物或产品的设计图样，它是搭起高楼大厦或是生产出形形色色的产品的基础。同样，在企业信息化建设这样的大工程中，也需要一张描绘企业在“信息化时代”运行的设计蓝图。企业信息化战略规划能为企业各级领导和员工描绘出一个未来企业信息化中业务、信息、应用和技术互动的蓝图。

（二）信息化战略规划搭建沟通业务与信息技术的桥梁

在企业信息化建设中，业务部门与信息服务部门之间、业务主管与信息主管之间、业务与信息技术之间的鸿沟是实现信息化目标的最大障碍之一。彼此的信息不对称是形成这种差距的主要原因。一方面，信息技术人员可能无法了解业务的真实意图；另一方面，业务人员也体会不到信息技术的真正作用。信息化战略规划以业务战略为指针，以业务流程优化为基础，能够建立业务与信息技术沟通的桥梁。它在同一个业务架构平台上，用双方都能够理解的语言，描述出业务与信息技术之间的关联。

（三）信息化战略规划制定实现信息共享的统一标准

信息化战略规划能够从总体上搭建信息架构，制定信息资源使用的标准，从根本上解决信息编码、数据库定义不统一的问题，定义出系统之间集成的数据接口，实现信息系统的集成和互操作，真正解决“信息孤岛”问题，实现信息共享。

（四）信息化战略规划是信息化建设的实施指南

信息化战略规划能够自顶向下地进行系统建设的统筹考虑，既重点突出，又全面规划，既能以点带面，又考虑历史系统的可继承与再利用，成为信息化建设的实施指南，真正避免实施中的重复建设，保护信息化投资。

（五）信息化战略规划提供适应企业业务变革的指针

信息化战略规划将首先定义出信息化战略，它以企业业务战略为指针。同时，企业信息化是一个渐进的过程，在信息化的过程中也伴随着企业战略、管理和业务变革的过程。当前，企业信息系统如何适应变革成为企业 CIO 们思索的一个突出问题。以不变应万变是适应变化的一个基本战略，企业信息化战略规划所描绘出的蓝图容纳了各种业务与技术标准，它是企业 CIO 们掌握信息化方向、适应业务战略变革的指针。

三、企业信息化战略规划的内容与步骤

（一）企业所处环境分析

对企业所处的环境进行分析是信息化规划必不可少的工作，它是规划的依据。在这部分工作中，需要深入分析企业所处的国内外宏观环境、行业环境、企业具有的优势与劣势、面临的发展机遇与威胁等。其中，有三点尤为重要：第一，要分析行业的发展现状、发展特点、发展动力、发展方向以及信息技术在行业发展中起的作用；第二要分析并掌握信息技术本身的发展现状、发展特点和发展方向；第三，要了解竞争对手对信息技术的应用情况，包括具体技术、实现功能、应用范围、实施手段以及成果和教训等。

（二）企业战略分析

企业信息化是为实现企业战略目标服务的，要进行企业信息化战略规划，必须要明确企业的发展目标、发展战略和发展需求，明确为了实现企业级的总目标企业各个关键部门要做的各种工作。同时还要理解企业发展战略在产业结构、核心竞争力、产品结构、组织结构、市场、企业文化等方面的定位。在此基础上，通过分析，明确上述各个要素与信息技术特点之间的潜在关系，从而确定信息技术应用的驱动因素，使信息化与企业战略实现融合。

（三）分析与评估企业现状

对企业的现状分析与评估应该从两个方面着手：企业的业务能力现状和企业的信息化现状。企业的业务能力分析是对企业业务与管理活动的特征、企业各项业务活动的运作模式、业务活动对企业战略目标实现的作用进行分析，揭示现状与企业远景之间的差距，确定关键问题，探讨改进方法。信息化现状分析是诊断企业信息化的当前状况，包括基础网络、数据库、应用系统状况，分析信息系统对企业未来发展的适应能力，给出信息化能力评估。

（四）企业关键业务流程分析与优化

在前三步的基础上，分析并确定那些流程中不合理、效率低、与企业战略目标不符的流程及环节，发现能够在现有环境中实现企业战略目标、并使企业获得竞争力的关键业务驱动力以及关键流程，从而根据企业战略目标和外部环境，进一步优化流程。

信息系统的特点如果能够和这些直接创造价值的关键业务流程融合，这对信息技术投资回报的贡献是非常巨大的，也是信息化建设的成败的一个衡量指标。在这一步中，将实现信息化与企业业务上的融合。

（五）信息化需求分析

需求分析是在企业战略分析和现状评估的基础上，按照优化流程的业务运作模式，制定企业适应未来发展的信息战略，指出信息化的需求。需求分析包括系统基础网络平台、应用系统、信息安全、数据库等需求。

（六）信息化战略的制定

根据前面五步分析的结果，制定和调整企业信息化的指导纲领，争取以最适合的规模、最适合的成本去做最适合的信息化工作。这里包括以下三个方面的工作：

首先是根据本企业的战略需求，明确企业信息化的远景和使命，定义企业信息化的发展方向和企业信息化在实现企业战略过程中应起的作用。

其次是起草企业信息化基本原则。它是指为加强信息化能力而提出的基本的准则和指导性的方针。信息化基本原则犹如国家宪法，它代表着信息技术部门在管理和实施工作中要遵循的企业条例，是有效完成信息化使命的保证。

最后是制定信息化目标。它是企业在未来几年为了实现远景和使命而要完成的各项任务。对于所形成的每一个业务构想，明确信息技术对其支持的理想状态，即信息技术战略目标。

（七）确定信息化的总体构架和标准

在企业发展战略目标的指导下，基于业务发展需求和对信息化的需求，首先，从系统功能、信息架构和系统体系三方面对信息系统应用进行规划，确定信息化体系结构的总体架构。其次，还需要拟订信息技术标准。这一部分涉及对具体技术产品、技术方法和技术流程的采用。它是对信息化总体架构的技术支持。通过选择具有工业标准、应用最为广泛、发展最有前景的信息技术为标准，可以使企业信息化具有良好的可靠性、兼容性、扩展性、灵活性、协调性和一致性，从而提供安全、先进、有竞争力的服务，并且降低开发成本和时间。

（八）信息化项目分解

分析整个信息化过程中的资源投入和工作重点中存在的问题，确定弥补差距所需要的行动，将整个信息化过程分解成为相互关联、互相支撑的若干子项目，定义每一个项目的范围、业务前提、收益、优先次序以及预计的时间、成本和资源；并对项目进行分派和管理，选择每一项目的实施部门或小组，确定对每一项目进行监控与管理的原则、过程和手段。

（九）信息化保障分析

针对每个项目，进行保障性分析，即按重要性排列优先顺序，进行准备度评分，并根据结果作出初步取舍，形成路标规划。然后对项目进行财务分析，根据公司财力决定取舍。

四、企业信息化战略规划的方法

（一）企业信息化战略规划的思路

1. 从企业战略实现角度出发

企业信息化规划，必须从企业的长远发展战略角度出发，项目规划要能够支撑公司的战略实现，通过对管理模式的创新，实现企业的核心竞争力的提升。

2. 坚持理论研究成果与企业实际相结合

要研究国内外信息化研究成果及国外同类企业成功应用实践案例，结合行业的国际、国内竞争环境，理解企业所处的行业地位及区域特点，结合企业信息化的现状及信息资源，编制出企业个性化的、独特的解决方案及总体思路。

3. 重视内外部环境

企业的信息化建设必须坚持内外并重的原则。一方面，持续推进公司的内部信息化建设，促进企业业务流程的重组与优化，增强产、供、销之间的协作能力，实现企业的精细化管理，达到事前预测、事中控制、事后核算的管理要求；另一方面，通过整合上下游关联企业的资源，构筑企业之间的商务应用协同的全程供应链，实现业务流程和信息系统的融合与集成。

4. 总体规划、分步实施

企业信息化是一个具有广泛范围的、极其复杂的集成化的应用。因此企业信息化建设必须坚持“总体规划、分步实施、需求牵引、效益驱动、重点突破”的二十字方针，合理制定项目具体的实施及阶段目标，保护项目的投资。

5. 强调内外合作策略

由于信息化项目是一个多学科的系统集成，因此必须充分发挥各行各业的人才、资源优势，将专业化咨询服务公司、研究机构、学校的专家教授、学者及企业相关资源，进行相应的资源整合，形成具有协同集成的综合咨询平台。

6. 尽量保护已有投资

系统设计应尽量结合企业实际，充分利用企业现有资源（软件、硬件、网络），注意与企业现有信息系统的衔接。同时，对确实不适应总体规划要求的信息系统作出适当的调整和改进。

（二）企业信息化战略规划的原则

（1）一致性原则。企业信息化战略应当是企业发展战略的有机组成部分，在制定和执行信息化战略时，应始终坚持信息化战略和企业中长期发展战略之间协调、一致的原则。

（2）系统性原则。在企业信息化战略中应正确规划企业所需要的应用系统，确定各应用系统之间的界限和相互联系，尤其要关注在不同阶段实施的应用系统之间的衔接关系。

（3）整体性原则。企业信息管理系统关系到企业生产经营的方方面面，它们共同构成一个有机的整体，因此在制定信息化战略时，应考虑各个部门对信息系统的需求，尤其不要忽略关键业务部门的需求。

（4）扩展性原则。企业信息管理系统不是一次性的、一成不变的，应当随着信息技术的发展、企业内外部环境的变化相应调整。

（5）现有资源的保护和利用原则。企业在做信息化战略时，已经开发或购买了大批计算机软件、硬件系统及网络设备，在这些现有信息系统中可能还有大量的数据和信息资源需要利用，有些硬件设备还具有使用价值，这就要求在制定信息化战略时，应采取有效措施尽可能将已有的资源集成到新的系统中去以避免资源的浪费。

（6）集成度原则。制定信息化战略应当高起点，强调信息的高度集成。在充分考虑现有系统和设备的利用上，应当掌握合适的度。

（7）实用性原则。制定信息化战略，应处理好信息技术先进性和实用性之间的关系，企业信息化建设一定要以企业管理的改善、竞争力的提高为目标，坚持少花钱、多办事的实用性原则。

（8）软件包驱动原则。根据国内外信息化建设的经验和做法，成功企业通常选择成熟、有大量成功案例的标准软件包，在流程优化设计的同时，进行软件功能的匹配。这种方式不但可以加快企业信息化建设的时间，而且系统在灵活性、升级维护方面也具有非常明显的优势，这种方法几乎为所有的大型企业使用。

（三）常用的企业信息化战略规划方法

目前常用的企业信息化战略规划方法主要有：业务系统规划（Business Systems Planning，BSP）法、关键成功因素（Critical Success Factors，CSF）法、战略目标集转化（Strategy Set

Transformation，SST）法。

1. 业务系统规划法

业务系统规划法是源于 20 世纪 60 年代 IBM 公司用于内部系统开发的一种方法，主要是基于用信息支持业务运行的思想，它是一种结构化的方法，帮助用户作出信息系统的战略规划，满足其近期和长期的信息需求。该方法的基本出发点是：

① 业务信息系统必须支持用户的战略目标。

② 业务信息系统的总体规划应当表达出用户各个管理层次的要求。

③ 业务信息系统应向整个用户单位提供一致的信息。

④ 业务信息系统应在组织结构和管理体制变革时保持工作能力。

⑤ 业务信息系统的总体规划应当由系统结构中的子系统开始实现。

业务系统规划法的主要步骤如图 5-1 所示。

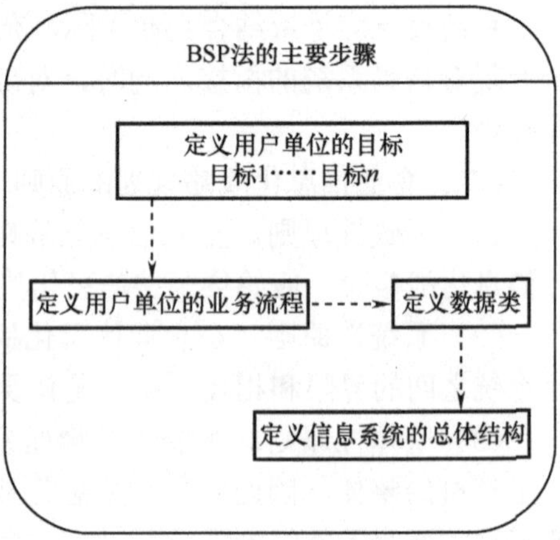

图 5-1 业务系统规划法的主要步骤

第一步：定义用户单位的目标。这主要是在组织的各级管理部门中取得一致的看法，明确用户单位的防线，使信息系统直接支持这些目标。

第二步：定义用户单位的业务流程。其目的是为信息系统对该单位的支持奠定长期的基础。业务流程是指单位在完成使命、实现目标过程中必需的、逻辑上相关的一组活动，它们的分析和识别不需要考虑组织机构的联系、业务流程一般范围计划与控制流程等方面。这样定义流程的目的是：

① 使信息系统大大独立于组织结构的变化。

② 理解单位如何完成使命和目标。

③ 为从操作流程中分离出战略规划和管理控制提供依据。

④ 为定义所需的信息结构、决定它的范围、分解模块和建立开发的优先次序提供依据。

⑤ 为定义关键的数据需求提供基础。

第三步：定义数据类。在定义与识别业务流程的步骤中要对现存业务流程中不科学、不合理、不适应用户单位生存发展需要的内容进行分析诊断，应用信息技术以及现代管理思想与方法对已有流程进行改造，重新设计与创新。一个数据类是指为支持一个或多个业务流程所需的一大类数据。业务流程一旦被识别出来之后，下一步就是要识别和区分这些过程所产生、控制和使用的数据。

识别数据类的目的在于解决下列问题：

① 目前支持业务流程数据的准确度、及时性和可靠性。

② 在建立管理信息系统总体结构中所使用的数据类。

③ 业务流程之间目前和潜在的数据共享。

④ 各个流程产生和使用什么样的数据。

⑤ 数据策略的确定。

⑥ 目前不可缺少的数据。

⑦ 发展需要改善的系统。

第四步：定义信息系统的总体结构。总体结构是对系统长期目标的一个描述，所采取的形式通常是一组相互有关的信息系统和被管理的有关数据，由总体结构出发，可以识别出每一模块，再按信息系统的开发计划来安排日程。

2. *关键成功因素法*

关键成功因素法是麻省理工学院的一个研究小组开发的，能够帮助组织找到影响系统成功的关键因素，进行分析以确定组织的信息需求，从而为管理部门控制信息技术及其处理过程提供了实施指南。关键成功因素通常与那些能够确保组织生存和发展的方面相关。不同的业务活动，关键成功因素不同。即使同一类型的业务活动在不同时期的信息需求也不尽相同，同一信息系统的信息需求在不同时期也不相同。

关键成功因素的确立方法通常是：通过集成高层管理者的目标而决定成功因素，通过将个人的成功因素进行汇总，导出组织整体的关键成功因素，然后据此建立能够提供与这些成功因素相关的信息系统。

关键成功因素法的主要步骤如图 5-2 所示。

第一步：了解组织的战略目标。

第二步：识别所有成功因素。可以通过与高级管理层进行交流，辨别其目标以及由此产生的成功因素；也可以采用逐层分解的方法，引出影响系统战略目标的各种因素以及影响这些因素的子因素。

第三步：确定关键成功因素。对所有成功因素进行评价，根据组织的现状和目标确定关键成功因素。

第四步：识别绩效指标和标准，以及测量绩效的数据。即给出每个成功因素的绩效指标和标准，以及用以衡量相应指标的数据。

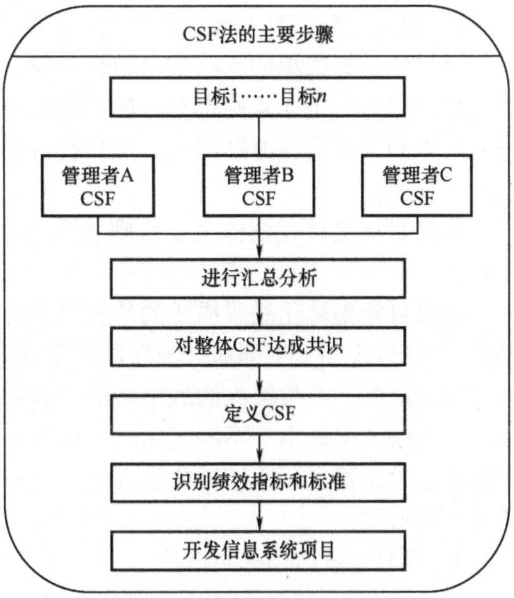

图 5-2　关键成功因素法的主要步骤

关键成功因素与组织战略规划密切相关，组织战略描述组织期望的目标，关键成功因素则提供达到目标的关键和所需的测量标准。关键成功因素是提高处理过程的成功可能性最重要的影响因素，是组织和处理过程的可观察、可测量的特征，分布于组织的战略层、战术层、应用层及组织的各个方面，组织需要对关键成功因素进行认真选择和度量，并对关键成功因素之间的关系进行动态调整。

关键成功因素法的优点是：

① 该方法注意到组织和管理者必须面对变化的环境，要求管理者着眼于环境，在对环境分析的基础上认真考虑如何形成自己的信息需求，对于高层管理和开发 ESS、DSS 尤其适用。

② 该方法要求高层管理就评价标准达成共识。

该方法的缺点是：

① 数据的汇总过程和数据分析比较随意，缺乏一种专门严格的方法将众多个人的关键成功因素汇总成一个明确的组织关键成功因素。

② 由于个人和组织的成功因素往往并不一致，两者之间的界限容易被混淆，从而容易使组织制定的成功因素具有个人倾向性。

③ 由于环境和管理经常迅速变化，信息系统也必须作出相应调整，而用关键成功因素法开发系统无法缓解这些因素的影响。

3. 战略目标集转化法

战略目标集转化法将组织的战略看成是一个“信息集合”，包括使命、目标、战略和其他战略变量（如管理水平、发展趋势以及重要的环境约束等），战略性系统规划就是把组织的战略集合转化为信息系统的战略集合。该方法的步骤是：

第一步：识别和阐明组织的战略集合。首先考察组织是否有书面的战略规划，如果没有，就要去构造这种战略集合。其构造过程如下：

① 勾画出组织的利益相关者。

② 确定每个利益相关者的目标和要求。

③ 定义组织相对于每个利益相关者的使命和战略。

第二步：将组织的战略集合转化为信息系统的战略集合。这个转换过程包括对组织的战略集合的每一个元素确定对应的信息系统战略元素。信息系统的战略集合由系统目标、系统约束和系统设计原则组成。然后提炼出整个信息系统的结构，最后选出一个方案呈送管理层。

战略目标集转化法的主要步骤如图 5-3 所示。

战略目标集转化法所描述的是从组织的基本宗旨出发，得到对系统开发阶段的输入，其目的是产生一个与组织的战略和能力紧密相关的系统。但是由于不同组织的战略目标集的内容差别很大，所以转化过程还不能形成算法的形式。

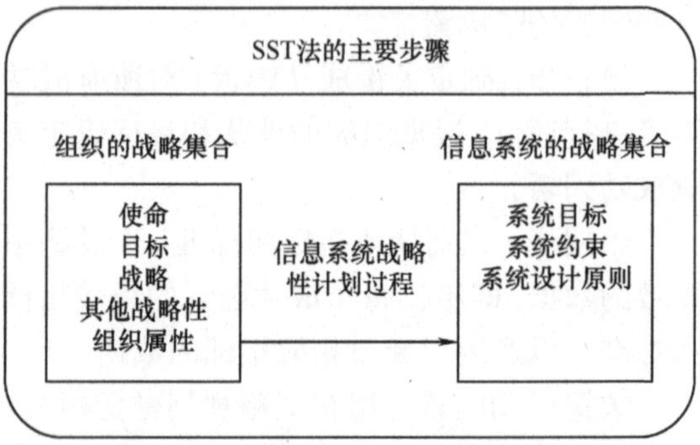

图 5-3 战略目标集转化法的主要步骤

4. 三种方法的比较和选择

表 5-1 对以上三种方法进行了简单评价。

表 5-1 BSP、CSF、SST 法比较

规划方法	优　点	缺　点
BSP	自上而下识别系统目标，自下而上设计系统，便于系统各层目标的统一	组织目标与系统目标的转换是间接的
CSF	突出重点目标，方法容易掌握	目标容易受主观因素影响
SST	反映各方要求，目标全面，给出转化为系统目标的结构化方法	重点不够突出

这三种方法各自都有优缺点，在信息化规划中，到底应该采取那种方法呢？应该从实际出发，理论联系实际，将这三种方法结合起来使用。建议使用 CSF 法确定信息化目标（交流形式建议使用“头脑风暴法”），然后用 SST 法补充完善信息化目标，并将这些目标转化为系统目标，用 BSP 法校核两个目标，并确定信息系统结构，这样就可以弥补采用单个方法的不足之处，不过这也使得整个方法过于复杂，并削弱了单个方法的灵活性。

简要提示：

简要提示如图 5-4 所示。

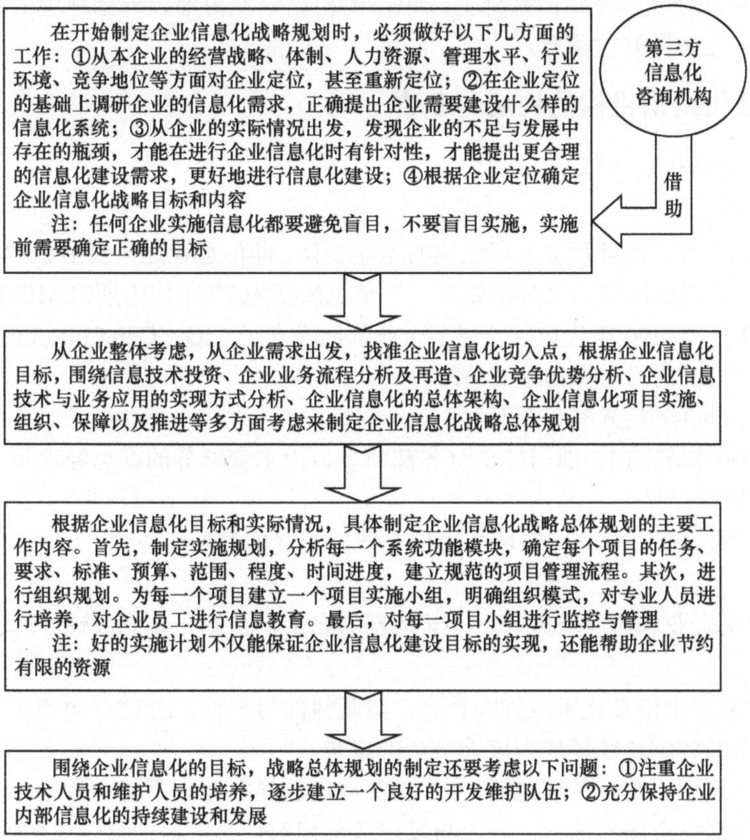

图 5-4 简要提示

第二节 企业信息化组织机构的设置

企业信息化是一个长期的建设过程。在此过程中，由于规划、设计、实施和监督的需要，必然要产生一些信息化管理的新职能，需要设置相应的组织机构来完成信息化建设的长期目标和使命。

一、企业信息化组织机构的设置原则

（一）任务、目标原则

每个组织和这个组织的每个部分，都与特定的任务、目标有关，否则组织就没存在的价值。

（二）分级管理原则

这个原则即正确处理集权和分权关系，以收到既能保证统一指挥、使上级摆脱日常烦琐事务，将时间和精力集中在重大决策事项上，又能充分调动各级员工积极性，各自对自己的职责和权限负责的效果。

（三）相对平衡原则

组织设置在符合基本原则的基础上，也需要根据企业内部、外部环境的变化进行适当的调整，以适应业务发展的需要。

二、企业信息化组织机构的构成与职责

（一）企业信息化的领导

1. 总信息师

企业信息化导致了信息管理人员地位的迅速变化，即信息管理人员由20世纪50～60年代的以执行日常技术性操作的“数据处理员”角色演变为70年代中期的MIS的“信息系统管理”，到80年代末～90年代初国外许多企业都已设立了CIO（Chief Information Officer），即最高信息主管（国内习惯称为总信息师）。

（1）模式。CIO的模式有以下几种：

① 将CIO所领导的IT部门放在财务部门里，由主管财务的副总经理负责，CIO只是一个数据/系统经理。

② IT部门同生产、财务、市场与销售、研究与发展等部门并列，CIO为管理IT部门的副总经理。

③ CIO位于企业总经理一人之下，其他部门之上，是第一副总经理，真正的最高信息主管。

④ 单独成立一个信息技术监管委员会，与其他部门平行，由CIO负责（为副总经理），而主管其他部门的各副总经理均为该委员会的成员。

上述四种模式中，第一种较落后，因CIO地位的局限性，不能有效地满足企业其他业务职能部门，特别是市场与销售、研究与发展等部门对信息管理的日益迫切的需求；第二、三种本质上是一样的，都充分肯定了IT部门及CIO在企业组织机构中的地位，但它们不便于IT部门切实为其他业务职能部门提供服务；而第四种是目前最好的、最为先进合理的模式，因为它既使IT独立于其他业务职能部门，又同其他业务职能部门保持了充分的联络和沟通渠道。

（2）职能。CIO的主要职能是：积极参加企业的决策活动及企业未来发展战略的制定工作；主管企业IT发展战略的制定、企业IT规划的构筑和实施；有效地领导和管理其下属的IT部门，为IT部门长期的发展制定有关计划，将IT切实置于可以支持或引导业务需要的地位；领导信息技术监管委员会的工作顺利开展，并协调和沟通IT部门同生产、财务、市场与销售、研究与发展等业务职能部门的协作及相互配合；紧跟最新技术的发展，联络科技与商务战略，保证企业技术上的竞争优势，并将其迅速转化为业务发展的动力；建立并保持积极的IT文化，同所有阶层保持良好的关系。

（3）条件。一个成功的CIO，应当是一个复合型的人才，即应具备以下条件：必须精通IT部门的专业知识，并广泛了解和掌握企业主要业务职能部门如生产、财务、市场与销售、研究与发展等的专业知识；必须热衷欣赏高速发展的科技，对最新技术有快速的吸收和掌握的能力，能积极地将最新技术转化为IT部门和其他部门业务发展的全新动力；必须

具有卓越的领导才能和丰富的领导魅力，有能力处置模糊或不明确的情况，判断力准确；必须有着良好的人际关系、广泛的亲和能力，善于与不同层次和群体的人进行交流和沟通。

2. 信息化工作领导小组

信息化工作领导小组可由企业的领导——包括公司经理（或总厂厂长）、总信息师（或主管信息化工作的企业副职领导——公司副经理或总厂副厂长）、总工程师、总会计师、总经济师、生产、计划、财务、供销等各业务职能部门的负责人、信息中心主任和总工程师组成。

组长由公司经理或总厂厂长担任，副组长由企业总信息师（或主管信息化工作的企业副职领导——公司副经理或总厂副厂长）担任。

企业信息化工作领导小组的任务是：

① 负责本企业信息化建设与发展的组织管理和指导协调工作。

② 研究制定本企业信息化工作的总方针和有关政策。

③ 组织制定本企业信息化的总体规划、分阶段实施方案。

④ 组织协调本企业重大信息化工程项目的建设。

⑤ 负责本企业内部网、企业内部网同本行业专用网、国家金桥网联网及国际联网的协调和管理等工作。

信息化工作领导小组可设置信息化工作领导小组办公室，作为常设机构，一般应设在企业信息中心，其主要任务是负责本企业信息化工作的计划和推动，以及日常事务的组织协调。

（二）企业信息中心

1. 企业信息中心的模式与职能

（1）模式。企业信息中心既是企业信息化工作的管理部门，又是企业信息化工作的主要实施部门。企业信息中心的模式大致可分为开发型、服务型和管理型三类。

开发型信息中心具有先进的设备和雄厚的技术力量，能承担信息基础设施和信息资源建设较大项目的设计与开发。

服务型信息中心拥有一定的信息基础设施，具有广泛的信息来源，有较强的信息处理能力，主要开展信息服务和信息查询。

管理型信息中心的主要功能是信息管理、信息资源的规划与控制、信息技术应用研究。开发型和服务型的信息中心均可具有管理功能。

可根据实际情况采用以上类型相结合的模式。

（2）职能。企业信息中心的主要职能有：

① 积极协助本企业信息化主管（总信息师或主管信息化工作的企业副职领导），编制本企业信息化工作的规划，做好本企业信息化工作的计划、管理、协调和推动工作，具体安排企业信息化工作的资金使用计划，并当好领导的参谋。

② 负责本企业信息化工作所需资金的筹集，资金渠道可为企业自筹、争取国家低息专项贷款以及由国外合作厂商投资等，以企业自筹为主；负责该项资金具体使用计划（包括长远计划、五年计划、年计划和月计划）的安排。

③ 组织并参与本企业范围内的信息化有关制度的制定、督促、检查，指导信息技术应用成果的验收、鉴定、上报和推广应用。

④ 组织并参与应用软件和应用系统的开发、企业数据库的开发与管理，并做好大型、

先进软件的引进、消化、吸收、创新和推广工作。

⑤ 加强本企业内部以及与外部的信息交流和技术交流，组织对国内外各种宏观和微观经济信息的跟踪和采集，及时、准确、完整、优质地进行信息的处理及研究分析，为领导决策提供依据。

⑥ 组织并参与企业内部网的规划、建设、管理、维护和服务，做好日常的通信管理和通信设备的维护服务工作。做好企业内部网同国内各行业专用网、国家金桥网以及因特网互联的规划、管理和维护工作。

⑦ 组织并积极开展为本企业下属基层企业和本企业各业务职能部门的信息服务工作，帮助各基层企业和本企业各业务职能部门做好信息的使用、研究与分析。

⑧ 对信息中心人员的技术业务进行长期系统的培训，并积极协助有关部门做好企业全体职工的信息化意识教育和现代信息技术基本知识的培训。

2. 企业信息中心的地位

随着社会信息化的推进和现代信息技术的迅猛发展，信息中心作为企业实现信息化的管理部门和主要实施部门，在整个企业业务结构中的位置也由此而发生了巨大的变化。人们已经逐步认识到数据处理只是信息工作的一部分，而完整的信息管理才是信息工作的全貌。企业在信息管理的全过程中，通过信息流来控制资金流和物流，并优化各业务流程，进行业务过程重组，以至业务职能部门的重组。也就是说，企业的生产、经营活动均围绕着信息流的管理而进行，这种完整的信息管理对企业的发展具有关键性的和战略性的意义。因此，企业信息中心不再是一个单纯的技术服务部门，而是在企业总信息师直接领导下的对企业整个业务活动的主线——信息流进行管理的部门。它既需要从生产、财务、供销等业务职能部门获取原始数据进行分析处理，最终的结果又要为这些部门和整个企业的业务决策服务；它既独立于生产、财务、供销等业务职能部门，又需要同这些部门保持充分的联络和沟通。这就是说，企业信息中心作为整个企业中最为重要的部门之一已是必然趋势。

另外，企业信息中心不同于社会上一般的信息产业和信息服务产业。前者是企业为实现信息化而专设的内部机构，而后者则是以为社会提供信息商品和信息服务为目的的营业性质的第三产业；前者为推进本企业信息化而工作，而后者则必须以盈利求生存。

总之，为了完成企业信息化这一历史重任，企业上下应同心协力把企业信息中心逐步建设成为真正的名副其实的信息中心，即以计算机应用、通信、信息服务为主业，以用现代信息技术服务于企业为宗旨，以促进科技进步、促进管理现代化、获得效益最佳化为主要目标的集管理、规划、推广、开发、培训、通信、计算和服务于一身的中心。

3. 企业信息中心的人员

（1）企业信息中心人员应具备的素质。在技术知识方面，信息中心的人员必须十分熟练地掌握有关的现代信息技术，并能灵活地用于自己的工作实践，要密切地注视科学技术的发展与动向，不断学习，及时更新与扩展知识内容；了解和掌握本行业的有关专业知识及其他相关的业务基本知识；了解现代经济管理、社会学的基本知识；具备良好的中外语言文字能力。

在工作能力方面，信息中心的人员应具备独立而有效地解决技术问题的能力，以满足信息处理、分析研究和服务的要求；具备一定的组织协调能力，能够组织和协调各方人员（包括技术人员和业务人员）共同完成工作（这在推动企业各业务职能部门的信息化的工作中尤为重要）；具备一定的文字与口头的表达、交流能力，以进行技术交流和信息交流。

在职业道德方面，信息中心的人员应具有高度的社会责任感，认真、负责、主动地完成所承担的工作任务；熟悉和自觉遵守国家、行业和企业有关信息的各种法律、法规、法令和规章制度，并能严格自律、知法守法。

（2）企业信息中心队伍的自身建设。应努力建立起一支思想好、水平高、能力强、能适应企业信息化要求的团结的专业信息人员队伍，只有这样才能完成历史赋予信息中心的重任。

首先，要做好信息中心人员配备，提高人员的素质，有计划地对信息中心全体人员进行现代经济管理知识和现代信息技术的培训，加快复合型人才的培养和成长，以适应信息化工作的需要。

其次，应提倡结合工作实际，实施岗位培训和岗位练兵，不断更新和扩展自身的知识内容，形成认真学习、努力实践的良好风气，以提高技术水平和工作能力。

最后，应经常对全体人员进行信息化工作职业道德和团结协作的集体主义思想的教育，及时解决各种思想问题，并采取一定的有效措施，稳定队伍。

（3）企业信息中心的领导。信息中心的领导是在信息化主管的领导下，推进企业信息化工作的具体组织者、协调者、管理者，是信息中心的带头人。其主要职责是：负责贯彻、执行党和国家的有关方针、政策、法规及上级的指示、决定；负责贯彻、执行上级信息化工作领导小组、上级信息中心和企业信息化工作领导小组的安排和决定；负责组织编制本企业信息化的长远规划、年度计划和各种管理制度；负责组织对本企业信息化所需资金的落实及具体使用计划的安排；负责组织本企业重大信息工程项目的建设、管理和维护工作；负责组织对下属基层企业信息化工作的督促、检查和指导；负责组织信息交流、技术交流及人才培训工作；负责对信息中心工作人员的政治思想和职业道德的教育工作等。

4. 企业信息中心的机构

对于管理、开发、服务相结合的企业信息中心来说，在一般情况下，企业信息中心可设如下机构：综合管理部门、计算机应用开发部门、通信部门、系统与网络管理部门以及信息服务部门等，各企业信息中心可视需要和自身情况决定取舍。

综合管理部门承担企业信息化工作领导小组办公室工作，负责企业信息化工作的计划、检查和推动以及企业信息化日常事务的管理和处理；负责进行企业信息化工作所需资金的筹集和具体使用计划安排；负责进行企业范围内信息化工作的组织、协调、督促、检查、指导以及成果审批、组织鉴定、上报及推广应用等。

计算机应用开发部门负责应用软件和应用系统的开发，做好大型、先进软件的引进、消化、吸收、创新和推广应用工作；负责本企业各业务职能部门信息化工作日常事务的管理和处理，负责企业数据库的开发与维护。

通信部门负责组织并进行本企业专用网通信子网（包括电话、传真、卫星通信、光纤通信等）的规划、建设、管理和维护，参加本行业专用网通信主干线的建设、管理和维护，负责日常的通信管理和通信设备的维护工作。

系统与网络管理部门负责计算机信息系统的硬件及相关设备的选型、引进、安装及维护，负责计算机系统的运行、维护和开发应用，负责进行企业内部网的维护，协助本行业专用网等相关网络的规划、建设、管理和维护。

信息服务部门负责组织并进行企业内部网信息资源网的规划、建设、管理和维护工作；负责组织并参与国内外各种宏观、微观经济、科技信息的跟踪和采集，并进行处理与分析研究，为领导决策提供重要依据；负责组织并进行为基层企业和各业务职能部门的信息服务的工作，帮助各基层企业和各业务职能部门做好信息的使用、分析、研究。

5. 基层相关组织

基层企业应设立企业信息化工作领导小组，也可以按实际需要设立基层信息中心，可参照上述“企业信息中心的机构”的设置、内容和要求，按业务技术类别分设计算机站（科）、通信站（科）、信息服务站（科）等，与上级企业信息中心的计算机应用开发部门、通信部门、信息服务部门相对应。而综合管理的职能与职权可放在计算机站（科）或基层企业的技术处（科），系统与网络管理的职能与职权可放在计算机站（科）。

6. 企业信息中心与上级相关组织的关系

为了顺利推进企业信息化工作，企业信息中心必须按业务技术类别接受上级相关职能机构的业务技术指导和管理，并同时接受本企业领导、本企业信息化工作领导小组、上级信息化工作领导小组及行业信息中心的归口管理、协调、监督、检查和指导。

另外，企业信息中心在规划、实施本企业的信息化工作时，要有全局观念，要按照“统一领导、统一规划、统一标准”的原则，根据上级信息化工作领导小组和信息中心的统一规划，并结合本企业的实际情况进行工作。在硬件设备、设施和软件技术、软件产品的选用上，在数据库的结构和接口上，在各职能部门业务信息的处理方式诸方面，尽可能同行业的规定保持一致。起码要保持硬件、软件接口和标准的一致性。

第三节 企业信息化管理制度

在企业信息化的建设中，信息化管理制度建设是保障。企业信息化不能一蹴而就、一“化”就灵。信息化为企业提供了科学、便捷、智能化的管理工具和手段，但信息化不是万能的，还要靠制度去保障、去规范使用者的操作行为。换句话说，要用严格的制度去约束人的行为，杜绝随意性，建立设备和资源的保管、维护、使用制度，建立经费投入和保障机制，建立科学评价与反馈机制来确保信息系统的应用，这是信息化建设和推广的关键。完善企业信息化管理制度对发展企业信息化建设来说是一件非常重要的工作。信息化管理制度在当今世界经济发展中占有重要地位，是其他管理制度都无法比拟和超越的制度。

一、企业信息化管理制度的重要性

企业信息化管理制度是围绕着企业信息化系统的规划、设计、实施、运行、维护、完善等过程而设计的一整套管理规范，该制度适用于企业信息化建设与应用的全过程，是企业信息化建设的行动纲领，是企业信息化应用的行为准则。

（一）企业信息化管理制度是企业信息化实现规范化的前提

随着信息化建设进程的逐步推进，企业越来越意识到信息化所具有的战略意义，信息化建设的成败对企业的生存与发展将起到决定性的作用，而企业信息化建设与应用的规范与否则直接影响到企业信息化的成败。企业信息化管理制度的制定，使得企业信息化建设与应用有法可依，加强了信息化建设项目的规范性，避免了企业信息化的随意性。

（二）企业信息化管理制度的建立有助于规避信息化建设风险

企业信息化存在着很强的不可逆性，其中软件与服务的投资失败则更是灾难性的，所以必须对风险进行控制。在企业信息化建设过程中，存在着来自技术、标准、产品、供应商及企业自身实际状况等的各种客观风险，以及来自咨询商、服务商及企业自身的主观风险，设计合理的管理制度将使得企业信息化建设从一开始就具有较强的抗风险能力，使得企业信息化建设与应用过程中的各种人为因素与偶发因素所带来的负面影响降至最低。

（三）企业信息化管理制度为统一认识奠定了基础

成功的信息化项目，需要在项目实施与应用过程中企业用户、咨询商、产品供应商及实施商间的充分协调与有效配合，需要企业用户内各阶层人员间真正达成共识，以制度化的形式对企业信息化进行规范，将使得各个方面的认识更容易统一到同一个层面，保证信息化工作步调一致。

（四）企业信息化管理制度是信息化应用持续推进的保障

以往的企业信息化建设与应用经验表明，很多以失败告终的项目都是因为系统进入运行期后因缺乏坚持使用的信心与决心而使得系统部分或全部报废。信息化往往不会在一朝一夕就能给企业带来丰厚的收益，只有在制度的保障下，不断地坚持使用，并在应用过程中对系统进行持续完善，企业信息化才能真正体现出巨大的综合效益。

例如某单位上线了一套信息化管理系统，从系统实施到系统上线，经历了漫长的过程。好不容易实施结束，信息化管理人员以为可以休息一段时间了，哪知后面的事情越来越多，肩上的担子越来越重。首先，信息化系统程序化运行经常得不到保证。各业务部门数据输入的不及时，经常造成业务流程方面停滞，系统不能正常运行。虽然工作人员进行了多次协调，但问题仍不能得到很好的解决。其次，上线了信息化系统后，大家对系统的依赖性越来越高，网络和数据的安全性压力越显重要。虽然单位花了不少资金投入网络安全中，但是内部和外部网络上的问题仍然很多，例如 IP 地址被盗用，经常造成信息化系统不能正常使用。另外，使用人员在外网任意的操作带来的安全问题也越来越多。管理员疲于奔命，但效果不佳。为了解决这些问题，该单位请了多位业内专家为单位进行诊断，最后决定采用制度化管理，通过制度对有关行为进行约束。为此，单位对内制定了一套全面的信息化管理制度并通过正式文件的形式下发下去。通过制度的执行，目前单位的信息系统运行正常。

从这个例子可以看出，信息化发展到一定阶段，建设重点就会从系统实施转向以应用提升为主，运维保障、安全机制变得重要起来。这时除了技术的保障外，制度保障更显得重要。

二、企业信息化管理制度的建设

（一）企业信息化管理制度建设原则

（1）量身定做的原则。企业要根据自己的实际情况和实际存在的管理问题制定相应的信息制度，不能生搬硬套。很多企业的 CIO 非常喜欢从其他企业复制来一些制度，稍加修改就在本企业使用，但由于和企业的实际情况不吻合，结果造成制度不能得到很好的执行。

（2）全面科学的原则。企业信息化管理制度一定要全面、科学。因为，企业信息化管理中存在很多问题，问题之间有一定的关联性，仅仅解决片面问题，是不能全面解决企业的问题的。制定制度要科学，要符合客观实际，要切实可行。当企业的情况发生变化时，要及时修改制度，制度要在不断执行的过程中得以完善。

（3）责任目标明确原则。制度要有明确的目标和责任，这样才能有的放矢，体现整个制度的完整性和合理性。

（4）奖惩分明原则。制度要有奖惩措施，否则制度只是一纸空文，起不到真正的作用。

（二）企业信息化管理制度建设的措施

任何企业在实现管理信息化的过程中，企业信息化制度建设都是基础工作、保障工作，同时贯穿于企业信息化工作的始终。很多企业都不同程度地存在着管理水平低、漏洞多的问题，而代表先进管理思想的 ERP 系统在企业实施时，要求企业有较为科学和完善的管理体系，这时建立制度就成为当务之急，因为制度完善与否直接影响到一个企业管理水平的高低。作为企业新兴的工作，“管理信息化”就更需要制度加以规范和约束。完善的信息化管理制度为企业将管理体系固化在网络系统上铺平了道路。因此，企业在进行信息化建设时，必须首先下大力气初步完成企业信息化制度建设。在后期应用阶段还要持续不断地对其进行完善，使企业信息化制度更加适应企业的发展要求，为企业高效管理提供保障。

正如其他管理制度一样，企业信息化管理制度也是通过一系列的规定与措施使其具有可操作性，并易于执行。这些规定与措施对企业信息化的计划、组织、指挥、协调、控制进行规范，实现对与信息化建设与应用相关的各项资源（包括人力资源、金融资源、物质资源、信息资源等）的有效管理。

针对企业信息化的管理主要体现在以下几个方面：

1. 计划

计划是指对企业信息化建设与应用的各项行动或活动以及资源供给与使用的筹划。计划指导着企业循序渐进地去实现信息化目标，而计划的目的就是要使企业适应变化中的环境，并使企业的信息系统更具竞争力。该计划按层次可分为战略计划与实施计划。从计划的定义、目标及其功能来看，计划是一种降低企业在信息化过程中的不确定性的手段，事实上无论是战略计划还是实施计划，都是希望通过事先的安排有准备地迎接未来，或按照设定的目标循序渐进地工作，从而减少未来不确定性对企业信息化的冲击，减少未来工作过程本身可能产生的不确定性。

2. 组织

组织是指将企业内各种资源按照配比及程序要求进行安置，使信息化工作得以有序的开展。组织也是一种降低不确定性的手段，如果不能将无序的资源按照配比及程序的要求使资源在整合之初及整合过程中达到有序化，有效配置资源就成为一句空话，而这样一种有序化行为也就是在降低企业信息化建设收益的不确定性。

3. 指挥

指挥是指领导、指示与企业信息化相关的各层次人员同心协力去执行设定的计划，实现企业信息化的目标。指挥涉及四个方面的功能：及时根据信息化建设与应用的内、外部环境变化，指示企业内所有人与资源配合去适应环境，采取适当的行为；调动信息化相关成员的积极性，激励他们奋发努力，给他们创造把工作做好的机会；有效地协调企业内外的各种关系，使企业具有一个良好的信息化工作氛围，从而降低信息化项目开展的各种损耗；督促项目组成员尽自己的努力按照既定的目标与计划做好自己专职范围的信息化工作。

4. 协调

协调是指信息化建设与应用过程中专业化分工条件下各自的工作行为成果有序、统一的活动。由于提高工作效率的需要，信息化需要通过专业化分工后由多层面的人员协同完成，然而专业化分工本身也带来风险和不确定性。这种分工之后的合作不在一个工作主体之间进行，而是在多个工作主体中进行的状态，直接导致了不同工作主体之间的配合问题，如果配合不好则可能使总体效率下降，甚至产生负效用。为了防范这种状况的出现，就需要协调行为，没有协调就不会有合力，由分工产生的不确定性就无法消除。

5. 控制

控制是指根据既定信息化目标不断跟踪和修正所采取的行为，使之朝着既定目标方向推进并实现预想的成果。在现实中，信息化的各项工作处于各种不确定性因素的作用之下，因此每一项工作都有可能会偏离预定要求，从而可能使既定目标难以实现，显然这是企业在信息化过程中所不愿见到的。为了防范这种状况的产生，控制这一类工作就非常必要。因为通过控制，可以降低工作行为及其结果与既定要求和目标的不一致性。

三、企业信息化管理制度的主要内容

企业信息化管理制度的内容一般应该包括：目标（制定本项制度的目的）；范围（制度适用范围）、职责（制度涉及的人、部门的任务和职责）、具体的规定（制度要约束的具体内容）、奖惩（对违反和维护制度人、部门的奖励和惩罚的具体内容）等。企业信息化管理制度类型及相关内容如表 5-2 所示，这几项制度类型基本覆盖企业的信息管理内容，各个企业可根据自己的具体情况有所选择和增删。

表 5-2　企业信息化管理制度类型及相关内容

制度类型	主要内容
信息化基础架构	信息化组织管理制度等
信息系统基础设施、硬件环境管理制度	计算机机房管理制度、计算机设备管理制度、计算机网站管理制度、计算机网络管理制度等
信息系统、应用系统管理制度	ERP 系统、OA 系统等企业管理信息系统的使用管理制度等
信息安全管理制度	计算机网络安全使用管理制度、电子邮件使用管理制度、计算机数据安全、备份管理制度等
信息化监理管理制度	信息化监理意义与框架、信息化监理的内容和职责等
信息资源管理制度	数据编码管理制度、数据收集管理制度等

另外，根据我国的现实情况，企业信息化管理制度可以分为面向资源的管理制度（包括组织管理制度、资金管理制度、软硬件管理制度等）以及面向信息化项目整个建设过程的项目管理制度，前者是根据所管理的资源的不同进行划分，后者则是因为 IT 项目有其特殊性与整体性而专门设置，它与面向资源的管理制度间有一定的交叉，但正是因为面向资源的管理制度（横向）与面向信息化项目整个建设过程的项目管理制度（纵向）的相互交织才形成一个更为完善的企业信息化管理制度体系。

1. 面向资源的管理制度

（1）组织管理制度。它包括面向信息化建设与应用的组织结构设置与运作制度、人员培训与知识更新制度、一般性的信息化建设与应用工作纪律制度、考核与奖惩制度等。

（2）资金管理制度。它包括成本与费用管理制度、预算管理制度、IT资产管理制度等。

（3）软硬件管理制度。它包括计算机硬件使用管理制度、计算机硬件维护管理制度、计算机网络资源使用管理制度、计算机网络维护管理制度、计算机软件使用管理制度、计算机软件维护管理制度、计算机安全管理制度、信息资源的管理制度等。

2. 面向信息化项目整个建设过程的项目管理制度

（1）项目生命期管理制度。它包括项目需求分析与决策管理制度、项目设计与选型管理制度、项目实施过程管理制度、项目总结与评估管理制度等。

（2）项目组织管理制度。它包括项目团队的组织结构设置与运行制度、项目团队的岗位职责与考核制度、项目沟通与报告制度等。

（3）项目计划与控制管理制度。它包括项目计划制度、项目进度安排制度、项目进度控制制度、项目资源配置管理制度、项目成本与绩效管理制度、项目风险管理制度等。

企业信息管理制度示例：

下面以某企业的计算机信息机房管理制度为例，简单说明有关制度的编制方法。

1. 计算机机房管理规定

目的：加强公司计算机机房的管理，保证公司内部网络和计算机机房的正常运行。

范围：本规定适用于公司的中心机房和各计算机室的管理。

职责：信息管理部负责公司计算机机房的管理、维护。保卫处负责公司计算机机房的安全保卫工作。

2. 中心机房管理规定

① 机房设网络管理员负责机房内设备（交换机、路由器、小型机、UPS等）的维护、配置和升级，以及机房防火、防雷等安全措施，网络管理员应恪尽职守，不得泄露超级用户登录口令，发现问题应及时和供应商联系予以解决。

② 除紧急情况，任何人不得随意关闭计算机设备供电电源、UPS电源、服务器、路由器、交换机的电源；未经信息管理部门领导同意，不能更改各服务器、小型机的配置，不得私自改变配线架线序。

③ 工作人员要认真做好机房卫生，保持机房整洁干净，物品不得随意摆放。

④ 机房内严禁嬉戏打闹、大声喧哗；严禁在机房内吃东西、抽烟、睡觉。

⑤ 机房内严禁存放易燃易爆物品，严禁使用明火或电热器；消防器材应按规定存放，未经允许不得随意挪动。

⑥ 机房内不允许会客，非工作人员不得进入机房；进入机房要换拖鞋。

⑦ 夜间由信息管理部的工作人员轮流值班，值班时间从晚上7:00至第二日上午7:00。

⑧ 值班人员夜间需接听其他部门加班人员报来的网络和设备故障电话，并记录在案。

⑨ 值班期间应按规定定时检查机房的设备（服务器、UPS电源、交换机）运行情况以及机房的温度、湿度等情况并认真填写值班日志表。

⑩ 机房内各种设备、器材应严格管理，要登记建账并由专人负责；工作人员应爱护机房各种设备、器材，不得挪作他用。

⑪ 保卫部门负责机房防火、防盗的安全性。

3. 计算机室管理规定

（1）计算机室是公司计算机系统开发和应用的专门工作室，凡与计算机系统开发、应用或管理无关的人员，未经许可不得入内。

（2）计算机室应保持清洁、干燥，除每日正常清扫外，应定期（每周一次）进行全面清洁、吸尘工作。

（3）计算机室应与办公室隔开，不得在机房内办公。

（4）计算机室内严禁嬉戏打闹、大声喧哗；严禁在机房内吃东西、抽烟。

4. 处罚办法

（1）对于在机房内嬉戏打闹、大声喧哗，在机房内吃东西、抽烟、睡觉的员工罚款30～100元，并扣发当月奖金。

（2）对于乱动机房设备、造成系统不能运行后果的人，罚款50～200元，并扣发当月奖金。

（3）对于不认真履行机房值班职责，不按时值班、不接听故障电话或者不及时解决系统故障的人，每次50～200元罚款，并扣发当月奖金。

（4）对无故登录公司重要的服务器和路由器的人，所属部门罚款500元，员工罚款200元。

（5）对于不执行安全职责保卫部门的人员，按照公司关于安全检查制度的有关规定执行。

四、企业信息化管理制度的执行、评价与调整

（一）企业信息化管理制度的执行

在制定企业信息化管理制度的过程中，要积极借鉴其他企业有参考意义的相关管理制度，要注重与企业现行管理制度与管理风格的有机融合，要广泛听取企业各阶层人员的建议。制度初步完成后，可以进行一段时间的试行，以避免直接正式执行可能带来的过度冲突，并可根据试行情况进行必要的修正。制度的试行期结束并完成修订后，即可正式发布进入制度的正式执行阶段，制度一经正式发布，则不能随意修改，需要有相应的规范保证制度的严肃性与制度的持续优化。

企业信息化管理制度是整个企业管理制度的一部分，该项制度的执行必须与企业其他管理制度一视同仁，严格执行。为保证制度的有效执行，需要在企业信息化管理制度中包含对制度本身执行进行控制的相关内容，设定制度执行的考核指标与奖惩措施。这里可以分为两个阶段来考虑：①在规划实施期可以将相关制度与直接责任人的工作业绩相挂钩，使制度执行情况成为其工作业绩考核的一部分。这样一方面可以对其在信息化工作中所作的贡献进行认可，另一方面可有效提高其工作质量，因此采用这种方法可以有效提高规划实施的相关制度的执行力，控制工作进度，提高企业整体信息化的工作质量。②在企业信息化应用期，可将相关制度与部门职责及工作范围相联系，使其成为各部门的工作行为准则。例如在财务部明确信息系统中的各岗位职责权限，也就实现了财务工作中的相互约束的要求，这样可以有效地将应用期相关制度贯彻执行，确保各部门工作质量和信息系统的安全。

（二）企业信息化管理制度的评价

企业信息化管理制度是一个比较新的制度门类，有必要对其进行有目的的评估，以使其获得进一步的完善。对此制度的评估一方面可以以前文所述的制度制定的原则为尺度进

行衡量，另一方面还可从企业的文化、价值观念、管理基础、生产经营特点、外部环境等角度入手对制度进行评估。除进行上述的评估外，制度执行效果的好坏则是对制度进行评价的最直接的指标。制度的评价工作可以交由委员会性质的机构执行，以避免制度调整的主观性与随意性。

（三）企业信息化管理制度的调整

企业信息化管理制度在试行期内可能会暴露出制度设计的大量问题，此时是对制度进行调整的最好时期。在试行期内，可以集中对制度进行若干次的修订，以使制度逐步趋于完善。在制度进入正式期后，应避免过于频繁的调整，可在相对较长的一段时期对制度进行一次修订，也可对原有制度增加补充制度。制度的调整工作可以交由委员会性质的机构执行，以避免制度调整的主观性与随意性。

综上所述，企业信息化管理制度建设是企业顺利完成信息化建设的基本前提，贯穿于企业信息化全过程。有效执行信息化制度是完成企业信息化建设的基本保障。这两方面对于企业成功实现信息化缺一不可。

第四节　企业信息化标准规范

企业信息化标准是企业培养、发展以计算机为主的智能化工具为代表的新生产力来提高自身各项信息资源的利用率，而在企业所在行业内形成的一种规范。

一、企业信息化标准规范的基本概念

企业信息化标准规范是指在整个企业范围内推行的为确保企业信息化的规划得以贯彻实施，确保信息化建设的成功，在信息化的可行性分析、方案设计、软件选型、系统实施、系统分析、软件开发、网络建设、系统集成、数据库设计和管理、系统管理规程和操作规程、系统维护和升级、系统评测等信息化全过程中必须遵守的一系列管理和技术规定。

其具有的特征如下：

1. 企业信息化标准规范具有企业全局性

企业信息化标准规范建立在企业发展战略规划和企业信息化战略规划的基础上，代表的是企业的整体最高目标和利益，而不仅仅代表一个或几个组成部分的局部利益，因而具有企业目标的全局性；它建立在战略意义的基础上，充分体现企业从现在起到今后若干年内发展的客观需要，而不仅仅受短期需求驱使，因而具有企业发展过程的全局性；它建立在企业信息化发展的客观需要的基础上，并不过多考虑具体的技术和产品，因而又具有技术的全局性。

2. 企业信息化标准规范具有强制性

由于企业信息化标准规范具有目标、过程、技术的全局性，因而它在全企业范围内的推行必须是无条件的，是企业的任何分支、任何员工都必须严格遵守、执行的准则，不得违背，它是企业信息化的纲领性文件。

3. 企业信息化标准规范具有宏观到微观的过渡性

企业信息化标准规范定位于企业信息化规划和企业信息化项目之间，是企业信息化规划具体实施的第一步细化。同信息化规划相比，它具有一定的具体可操作性；它又是指导、

实施具体信息化项目的指南，为后者提供标准保证，有效地预防实施风险，确保其不偏离企业信息化整体目标。因而它在整个信息化过程中起到从宏观规划到项目实施的过渡作用。

4. 企业信息化标准规范具有科学性

企业信息化进程有其自身普遍性的科学规律，不是仅仅依靠企业的主观愿望就能顺利开展的；同时，信息化必须涉及的大量的信息技术本来就属于高科技范畴，因此它严谨的科学性是不言而喻的。

5. 企业信息化标准规范具有指导性

由于企业信息化标准规范对信息化具体工作的各个方面、过程和层次提出了标准的、科学的、可实际操作的具体规定，是建立在专家知识基础上，总结了普遍的成功经验并吸取普遍性的失败教训后，经过认真、科学、实事求是的分析后，结合企业自身的客观特点制定出来的。因而它对具体的信息化工作具有极强的科学指导性。

6. 企业信息化标准规范具有管理性

企业信息化不仅仅是一个技术项目，从更大范围、更多内容上，究其本质，它是一个复杂的管理工程，这不仅仅体现在信息化系统本身是为了实现企业管理的目标而运作的，就信息化项目管理而言，它也需要极强的管理的科学和艺术。

二、企业信息化标准规范的建设

企业信息化标准规范建设的基本过程是通过采用国际标准，采用行业、地方发布的有关标准规范，并结合信息化的具体实施过程，适时自行制定企业实用的标准或规范，最后形成完整的企业信息化标准规范体系。

具体建设内容如下：

1. 体系框架的建设

采用总体规划、分步实施的原则，将自顶向下与自底向上相结合，有计划、有步骤地建立企业信息化标准规范体系。首先建立企业信息化标准规范体系的框架，建立标准规范体系可以如建立规章制度一样，同时从面向资源、面向信息化过程两个角度建立，形成矩阵式体系结构。可按下列层次建立体系框架：

（1）基础标准。它是面向资源的基本标准，如分类及编码标准、数据格式标准等。

（2）技术标准。它是企业信息化中标准规范最集中的方面。面向资源的技术标准有：技术平台和工具标准、各应用分系统技术标准、技术接口标准等；面向信息化过程的技术标准有：流程分析方法准则、产品选型标准、工程实施规范，以及各类技术流程规范等。

（3）工作标准。它主要是面向信息化过程的标准，如企业信息化各项工作的立项、审批及其流程规范，企业的信息化建设评价标准等。

（4）管理规范。它既有面向资源的，又有面向信息化过程的，如文档管理及其管理规范、产品采购规范、资金投入的有关条件规范等。

（5）组织规范。它是与人相关的各类标准规范，包括职位设置和岗位职责等。

2. 基础标准建设

基础标准主要建立在对企业现状分析的基础之上，它需要通过缜密、细致的调查、研究，在专家指导下用科学的方法和手段建立。企业信息分类及编码标准、企业信息模型建立规范等，在基础标准中较为重要。

3. 技术标准建设

技术标准的建设应着重遵循成熟性、适用性原则，即采用已发布的现有较成熟的标准化组织或商业标准组织建立的，并已经过较长时间的使用检验而证明有效的标准和规范。面向资源的技术标准需坚持这一点，面向信息化过程的技术标准也应尽可能地采用既有标准和规范。

技术标准是企业信息化标准规范体系中的主要部分，遵循成熟性、适用性原则，方能够使企业的信息化建设具有信息互换性、系统开放性、可扩展性、可维护性，同时可使得建设、运行、维护的成本得以充分降低，与外界集成、互联更容易。

4. 工作标准建设

工作标准的建设重在遵循统一性原则，应与企业经营管理制度、其他技术标准规范、信息化规章制度的建立、健全等相结合。

5. 管理规范建设

管理规范中最为重要的是企业信息化文档及其管理规范，它是面向资源的标准和规范，但与信息化全过程息息相关。不容忽视的是，文档规范也是企业信息化实施过程中重要的基础规范。

三、企业信息化标准规范体系构成

（一）标准化体系的组成

标准化体系由标准体系、管理体制和运行机制三部分组成。

（1）标准体系。它是由一定范围内的具有内在联系的标准组成的科学的有机整体。

（2）管理体制。它是在制定和贯彻标准中应遵循的标准化管理方针、原则、组织制度和标准体制等的综合。

（3）运行机制。它是在制定、贯彻标准中所运用的方式、方法和组织形式的综合。

标准体系是标准化体系的一个重要组成部分。信息化标准体系是围绕信息技术开发、信息产品的研制和信息系统建设、运行与管理而制定的标准体系。它是指导信息化标准工作的纲领性文件，为信息化建设提供标准信息与技术依据。

标准体系按照“层次结构”，以标准体系框架和标准明细表的图表形式构成。标准体系框架由多个相互制约、相互作用、相互依赖和相互补充的分体系构成。标准明细表包括现有的、正在制定的和应予制定的所有标准。

（二）企业信息化标准规范体系框架

信息化标准体系框架如图 5-5 所示，它由信息技术基础标准体系、信息资源标准体系、网络基础设施标准体系、信息安全标准体系、应用标准体系和管理标准体系六大类构成。其中管理标准体系包括系统管理、网络管理、安全管理、工程标准、验收与监理标准、测试与评估标准以及质量控制与认证标准等。

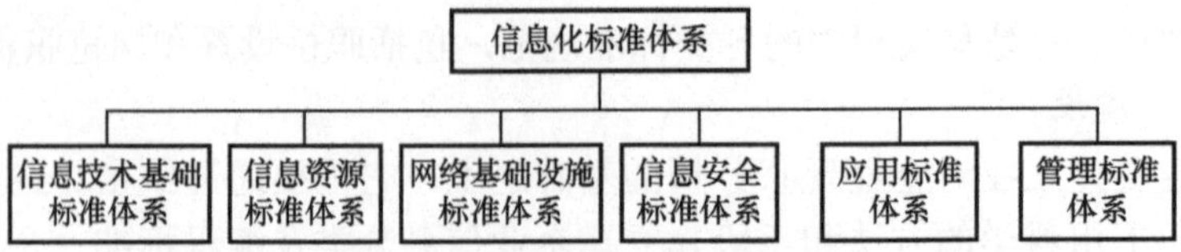

图 5-5　信息化标准体系框架

企业信息化标准规范体系不另设管理标准体系，而把相应的管理类标准归入上述前五类标准体系中。

在总体系框架下，又分为若干个子体系框架。对每个子体系框架应给予简明扼要的说明。标准明细表与子体系框架一一对应。标准明细表的内容包括标准名称、标准号、对应国际标准号、标准简介四个部分。标准简介描述了相应标准规定的主要内容和适用范围。若只有国际标准及 RFC 文档等，而无相应的国家标准或行业标准，则在标准名称中给出英文标志，在标准简介中给出相应的中文名称。

1. 信息技术基础标准体系

信息技术基础标准下设术语、识别卡、存储媒体、软件与软件工程、设备及其他等部分，如图 5-6 所示。

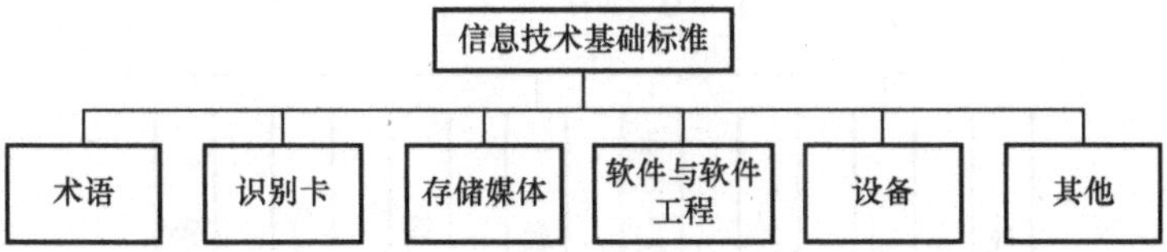

图 5-6 信息技术基础标准

（1）术语。术语标准下设与信息化有关的基础术语和专业术语，以统一信息化建设中遇到的主要名词、术语和技术词汇，避免引起对它们的歧义理解。

（2）识别卡。识别卡标准下设条码卡、磁卡、集成电路卡和光卡等部分，如图 5-7 所示。它适用于识别卡的制作和相关应用系统的开发和应用。

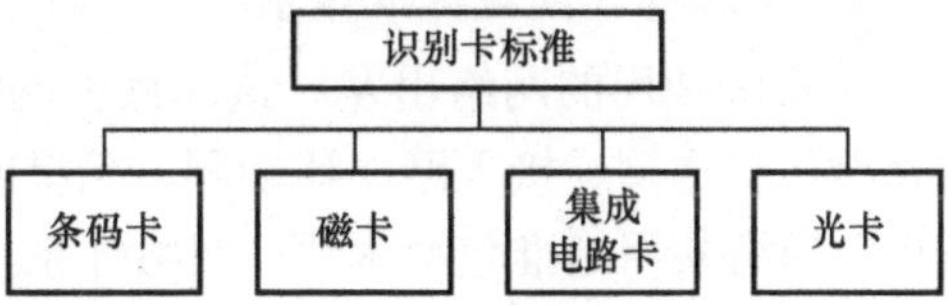

图 5-7 识别卡标准

（3）存储媒体。存储媒体标准下设光盘、磁盘和磁带部分，适用于计算机存储媒体及相关软件的生产和制造。

（4）软件与软件工程。软件工程标准下设操作系统与程序设计语言及软件工程部分，适用于计算机系统软件和应用软件开发的全过程。软件与软件工程标准下设编制指南、生存周期过程与管理、产品评价、能力评估及可靠性与可维护性管理等，如图 5-8 所示。它适用于计算机系统软件和应用软件开发的全过程。

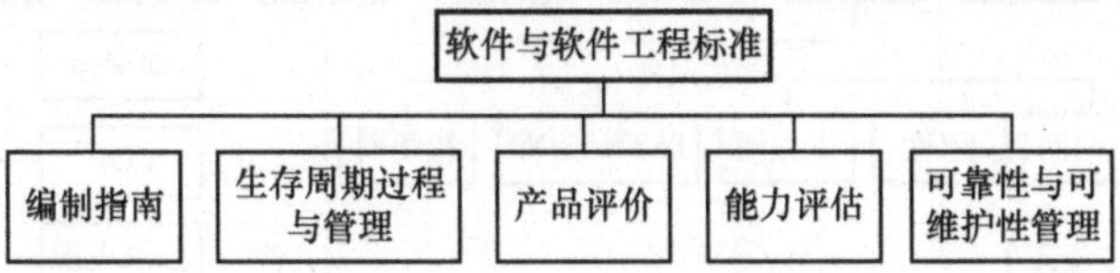

图 5-8 软件与软件工程标准

（5）设备。设备标准下设计算机设备、外设专用终端、办公设备与消耗品及信息家电等信息化建设所需的设备标准，如图 5-9 所示。它适用于计算机及其相关设备的设计、生产制造和互联。其中网络设备和安全设备见“网络基础设施标准体系”和“信息安全标准体系”。

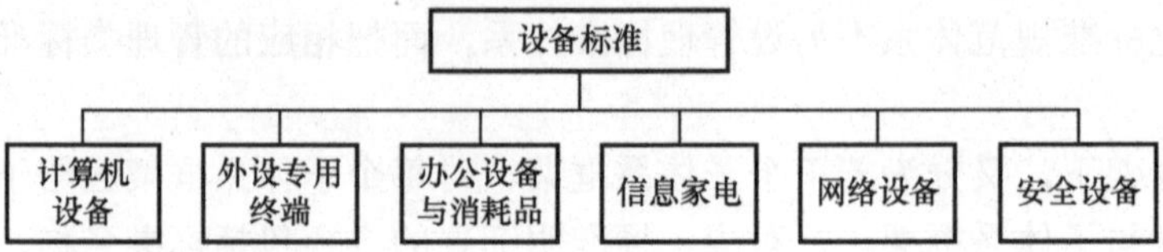

图 5-9 设备标准

2. 信息资源标准体系

信息资源标准体系下设数据元、元数据、信息分类及编码、业务文档/媒体格式、数据库、描述技术、目录服务和 Web 服务等部分，如图 5-10 所示。它适用于信息资源开发与利用工作的规划、设计、建设、验收、测评、运行与维护。

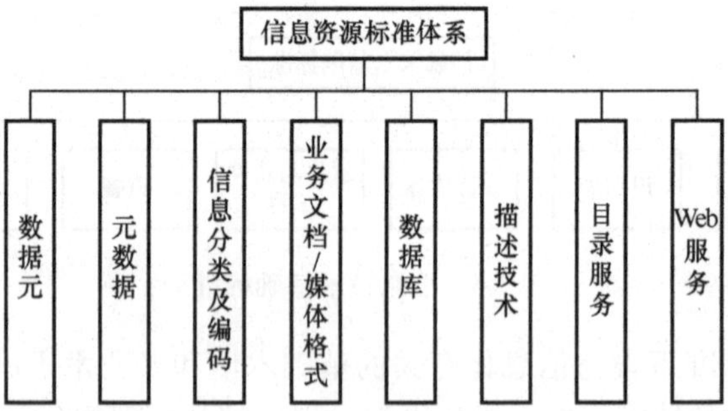

图 5-10 信息资源标准体系

3. 网络基础设施标准体系

从实际使用的网络出发，该体系由网络共用标准、IP 网、ATM 网、FR 网、以太网、电话网、传送网、接入网、移动网、卫星网、业务网和支撑网等部分组成，如图 5-11 所示。其中，网络共用标准包括术语、网络体系结构、线缆以及网络配套设施，电话网包括 PSTN/ISDN 和智能网，移动网包括 GSM/GPRS、CDMA、WCDMA、CDMA2000、TD-SCDMA 和数字集群，业务网包括软交换、VOIP 和会议电视，支撑网包括网络管理、信令网和同步网。

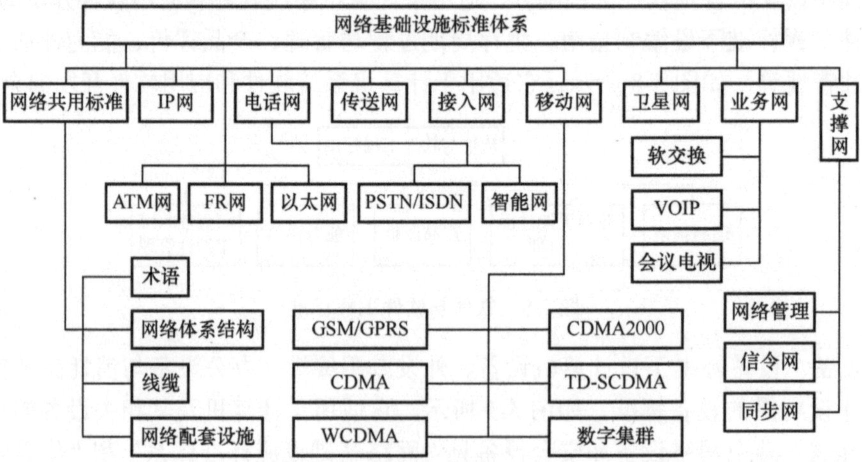

图 5-11 网络基础设施标准体系

4. 信息安全标准体系

本标准体系框架主要从技术角度进行划分，并从信息系统逻辑构成的应用角度，即网络平台、应用支撑平台、应用平台、安全支撑环境和系统管理五个方面进行划分。信息安全标准体系下设基础标准、技术标准和管理标准，如图 5-12 所示。基础标准体系下设术语、体系结构、模型和框架。技术标准包括密码技术标准、安全协议标准、标志与鉴别标准、访问控制标准、内容安全标准、电子签名标准、完整性保护标准、抗抵赖标准、审计与监控标准、密钥管理基础设施/公钥基础设施标准以及物理安全技术标准。管理标准包括系统安全管理标准、等级保护标准、工程标准、评估与认证标准和运行类标准。

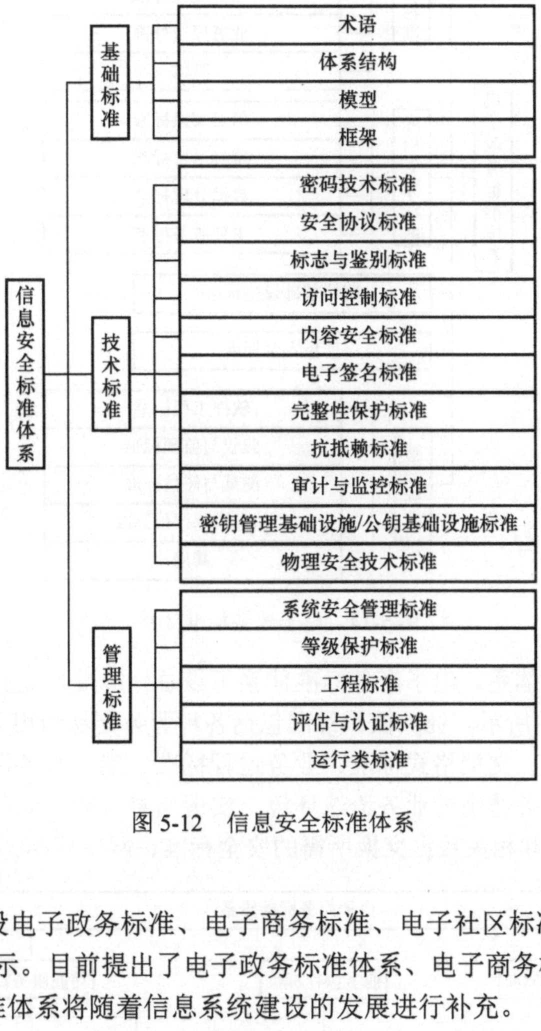

图 5-12 信息安全标准体系

5. 应用标准体系

应用标准体系下设电子政务标准、电子商务标准、电子社区标准和空间信息应用标准等部分，如图 5-13 所示。目前提出了电子政务标准体系、电子商务标准体系和空间信息应用标准体系，应用标准体系将随着信息系统建设的发展进行补充。

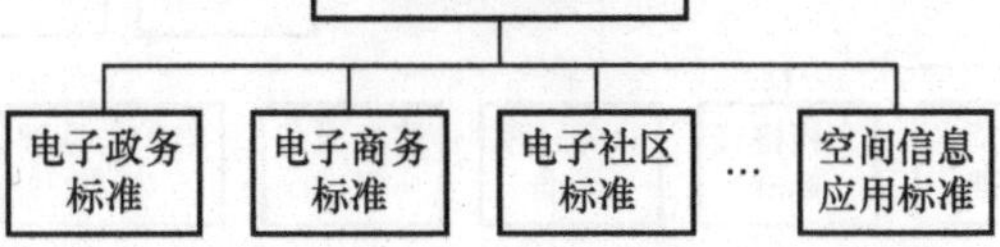

图 5-13 应用标准体系

（1）电子政务标准体系。电子政务标准体系下设总体标准、应用业务标准、应用支撑标准、网络基础设施标准、信息安全标准和管理标准，如图 5-14 所示。

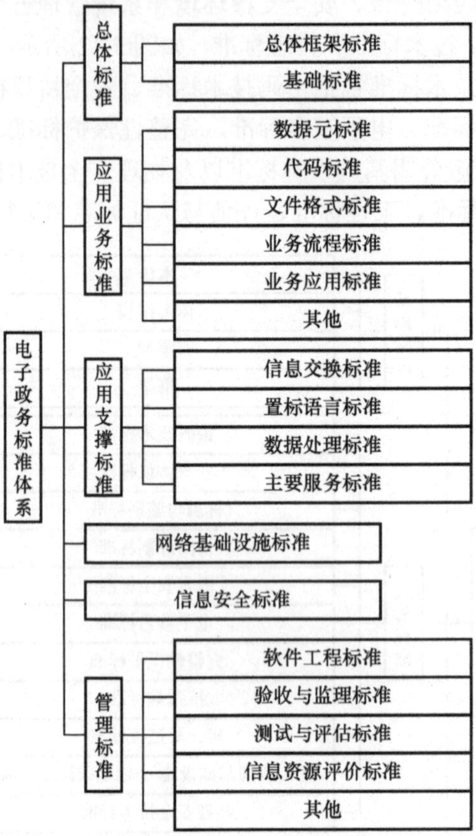

图 5-14　电子政务标准体系

（2）电子商务标准体系。电子商务标准体系下设总体标准、业务操作标准和功能服务标准几部分，如图 5-15 所示。业务操作标准包括各种业务交易和相关数据交换中的基础数据标准、描述技术标准、文档格式标准、业务过程标准、消息服务标准以及维护与管理标准等，旨在构筑电子商务通用的业务语法环境，实现信息共享、业务协同。功能服务标准包括支撑各种业务交易和相关数据交换所需的安全标准、网络标准、电子支付标准等。

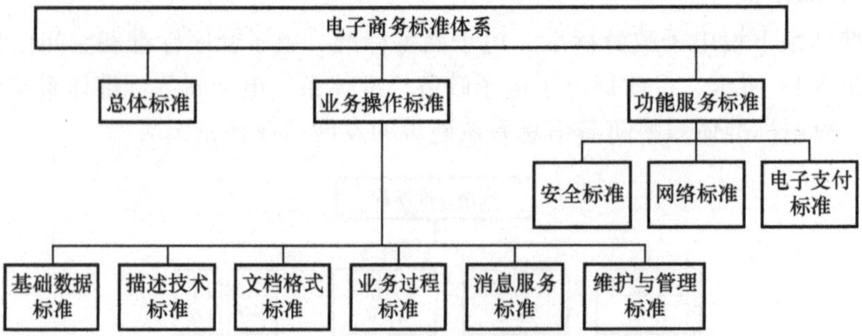

图 5-15　电子商务标准体系

（3）空间信息应用标准体系。空间信息应用标准体系下设术语标准、基础性标准、图形符号标准、工艺标准、产品标准、检验和试验方法标准、数据交换标准和其他标准（如图 5-16 所示），适用于与空间信息应用相关产品的规划、设计、建设、验收、测评、运行与维护。

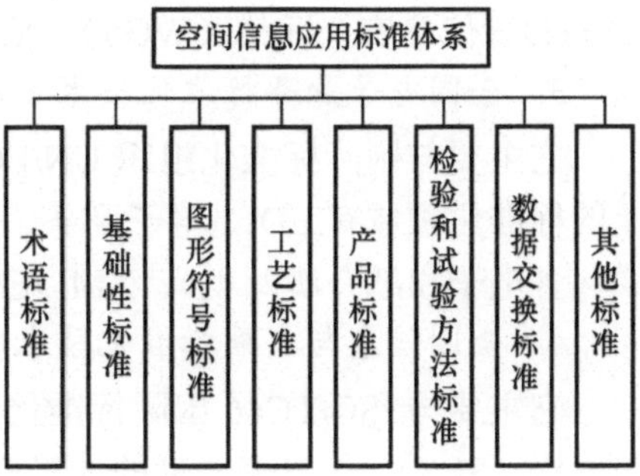

图 5-16 空间信息应用标准体系

四、企业信息标准化的组织和管理

标准化的组织和管理是标准化工作的一个重要方面。在现代生产高度社会化的情况下，工农业之间、各工业部门之间，以及一个行业、一个地区、一个企业的生产、科研、使用与维修之间都要有统一的标准，使它们互相有机地联系起来。要做到这些，就要有一个完善的标准化管理机构进行组织与管理。现在标准化已经成为组织现代化生产的重要手段，是科学管理的重要组成部分。对一个企业来说，标准化管理是企业管理的一个重要部分，能否做好企业的标准化管理，直接关系到能否做好企业管理和生产。一个产品标准，至少涉及生产、使用两个部门。如果标准化工作未做好，那么将影响产品质量、品种规格、协作配套等。对于一个国家来说，标准化的组织与管理对高速发展国民经济、提高工农业产品和工程建设的质量、提高劳动生产率、充分利用国家资源等，都具有重要的作用。

标准化的组织管理工作包括：管理机构的设置，计划、规划的编制、贯彻执行和组织协调工作；资料和技术情报的管理工作；总结交流和宣传推广工作等。这些工作做得好不好，关系到标准化工作开展的深度与广度，关系到标准制定与修订的质量，关系到标准能否很好地在生产中贯彻执行和起到应有的作用。

标准化的管理体制就是管理标准化工作的具体组织形式，我国的标准化管理体制是建立在统一领导、分系统管理的原则之上的。它所要解决的基本问题是中央各部门之间，中央与地方之间，上级主管部门与公司、企业之间，以及企业内部在标准化工作上的分工关系。这种分工关系体现在标准化管理的权限和职责关系上。

我国现行的标准化管理体制是：国家标准化管理委员会统管全国的标准化工作，国家住房和城乡建设部主管工程建设标准，环境保护部主管环境保护标准，卫生部主管医药卫生标准，军工系统主管军工标准；中央各部主管各部标准，中央各部的专业局主管直属企业标准；地方标准局和地方各专业局主管地方所属的企业标准。这种标准化管理体制有利于调动各方面的积极性，有利于标准化工作的开展。

目前我国与信息技术国际标准化组织相互配套的技术机构主要有以下几个：

1. 全国信息技术标准化技术委员会

它主要与 ISO/IEC/JTC1 和 IEC/TC74 两个国际标准化组织对口。涉及的信息技术标准领域有字符集和编码、数据通信、软件工程、磁盘、柔性磁媒体、开放系统互联、程序设计语言、微处理机系统、数据加密与信息技术安全、办公机器外围设备及消耗品等。

2. 全国信息安全技术标准化技术委员会

它主要与 ISO/IEC/JTC/SC27 信息安全技术国际标准化组织对口。涉及的标准有标准体系与协调（WG1）、涉密信息系统安全保密（WG2）、密码技术标准（WG3）、鉴别与授权

（WG4）、信息安全评估（WG5）、信息安全管理（WG7）等。

3. 全国电子业务标准化技术委员会

它主要与国际标准化组织 UN/ECE/CEFACT 和 ISO/TC154 等的技术标准工作对口，涉及的标准化领域有 EDI、电子商务、业务数据及过程标准化、业务数据结构化技术、文件格式（含电子和纸介质两类）、XML/EDI 技术和电子业务服务等。

4. 全国信息与文献标准化技术委员会

它主要与 ISO/TC46 国际标准化组织对口。涉及书面语文的转换（SC2）、信息与文献工作术语（SC3）、信息和文献的计算机化（SC4）、统计和性能评估（SC8）、文件形式、识别和说明（SC9）、文件保存（SC10）、档案管理（SC11）等。

5. 全国工业自动化标准化技术委员会

它与 ISO/TC184 对口，主要负责工业自动化系统和集成领域涉及的离散部件制造集成等多重技术的标准化工作。涉及的标准化领域有自动化领域的物理设备制造、制造环境的工业机器人、工业数据和相关通信等。

6. 全国地理信息标准化技术委员会

它主要与国际标准化组织、地理信息/地球信息技术委员会对口，涉及地理信息、元数据、导航电子地图数据模型与交换格式、地理信息质量评价程序以及地理信息一致性与测试等。除此以外，还有一些各部门、各行业以及各地方一级的信息技术委员会。

7. 全国金融标准化技术委员会

它主要和 ISO/TC68 国际标准化组织对口，涉及的标准化领域有金融管理和业务程序、证券、信息交换、金融交换卡和相关媒体等。

五、信息化标准规范在企业中的具体应用

企业信息化体系由信息技术应用、信息资源、信息网络、信息技术、信息化人才和信息标准规范六个要素构成。其中，信息标准规范是基础要素。

信息标准化是信息化的基础性工作，它之所以重要的主要原因是信息的载体——数据是信息系统唯一接收和处理的对象。影响企业信息化应用成败的关键因素是数据、人员和组织管理。有人从技术、管理、数据三者的相对重要性角度将企业实施管理信息系统说成是“三分技术、七分管理、十二分数据”，可见上线数据是否准确与规范，是企业信息化成败的关键之一。

下面以 ERP 实施为例说明信息化标准工作在 ERP 项目中的具体实施。

（一）ERP 实施过程中企业信息标准化存在的一般问题

对于实施 ERP 的企业，信息标准化的主要任务就是建立、健全企业信息标准化体系，根据体系框架制定一系列企业信息规范和标准。加强信息标准化工作，对于规范数据和信息，保证信息化建设的一致性，整合信息系统内部、外部的各种信息资源，实现信息资源共享，提高信息交换效率，增强信息系统的开放性，保障项目顺利实施和运行，促进企业的长远发展具有十分重要的意义。

目前，尽管各个企业的信息化基础和标准化基础不尽相同，企业在 ERP 实施的实际过程中却存在一些共性的问题：

1. 编码原则不统一，基础数据情况不佳

这主要体现在：ERP 实施的各个模块基本上都有自己的基础数据，数据繁杂而且量大，部分数据不够准确、完备，同时，由于时间和技术的局限性，企业在各个不同历史时期所开发的应用系统相对独立，系统之间无互联性，描述企业信息资源的数据和编码分散、口径不一致、冗余、不规范，有时同一数据或数据指标在不同系统、不同部门以不尽相同的描述和内容表现出来，使得企业信息资源无法充分、有效地共享。

2. 信息标准化技术人员和技术保障不足

很多企业在实施 ERP 的过程中没有建立专门的标准化工作机构，缺乏熟悉标准和标准化的专业人员，实施标准化的力量薄弱；未制定相关的标准化管理制度；缺乏国内、国际有关的标准化工作的横向交流，企业标准与相关的国家标准、行业标准和地方标准尚未得到广泛的应用；信息标准化总体工作缺乏科学性。

3. 与 ERP 系统建设时间和进度配合不畅

企业往往过分强调 ERP 系统上线的工作目标，忽视标准化工作与 ERP 项目实施有着密切的内在联系，整体系统的规划缺乏导致数据准备和 ERP 项目实施配合不畅，影响 ERP 项目实施进度，实施周期延长，结果软件提供商和企业双方都拖得非常辛苦，严重的还可导致 ERP 项目的彻底失败。

4. 重视、宣贯力度不够

信息标准化工作贯穿信息化建设的设计、实施、应用的整个生命周期，具有花费人力多、涉及面广、信息量大、时间周期长、工作难度大等特殊性，但由于宣贯不够，培训不到位，各级领导和 ERP 项目实施和管理人员未充分重视本项工作对信息化建设的重要性。

5. 信息标准化管理薄弱

这主要表现在：方法上，过分强调实施进度，使用大量顺序码，最终导致系统存在大量冗余数据，信息共享性差；方式上，标准更新和维护过分依赖人工比对，管理手段和效率低下；手段上：缺乏针对 ERP 项目管理的必要的信息标准化管理制度和技术手段，对 ERP 实施人员在上线过程中必须遵循和执行已制定的编码规则进行监督和制约。

综上所述，企业应当根据 ERP 项目实施的实际情况，确定一套完整的信息标准化解决方案。

（二）ERP 实施中的信息标准化解决方案

企业实施 ERP 一般需要经过以下几个阶段：准备阶段，设计阶段，实施阶段，上线支持阶段，优化阶段。

企业信息标准化工作应当密切配合 ERP 项目实施的不同阶段，统筹规划，分步实施。

1. 准备阶段：充分调研，做好全方位的基础准备工作

在企业内部进行标准和标准化的宣贯，使更多员工了解标准和标准化。在充分调研的基础上，制定信息标准化的一些基础文件，着手建立信息标准化体系，为后续阶段逐步扩充企业信息标准做好准备工作。

（1）组织准备：确立信息标准化管理工作机构和人员。成立信息标准化工作小组，小组主要由标准化编码专家、IT 人员、ERP 系统各模块关键用户或主要业务人员组成。确定信息标准化小组工作的主要职责、成员分工以及工作规程等。明确标准化工作小组的近期和远期的工作目标，并分别制定相应的工作计划。

（2）知识准备：提高认识、加强培训。无论对于企业领导、普通员工，还是标准化工作小组成员，信息标准化工作推进过程不仅是一个数据准备和编码编制过程，也是一个全程的学习、培训的过程和管理变革的过程。培训围绕信息标准化的基础知识展开，主要包括信息标准化理念培训、基础知识培训、ERP 系统操作培训、各业务流程培训等。

（3）需求准备：充分调研，全面掌握情况。

1）内部调研。内部调研重点调查企业内部现有信息系统的运行情况如操作系统、数据库、现行编码系统、编码规则以及未来编码需求等。

2）外部调研。外部调研主要面向同类型企业、ERP 系统供应商、数据集成第三方服务公司、国家及地方或行业的信息标准管理的组织和部门；重点搜集国家有关单位对信息编码标准化的规定、部分国家标准、行业（海关）标准以及编码方法方面的资料；结合本企业业务和管理的需求以及已掌握的国家标准和行业标准等外部编码，初步搭建编码目录。

（4）管理准备：规范管理，制度先行。制定信息标准化管理制度，包括：信息标准化的工作范围，实施标准化过程中的各种注意事项，标准制定的原则，制定标准的工作流程，标准的审批备案的过程以及标准执行的方法，从信息标准化管理的原则、内容、组织和监督管理、推广和应用等各方面规范信息标准化管理工作，确保上线数据严格遵循企业信息标准，保证 ERP 项目顺利实施。

2. 设计阶段：搭建信息标准化体系，确定实施计划

信息标准化体系由信息化过程中制定的各种标准和规范构成，信息标准化体系体现了信息化过程中需要形成企业标准的各类文件以及它们之间的层次关系。

建立基础代码标准，包括编制信息分类编码编写规则和建立一些基础代码标准，并参考相关的国家、行业和地方标准初步拟订本企业必需的编写人力资源系统、财务管理系统、客户管理系统和商品贸易系统中的一些代码的编码规则，用以规范 ERP 系统的数据工作的实施。可采取“跟随应用、先易后难”的原则，率先编制主要应用系统、主营业务、需求紧迫的编码，如 CRM 涉及的员工代码、组织机构代码、会计科目代码、固定资产代码、商品代码、客户代码，国别代码，合同代码等，其他编码可以随着应用逐渐补充。

（1）创建原则。创建标准体系应遵循以下原则：

1）全面完整：根据企业信息化的发展需要，充分研究当前预计到的信息和信息化技术及其管理中需要协调、统一的各方面因素，力求创建的标准体系全面、完整。

2）层次恰当：根据企业信息化和标准化的具体工作，确定标准的适用范围，遵循尽量扩大标准的适用范围的原则，合理地将各种企业标准安排在不同的层次上。

3）划分明确：在编制信息标准化体系时，为了便于今后整个体系的不断细化和延伸，应明确划分出各子体系，体现出子体系之间的独立性，避免标准混淆，并方便标准的查询和使用。

（2）信息标准化体系的内容。信息标准化体系的内容大致可分为以下三层：

第一层：总体指导性技术文件。它主要包括《信息标准化工作导则》等，规定了信息标准化工作的总则、标准编写应遵循的基本原则、标准制定的基本要求和工作程序。

第二层：各类信息标准的编写规则。它主要包括《信息分类和编码编写规则》、《信息交换编写规则》、《数据元标准编写规则》等。

第三层：各分类信息的编码标准、代码表、接口标准和数据字典等。

3. 实施阶段：配合 ERP 实施，执行计划

建立、健全信息标准化体系必须坚持信息化发展战略目标，遵循标准化管理制度，参照外部标准，建立信息系统可应用的信息标准。本阶段的核心任务是：根据 ERP 系统实施情况逐步分层次地建立、健全代码、数据元等信息标准。在完善信息标准的同时，需要解决信息标准与系统结合使用的问题，把已经制定的信息标准配置到业务系统中，并根据业务系统的使用情况调整对应的信息标准。主要的注意事项有以下几项：

① 严格按照信息标准化管理制度执行，避免匆忙上线。

② 企业信息标准的制定不能孤立存在。从信息系统的定制开发到标准数据的采用和标准流程的建立，都受到许多外部因素的影响，为了与外部沟通更加顺畅，企业需要使用很多已有的成熟的标准。参考相关的国际、国家、行业和地方等外部标准可以使企业制定标准时游刃有余，促使企业标准体系更加成熟、完备。

③ 合理分工，做好上线数据准备。从编码规则到代码赋值，从数据清理到导入数据上线，数据准备工作是一项非常庞杂而细致的工作，牵涉到不同的部门，需要合理组织信息标准化人员、ERP 项目技术人员、企业业务人员共同考虑管理现状、业务特点、历史数据等方方面面，安排充足的时间进行该项工作。一般的做法是在项目实施小组中成立跨职能部门的数据小组，由专人负责，各模块涉及人员都要参加数据小组，依据编码规则逐条确定静态数据和编码，从而完成整个静态基础数据的整理，经过反复测试和试运行，直至正式上线。

4. 上线支持阶段：完善信息标准化体系

在此阶段中，信息标准化基础平台已经搭建完毕，但是，随着 ERP 项目的深入实施，企业业务的拓展，大量的模块间和企业与外部单位的数据交换产生了，因此本阶段工作主要是：

① 确定《信息交换编写规则》，编制相应的内部、外部接口标准，同时兼有对数据字典、代码标准和数据元标准的完善工作。

② 配合业务部门和 ERP 项目技术人员及时数据清理。

期初数据准备和系统上线有了基础数据，就有了 ERP 运行的基础。但 ERP 上线后，还要从理解系统的逻辑关系出发，坚持严格管理和定期核查，保障数据的平衡，适当删除、合并、完善，不断提高数据质量。

5. 优化阶段：完善信息标准维护和数据生命周期管理，健全企业标准体系

根据企业发展战略和系统运营情况维护企业信息标准，包括维护所有已制定的信息标准，制定随信息化的发展而需要补充的各类信息标准，补充完善其他技术标准、管理标准和工作标准，健全企业标准体系。

（1）坚持严格管理，对信息标准化常规工作不懈怠。随着 ERP 项目的不断深入、系统的逐渐完善、功能的不断拓展，要对原有的信息标准不断完善，要对新出现的信息标准进行增添，还要对不符合信息化建设要求的信息标准进行修订和更新。

（2）对上线数据的生命周期进行监督管理。在数据从产生到消亡的整个生命周期中，保持数据的准确性、时效性是一项长期的工作。在系统运行期间，信息标准化工作还应做到：

1）监督系统运行情况，及时发现系统中的异常数据并协调业务部门和 ERP 技术开发部门，调整部分业务流程和操作规程，以使其适应系统内的数据流转。

2）监督技术部门和业务部门定期进行数据备份，减少损失，清理垃圾数据和已经失效的数据，保证数据质量，根据业务和管理的需要，增加新的数据项或者更改原数据定义等。

3）制定数据质量评估办法，以在系统运行一段时间后发现以前所忽视的管理上的问题，提高数据质量。经过几轮调整后，企业实施 ERP 的效益就体现出来了。

（3）提高信息标准化管理水平。信息标准化体系实施到一定阶段后，需要使用信息技术的手段管理标准数据，使得标准真正方便地服务于企业应用系统。使用数据库管理的方法，可以实现对标准化数据的管理和使用，如数据准备、标准库设计和准备、运行入库、标准库数据调用和维护、与 ERP 系统的底层数据互联互动。

1）数据准备。收集标准数据，标准数据包括两个部分：标准中涉及的国际、国家和地区、行业中已经形成的标准的数据，如会计科目代码等；企业中自行制定的标准、形成的标准数据，如组织机构代码等。同时，对收集到的标准数据进行整理、对比、加工和验证。

2）标准库设计和准备。根据数据的采集情况和 ERP 系统的具体要求，对标准数据进行数据库结构和数据结构设计，作出数据存储计划。安装数据库平台，对数据量较大的标准数据，需要准备足够的预留空间。

3）运行入库。根据标准库设计把标准数据运行到数据表中。建立数据表，然后把标准数据导入到数据表中。

4）标准库数据调用和维护。标准数据正常入库后，就可以提供给 ERP 应用系统的各个业务模块共同使用了。各应用模块可以根据系统设计时的约定，按照本系统的需要，使用标准数据。标准数据也通过相应的信息管理系统进行维护和管理，应避免后台对数据的直接操作。标准数据的维护主要包括标准数据的收集及确认、数据的增删改查、数据备份、复制等。

5）与 ERP 系统的底层数据互联互动

区分数据性质，将标准库与 ERP 系统的部分可设置静态数据连接起来，保证信息标准在 ERP 各个模块的同步分发、更新。

（4）注重信息标准化的知识积累和传递。企业应当及时总结信息标准化的各项工作成果，汇编各类信息标准化文档，及时组织培训，确保随着 ERP 项目实施信息标准化队伍的素质逐步提升，信息标准化工作得以延续。

（5）健全企业标准体系。企业标准体系是把企业范围内的标准，按照一定的内在联系，形成的科学的有机的整体，由管理标准、工作标准和技术标准组成。企业信息标准化体系只是企业标准体系的一个子体系。

管理标准是企业在指挥、控制和协调组织活动中形成的标准，是企业标准体系实施运作的重要支撑，主要包括经营管理标准、质量管理标准、财务管理标准、人事管理标准等。

工作标准是针对整个工作过程中每个环节或操作岗位所制定的规则，用以支持技术标准或管理标准的实施，它包括中层以上管理人员工作标准、一般管理人员工作标准和业务人员工作标准。

技术标准是针对企业相关的技术事项所定义的标准。技术标准包括信息技术标准和其他技术标准，众多信息技术标准汇集起来，构成了信息标准化体系；其他技术标准还包括产品技术标准、设计技术标准、工艺技术标准等。

本章小结：

本章阐述了企业信息化战略规划的目标、作用、内容以及步骤，详细介绍了企业信息化战略规划制定的方法；进一步阐述了企业信息化的组织机构设置、管理制度建设以及标准规范建设的必要性，着重阐述了它们的构成及职责、建设以及相关内容。

信息化的成功实施，必须要求企业根据自身的行业特征，统筹规划，合理安排。成功实施企业信息化必须要实行科学的信息化战略规划。

企业信息化战略规划是指为满足企业经营需求，实现企业战略目标，由企业高层领导、信息化技术专家、信息化用户代表根据企业总体战略的要求，对企业信息化的发展目标和方向所制定的基本谋划。

企业信息化战略规划就是对企业信息化建设的一个战略部署，最终目标是推动企业战略目标的实现，并达到总体拥有成本最低。企业信息化战略规划是企业信息建设的纲领性文件，用以指导和帮助企业信息技术的协调发展、满足企业信息化建设的需要，达到有效地、充分地利用企业的信息资源。

思考题：

1. 什么是企业信息化战略规划？其目标及作用是什么？
2. 企业信息化战略规划方法有哪些？它们有什么特点？
3. 企业信息化组织机构设置的意义是什么？
4. CIO 的主要职能是什么？
5. 企业信息化管理制度的主要内容有哪些？
6. 企业信息化标准规范在企业信息化建设中的作用是什么？

第六章
企业信息化的实施

学习目标：

1. 理解企业信息化实施的思路和原则，掌握企业信息化实施的方法。
2. 理解企业信息化咨询的重要性，了解企业信息化咨询的内容。
3. 掌握企业信息化实施过程中的总体规划的方法。
4. 掌握企业信息化实施过程中的选型、集成、开发以及应用评估和改进的思路和方法。
5. 理解企业信息化评价和项目管理的重要作用，掌握它们具体应用的内容。

开章案例：

联想集团信息化建设

（来源：职业培训教育网，www.chinatat.com）

联想集团能从1984年的11个人、20万元投资的小平房发展到今天上万名员工、200多亿元营业额的分支机构遍布全球的大型集团公司，是什么推动联想不断发展和进步的呢？主要是管理创新以及持续的信息化应用。

联想的信息化建设是从1991年开始起步的，持续的信息化应用给联想带来了巨大的经济效益：2000年仅ERP上线的头一个季度，联想的净利润就比1999年同期增长了136%，高于1999年净利润的增长幅度近一倍；平均交货时间从1996年的11天，缩短为5.7天；存货周转天数由35天降到19.2天；应收账周转天数由23天缩短为15天；集团多法人结账由原来的30天下降为6天，单一法人结账仅仅只需1天。

联想的信息化建设并不是一蹴而就的，是一个循序渐进、从基础到高端的发展过程，包含如下过程：构建企业的网络基础设施；实现网络办公；建设企业核心的业务管理和应用系统，这里最有代表性的就是ERP。ERP针对企业经营三个直接增值环节设计CRM、SCM以及产品生命周期管理（PLM）。

联想成功的经验，为离散集成类企业树立了榜样。在推进企业信息化建设中，既要学习先进经验，又需要量身定制，解决好通性和个性的关系。

案例思考：

通过联想多年来的信息化建设实践，我们理解到的企业信息化实质是什么？

第一节 企业信息化实施概述

一、企业信息化实施的思路和原则

（一）企业信息化实施的思路

企业实施信息化是一个长期渐进、不断优化、逐步完善的过程，并没有统一、固定的模式，而是需要从企业实际情况出发，根据企业业务发展的实际需要，制定切实可行的信息化实施计划，并通过坚持不懈的努力，逐渐找到一条符合企业发展需要的、行之有效的企业信息化发展道路。

首先，要制定企业信息化实施规划。对企业来说，不论规模大小、实力强弱，在决定实施信息化时，必须考虑到信息化是一个具有综合性、系统性和整体性的系统工程，涉及企业的方方面面，应按照“整体规划、分步实施，效益驱动、突出重点，由易到难、逐步完善”的发展思路，分阶段完成，由局部到整体，逐步扩大应用规模，使企业信息化有计划、有步骤地推进。所以，制定企业信息化的实施规划，明确不同阶段的实施重点以及不同部门在企业信息化过程中的不同职能，做到“统一规划、统一投资、统一标准、统一建设、统一管理”，保证企业信息化的发展进度和实施效果有重要的作用。

其次，要明确企业信息化的发展思路和原则。国内外众多企业的信息化发展实践证明，企业由于受到各方面条件的限制，在实施信息化的过程中必须克服急躁冒进、贪大求全的思想，必须脚踏实地、一步一步地取得进步与发展，那种“毕其功于一役”、“一口吃成个胖子”的做法只能使企业信息化发展误入歧途，导致可怕的后果。所以，明确企业信息化的发展思路和原则，对促进企业信息化的良性发展很有意义。在信息化发展思路方面，企业应注意以下几点：①要从基础到高端。企业信息化应该首先解决基础管理方面的问题，然后再解决更高层次的问题。选择技术和设备也应从现实出发，强调实用性，而不要过分追求技术和产品的高档次。如果不能将先进的技术和自身的应用实际统一起来，再先进的技术也只是一个摆设。②要从单项到集成。对企业来说，这样做可以从简到繁，从易到难，逐步积累经验，逐渐提高水平。③要从内到外。企业信息化要从理顺内部的业务流程出发，逐步延伸到企业外部，把企业对客户、供应商的管理纳入信息化发展的范畴，逐步构筑起完善的 CRM、SCM 等系统，使企业的信息化发展跃上一个新的台阶。

再次，要夯实企业信息化的发展基础。“万丈高楼平地起”，构筑企业信息化大厦也需要打好坚实的信息化发展基础，否则的话，再先进的技术、最高级的设备也只能是“空中楼阁”，不能产生实质性的效果。尤其是对一些刚刚起步进行信息化建设的中小企业来说，从一开始就注重信息化发展基础建设，对少走企业信息化建设的“弯路”、加快信息化建设的进度大有好处。企业夯实信息化发展基础主要从以下几个方面展开：①逐步完善企业信息化发展基础设施建设。企业信息化基础设施建设因企业而异，最基本的应该是配备一定数量的计算机，购买和应用实用性强的软件，有条件的企业建成企业内部网，实现企业内部的无纸化办公和信息的共享等，有些企业还可以建设对外宣传的企业网站等。②不断提高全体员工的信息化素质与技能。采取多种形式、各种层次的培训等方式把提高全体员工的信息化素质与技能作为推进信息化发展的一项根本任务，提高员工参与企业信息化建设的热情，增强积极性，不断在信息化过程受益。③营造良好的企业信息化发展环境。企业的领导和管理人员一定要身先士卒，率先垂范，成为企业信息化的倡导者、实践者和受益者，影响和带领企业员工更加自觉、主动地参与企业信息化建设，使企业信息化成为企业的一项“全员”工程，营造出理想的企业信息化发展环境。④抓好企业信息化的基础管理工作，为信息化的顺利实施创造条件。企业信息化通过信息资源的共享、业务数据的信息化处理等方式来实现提高效率、降低成本等多方面的目标，因此，在实际的业务处理过程中，企业应通过制度、标准等形式不断规范企业的基础管理工作，对客户、供应商、技术等信息都应按统一的标准围绕信息化的发展要求进行集中处理，使企业信息资源的价值在信息化过程得到更好的体现与提升。

再次，确定企业信息化实施的重点和突破口。对绝大多数企业而言，实施信息化不能“胡子眉毛一把抓”，而是应从企业的实际需要出发，坚持“有所为，有所不为”的发展原则，确定企业信息化的发展重点，选择信息化应用的突破口，使有限的资源发挥出最大的效益。处于不同行业、不同规模的中小企业在信息化发展的不同阶段，应有不同的发展重点。对企业来说，越是重要、越是效率低下、越是矛盾集中、越是繁杂的业务，越应成为企业信息化发展的重点。明确了企业信息化的发展重点后，有必要进一步选择企业信息化的突破口。所谓“突破口”，主要是指企业信息化优先考虑实施、并有较大把握成功、能取得明显实施效果的信息化应用项目。对那些刚刚开始信息化实施进程的企业来说，突破口选择是否恰当，对企业信息化整体方案的能否有效实施，以及员工对信息化能否支持和接受都有重要的影响。所以，突破口的选择也不能马虎，一定要认真考虑，精心选择，以便开好局、起好头。企业信息化的突破口确定后，企业领导和有关部门一定要齐心协力、同心同德，集中必要的人力、物力，力争在短时间内取得这些项目的胜利，以迎接更大、更重要的胜利。

最后，由点到面，推动企业信息化深入发展。在市场经济的背景下，对任何一家渴望在市场中生存、发展、壮大的企业来说，信息化是其成长的“车轮”，是伴随着企业的发展而发展的，并没有发展的尽头。企业信息化总体的发展历程应该是从低级到高级、从简单到复杂、从单项到多项、从局部到整体的一个逐步完善的过程。当企业从一些重点项目取得突破后，就有必要进入信息化发展的一个新阶段——全面实施企业信息化的阶段。所以，由点到面，逐步铺开，拓宽应用范围，加深应用层次，使信息化全面融入企业发展的方方面面，成为企业发展的“驱动力”和成长的“催化剂”，既是广大企业一项十分重要的工作，也是一项颇为艰巨的战略任务，需要企业付出锲而不舍的努力，以实现持续不断的改进。

随着信息技术的不断发展，企业信息化的应用领域已变得越来越广泛，越来越深入，中小企业既不要迷信“信息化包治百病”的神话，也不要借口“企业条件不成熟”、“信息化为时过早”等理由错过信息化发展的有利时机，而是应从企业发展的实际出发，扎扎实实地打好企业信息化发展的应用基础，一步一步地探索企业信息化的发展道路，实实在在地获得企业信息化产生的综合效益。“走小步，步步有效；不停步，持续发展”是不少企业通过自身的实践总结出来的信息化发展经验，值得绝大多数的企业学习、借鉴。

（二）企业信息化实施的原则

1. 一把手原则

信息化是加快企业现代化建设的必由之路，是企业从粗放型管理向集约型管理转变的重要手段。信息化是一个复杂的系统工程，涉及企业生产经营管理等部门中人、机构、制度及技术的重组；涉及企业文化的转变等各个方面，面临的问题也错综复杂，同时需要大量的人力和财力。另外，实施周期长、风险大，特别是有些企业领导对企业信息化带来的效益还存在这样或那样的疑虑。因此企业信息化的建设必须贯彻一把手原则，企业主要领导要亲自抓这项工作。作为企业一把手，要有战略眼光，要大力应用科学技术改造传统产业，开发新技术、新工艺、新产品，实现企业信息化，使企业融于国际经济大环境之中，与国际经济接轨，进入世界市场。

一把手原则不能只是挂在口头上，企业的一把手要为信息化建设真正做些实事。是不是实行了一把手原则，应该首先体现在企业领导要具有很强的信息化意识，要把企业的信息化工作作为日常工作来抓，带头宣传信息化工作的重要性，使企业人员懂得信息化建设是关系到企业存亡的大事。其次，要在信息化的规划、设计和组织实施中起主要作用，帮助出主意、想办法、组织落实、协调和制定特殊政策。再次，大力推进现代化管理方法、深化企业改革，对原有的作业流程进行优化，对企业进行重组，使组织结构“变扁”、“变瘦”，以适应信息化的需要。最后，要善于把握机会，敢于投资，敢于承担风险，要具有很强的风险决策能力。

2. *适度规模原则*

在设计、建设信息系统时，应考虑系统的适度规模。这里所说的适度规模，并不是说系统建得越大越好，而是说在量力而行的前提下，适当考虑系统的技术前瞻性，选择成熟、先进，代表了计算机硬件、软件发展趋势的技术和产品。技术超前可以使信息系统建设有一个较高的起点，从而在一定的时间内保持领先，在更长的时间内也不会被新技术发展的浪潮所淹没。目前，计算机硬件、软件及网络技术的发展为建设这样的系统提供了充分的有利条件。

企业实施信息化的规模适度，是充分发挥电子信息技术改造传统产业、推动企业技术进步作用的前提条件，是企业参与市场竞争的重要基础。因此，企业实施信息化时，控制符合企业实际情况的信息化规模是很重要的。在确定企业信息化适度规模时应考虑以下几个方面的问题：①企业实施信息化规模，要符合本企业的实际情况。在一般情况下，如果企业生产规模比较大，那么企业信息化的规模也应该比较大，反之亦然。如果信息化规模不符合企业的实际情况，规模过大时，投资就必然大，势必加重企业不必要的经济负担；规模过小时，就如同生产规模过小，不会有好的经济效益，信息化也不会发挥应有的作用，反而造成浪费。如果投资规模控制得当，则一定会取得显著的经济效益。②资金许可时，要集中财力，一次性投资建成本企业的信息系统。它包括通信、网络、计算机软硬件、开发环境、应用系统等。一次性投入有时要比分散投入更省钱，而且便于统筹考虑，便于应用开发，便于系统集成。③资金不许可时，要统一规划，分步实施，要先易而后难，要从能取得效益的地方开始，但要特别注意，不要因为资金不足，而购买一些性能低、功能不完善、使用不方便、不易集成的软硬件设备。④企业信息化的规模要考虑企业的长远发展，要有前瞻性，不能过一两年时间，信息化的规模就与本企业的生产规模、经济规模不相称。⑤企业信息化的规模是随企业的发展而不断扩大和完善的，但也要有相对的稳定性。

3. *统一规划原则*

统一规划就是从企业的生产经营战略目标出发，综合分析企业的生产能力、技术水平、产品结构、科研实力、管理方法、人员结构、人员素质、市场竞争能力，以及影响企业发展的“瓶颈”等与企业生产经营有关的各个方面，经过认真的分析论证，规划出企业实施信息化的总体方案，然后在总体方案的基础上，按照“效益驱动、突出重点、有限目标、以点带面”的原则，分期、分阶段实施企业信息化。统一规划应考虑以下几个方面的问题：①方案要先进。信息技术发展日新月异，新技术、新产品层出不穷。因此，在方案设计上要紧跟技术发展趋势。②投资要适中。企业实施信息化投资过大，会使企业负担加重，并造成不必要的浪费；投资过小，不能形成规模，使应该开发的系统不能开发，应该购置的设备不能购置，发挥不了应有的作用，反而造成巨大浪费。③从企业的实际情况出发，充分利用企业已有的技术装备和技术力量，以保护已有的资金投入和技术力量的投入。④目标要明确。目标应包括应达到的技术水平，取得的经济效益和社会效益。目标要定得客观不能脱离实际，否则就会影响各方面的积极性，对工作产生负作用。⑤阶段要分明。实施企业信息化，要在统一规划的前提下，以效益优先为原则，分阶段、分目标逐步实施。要选好突破口，以便取得好的效益，以利于提高各方的积极性。⑥企业实施信息化，要充分考虑与本行业专用主干网的衔接。要重视信息集成问题。⑦要重视对不同程度、不同层次的领导和职工的信息化培训工作。

4. 试点原则

试点可以减少风险、少走弯路、重点突破、创造经验、做出示范，以利于推动信息化技术的全面发展。在试点和推广时要把握好以下几个方面：①紧扣企业发展的大目标，始终围绕效益最佳化这个中心。在企业的技术改造、生产方案优化、先进控制、过程模拟与优化、现代化管理、工程设计、仿真培训等各个领域，有选择、有重点地开展信息化建设的试点工作。试点的目的在于获取经验，以利于更好地推广。②选择的试点项目要有推广领域和推广前景。试点项目的选择在技术上、在要解决的问题上，都要有普通的代表性，要能达到试点一个、带动一片的效应。不能选择没有推广前景的项目作为试点。③选择的试点项目，要在技术、效益上有较大的成功把握。试点项目成功了，有利于调动积极性，能鼓足各方面的干劲，有利于企业信息化建设。④要选择不同类型的试点项目，便于全方位地推广应用。⑤在推广过程中，要根据具体情况加以分析研究，找出最佳推广方案。在试点时是成功的，在推广时不一定成功。因为推广时的环境不一定与试点时一样，如原料组成、生产规模、测试仪表精度、操作水平等。因此，还要把试点的经验、技术与推广时的实际情况结合起来，才能达到预期的结果。⑥无论试点还是推广，都要充分利用行业联合的优势，要做好关键技术和重点工程的联合技术攻关。在需要和有条件时，还应积极邀请外国专家一起联合攻关。

5. 效益驱动原则

效益驱动原则就是强调信息化必须为提高企业的经济效益、提高企业在市场中的竞争能力、提高企业持续发展的能力服务，效益应该成为企业信息化工作的出发点和最终归宿。

信息系统建设的目的就是为了提高管理现代化水平，提高业务部门的工作效率，提高管理人员的决策水平，最终转化为提高企业的经济效益。

信息化建设涉及的面很广，必然要受到财力、物力和人力等诸多因素的制约，不可能齐头并进，同步实施。应该在现有条件下，本着为企业挖潜增效的原则，抓住瓶颈，以投入产出比高、见效快的项目作为突破口，集中人、财、物方面的优势，优先解决瓶颈问题，使资金投入尽快地为企业带来效益，让管理人员、决策人员和普通用户都能真正看到信息化所带来的好处，从而产生一种良性循环，提高对信息系统建设的积极性和自觉性。

6. 集成原则

集成在20世纪70年代主要是指不同硬件的集成；在80年代中期，主要是指不同网络的集成；在80年代后期主要是指不同数据库的集成；发展到90年代，主要是指应用系统的集成和应用平台的集成。应用系统集成是指将基于不同计算机硬件和操作系统、不同网络和不同数据库的应用系统都紧密地集成为一个整体，用户可以透明地使用这些系统，就如同在本机使用一样。

为了有效地支持系统的集成基础结构，在硬件和软件的选型上要考虑选择开放式系统平台，按平台搭接方式组成整个系统。

集成原则也是计算机应用开发模式的改变，可以避免低水平的重复开发。以往企业的计算机应用人员都是以自己开发为主，现在应迅速转变为以集成商品化软件为主，以后，集成工作也应由IT厂商去做。

7. 标准化原则

标准化是系统集成的重要基础。因此，标准化应该包括统一术语定义、统一设计与实施方法、统一体系结构、统一数据交换方式、统一信息分类编码、统一接口规范、统一支撑环境等方面的内容，以便于系统集成和资源共享。标准化工作应遵循以下基本原则：①必须贯彻执行国家标准。凡已有相应国家标准的，一律执行国家标准；凡已列入国家有关标准制定规划的，不另制定，在急需情况下可先提出适用于本行业信息化的有关约定或指南。②积极采用国际标准。若有相应的国际标准，应按国家规定，酌情选用；若无相应的国际标准，在自行制定标准时，可参照类似的国外先进标准，按等同、等效、参照三种级别中的一种方式进行制定。③同国家有关标准化工作协调一致，以便于将来的推广或提高，一旦相应的国家标准或行业标准发布，能够顺利贯彻国家标准或行业标准。④制定标准必须遵守GB 1.1—2009《标准化工作导则　第1部分：标准的结构和编写》。⑤标准化工作必须在行业领导机构的统一领导和组织下实施，标准的制定与发布均应遵守一定的程序。⑥标准、规范要有相对的稳定性，但要随产品的更新和技术的进步修改和完善标准、规范。⑦在制定相关标准、规范时应坚持以下基本要求：要定期、有计划地补充；要有利于开发和利用国家或本行业的信息资源，推广和普及信息技术成果；要有利于发展信息产业，提高各种类型信息系统的经济效益和社会效益；要有利于信息技术产品的通用和互换，做到技术上先进、经济上合理、安全可靠；要有利于信息的集成；要有利于促进国际国内信息技术的交流和合作，有利于国内外信息资源的共享。

8. 改革原则

企业实施信息化要有利于企业转换经营机制，适应市场经济要求，促进企业建立现代企业制度，既要有利于企业产权明晰、权责明确、政企分开和管理科学，又要有利于企业实行公司制，使企业真正成为市场竞争中的主体。企业实施信息化也要有利于企业政令畅通、管理效率提高、内外信息灵通、市场分析科学和管理决策准确。企业实施信息化还要有利于企业从粗放型管理向集约型管理的转变。

成功的信息系统应该是将企业中先进管理思想和方法提炼出来，用系统的观念对整个生产经营活动进行管理，使企业的各项资源都能得到充分合理的利用，产生最佳的经济效益。目前我国现有的一些管理方法已经不能满足现代企业经营管理的需要。因此，在建设信息系统时，就应该对传统的管理体制进行改革，将先进、高效的管理思想和经验带进生产经营活动中，让管理体制适应先进的信息系统的需要，提高企业的管理水平，而不能让信息系统的建设迎合传统粗放的管理体制和方法。

信息系统是使企业经营有效运转的关键因素，企业之所以没能得到其全部回报，是因为未能把信息系统与企业机制重组紧密地结合在一起。每天潮水般涌来的大量的、新的、廉价的信息资源，使许多管理人员不知所措。有效的机制改革与信息系统的紧密结合则是从信息系统投资中获得较高回报的关键。因此，在抓信息化的同时，要重视企业改革和机构重组，压缩管理层次，使机构层次“扁平化”；同时，将公共的职能部门抽出合并，实行专业化，使其“变瘦”。“变扁”、“变瘦”，是信息化的必然结果。

9. *面向用户原则*

信息系统的推广使用最终还是要依靠广大用户的积极参与，用户对信息系统的态度是决定信息系统成败的因素之一。因此，在设计开发信息系统的过程中，必须了解用户真正需要的功能和想法，切忌武断地主观臆测用户对系统的需求，将自己对现实系统的认识强加于用户，要求用户无条件地服从信息系统。开发人员应深入了解用户的工作业务流程，只有对业务流程精通以后，才有可能把握住用户的真正需求，才能领会到用户所能提出来和由于缺少计算机知识而无法提出的要求，这样设计开发出来的系统用户才会乐于使用。只有用户真正使用的系统，才有生命力。

在实际开发过程中，可以通过组成联合开发小组的形式，即由计算机应用开发人员和用户共同组成开发小组，并由双方的权威人士承担开发小组的领导、协调工作。在工作中既有分工，又有合作。开发人员在和用户的经常性接触中可以了解到用户的真实想法和实际业务流程，从而可以使开发的系统符合用户的需要。用户也可以通过参与开发设计，了解系统的设计思想和操作方法，为顺利地掌握系统的应用建立基础。同时，将用户吸收到开发小组中，可以调动起用户的参与意识和责任感，提高用户的积极性，在开发过程中遇到困难时也比较容易通过双方协商解决。

10. *“三同时”原则*

“三同时”是指企业在新建、扩建、改建生产项目时，要把企业的信息系统建设与主体工程的实施一起，“同时设计、同时施工、同时投产使用”。它主要包括集散控制系统、先进控制系统、模拟优化系统、仿真培训系统、管理信息系统、计算机及网络系统、数据通信系统等，与主体工程同时设计、同时施工、同时投产。选用硬件设备和软件系统时，在保证技术先进、性能可靠的前提下，要尽可能地与原有的硬件设备、软件系统匹配、兼容，以便于整个系统的集成；同时要尽可能地为系统今后的扩容预留硬件和软件接口。“三同时”还要求企业领导把企业实施信息化的设计、实施和投用与企业新建、扩建、改建生产项目的设计、施工和投产同样对待、同样重视。只有这样才能提高企业的整体经济效益，才能充分发挥信息技术倍增器的作用。同时，可避免由于追加信息系统设计、施工和投用时改造原系统所造成的浪费。

二、企业信息化实施的方法

（一）明确企业信息化的内容、如何实施、由谁实施

所谓“企业信息化”，就是挖掘先进的管理理念，应用先进的计算机网络技术去整合企

业现有的生产、经营、设计、制造、管理，及时地为企业的“三层决策”系统（战术层、战略层、决策层）提供准确而有效的数据信息，以便对需求作出迅速的反应。其本质是利用先进的信息技术，加强企业的核心竞争力。

根据信息化取得较好效果企业的经验来看，信息化建设必须围绕“一个目标、三大原则”来进行。

所谓“一个目标”，就是指企业的信息化建设是以提升企业管理水平为目标的，而不是简单的“跟风”。由于信息化建设的投入一般很大，如果在前期的系统规划和设计中预测到信息系统建成后，其收益还不如投入大，那么不如不上线。当然，这种收益是综合性收益，包括收入的提升、成本的降低、效率的增长等。

“三大原则”就是指“管理升级、技术支持”、“总体规划、分步实施”和“统一标准、互联互通”。首先要优化管理模式，再去选择适合这种管理模式的软硬件系统，然后利用技术手段将优化的管理模式进行固化。其次需要总体规划。这就要求基于正确的信息化总体框架分步实施，因为信息系统的实施很复杂，若几个系统同时上线，可能会出错，影响信息系统的应用和正常的业务运作，而且信息化建设需要很大的投入，一次性投入大量的资金对企业来说也是个沉重的负担。最后，企业信息化建设必须遵循“统一标准、互联互通”的原则，实施时要考虑下一个信息系统的应用，而下一个信息系统的建设必须遵循上一个信息系统的编码原则和技术规范。

目前，在企业信息化建设过程中，一种比较通行的模式是：信息化管理咨询公司负责管理咨询、总体规划及设计，软件厂商、网络厂商和通信厂商提供产品，系统集成商负责各类信息产品的集成和实施。信息化管理咨询公司的特点是将企业管理优化与信息技术应用结合起来，考虑未来企业信息化建设到底应如何开展，然后制定一套整体的解决方案。常见的解决方案包括管理诊断报告、业务流程优化报告、信息化总体设计报告、各类信息系统的产品招标文件等。基于这些报告和文件，企业可以再进行系统的选型（信息化管理咨询公司可作为技术顾问，对系统选型过程进行技术支持）和实施（信息化管理咨询公司可作为系统实施的监理方，为企业用户提供工程质量、进度、组织等支持），这样企业就能在信息化建设中把握住方向，并不断地完善其信息化系统，从而提高效率、降低成本。

（二）企业信息化实施的具体方法

1. 信息化实施首先要明确需求

企业要想成功实施信息化，首先必须制定信息化规划。信息化建设的需求获取和分析是制定规划的第一步。在这个阶段，可以由企业自身，或者由专业的第三方信息化咨询公司来帮助企业，通过高层领导访谈、书面问卷调查、查阅企业有关的资料等方式，在诊断企业的战略发展思路、所处的竞争格局、应用现状、企业的组织结构和作业流程等的基础上，综合企业各方面对信息化的要求，经过一个结构化的推理过程，确定出企业的信息化需求。再根据需求和企业的实际制定信息化规划，从而保证实施阶段目标明确，确保用户不会提出无法实现的目标。

2. 始终贯彻一把手原则

领导重视是企业信息化保证。企业信息化是一项复杂而艰巨的系统工程，涉及计算机技术、网络技术、符合现代企业管理要求的企业管理技术，企业经营管理的各个环节和各个层次，企业管理方式的变化和流程的调整，与应用 MIS 相适应的机构与岗位的调整、信息公开和规范化管理所导致的管理人员的权限变化等，单靠信息技术部门推进信息化进程是做不到的。因此，在企业信息化实施中必须始终坚持一把手原则。

3. 合理制定信息化建设总体规划，按规划分步实施

实施企业信息化，为避免“信息孤岛”的产生，降低企业投入成本，信息化必须作好整体规划，首先，信息化规划应纳入企业本身的发展战略中，要与企业未来的业务发展和管理发展充分结合。其次，信息化规划要注意可扩展性，要能适应IT的快速发展，要能适应企业管理模式与业务模式的不断变化，企业要能根据新的情况不断调整信息化规划。最后，信息化规划要细致完全，全面、合理地指导企业信息化。企业的具体实施过程要在条件成熟的前提下按规划分步实施。

4. 推行项目制，强化过程管理，严格招投标制，实施项目监理

为保证实施效果，减少不必要的纠纷，在信息化实施过程中按项目制实施，条件成熟一个实施一个，成功一个验收一个。在选型阶段就引入招投标制度，保证用户方和实施方的充分沟通，夯实实施基础；在项目实施阶段，引入监理机制，以确保项目能够按照规划内容、进度要求顺利进行和设计功能的全面如期实现，从而全面保证信息化的实施。

5. 加强人员培训，确保实施效果

信息化项目启动前，对上至中高层领导，下至普通员工就信息化意义、必要性、基本知识技能、预期效果等进行全员培训。这种培训不同于软件和解决方案提供商、实施商对系统和终端用户进行的应用和操作技能的培训。它不仅有助于尽快形成全体员工对信息化建设总体思路、步骤等的共识，明确自己所应担当的角色和发挥的作用，增强员工参与度和积极性、创造性，减少障碍，克服阻力，提高项目成功率，而且更重要的是，它有助于“擦亮用户的眼睛”，培养和提高企业管理层特别是高层决策者对信息技术、软件和解决方案提供商的认识和判断力，以便正确地选择适用的技术、解决方案及其供应商、实施商，降低选型风险，防止决策失误。

综上所述，信息化建设工作必须有组织、有计划、有目标，在具体的实施过程中，真正做到统一领导、统一规划、统一标准、有限目标、分步实施，实现信息集成，使过去独立作业“信息孤岛”式的生产经营模式，变为信息流动通畅，软硬件资源、信息资源得以合理配置和共享、生产高效的“航空母舰”式的生产经营模式。

三、企业信息化实施过程中的注意事项

信息化对中小企业的重要性从某个意义上讲远甚于大型企业，信息化让中小企业的信息获取能力、规模经济、市场营销等方面高速提升，使其应变能力、运行效率、创新以及决策的科学性可以和大型企业在一个层面上，尤其是对提高管理质量、降低内部管理费用、减少与外部往来的交易成本，发挥着重要的作用。企业在实施信息化的过程中，最实际、最迫切需要解决的问题有以下几个：

1. 在实施信息化项目前如何进行自身的需求调研

需求调研是企业实施信息化项目成功与否的重要前提，而科学地在信息化项目实施前进行调研显得非常重要。企业在实施信息化项目之前，需要进行的调研内容主要包括：核心业务部门信息化的需求、态度，公司主要领导对待信息化的看法以及期望，公司骨干员工对信息化的理解程度，企业当前业务流程本身的特征及其合理化程度。如果明确需要实

施的信息系统，还要做专门针对该系统需求的上述调研。

一般而言，企业可以从内部挑选精通 IT 又精通相应业务的 IT 部门负责人或其他骨干人员承担调研的组织工作，并由企业最高领导进行充分授权，要求各相关业务部门负责人密切配合。如果企业自身确实不具备相应的专业人才，可以根据自身需求，考虑引入具备相应资格的管理咨询公司主导或协助完成需求调研。具体的信息化解决方案需求调查也可以在 BPR 项目过程中进行。

2. 信息化项目在不同的阶段如何分解

一般来说，可以将一个信息化的项目划分为几个阶段：立项与规划、项目启动、流程调查、诊断与优化、开发与测试、系统切换、系统移交、后期维护。从流程来看，要做好项目计划、项目质量、项目风险方面的综合管理。

在信息化项目实施之前，一定要进行详细的需求分析和准确的定位；在立项与规划阶段要得到管理层的支持与授权，关注企业自身发展战略、目标与 IT 需求，关注项目组的建立、项目预算与计划的制订；在项目启动阶段，召开项目大会、关注 BPR 以及信息化知识的培训；在流程调查、诊断与优化阶段，需要充分了解业务流程的现状，切合信息系统（IS）的实施，找出问题、作出诊断，关注关键流程，对业务流程进行优化设计，形成 IS 方案；在开发与测试阶段，要关注系统与 IS 方案的匹配性，重点关注培训、基础数据的准备工作；在系统切换与系统移交阶段要重点关注使用者的培训等；在后期维护阶段，则要重点关注维护管理体系的建立，或者 IT 服务管理机制的建立。

3. 如何进行业务流程重组

完整地来看，业务流程重组作为信息化过程中的一个项目，同样要经过总体规划、立项、项目启动、流程描述、诊断分析、流程设计、IS 配套方案设计、流程切换与评估等一系列流程。第一，在总体规划阶段，需要公司管理层的支持或者委托，了解实施信息化的战略目标以及信息化流程的需求，确定流程重组的目标与范围，确立参与流程重组的项目成员、制定项目计划以及相应的预算，完成立项过程；第二，在项目启动阶段，需要在公司内部召开项目启动会，对内部主要员工与管理层进行业务流程重组的理念及基本知识的培训；第三，在流程描述与诊断分析阶段，要充分了解公司业务运作的现状，对业务流程进行描述，分析现有流程，对其存在的问题进行分析诊断；第四，在流程设计阶段，要根据目标确立关键流程，明确业务流程的改进方向，对业务流程进行优化设计，充分考虑 IS 实施可能需求的优化方案，同时形成 IS 功能需求与设计思路；第五，在 IS 配套方案设计阶段，要根据方案要求收集并整理配套信息，制定职能调整方案，完成 IS 配套方案的设计；第六，在流程切换阶段，要对组织结构进行适当调整，配合方案对相关参与者进行 IS 培训；第七，对于流程重组的项目效果进行评估与总结，如有必要，需进一步实施优化与处理方案，以进行持续改进。

4. 项目管理需要注意的事项有哪些

信息化项目管理应该注意项目管理的主要构成要素：计划管理、质量管理、风险管理、人员管理与费用管理等。在计划管理方面，既要形成周期较长的相对固定的计划，同时还要形成不同的短周期滚动的计划，以保证计划能够不断地适应变化，一般包括总体计划、阶段计划与周计划等，主要对信息化项目目标、范围、人员、资源与时间进度等进行安排。在质量管理方面，要依据计划确立信息化项目的衡量标准，具体可以包括工作范围、项目实施步骤、时间进度、成本预算、财务标准、资金消耗、质量要求、客户满意度等。在项目执行过程中，要不断观察项目表现，并与标准比较，以发现问题，采取纠正措施。在风险管理方面，要能够做到及时的识别、控制，避免风险。风险管理主要包括风险识别、风险量化、制定对策与风险控制等。要求在项目实施过程中，制定风险管理计划，不断地跟踪项目执行情况，及时管理项目风险。人员管理包括成员选择、组织规划、团队组建与激励机制等方面。例如在选择项目经理时，对项目经理要考虑多方面素质要求。对于参与到项目小组中的人选，要求其具备相应的素质和能力，并要根据总体情况来制定良好的激励机制等。费用管理包括项目资源计划的编制、项目费用估计、项目费用目标的确定、费用计划的编制、费用计划的实施、费用监督检查、偏差分析以及费用管理对策等。在费用管理过程中，需要根据偏差分析的结果作出是否需要采取对策的判断，如果需要采取对策，则应识别并确定对策措施，并加以实施。

5. 实施过程中的培训应包括哪些内容

项目实施过程中的培训应该是贯穿实施全过程的一项活动。从项目的立项开始，在需求调查过程中就应该开始展开对企业业务部门主管及骨干的信息化理念与知识培训。其实培训的组织与实施可以由企业内部精通 IT 与业务的人员进行，最好能够找到合适的专业咨询公司的顾问进行。项目确立之后，应该由项目小组组织针对项目执行方面的培训。在系统测试与切换前，需要对相关部门主管与员工进行操作流程以及系统操作方面的培训。在系统测试过程中，应该对相应的员工进行系统测试培训。在系统切换时，应该进行与系统切换相关的培训。最后还应进行系统维护方面的培训。

6. 如何建立项目实施团队

一个完整的项目实施团队可能由实施信息化的企业自身人员、解决方案或服务提供商人员、第三方的咨询与监理人员组成。建立项目实施团队需要由各方共同通过会议讨论的形式来确定。比较完整的项目实施团队设立类似于项目领导小组、项目推进小组、项目职能小组、咨询顾问小组及 IT 职能小组五部分。

7. 如何进行系统的切入

在信息化项目实施过程中，信息系统的切入是一个非常重要的环节。系统切入主要包括以下两个步骤：

（1）做好系统基础数据准备工作。基础数据务必准确，基础数据的准备必须充分。以 ERP 系统的实施为例，所需要准备的数据涉及仓储等物流数据。系统实施后，见效最快的往往是物流系统，如果初始数据不准确，会造成有劳无功的后果。物流系统的数据初始化工作应该细致和充分，可以让公司的财务管理部门与物流管理部门联合，一起完成数据初始化和盘点等工作，这样有利于系统对接后，账务数据的一致性和准确性，同时缩短系统实施时间。对于出现的问题，可以通过过程跟踪方法，跟踪业务操作人员的业务处理流程，进行进一步的现场培训，并根据实际情况进行抽查，及时解决问题。其中，对销售、采购、预算、质量管理等涉及业务操作的数据，采用实施过程控制的管理手段，在数据资源录入阶段，结合软件系统预警控制和严格的业务管理，对数据资源的合法性和可执行性，加以审核、控制，将管控前移，减少无效数据对正常业务流程的影响。

（2）试运行和正式上线运行。为了确保在该阶段不出现大的数据变更或者流程调整，前期的各阶段工作尤为重要，也就是说各阶段工作有着紧密的因果关系。建议实施人员在试运行阶段时，可以同时运行新旧两套版本，然后让员工快速熟悉使用新系统，以辅助其短时间内掌握新系统各个功能模块和部门流程。另外全面上线的前提条件还包括：试运行期间暴露的各种细节问题都得到妥善解决；企业员工岗位分工完成，责任明确；有关文档都齐备，并由领导组审核签字；客户已做好正式上线的心理准备，预期执行没有问题；实施人员与客户确认全面上线时间，再进行一次数据处理，把原来系统中的库存信息转移到新系统中来，所有部门全面上线，所有业务转移到新系统中录入。全面上线时，库存信息与原来系统的信息完全相同。原来系统继续保留服务器及部门查询机器，需要备份，以作为查询、过渡之用。

第二节　企业信息化咨询

随着信息技术的发展，信息化在企业管理经营中的作用越来越突出。然而我国企业信息化建设水平仍处于初级阶段，其中一个主要的原因就是缺少咨询公司的有效参与。如果希望企业的信息化能真正地发挥作用，就必须充分利用信息化咨询的作用。

一、企业信息化咨询的作用

（一）对企业用户的作用

1. 帮助企业分析其实际情况；获取信息化的真正需求和实施重点

信息化是一个复杂的系统工程，涉及企业各个方面，如果没有一个系统的方法来获得企业的信息化需求，往往会本末倒置，再加上软件公司的强力推销，企业就容易迷失了信息化的真正需求，而陷入简单的软件功能比较。而咨询公司有丰富的企业管理的经验，可以帮助企业分析本企业的自身特点和具体情况，有针对性地提出信息化解决方案，对于基础差的企业，帮助其从基础工作做起，循序渐进地实施，防止企业盲目跟进；对于管理水平较好的企业，可以帮助企业进行系统化分析，对原有管理模式进行系统改造，配合企业对企业的组织结构进行优化和业务流程重组。通过与咨询机构的合作，企业可以从管理的角度出发来获得企业对信息化的真正需求，在此基础上进行信息化整体规划、分系统设计等，掌握重点，在信息化实施过程中取得主动。

2. 优化企业管理流程，提升管理水平

信息化强调以“流程”为支撑，根据先进的管理理论，应用现代IT，通过信息化规划，咨询机构同企业一起理顺管理流程、优化管理流程、规范基础管理，避免了企业内部管理渠道不畅通、信息互不交流而闭塞的现象，对企业管理水平的提升将起到积极的指导作用。通过不断的完善，使企业的管理逐步升级，逐步提高企业的工作效率和综合管理水平，达到提升企业综合能力的目的。

3. 降低信息化建设风险，保障信息化投资的有效性

在企业信息化需求分析阶段，咨询公司凭借自己的信息技术知识、经验和实力帮助企业确定信息化总体框架，明确系统的功能需求，确定企业实施信息化的行动指南，避免了企业“摸着石头过河”的局面。在选型阶段，咨询公司帮助企业充分了解信息化产品市场，理性消费，保证了选型的科学性，并且缩短了企业选型的周期，从而降低了“试用成本”

和“选型成本”。在信息化实施阶段，反对一次性投资，强调“总体规划、分步实施、效益驱动”的原则，降低了投资过程中的“机会成本”。在信息化监理和审计阶段，咨询公司作为独立的第三方，可以对信息化建设进行客观、公平的评价，保障了信息化实施的成功。

4. 帮助企业培训自己的信息化人才队伍

信息化建设，人才是关键，但目前企业中最缺乏的就是既懂管理又懂技术的复合型人才。管理者认为信息化建设是对新事物感兴趣的技术人员研究的内容，是技术部门的事情。而技术人员过分强调技术，过分关注系统功能的实现，偏离全局。信息化咨询实际上是知识转移的过程，帮助企业的管理人员树立信息化意识，培训企业信息化人才。同时通过咨询过程可以发现信息化的支持者，从而找到企业信息化的“原动力”。

（二）对系统开发商的作用

企业信息化实施的过程是一个甲乙双方相互协调、相互促进、实现双赢的过程。但是，主观上，开发商往往在信息化时考虑到本身的利益，降低成本，事前不进行详尽的分析，提供通用性的产品。客观上，由于用户企业与开发商之间、用户企业内部之间均存在着信息不对称、“信息孤岛”现象，这使得开发商很难充分了解用户的需求，往往凭经验或类似企业的情况进行产品开发，从而很难提供具有独特性、针对性、实用性的系统。咨询公司可以和企业、系统开发商三方合作，咨询公司作为企业和系统开发商的中间桥梁，这样可以弥补系统开发商咨询能力的不足，还能避免系统开发商内部咨询对其产品所具有的倾向性。咨询公司可以针对企业特有的业务需要和系统开发商产品的特点与系统开发商共同探讨系统的规划，使企业、系统开发商双方在信息化实施的内容、范围、验收标准上达成一致，以达到设计方案的最优，此外咨询公司可以向系统开发商提供信息化实施过程中的经验，帮助系统开发商做好项目的管理工作。

（三）作为独立的第三方咨询，应做好信息化建设的监理和审计工作

企业信息化建设不是纯粹的技术问题，而是一个管理工程，在实施过程中有效的监督机制可以有效地保障信息化建设的效果。

由于监理和审计工作涉及信息化建设是否成功的评判，所以无论是用户企业还是系统开发商担任这个角色都不合适。作为独立的第三方，咨询公司协助企业制定了项目的总体规划和技术方案，有时甚至进行了软件的选型，所以，在信息工程进入现场施工阶段时，该咨询公司就顺理成章地成为该项目的工程监理。

总之，管理咨询作为管理理论和管理实践之间的一座桥梁，贯穿于企业信息化的全过程。在信息化实施过程中与系统开发商处于信息不对称的位置，这也是企业发展信息化的主要障碍之一。让有经验的、负责任的中立的第三方信息化咨询机构介入，可以降低企业实施信息化的风险。信息化咨询服务已经成为社会各界认可的信息化服务模式，它也必将为信息化建设成功实施保驾护航。

二、企业信息化咨询的主要内容

信息化咨询服务能有效地改善项目的时效性，提高项目质量，同时为企业在项目建设中培养复合型高素质的信息化人才，提高企业谈判能力和合作水平，提高和统一企业认识，增强信心。随着信息产业的竞争与发展，信息化咨询服务必将从信息技术、产品开发（软件业）中逐步分离出来，成为一个新型产业。它对提高企业项目成功率，促进软件产业发展具有重要意义。因此，企业信息化咨询的内容体系如图 6-1 所示。

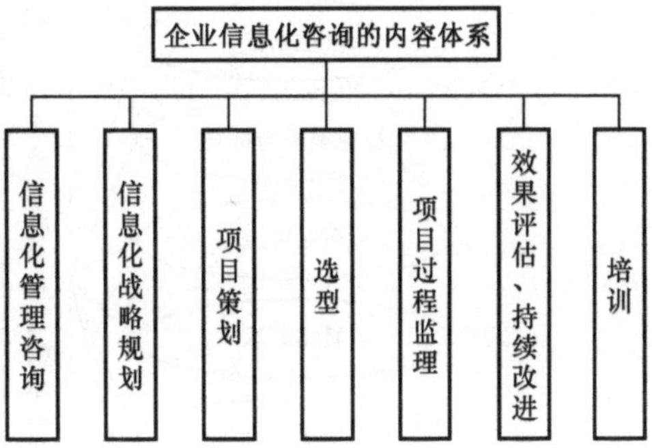

图 6-1　企业信息化咨询的内容体系

（1）信息化管理咨询。针对企业运作中存在的主要管理问题，寻找信息化管理的优化方案。其具体内容包括：诊断；管理模式分析；业务流程分析；业务流程重组建议；信息化管理改进建议等。

（2）信息化战略规划。站在企业全局的角度，在理解企业所处行业、发展阶段、目标、战略，认清其核心能力及管理中存在的主要问题的基础上，对产品设计及其生产经营全过程提出具有行业特色、能满足其个性化需求的信息化整体规划方案。其具体内容包括：企业诊断；需求分析；信息化总体解决方案；实施方案；投入/产出分析；风险分析等。其中企业诊断和需求分析工作要通过访谈，了解企业所处行业、目标、发展阶段、战略、优势、劣势、信息化基础等，认清其核心能力，列出管理中存在的主要问题及对信息化的需求，了解关键业务流程，把握业务模式。正确分析，找出问题是成功的前提；规划——提出整体解决方案，方案要不拘泥于具体的软件产品或系统，充分考虑单位的实际情况、现实约束、未来发展等方面的问题，要为企业提供科学、合理、可行的个性化、专业化解决方案；明确需求、明确目标，支持企业战略的实现；实施方案——企业如何去做，以信息化建设基础和支持企业战略实施需要为原则，分清轻重缓急，分阶段实施；分析、明确各阶段实施的前提条件、风险、投入及成效；同时，还要注意实施方案要融入科学的方法论和预见性。

（3）项目策划。在确定的项目范围的情况下，寻找单位具体的需求和目标，提出信息化的项目需求报告。其具体内容包括：目标分析；需求分析；解决方案设计；实施计划；投入/产出分析；风险分析等。

（4）选型。通过对 ERP、电子政务、CRM 等信息系统应用的长期市场跟踪，广泛地分析和研究各种产品的特性以及各行业信息化应用的成败案例，根据企业的信息化需求及约束条件，提出参考性的建议，协助完成软件产品及合作伙伴的选型。其具体内容包括：编制企业招标文件（需求与总体方案）；选择候选产品和伙伴；评估入围厂商方案；准备系统测试数据；测试系统关键功能；评估、决策等。第三方咨询如何协助企业确定合作伙伴如图 6-2 所示。

（5）项目过程监理。作为第三方，咨询公司应与甲乙双方精诚合作，协助企业和实施服务商进行有效的沟通，在信息化项目建设过程中给双方提出专业化的项目管理与控制建议，保证项目的进度和质量，规避风险，节约投资，把信息化项目推向成功。其具体内容包括：协助制定项目计划；项目进度控制；项目协调；提出改进建议；阶段成果评估等。

（6）效果评估、持续改进。效果评估：参照国际、国内有关标准，结合同行业用户的应用水平，根据合同规定对项目的实施效果进行评估。持续改进：在信息系统应用的基础上，根据信息技术及信息化需求的发展变化，设计信息系统的持续改进方案。通过评估和改进可以使信息系统发挥持续、高效的作用。

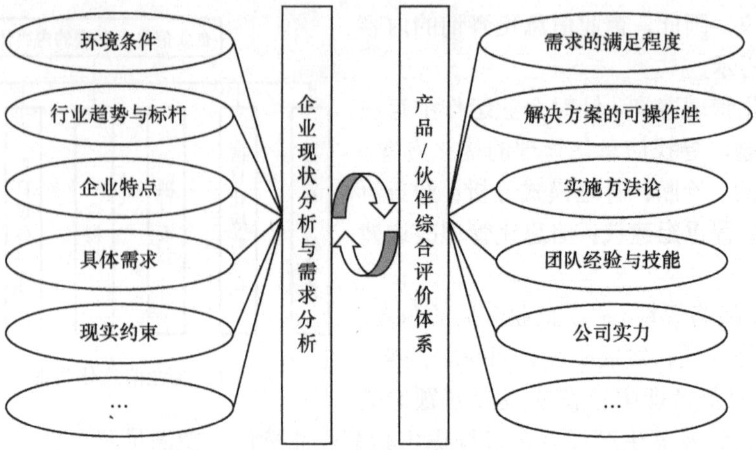

图 6-2 第三方咨询协助企业确定合作伙伴

（7）培训。面对日新月异、层出不穷的新概念、新的管理思想和方法、新信息技术，第三方咨询可以提供有针对性的相关培训，为企业答疑解惑，转变观念，提升认识，并引导企业寻找应用结合点。培训将贯穿在项目的整个过程之中，第三方咨询要为企业提供针对性的深浅不一的相关培训，培训内容包括：ERP、SCM、CRM、CAD/CAM/CAE/CAPP、PDM/MES/MAS、电子商务、产品生命周期管理、项目管理、信息技术、精益生产、并行工程、敏捷制造、协同商务、商业智能、知识管理、信息化战略、业务流程重组、营销管理、财务质量管理以及人力资源管理等。

三、企业信息化咨询过程中的注意事项

（一）对咨询方的选择要有针对性且要慎重

在我国，企业信息化咨询市场随着企业信息化进程开始孕育并在近几年呈现增长态势，竞争也日趋白热化，同时伴随而来的是，企业信息化咨询市场的不规范和发育不全也日益突显。其中，缺少运营规则是制约信息化咨询行业和企业发展的重要因素。许多咨询公司的服务不规范，缺乏专业理论和经验基础，没有成型的咨询体系，没有咨询案例数据库，动态信息源不够，不能为用户企业提供严谨、翔实、规范的文体表达，导致信息化咨询企业缺乏品牌效应，缺乏核心竞争力，这就使企业在进行信息化咨询过程中难以选择提供咨询的服务企业。

目前，按照企业信息化咨询服务提供商主体的不同，可以将企业信息化咨询市场进一步分为以下三类：①系统集成、信息化产品和解决方案供应商自己提供咨询服务的市场；②与系统集成、信息化产品和解决方案供应商结成代理销售关系的咨询公司提供咨询服务的市场；③第三方咨询服务的市场。总的来说，前两个细分市场仍占压倒性的优势和市场份额，但存在较多问题。而在第三个市场上，存在着学院派咨询和咨询公司自主提供中立、第三方咨询服务两种形式。学院派咨询服务，最明显的优势是理论和思想的沉淀，但问题也比较突出：一是咨询方案尽管很系统，但缺乏有效的操作性；二是缺少真正咨询公司必备的组织体系和人力体系。这就使得第三方咨询还难以向客户提供高质量的咨询服务，不能发挥主导作用。而企业在进行信息化咨询过程中如何把握选择的标准，如何有针对性地

结合自身的实际情况选择提供信息化咨询的服务商显得尤为重要。

（二）要逐步提高对咨询介入的正确认识

总体来看，虽然用户企业绝大部分已意识到企业信息化的实施需要咨询介入，但重视程度仍然不足，或对咨询介入心存疑虑。用户企业对咨询介入的价值认识不清，往往认为咨询介入会增加信息化项目的投入，千方百计地压缩咨询费开支。一般而言，国际上信息化咨询费支出占信息化项目总投资的比例大体在 1/3 左右，而我国信息化咨询费支出占信息化项目总投资的比例却远远低于这个数字。

（三）要形成全员参与的意识

信息化观念的转变只是一切工作的开始，对于咨询公司来说，面对的第一项工作就是全面梳理企业现有的信息化资源，无论是企业的内部资源还是企业的外部资源，并将各个分立于企业外部、内部的片面的、孤立的信息化资源进行全面研究与评估，结合企业战略布局和现代的软件技术、硬件技术、网络技术以及软件工程、项目管理等方法，制定出企业的信息化战略。而信息化战略的制定并不只是咨询公司的事情，它需要企业的管理者、普通员工和咨询公司的共同参与。

因此，必须认识到在企业信息化的过程中，真正的主角是企业的员工，咨询公司只是一个辅助企业制定信息化战略的帮手，它们通过信息化团队的组织方法、运作方法，让企业清楚一个咨询项目的组织体系应当如何配置；通过信息化战略制定方法的传播，使企业了解制定有效的信息化战略的方法。所有参与企业信息化战略规划的人员，都可以通过咨询公司获得制定规划的一系列方法，而这些方法导入的核心目标是实现信息化。在所有咨询知识的传播过程中，对于中、高层管理者思维方法的导入至关重要，因为，企业的管理者对企业信息化的推动具有十分重要的作用。

（四）应着眼于对知识的转移

众所周知，信息化战略制定之后并不是一成不变的，企业规模的变化、企业战略的调整、信息技术的发展都会引发信息化战略的调整。在这种情况下，企业必须依赖自身人员对原有的信息化战略作出相应调整。所以，咨询公司在制定战略的同时，还要刻意培养企业信息化战略制定人员。在咨询业中有一条不成文的规则，即通过咨询实现知识的有效转移，这种转移不是灌输，而是潜移默化，要将咨询人员的工作方法、管理知识与良好的工作习惯，在工作中不断地传播到企业的项目参与人员、企业不同级层的管理者和员工之中。

企业的进步与发展必然引发企业在管理领域的不断调整，这种调整可能是组织的变化、流程的变化、规则的变化，甚至是战略的变化，而这些变化必然要求企业的各类人员，包括信息系统战略与规划人员参与到适应这些变化的战略和规则的制定中来。由于这种变化的经常性与长期性，任何企业都不可能次次邀请咨询公司参与适应这些变化的规则与方法的调整，而此时就需要接受了知识传播的企业人员通过他们所获得的知识，对企业变化的内容进行修正与调整。

（五）要选择专业的咨询顾问

专业的咨询顾问，与在信息化过程中经常碰到的专家有非常大的不同。首先，咨询顾问是一个专业的群体，这个群体是以 IT 咨询为职业的，他们所做出的咨询报告，必须经得起推敲。在咨询过程中咨询顾问必须掌握专业的 IT 咨询方法，并辅之以各种专业的分析和研究方法。这类人员具有很好的洞察力，能够把握企业咨询的目标与企业的需求。其次，咨询顾问具有较高的沟通与交流技巧，通过与企业不同人员的沟通，能够获得咨询所需要的资料和信息，并了解企业不同人员的想法。最后，咨询顾问有丰富的经验，能够主动发现企业信息化过程中存在的问题，并能够在解决问题的基础上完成战略制定和信息系统规划。由此可见，咨询顾问与专家在工作方式、方法上具有很大的不同，前者是以研究结果为依据，后者是以经验为依据；前者是以定量的方式提供分析和服务，后者是以定性的方式提供服务；前者承担咨询报告中的责任，后者无须承担任何责任。

（六）要对咨询的绩效进行考核

由于咨询服务所提供的是一种无形、动态的知识产品，而用户支付的咨询费用则是有形的、静态的。而咨询介入对企业信息化建设的影响缺乏度量手段，使人们对信息化咨询介入的价值产生疑惑。用户寻找高质量的信息化咨询服务的主要目的是减少企业信息化项目的风险和降低投资成本，提高企业信息化建设效率和效能，这是信息化咨询介入的价值体现。信息化咨询服务的质量主要由以下几个方面决定：①信息化项目风险是否降低，对信息化项目的绩效影响；②信息系统本身的质量，及它与企业的切合度和对外接口；③知识转移。

信息化项目风险是否降低直接决定了咨询介入是否有效；对信息化项目绩效的影响则涉及如何度量信息化规划、实施、应用与利用，计算并解释财务盈利指标，度量和报告咨询介入的非财务性收益。信息系统本身的质量，及它与企业的切合度和对外接口说明了咨询活动是否正确实施。知识转移是要看用户学到了什么。在不规范的市场运作下，加上信息不对称，又缺乏度量依据，信息化咨询介入的质量如雾里看花，不仅用户说不明白，咨询方也难以解释清楚。这些都增加了用户对咨询介入效果的困惑和不信任。信息化咨询的服务效率也难以指标量化和测定。在信息化咨询服务中，一个方案能够在多大程度上为企业所利用其实不仅企业无法把握，就连咨询公司也模棱两可。其根本原因不仅在于服务时间不充分，更在于服务者和客户之间的知识领域差异和信息不对称。

第三节 企业信息化总体规划

一、企业信息化实施总体规划的必要性

随着市场竞争的日益激烈，企业为了争取客户，纷纷采用先进的管理理念，利用先进的信息处理技术整合企业现有的资源，对企业进行全方位、多角度、高效的改造，实现通过信息流来控制物质流、资金流，并及时地为企业的生产、管理、决策提供准确有效的信息，以便对需求作出快速反应，提高企业的生产能力、经营管理水平和决策的科学性，增强企业的竞争力。但是，由于信息化是一项衡量企业管理能力、工艺技术能力、信息技术能力、体制机制灵活能力、操作制造能力等的复杂的综合工程，因此，在企业进行信息化建设时，必须根据公司的总体战略进行总体规划，根据业务重点制定分步实施计划，以明确企业信息化的目标、总体方案和步骤，防止“信息孤岛”，同时，企业信息化项目是一个高投入、高风险的项目，信息化总体规划有利于规避风险。

二、企业信息化总体规划的目标和指导思想

（一）企业信息化总体规划的目标

在企业总体战略规划的基础上，根据企业管理的实际需求和信息化现状，参考国内外相关行业信息化最佳实践，规划企业信息化整体架构，并制定企业信息化的发展策略。规划成果将指导企业未来几年内的信息化建设工作，即以现有信息化系统为起点，有效地完善、建设和整合企业信息系统，不断促进管理创新。

（二）企业信息化总体规划的指导思想

（1）采取统筹规划、突出重点、分步实施的规划总体指导思想，以项目驱动的方式全面推进企业信息化建设。

（2）以集中管控和适度分权的模式，优化业务和 IT 管理流程，突破组织之间的管控壁垒，全面整合企业重要资源，达到共享与优化利用。

（3）立足企业当前的需求，以提升和整合业务管理水平为主导，全面支持规划期内企业产品结构调整的战略举措，做到贯通业务主要流程，全面提升企业核心竞争力。

（4）以集中、统一的业务管控模式为目标，统一财务、人力资源管理，实现以财务为中心的系统整合。

（5）集中、统一采购、销售，加强供应链协作，有效控制物流成本。

（6）实现从产品设计、工艺设计、生产制造、质量控制到产品交付的全生命周期的产品管理和合同管理。

（7）充分利用现有资源，考虑平稳过渡和实施资源的合理投入，将先进性和可实施性相结合。

（8）重点推进信息化基础建设，加强基础信息的标准化、数据采集的完整性。

三、企业信息化总体规划的方法

（1）对企业现有的主要业务流程和 IT 现状与需求进行调研和评估，结合对标企业的信息化发展状况与趋势，作为规划相关建议的基础。

（2）通过对企业高层访谈，了解企业业务发展战略和目标定位，从而制定信息化战略蓝图和信息系统建设的远景目标。

（3）根据行业特有的系统架构，结合企业的自身特点，制定未来的信息化架构，包括应用体系架构、技术体系架构和 IT 组织结构。

（4）制定未来几年的信息化建设项目实施计划、投资估算和实施路线，以落实规划所建议的信息化战略。

（5）企业与有行业经验的实施商或咨询顾问合作制定总体规划。一方面，一般企业自身只能提出一些业务层面上的功能需求，而在管理创新方面，其视野存在一定局限性。另一方面，由于系统软件的功能强大、多且复杂（特别是冶金制造业的 ERP、MES、PCS），针对某种具体的软件，由于企业没有亲身体验，较难把握其能力范围，可能会因为企业提出的需求水平较低，造成功能或投资的浪费等。因此建议信息化总体规划（含流程优化）由实施商或咨询顾问和企业共同来做，在保证满足企业需要的同时最大限度地利用软件的先进功能。

（6）企业应指定本项目实施范围内所包含的业务的流程负责人，参加本项目相应的活动，对项目过程中的工作成果进行确认。具体参加的活动和相应责任为：代表各自岗位所属的企业部门或业务组，定义现有业务流程；参加业务现状讨论，提出信息化需求，确认现状和需求评估分析；参加关键业务流程优化设计研讨会，在关键业务流程优化设计时参加讨论和提供建议，对关键业务流程优化设计结果和方案进行确认。

（7）咨询顾问应精通业务流程分析、企业信息化规划方法，负责执行项目各阶段的工作，负责与企业各业务部门人员的沟通，获取信息化需求信息，负责编制信息化规划咨询报告。

本节重要提示与案例分析：

企业在没有做长远规划的前提下实施信息化系统，可以说是事倍功半，而且为后续上线其他系统遗留了很多的集成和接口问题，这还不包括原先系统的升级、平台的更换、数据迁移、网络改造、原厂商的后续支持有没有保障等问题。

随着国家对企业信息化建设支持力度的不断加大，越来越多的企业开始关注信息化。有的企业是从头开始；有的企业是对原有系统的升级改造。企业实施大规模的信息化建设在我国的时间还不是很长，很多企业自身经验也不是很丰富，由于信息技术又是快速发展的一门新兴学科，即使是在企业中从事多年信息化工作的信息主管，对于大型系统而言，多数人在这方面也并没有很丰富的经验，这从很多企业在信息化过程中走过的弯路就能够看出来。

总结这些投入多、效果差的案例，可以看出，其中的绝大多数企业是由于在管理信息系统建设的初期，没有进行系统的、科学的信息化战略规划，对于信息化，重眼前、轻长远，企业信息化建设就像是“脚踩西瓜皮，溜到哪儿算哪儿”。有的企业因缺乏信息化战略规划，导致信息化建设的战略不明晰、技术选用的评估标准不确定、分步实施的各种应用系统各自为政。例如在选用某种应用软件时，只关心某个单一的核心应用，没有或者说没有能力考虑这些不同应用系统之间的关系，结果造成更大的“信息孤岛”，信息化投入和回报的效应递减。有的企业由于快速成长，往往会发现仅仅用了两三年的信息化系统因为不能适应企业新的业务流程、信息处理等需要而必须更换。信息化建设没有全局观念，自然与企业发展战略脱钩。反观信息化成功的企业，要么是实力雄厚，能够经得起风险、经得起折腾；要么是确实有良好的总体规划，逐步建设、逐步完善。所以，从“总体规划”开始，走“分步实施”之路是企业信息化建设的最佳选择。

总体规划，从信息化专业看来，也就是企业要在战略层面，根据企业的发展战略，制定科学的信息化战略规划，根据这个信息化战略规划，再制定细致可行的行动计划。

为什么说一定要有科学的信息化战略规划，怎样才算科学?来看看下面的案例。

位于华北的某机械加工公司，有职工 4000 人，在计算机应用方面，有 CAD/CAM 系统、销售系统、财务系统、公司网站，这些系统分别由不同的厂家开发，采用不同的数据库和平台，目前已经形成几个小型局域网，但是公司内部还没有全部联网。

对于下一步的信息化建设，厂办认为需要上线 OA 系统，因为在公司内部传递信息、发送文件、召开会议、管理档案、催办业务等都比较耗费精力；信息化部门认为应该把公司全部联网，然后是系统升级、购买新的服务器、升级数据库、做防火墙、备份数据，因为这些基础工作如果不做，整个系统早晚会面临病毒、黑客的攻击而瘫痪；也有领导说应该实施电子商务采购系统、物资管理系统：众说纷纭。

公司这几年总共花了 3000 多万元在信息化方面，初步感觉好像效果还不错。从表面看来，这样的公司大概可以算作信息化比较超前的公司，至少是效果还不错的公司。

但是，仔细研究一下就会发现，如果在系统建设的初期，能够有科学的规划，当初的 3000 多万元其实可以产生更大的效果。目前的局面可以说是好坏参半，说好是指大家有热情、有意识、也有行动，信息化系统毕竟提高了局部的效率，促进了局部工作流程的改善；说不好是指这些系统其实也给公司的管理带来了其他风险，而且风险的产生主要是由于目前的信息化系统不是集成的系统。也就是说，由于当初没有长远的统一规划，信息化方面存在“信息孤岛”，会给公司的业务经营管理带来危害。

下面来分析一下这家公司的系统，由于销售系统和财务系统没有集成，如果公司同客户签订了一个销售合同，而销售系统中并没有客户付款、往来账等财务方面的信息，这就需要通过人工方式询问财务人员；销售系统中也没有质量管理方面的信息，这就需要与质保部门沟通，由质保部门出具出厂的质检合格文件；销售系统也没有产品维护管理的功能，在产品保修期和保修管理方面的信息需要联络售后部门；同时还需要联络采购部门的备件更换等信息。

这么多的环节是计算机系统没有管理到的，如果想防止有人钻空子，就需要在保证措施方面有严密的流程和严格的规章制度来补充，才可以防止其中的某个环节出问题。一旦这些环节出现问题，就可能给公司造成重大损失。

这是信息不集成带来的危害之一。此外，由于销售系统与财务系统没有集成，业务人员与财务人员就需要靠其他手段进行信息交流。假如在客户没有付款的情况下（实际上甚至客户的前期款项还没有结清），应该延迟发货或者让客户提供一份担保，由于系统本身无法做到，只能靠人员的责任心，但实际情况是业务人员工作很忙，而且需要管理的客户数量很大，互相之间的往来账也非常复杂，单凭责任心或者细心是不足以保证不出问题的。更有甚者，某下属分公司或者销售站的销售经理明知道有风险，出于销售业绩方面的考虑，还是会点头放行，点头放行的结果可能是应收款无法收回，这些也是由于缺乏系统的技术支持所造成的。

从管理学的角度来说，要想保证良好的效果，需要在流程、人员素质和技术三方面有机结合。显然“信息孤岛”或者不集成的系统会给管理造成麻烦。

就发货和收款来说，还有其他漏洞，就是现金流的问题。从报表来看，例如企业实现销售额 100 万元，但是从现金流来看，由于客户没有付款，所以收入是零。实际客户可能 5 个月之后才付款，这时会造成公司现金周转的极大压力，同时也会造成公司竞争力的无形降低和成本的提高。

如果没有集成一体化的信息系统去保障，财务问题很可能在下个月的某个时间才能够在报表上反映出来，此时滞后的信息对于领导的决策来说已经没有太大的意义。

另外，从财务来看，当开始记应收账时，也需要从销售部门来获得发货时间或者开发票的时间等信息，然后在财务系统录入相关的信息，开始统计应收账、作账龄分析等。这些信息在系统没有集成时，都需要靠人工方式交流和录入，所涉及的部门和环节越多，出错的概率就越大，同时对员工的责任心和要求也越高，整个公司的效率也越低。这些都是相互关联的。当然，有的公司是客户先付全款，款到发货，一是可能因为公司的产品属于紧俏产品，卖方市场，二是可能店大欺客，你不付款，我不发货。这样做有利有弊，利是减少了应收账的风险，没有资金问题，弊是同时减少了客户群数量，降低了客户忠诚度，因为公司没有与自己的客户同甘苦、共患难。公司这样做的初衷可能并不是非要款到付货，而是担心没有有效的办法来管理应收账。

从这些问题可以看出，单纯依靠管理制度和人工处理的流程，还不足以实现预期的目标，否则企业也不会有贪污、财物丢失等事件发生。从国外的经验来看，除了高素质的人员和严密的规章制度以外，良好的技术和系统保证也是必需的。如果让计算机系统设定某些流程，员工不按照流程做，系统无法通过，后续工作没法执行，那这一步就必须执行，这样就可以堵塞管理上的漏洞，或者可以固化管理者的意图。

集成良好的系统虽然可以避免此类问题的发生，但是没有哪种单一软件能够覆盖所有的业务领域，所以，集成良好的系统需要在开始建设的初期就作出一个远期的规划，来保证信息集成、各子系统接口方便可靠、业务流程完整、决策信息畅通。

虽然华北这家公司几年时间花费了数千万资金和大量的人力、物力，目前的系统或者继续打算建设的系统其实还是“信息孤岛”，系统漏洞很多，堵住这些漏洞的后续投入会非常大，或者说，如果当初能够有一个比较全面的通盘考虑，现在收到的效果可能不只是这些，而资金却不需要这样多。例如，销售和财务若能集成，财务主管就能够通过系统控制发货，这样一方面可以避免过多的应收账给企业带来的风险，另一方面也可以做到有目标地实施欠款发货，扩大销售额，同时保持公司的整体应收账比例在预算之内。

那么，对于这家企业来说，下一步信息化规划要注意的关键一点是应该有一个规划的方法论来指导每一步工作，不能凭经验、凭感觉，作信息化战略规划本身也需要计划、流程和技术三个方面来保证质量。

信息化战略规划最好在系统建设开始阶段做，因为一张白纸好作画。如果在信息化建设已经具备一定规模后再作规划，企业的前期投资可能多少会损失一些，动手越早，损失越小。上面提到的这家公司最后的结果是聘请外部专业的咨询公司来为其进行信息化方面的诊断，然后就信息化目前存在的问题和今后的发展提出一份报告，咨询公司也是按照上面的方法进行诊断的。

总之，信息化战略规划给企业带来的益处主要有：

（1）企业信息化建设的步伐、重点、方向与企业的发展战略保持一致，提高企业充分驾驭信息化的能力，提升企业竞争力。

（2）企业可以脚踏实地，客观地结合目前和未来的发展状况，决定企业进行信息化的重点，避免了不负责任的信息化厂商为追求自身的销售额而鼓动企业盲目上马大型的信息化项目。

（3）企业领导人和各级部门对信息化建设的指导思想、工作原则、重点应用领域、关键成功因素等形成统一共识。

（4）事先明晰了企业内部信息化人员、应用人员未来应具备的知识层面与技能、技术选用的评估标准等。

（5）提高企业信息化投资的收益，降低风险。

第四节　企业信息化需求分析和可行性分析

一、企业信息化需求分析

要保证信息化建设的成功，准确地把握信息化需求是第一步。然而，在咨询实践中，企业的战略层、运作层、业务部门和信息中心，往往对信息化有不同的需求，对与企业的信息化需求的一些相关概念的理解还不太准确。

（一）何谓企业信息化需求

企业信息化需求不是各个部门对信息化软件功能的简单罗列，而是一个系统的、多层次的、各层次之间具有清晰的结构关系的、用无二义性的方式（如数据流图、流程图、表格等）表达的语义网络。信息化需求包含了战略层、运作层和具体的技术需求三个层面。

（二）信息化需求分析

可以由企业自身，或者由专业的第三方信息化咨询公司来帮助企业，通过高层领导访谈、书面问卷调查、查阅企业有关的资料等方式，在诊断企业的战略发展思路、所处的竞争格局、IT 应用现状、企业的组织结构和作业流程等的基础上，综合企业各方面对信息化的要求，经过一个结构化的推理过程，确定出企业的信息化需求。

（三）企业信息化需求获取的层次结构

1. 企业战略层面的需求

企业信息化的目标是提升企业的竞争能力，为企业的可持续发展提供一个支持环境。从这个意义上说，企业信息化的需求不仅来源于企业目前对信息化的需求，也来源于企业未来发展的需求。在这个层面上获取的需求对企业信息化建设，特别是信息化规划，有着很重要的指导意义。

2. 企业运作层面的需求

基于从战略层面获取的需求，通过对企业价值链以及运作各业务流程的分析，特别是企业关键业务流程的分析，可以明确企业在运作中存在的问题，从而在企业运作层面上获取信息化需求。

3. 企业技术层面的需求

信息化技术是企业发展的一个支撑环境，由于一些企业的信息化建设进行了相当长的时间，一些系统已不满足目前的需求，也形成了许多“信息孤岛”，这些问题在信息技术层面上对系统的完善、升级、集成和整合提出了需求。

以上三个层次所获取的需求并不是相互孤立的，有着内在的联系。信息化需求的获取是一个自上而下的过程，需要对这些需求进行综合分析，才能把握企业对信息化建设的方向。

（四）企业信息化需求的逻辑关系

由于各个层次的信息化需求之间存在着内在联系，因此，对信息化需求进行分析时，必然要分析清楚需求间的逻辑关系，对所获取的需求进行优先级的排列，这对信息化的规划、实施都有着重要的指导意义。

各层次信息化需求之间的逻辑关系包括因果关系、依赖关系、主次关系等。只有确立了信息化需求的逻辑结构，需求分析结果才能真正地为企业信息化建设提供依据。

企业进行信息化建设不是一蹴而就的，应该是采用“总体规划，分步实施”的原则推进的。基于信息化需求的逻辑关系，要把握企业在以下两个方面的需求：

1. 关键问题产生的需求

著名的“二八原则”对企业的信息化建设有着很重要的意义。在信息化需求中包括了企业关键成功因素、企业的瓶颈问题等方面的内容。在信息化建设中优先考虑这些方面对企业来说将收到事半功倍的效果。

2. 信息化最容易发挥作用点产生的需求

目前，很多企业的信息化基础比较薄弱，员工对信息化的认识和技术水平较差，这对信息化建设的成功率产生了一定的影响。如果能从相对比较容易实施和收到效果的环节切入，使企业能在短时间里实实在在地体会到信息化给企业带来的效果，信息化工作的推进很有好处。

（五）企业信息化需求的可变性

企业信息化的需求不是一成不变的，随着企业的不断发展，企业对信息化的需求也在不断地发生变化。但对企业信息化需求产生影响的主要来自以下三个方面：

1. 资本结构的变化

企业资本结构的变化，如企业并购，往往会使企业在组织结构、企业文化、业务流程等方面发生很大的变化，从而对企业信息化的需求产生根本的影响。

2. 组织结构的变化

组织结构的变化对信息化需求的影响也是很大的，如果企业的一把手更换了，可能企业整个信息化建设的思路就会发生变化。组织结构的调整也会使业务流程发生变化。

3. 业务的变化

业务的变化主要包括业务方向的变化和业务流程的变化等方面，在这个层面的变化，如企业拓展一个全新的业务领域等，对信息化需求的影响可能是巨大的。

正是由于这些变化对信息化需求的影响很大，因而应该尽量从战略层面上把握变化的方向。另外，考虑到信息化需求的可变性，信息化规划和实施需要一定的柔性。企业对于信息化的需求，也需要根据变化进行定期的修整。

（六）需求分析应遵循的三大原则

1. 需求分析要全面考虑

在企业管理过程中，人们会发现这样一个规律：出现的问题通常都集中在某一个点上，要么是采购方面的问题，要么是销售管理的问题。因此很多企业进行信息化建设时就会“头疼医头，脚疼医脚”，使很多企业的信息化建设不能脚踏实地地落实下去。因此在需求分析阶段首先要从企业全局出发，从企业战略、发展目标、运作方式、行业特点、生产类型等宏观层面开始，再深入到企业管理的每一个关键流程和关键业务的微观层面。

2. 需求分析要全员参与

信息化工作绝对不仅仅是IT部门的事，它与企业的方方面面都有着紧密的联系，所以需求分析必须要以企业的管理人员、业务人员、生产一线人员为主。要对他们进行各方面的调研、了解，以掌握企业管理的第一手资料。脱离了他们的分析报告一定是不可行的。

3. 需求分析要从关键流程入手

通过现象看本质，要想了解企业的真正的“痛”，就要从了解企业的关键业务流程和主要业务工作开始。通过自下而上的调研访谈，再通过自上而下的分析，通过对企业关键点、关键业务流程、关键业务处理的分析和了解，以便能快速地熟悉企业的业务。

（七）信息化需求的共性与个性

企业本身的信息化需求是自身个性需求与行业共性需求的交汇。每个企业都已按照自己行业内的一些规范制定了许多制度，而且有许多业务的流程与行业内的许多公司相似，同时每个企业因为所处的地域和环境不一样，发展的历史不一样，所造就的企业文化是不一样的，这就产生了企业的个性需求。

实例：

A 制药厂原来属于集团下的一个车间，现发展成为一个独立的企业，并且在某开发区内新建了厂房，购置了先进的生产和检测设备，成为一个崭新的工厂，这就是它自身的历史。A 制药厂作为一个制药企业，必须通过 GMP 认证，并且按照 GMP 的要求制定采购流程、质量检验流程、产品出库流程、仓库管理制度和销售管理制度等，这既是国家食品药品监督管理局对制药行业的要求，也是行业内的规范和制度。

A 制药厂的 ERP 项目经理在咨询顾问的指导下，仔细分析了企业自身的特点后，做出了有行业共性和自身个性的管理需求分析报告。例如：A 制药厂在原材料采购的流程需求分析中就重点考虑了两点：①A 制药厂原先属于集团下的一个车间，采购是集团统一做的，现在需要对供应商、供应商的供货情况、供应商的信誉等进行管理；②GMP 规定中对于原材料的质量要求非常严格，坚决杜绝不合格的材料进入车间。

（八）在企业提炼信息化需求的过程中一定要避免两个误区

1. 忽视行业性的特殊需求

行业与行业之间是有很大差异的，例如制药和机械制造两个行业就有着不同的生产流程和管理方式，企业在作需求分析的过程中一定要对自己所处的行业和本行业的特点有着较深的认识，也就是提炼的需求要带有行业的特色。

2. 过分强调企业自身的个性化需求

ERP 毕竟是融入了先进管理思想的企业管理工具，在过分强调个性的基础上提炼出的需求，仅仅考虑满足现在的要求，没有一定的前瞻性，结果就是会发现没有一套 ERP 软件适合自己，只好找人定制开发，等开发完成并在企业中应用后，因为外部条件的变化而发现原来的流程不合理，需要作改变，可是因为是定制的产品，由于种种原因而无法升级。而商品化的 ERP 软件就不存在这方面的问题了。

二、企业信息化可行性分析

企业信息化是一项庞大的系统工程，需要在全面分析企业信息化内涵、优势及实施过程中的障碍的前提下，统筹规划，然后分步实施，借助现代信息技术，结合当前企业进行的改革、改组、改造，加强管理，运用现代管理理念，对传统企业僵化的组织结构、落后的生产经营销售方式等进行全面、彻底的变革，因此，企业信息化在本质上也是企业改革的重要内容之一。

鉴于此，进行企业信息化可行性分析的目的就是要明确地作出是否要投资开发和实施企业信息化工程的决策。其主要任务是要在理解企业战略目标和了解内部、外部现实环境的基础上，围绕企业信息化总体规划确定本企业实施企业信息化工程的总体目标和主要功能，拟订实施方案，比较并选定实施的技术路线，并从技术、经济和社会条件等方面论证实施方案的可行性，制定投资规划和建设计划，编写可行性论证报告，并下达总体设计任务书。企业信息化总体规划实施内容比较齐全，对于具体的企业来说，必须根据自身的需求论证各部分实施的可行性。

第五节 企业信息化的具体实施

一、企业信息化实施策略和实施方式

（一）企业信息化实施策略

1. 从核心业务着手

企业信息化一定要从核心业务着手，不同企业的核心业务是不一样的，但是所有企业的核心业务都离不开财务管理。财务管理对任何企业来说都是很关键的，财务管理不是简单的会计核算，即后台会计，而是从企业经营角度来说，管理好企业的资金流，管理好企业的生命线。制造业的上游企业，其核心竞争力是客户资源和供应链，它需要网络分销、CRM 和 SCM，而下游企业关心的是制造能力，因此需要一套功能完善的 ERP，来控制成本和提高运作效率；一个高科技的咨询公司，需要人力资源和知识管理软件；资产密集型的企业很重要的业务，当然是采购和资产管理。总之，不同企业的核心业务是不一样的，企业信息化一定要从核心业务着手。

2. 立足企业实际，明确信息化阶段

企业信息化阶段是应用层面的划分，与技术应用发展的先后顺序无关。也就是说，并不是指第四阶段就比第三阶段出现的时间晚，第二阶段就比第三阶段早。一个企业在规划时应该选择哪一个阶段，是需要根据企业自己的实际情况来定的。

3. 部署策略

面对形形色色的产品——ERP、SCM、CRM、EAM、BI、EB 等，企业应用的部署绝不仅仅是选择和安装这些产品。要形成企业信息化部署策略，首先要回答以下问题：是企业自己招兵买马来开发建设，还是购买成熟的应用产品，甚至全部外包？市场上有这么多的软件，应怎么部署？是选择不同的软件、不同的供应商，还是选择一个集成化的软件、单一的供应商？要不要引入咨询顾问公司？是一步到位还是分步实施？应该先实施前台应用系统，还是先实施后台应用系统呢？制造企业要上 ERP，是从财务部门开始，还是从制造部门开始？企业现有的应用系统怎么办？企业的经验、数据，是放弃还是继承？一个企业结合自身实际，回答完上述问题，就能够形成企业自身的信息化实施策略，就能使企业信息化进程掌握在自己手中，最终形成企业核心竞争力。

（二）企业信息化实施方式

1. 自主建设

自主建设要求企业拥有自己的信息化装备和信息化人员，要求企业具备自身的企业信息化战略和跟进信息技术发展的能力。一直以来自主建设是企业信息化建设的基本原则，网上的商机、客户资源、销售渠道建设，不仅都是重要的商业机密，而且是许多企业正在聚集的重要的无形资产。自主建设有助于商业机密的保护，但对企业自身要求很高。从网络营销的实战分析，商业营销网站的经营，需要一种敏锐的商业洞察力，需要对外部营销环境的全面把握和对企业现状的深刻了解，需要抓住商机的果敢和规避网络风险的敏锐，更需要一种对企业现在和未来的责任感。这是许多企业特别是中小企业在一个时期内是难以具备的。

2. 技术外包

技术外包就是指企业以合同的方式委托信息技术服务商向企业提供部分或全部的信息功能。常见的技术外包涉及信息技术设备的引进和维护、通信网络的管理、数据中心的运作、信息系统的开发和维护、备份和灾难恢复、信息技术培训等。即使企业信息化选择了外包，也应该是有选择的整合外包，把外包作为自身信息化的一部分，从而掌握信息化的主动权，规避不必要的风险。因此，从企业自身来讲，在信息化的建设中，要正确对待信息化外包，科学、冷静的分析和积极主动的态度，将是企业信息化少走弯路的法宝。

企业技术外包通常包括三个连续的过程：①外包的决策过程，即考虑是否外包，外包什么，是选择性外包还是整体性外包；②外包商的选择过程，即考虑是选择国内的外包商还是选择国外的外包商，是选择一个外包商还是选择多个外包商，选择外包商的依据是什么；③外包商的管理过程，即考虑签订一个长期的外包协议还是签订一个短期的外包协议，外包过程中的风险如何防范，如何对外包商进行监控，企业各部门如何与外包商协调工作界面及接口，如何对外包商进行评价和适当的激励。对上述问题的思考和解答就能形成企业的技术外包方案。

二、企业信息化选型

企业信息化建设的重要性已经逐渐被企业所认识，成为企业投资的重点，并且在前期的运用已经收到效果，在进一步的运用过程中，因为所涉及的系统比较复杂、部门多、投资大、周期长、相关性多，因此企业在选型时需要从很多方面加以慎重考虑。

（一）企业信息化选型存在的问题

从很多企业信息化项目失败或受挫的原因来分析，由于选型失误造成的，主要包括以下几个方面：

（1）缺乏需求分析和整体规划，零散采购，造成重复投资和“信息孤岛”。

（2）各业务部门各自为政，对信息化产品采购缺乏统一管理。

（3）技术问题与商务问题混淆。或者过于强调价格，导致选择便宜但不中用的产品；或者盲目追求大而全，盲目追求高端。

（4）只关注产品的功能，忽视厂商实力、实施能力、服务能力、与现有软件的集成、软件的体系构架、开放性与柔性等。

（5）签订合同时，对于项目范围、功能要求、验收标准等含混不清，为后续实施中的纠纷和冲突埋下苦果。

（6）盲目强调只选择国内软件，或者只考虑国外产品。

（二）企业信息化选型的步骤

1. 确定企业信息化需求

多数企业在进行信息化选型前只有一些初步的设想，但并没有形成明确的需求和规划，容易被软件商诱导。企业信息化需求的获取可以由企业的信息部门完成，也可以由咨询公司与企业信息部门合作完成，不管采用什么方式，在选型前形成明确的需求是必须的。

2. 建立招标以及相应的考核体系

在需求明确后，要组成选型委员会，制定详细的招标流程。在招标文件中分别拟订技术和商务指标，赋予其不同的权重，建立考核与评分体系。

3. 明确产品选型的关键点

对于信息化软件产品来说，选型决策的主要标准是行业匹配度、产品成熟度、产品特点、系统功能、典型用户、产品构架（包括开放性、柔性、配置能力等）、实施方案、实施顾问团队（尤其是项目经理）、公司实力、本地化服务能力、总体成本等。

4. 实地考察以认定软件商的实施和服务能力、用户反馈

在信息化项目实施过程中，实施顾问尤其是项目经理的能力和实施经验非常关键，但"高级顾问打单、初级顾问实施"的现状在软件厂商中普遍存在。因此，企业必须对软件厂商进行实地考察，以验证其人才资源和本地化服务能力、二次开发能力、用户企业的集成应用情况等。

（三）企业信息化选型的内容

企业信息化选型主要是指信息集成商的选择和软件的选择等，而信息集成商的选择非常重要，建议企业先选信息集成商，然后再选软件，或者把两者结合起来考虑。

1. 信息集成商的选择

企业信息集成商是指企业信息化咨询顾问、软件开发商、软件应用实施商。有些厂商是三位一体，有些厂商只是专于实施，有些厂商专于软件开发。因为企业的信息化建设直接牵涉到企业的具体运作管理，是"牵一发而动全身"的事情，因此企业在选择集成商时一定要非常慎重。从企业成功实施的项目中不难看出企业在选择集成商时的一些要点。

首先企业要树立信息化建设是选择合作伙伴而不是单纯地选择软件的思路，企业在选择信息集成商的时候一定要像选择"战略合作伙伴"一样从全局考虑。因为企业的信息化建设是一个长期的系统工程，项目的前后相关性强，单元软件虽然能解决企业一定的问题，但是站在企业整体信息化的全局上来看，解决局部问题并不能最终解决集成问题，这就要求集成商必须有相当的实力提供全面的、可行的集成解决方案。一旦合作伙伴选定后，企业一定要树立合作的态度，与合作伙伴共同将企业的信息化作好。

在考察信息集成商时，企业一定要"拨开面纱，看清本质"，要注重表象后面企业的真正实力，具体包括以下几项：

（1）信息集成商的经济实力：是否有足够的资金支持企业研发、销售和服务发展的需要？

（2）信息集成商的专业背景：能否熟悉企业的具体运作模式和把握企业的真正需求？企业的信息化不是"纸上谈兵"的事情，而是要切实能解决企业的具体问题。

（3）信息集成商的技术实力：能否跟随技术前沿，开发出先进的产品？软件开发尤其要关注企业的开发管理能力，即信息集成商是否具备了管理大规模、集成软件的开发管理能力。

（4）信息集成商的产品实力：能否提供企业信息化建设的全线产品？

（5）信息集成商的技术支持实力：能否提供及时、快捷、优质、健全的技术支持？技术支持的好坏直接影响企业的具体实施和运用。

（6）信息集成商的可持续发展能力：能否根据企业的需要，适应企业个性化发展的不

断要求？“变是不变的真理”，要适应市场，就要求企业在管理、技术等方面不断推陈出新，同时带来的是企业信息化建设的新需求，这就要求相应的系统集成公司能适应企业发展变化的要求。

（7）信息集成商的服务和咨询能力：企业的信息化建设，有时并不是一个企业能完全解决的，就需要主集成商能站在企业的高度为企业提供相关的咨询服务工作，以满足企业的不同要求。

（8）信息集成商的实施能力：是否有具体的实施成功经验？企业信息化建设的实践性非常强，信息集成商的具体实施经验直接影响企业的实施效果。

在考虑信息集成商的实力基础上，企业还应该考虑所选的企业是否是真正在踏实地做该领域的工作。因为企业的信息化建设是一个长期的工作，如果所选择的集成商虽然实力很强，但并不是专注于此行业，一旦企业转型，对顾客带来的损失是无法估量的。在很多企业的具体实际运用中，这样的惨痛教训是不少的。因此企业在选择集成商的时候一定还要注重其对行业的专注程度。

此外企业在选择集成商时除了考虑其具体实力之外，还必须考虑以下两个问题：

（1）是否能实现平稳过渡。目前企业的信息化建设都不是“白纸一张”，而是在单元技术方面取得了一定的实质性的进展，因此，企业在选择集成商时一定还要考虑能否继承企业现有的系统，或实现对现有系统的良性改造，实现企业信息化建设的平稳过渡。

（2）企业在考虑信息集成商是否有以上实力的基础上更应该考虑该企业是否能为企业提供其他增值服务。

2. 软件的选择

在重点考察系统集成商实力的同时，也必须确实关注其提供软件的具体性能，在满足企业现有需求的基础上，还需考虑软件的安全性、先进性、实用性、开放性、兼容性、集成性、跨平台性、共享性、可实施性软件的市场占有率和软件的用户情况、软件的更新换代能力。在软件选择的过程中，应着重考虑以下几个方面的问题：

（1）确实摆正企业和信息集成商之间的关系。企业在信息化建设过程中，摆正企业与信息集成商之间的关系非常关键，企业的信息化建设不可能由信息集成商独立完成，企业信息化的“主角”是企业本身，而信息集成商仅仅是“配角”的身份，信息集成商应该站在咨询、顾问和具体实施的位置。摆正了关系，才能更好地合作，将双方的优势集中，实现“专业人做专业事”。

（2）确实摆正技术的先进性和技术的实用性之间的关系。技术的领先性和技术的实用性一直困扰选型。单纯追求技术的先进性和实用性都是不足取的，企业应该结合企业自身的实际，在追求先进性的同时强调实用性，并且一定要站在整个企业信息集成的角度来选择软件，要切实注重系统的集成和开放。

（3）确实摆正技术、软件、实施、培训和服务的关系。企业信息化建设是一个系统工程，企业要树立技术先导、软件跟上，实施、培训和服务并重的整体规划，同时企业要注意，信息化建设过程中的服务是要企业进行投入的，根据成功实施的案例来看，企业不仅注重选型，更加注重最终的实施效果。

（4）确实领会“整体规划、分步实施、效益驱动”。整体规划是系统的“整体规划”，是实现整个系统的“技术途径”，整体规划一般不承担具体的项目设计，是整个系统研制工作中不可缺少的技术总纲。在具体实施过程中，要从简单技术入手，迅速向广度和深度发展。在应用的基础上启发更广泛、更深入的需求，同时通过效益驱动树立企业建设信息化的信心，减少企业一次投入过多、负担过重而带来的风险，在分步实施的同时可以紧跟信息技术发展的前沿。

（5）明确面向目标的方法。明确面向目标的方法即不能偏离系统建设的最终目标，而要实现企业的整体信息集成。

（6）确实领会“一把手工程”。“一把手工程”不仅仅要求企业的最高领导亲自参与主持，还应该包括整个决策层的参与决策。这里的“一把手”是指一个企业的高层领导组成的领导班子，是广义上的“一把手”。

（7）确实领会信息系统的“三分技术、七分管理、十二分数据”。

软件产品选型是企业信息化的关键环节，直接影响信息化项目的成败，因此，企业需要慎之又慎。

（四）企业信息系统开发

1. 企业信息系统生命周期

信息系统的生命周期划分为五个阶段：系统规划阶段；系统分析阶段；系统设计阶段；系统实施阶段；系统运行；维护与评价阶段。

（1）系统规划阶段。系统规划阶段的主要任务是对系统作全面长远的考虑，对企业概况及现行系统的状况进行初步调查，拟建系统的备选方案，并对备选方案进行可行性分析，写出可行性分析报告。

（2）系统分析阶段。系统分析阶段的任务是解决系统“做什么”的问题，即根据系统设计任务书，对现行系统进行详细调查，提出新系统的逻辑模型。

（3）系统设计阶段。系统设计阶段要回答的问题是系统“怎么做”。这个阶段的主要任务就是根据系统分析阶段确定的方案，设计新系统的物理模型。

（4）系统实施阶段。系统实施阶段主要进行系统具体实施，包括计算机等设备的购置、安装和调试，程序编制、系统调试与转换以及人员的培训等。

（5）系统运行、维护与评价阶段。系统运行、维护与评价阶段的主要任务是对运行系统进行维护和质量效益评价。

2. 企业信息系统开发方法

从20世纪60年代起，人们开始关注开发方法，70年代产生了结构化生命周期法，它是一种结构化开发方法，80年代初产生了原型法，80年代末CASE方法、OO方法有了很大发展，90年代的开发方法的特点是基于客户/服务器模式和基于Web，这种趋势越来越显著。

（1）结构化开发方法。

1）结构化开发方法的基本思想。结构化开发方法是从系统的观点出发，按照面向用户的原则，结构化、模块化，自上而下地对系统进行分析与设计，自下而上实现的一种开发方法。具体来说，就是把整个信息系统开发过程划分为若干相对独立的阶段，如系统规划、系统分析、系统设计、系统实施、系统运行、维护与评价阶段等。在前三个阶段坚持从整体、全局考虑，自上而下地对系统进行结构化划分，从宏观整体入手，具有全局最优的思想；而在系统实施阶段，则从基层模块做起（编程），逐个实现，最后按照系统设计的结构，将各模块拼装在一起进行调试，自下而上，逐渐构成整个信息系统。

2）结构化开发方法适用范围。这种方法主要适用于信息需求明确、规模较大、结构化程度较高的系统的开发。

（2）原型法。

原型法的思想基础在于一开始就凭借着系统分析人员对用户要求的理解，在强有力的软件环境的支持下，尽快给出一个满足用户基本要求的交互式的初始原型系统，然后系统分析人员和用户一起对此原型进行评价，根据评价结果，再对原型进行修改，如此反复，直到完全满意为止，形成实际系统。

原型法适用于用户需求不清、需求经常发生变化、管理及业务处理不稳定、系统规模较小且不太复杂的情况。一般将原型法和结构化生命周期法有机地结合起来，彼此取长补短。

3. 企业信息系统开发的项目管理

美国学者戴维·克兰德（David Cleland）指出："在应付全球化的市场变动中，战略管理和项目管理将起到关键性的作用。"其中项目管理立足于一定时期，并且相对微观，考虑的是有限的目标、学习型组织和团队合作等。企业信息系统开发的项目管理是一种科学的手段，目的是在指定资源和条件下，保质、保量地完成预定任务，是信息系统建设的守护神。

企业信息系统开发的项目管理是根据管理科学的理论，联系系统开发的实际，保证工程化系统开发方法顺利实施的管理实践。它包括系统开发中的项目评估及可行性分析、人员管理、进度管理及成本控制等方面。下面将分别介绍企业信息系统开发的项目管理的四个重要问题。

（1）项目管理的组织模式。要想保证信息系统开发工作的顺利启动，首先要建立项目的组织机构即项目组。项目组根据工作需要可设若干小组，小组的数目和每个小组的任务可以根据项目规模、复杂程度和周期长短来确定，可以设立的小组有过程管理小组、项目支持小组、质量保证小组、系统工程小组、系统开发与测试小组、系统集成与测试小组等。一个好的项目组不一定能保证项目的成功，但一个差的项目组将肯定会导致项目的失败。因此，在建立项目组时要充分利用项目组每个成员的特长，坚持将正确的开发方法贯穿始终。

（2）管理信息系统项目管理阶段。

1）立项与可行性研究。信息系统的项目开发前期，一般分为两个阶段：第一阶段为初步可行性研究阶段，即进行初步调查，提出项目建议书；第二阶段为可行性研究阶段，即正式研究阶段。项目建议书被项目主管部门批准后，项目就被列入计划，也就是项目立项。接下来就可以开始正式的可行性研究，项目是否正式实施还有待可行性研究报告是否被审查批准。可行性研究是在项目开发前期对项目的一种考察和鉴定，对拟议中的项目进行全面的、综合的调查研究，其目的是要判断项目可行与否。信息系统技术可行性研究要从系统开发的计划出发，论述系统开发力量的可行性，同时论证系统方案中所采取的各种技术手段是否可以实现；信息系统经济可行性研究主要是对项目进行经济评价，分析系统建设投资的可能性以及评价系统运行之后给组织带来的效益；信息系统营运可行性研究要给出的方案是否可以从人力、物力、组织工作等方面保证项目按计划完成实施，还要说明项目开发后在经济、技术和环境等方面能否保证系统正常运行。

2）项目实施管理。信息系统的项目被批准实施之后，就应开始项目实施的管理工作。其目的是通过计划、检查、控制等一系列措施，使系统开发人员能够按项目的目标有计划地工作，以便成功地完成项目。项目实施管理具体包括以下工作：

① 问题分析。初始调查要由拥有经验的人员而不是新手去做，对项目应当认真研究和评估其变革的程度、项目的内涵和最终实现的成本。

② 选择正确的项目。在选择项目时，应注意首先开始的项目要限制规模，以保证成功率，一般应在一年内能看到成果。

③ 选任项目负责人。项目负责人负责项目日常事务，并且负责按给定的时间、成本和质量去实现项目目标。

④ 具体指明责任。用户负责人应主持决定整个项目中用户的参与程度。项目负责人要直接向用户负责人汇报工作。

⑤ 建立项目计划和确定工作标准。项目计划包括组织计划、工程计划、会议计划、环境设施计划、成本计划等内容。工作标准是对计划执行程度的度量。

⑥ 限定任务，具体指明任务细节。在编制项目计划时，项目负责人必须决定要完成哪些任务，如何去完成，哪些资源能用，谁来完成和用多长时间完成。

（3）项目管理质量控制过程。为了获得完整、正确的需求，在开发每一阶段结束时，要休整一下以进行充分审查并确保该部分工作与系统相协调；采用具有质量控制内容的程序开发规范，这包括结构化设计、结构化程序设计、程序逻辑性的独立检查和程序测试；安装调试要规范。项目的规模、项目的结构化程度、用户对信息系统所具备的技能等都对各种策略选择起到关键作用。项目的开发策略对项目的质量产生重要的影响，而项目开发的质量保证还可以通过设置项目质量控制点来加以控制。

（4）项目管理过程中的协调工作。

1）用户方与开发方的关系。用户方与开发方是对立的统一体，双方均希望将开发项目做好。但由于用户方可能对计算机系统工程缺乏全面的了解，而开发方对用户方的需求、细节了解不充分等因素，使得用户方与开发方对工程的理解从一开始就存在着差异。而这种认识上的差异与理解的不同往往在开发初期并没有表现出来，当系统开发结束时，双方才发现这种差异使开发出的系统与实际需求有偏差。在某些项目的需求分析阶段，开发方的分析人员总是先把精力集中在整个系统的总的需求上，而不会对具体细节作过多的考查。当用户方提出一些细节要求时，开发方往往说："这些问题留待后面讨论"，而糟糕的是以后却可能永远不会再谈及这个问题。当用户方认为已经向开发方提出这些需求时，开发方却根本未予考虑。因此，开发初期，用户方的项目管理人员应该把这些"留待后面讨论"的需求单独记录整理，在开发方作完系统的整体需求分析后，项目管理人员应及时提出对系统进行进一步的、更深入的、细致的、具体的需求分析，以解决那些开发方要"留待后面讨论"的问题。因此，用户方的项目管理人员一定要要求开发方对需求分析报告进行进一步更详细的解释，以便用户方准确地理解需求分析报告的内容，能及早地发现需求与实际的偏差。这也是对需求分析工作的总结与确认。

2）项目管理人员与使用人员及决策层的关系。用户方项目管理人员与系统使用人员的关系是十分微妙的。一方面，系统使使用人员减轻工作强度、提高工作效率；而另一方面，系统改变了现行的工作管理模式，使使用人员失去了一定的灵活性和随意性。但是系统的成功与否有赖于使用人员的检验。再好的系统，如果使用人员不愿意用，也不能说获得了成功。特别是在系统的试运行阶段，使用人员对系统的使用实际上是对系统的深入测试，他们将发现许多在软件测试时疏漏的程序错误，从而有助于帮助开发方进一步完善软件功能，提高软件的实用性、稳定性及可靠性。因此，如何鼓励使用人员使用系统，帮助他们克服对新的工作模式的畏难情绪，也是项目管理的任务之一。

任何一种新的工作方式，均有适应及完善的过程，用户方的项目管理人员、决策层及使用人员必须充分认识到这一点。当出现问题时，用户方项目管理人员应迅速分析问题，正确判断哪些问题是由不适应新的工作模式引起的，哪些问题是由操作不当引起的，哪些问题是由系统本身不完善引起的。对于那些由于不适应新的工作模式引起的问题，项目管理人员应引导使用人员迅速适应新的工作模式，必要时也要说服用户方的决策层采用行政手段推动实施；对于那些由于操作方法不当引起的问题，项目管理人员应培训使用人员正确操作系统；而对于那些由于 MIS 本身不完善引起的问题，项目管理人员应迅速与开发方协调，尽快排除系统中的错误。

3）项目管理人员与软件编程人员的关系。项目管理人员与软件编程人员的关系处理得如何将直接影响软件编程人员的积极性。在项目开发中，项目管理人员经常处在两面夹攻的地位。一面是使用人员，而另一面是软件编程人员。当使用人员对系统提出问题，并要求改动时，除了最简单的界面修改外，软件编程人员往往总是找出各种理由（如影响进度、系统结构会打乱、性能会受影响等）予以否定。由于系统分析不够准确，用户方业务需求的改变等诸多因素，均会导致要求软件编程人员修改程序。项目管理人员应及早提醒软件编程人员程序修改的必然性，同时鼓励用户方管理人员尽早介入开发工作，及时发现问题，解决问题。在系统试运行阶段，将用户方不断提出的需求改动加以归纳整理，集中问题与软件编程人员一起讨论解决方案。这样既满足了用户方对系统改动的需求，又不会时常打断软件编程人员的正常开发工作，使软件编程人员因不断修改而失去耐心。

三、企业信息系统集成

（一）企业信息系统集成的必要性

市场竞争的加剧、客户需求的不确定性、国际化的趋势使企业必须引入新的管理思想和管理手段来改变传统管理模式，于是以信息技术为依托的企业信息化被很多企业采用。企业信息化就是利用技术手段将先进的企业管理思想融入企业的经营管理中，在这个过程中将最终实现对产品开发、采购管理、生产管理、销售管理、库存管理、成本管理、质量管理、财务管理、计划管理、能力管理、人事管理、设备管理、客户关系管理等各个环节的科学管理。信息化改变了企业的运作模式，给企业带来了发展的契机。但是很多进行信息化的企业依然存在内部各部门间信息、内部和外部信息分离、流动不畅、不能得到充分利用的问题。

很多企业在期望通过信息化获得更大效益时却出现了实施失败的问题。信息化在企业发展改革的过程中并没有真正实现提高企业管理效率、提升企业竞争优势的目标。信息化的结果是企业的信息流通受阻，出现了很多的“信息孤岛”。企业的信息分内部信息和外部信息。内部信息主要是指企业中各个部门的业务信息；而外部信息主要是指与企业密切相关的客户和供应商的信息。大的公司部门之间、公司与子公司之间、各子公司之间系统相对独立，阻碍了信息的流通，降低了企业反应速度，信息化效率极低，形成一个个“信息孤岛”。其产生的问题是：信息无法共享，软硬件资源、信息资源不能合理配置，手工传递数据浪费时间、资金，数据分析无法有效完成，重复建设性资源浪费，无法保证数据一致性等。这一系列的问题都严重影响了企业的经营发展。

（二）企业信息系统集成的概念

企业系统集成，是根据系统应用的需求，将系统的硬件、软件系统、网络平台，依据一定的计算模式和体系结构进行最优化组合的一种子系统工程。企业信息系统的系统集成就是根据企业的战略要求，对市场所有的或自行开发的技术和产品进行合理的选择，采用适合企业发展的计算模式和体系结构，并围绕结构对各种硬软件系统进行优化配置的集成方案。

（三）企业信息系统集成方案

实施信息化的企业的系统结构层次可以分为三层：业务层、应用层、技术层。各个层又包含不同的功能层次。而企业集成要完成在以上三个层面上的集成。三个层面的集成工作是相辅相成的。其中在业务层上主要完成横向的业务流程整合，为达到这个目标需要信息系统的支持；企业应用层集成主要是完成企业内相对独立的系统间的集成，例如企业内相对独立的 ERP 系统和 CRM 等系统的集成；技术层向面向服务的企业系统整合、动态过程最佳化、企业应用安全系统、标准系统提供技术支持，在该层的集成工作主要是完成不同数据源的数据集成。

1. *业务层集成*

业务层包含了商业领域流程、领域行为、领域协作、领域信息等。该层是其他两层的基础。企业系统及信息数据的产生应用都是以业务为依据的，下面两层是服务于业务层的。所以业务层的集成是企业集成的首要任务。业务层的集成主要是根据企业的实际业务，分析企业运行过程中的业务行为以及内部各个部门之间、企业与上下游企业之间的协作关系，通过变革企业组织结构、业务流程重组等途径，使信息流在企业内部及相关企业之间流通顺畅，从而使企业更好地掌握市场，灵活应对市场变化。

2. *应用层集成*

大型企业中垂直的管理机构层次很多，部门结构分布错综复杂，不同的职能部门在不同的时期建立了各自相对独立的系统，企业数据资源缺乏统一规划，许多企业级的数据被单独局限在某个部门级系统内部，或者在多个部门级系统中重复产生，跨系统数据访问与维护困难。如何通过信息系统平台把各个部门的新旧系统联系起来，将各部门级系统中的企业级数据（即共享数据）梳理出来，与部门级系统的内部业务数据相区分，从企业的高度来重新规划、审视这部分数据，然后按照统一的标准给企业内部的各个应用系统提供服务，完成整个企业信息系统逻辑结构的重构，形成标准的业务流，是提高企业效率的重要因素。在 SOA（Service-Oriented Architecture，面向服务的体系结构）思想的指导下，应把每一个系统看成一个服务集合。通过建立统一系统服务集成平台，利用一定的信息技术把各个系统结合起来，这样一项业务从产生到完成的整个过程就可以看成是一条服务链的流动。

3. *技术层数据集成*

通过数据，企业可以分析销售历史，预测未来市场，决策新产品投产等。可以说企业的一举一动都是通过数据反映到各个层面上。准确的、集成化的数据管理是企业信息化建设的重要任务之一。企业中的数据信息流通和沟通系统不仅要有向下的、向上的内部沟通渠道，还要有企业与外界的沟通渠道。企业中有些信息是一个部门产生、多个部门共用的，称之为企业级信息。但是由于不同部门的信息化情况不同，存在数据标准不一致的问题，这就严重阻碍了数据在各个部门间传输的效率。同时，数据信息在产生时，最初的部门按照自己部门的标准来记录数据，可能会对数据的记录不完整，其他部门在使用这部分数据时就可能得不到自己部门想要的信息，给未来的决策带来偏差。所以通过数据集成，建立统一的共享数据，消除企业“信息孤岛”是企业信息化非常重要的一步。

（四）企业信息系统集成的实现

企业信息系统集成的实现是一项需要投入大量人、财、物资源且复杂的系统工程，除了需要塑造现代企业信息化、建立现代企业制度、规范企业基础管理、重视开发和应用队伍建设、加强对企业员工的培训、加快企业信息基础设施建设、选择合适的信息系统实施方式和注重对系统集成水平的评价以外，还要着重解决好以下几方面的问题：

1. 周密规划企业信息系统集成

企业信息系统集成涉及的范围广、层次多、专业跨度大，因此需要综合考虑、统筹安排、科学规划。要在充分调查企业现有信息系统、网络基础设施、业务流程等情况的基础上，进行充分论证和可行性分析，成立具体的规划领导小组，收集相关信息，进行战略分析，定义约束条件，明确战略目标，提出集成信息系统的框架，选择科学的开发方案，确定具体的实施进度，并对影响规划的信息技术发展进行预测，确保集成信息化系统规划方案的科学性、合理性和先进性。

2. 优化网络基础设施

网络基础设施是企业“信息孤岛”和“流程孤岛”集成的物理基础。可以采用数据总线技术实现自动化设备的互联，而通过工业以太网实现信息设备的互联。为了使网络基础设施具有良好的性能，网络要有足够的带宽；服务器、交换机要有强大的处理能力，预留能力扩展的余地；为避免网络瓶颈，网络布线必须精心选型。在开放的环境下网络安全至关重要，建议建立“防卫为辅，主动为主”的一体化系统安全体系，也就是在以防火墙技术为代表的防卫型安全方案的基础上，实施以数据加密、用户授权认证为中心的主动型安全方案。主动型安全方案可以直接对源数据进行保护，而且只有指定的用户或网络设备才能解译加密的数据，保证端到端的安全。当然，在进行网络性基础设施建设的过程中，也必须考虑方案的先进性、资源继承性和实施成本方面的问题，尽可能避免浪费。

3. 实现数据共享、访问和备份

采用分布式数据库或中央数据库解决企业数据分散在各部门的问题，采用数据库中间件技术消除数据库异构、数据结构异构、数据格式差异和访问协议差异。为预防数据库崩溃、服务器毁坏，避免信息丢失，可以采用硬件和软件的容灾机制实现数据远程实时复制、本地应用服务和数据复制服务的切换保护、应用的远程容灾切换，保证信息通道的安全、可靠，从而保证生产系统运行的高效性。另外，要通过适当的数据采集和存储策略实现数据有序化。不同业务类型数据量和数据使用方式不同，数据所反映的业务角度不同，对应的信息层次也不同。为了既保持企业运营历史轨迹，又保证及时、高效的事务处理，需进行数据存储分工的规划，即用实时数据库管理生产现场数据，用业务数据库管理业务数据，用数据仓库管理历史数据。

4. 加强信息分类编码等规范化工作

信息分类编码的规范是实现企业信息化系统集成的基础，合理的编码结构是信息化系统是否具有生命力的一个重要因素，因此在企业集成信息化系统的建设过程中，必须要重

视和做好信息分类编码工作，需要为有关物料、设备、人员以及各种票据、报表制定一套完整、简练的数据格式规范和信息分类编码系统。在制定规范和标准时，除了按照信息分类编码的规则进行操作外，还必须要考虑遵循国际标准、国家标准和行业标准，以便与国家、国际接轨。

5. 进行有效的企业流程重组

企业流程重组是企业信息化系统集成过程中的一项非常重要的工作。集成化信息系统的数据存储能力和处理能力强大，因此，企业的业务流程必然需要作适应性调整，以便充分发挥信息系统的效率。调整的主要技术是参照企业价值链，以并行和集成为指导原则，对逻辑关系尚可而执行迟缓、烦琐的流程实施流程优化；对本身逻辑混乱、环节繁杂，而又不创造价值的流程实施流程重组。

6. 严格集成信息系统实施过程的管理

建立由企业、软件供应商、咨询公司、信息监理机构参加的信息系统实施机构是集成化信息系统成功实施的前提。企业是参与方，软件供应商主要为实施过程提供技术支持，主要的工作应由企业配合咨询公司和监理公司完成。咨询公司的任务是帮助用户进行可行性分析，软件选型，业务流程重组，理顺和规范企业，标准化编码，软件客户化，初始化，对用户进行培训等，规范整个实施过程。所谓信息监理，是指在整个项目实施过程中，包括前期的可行性分析、项目软件选型和后期的项目评价，对项目实施中所涉及的各种资源和所实现的目标进行监督和控制。在集成信息系统建设中，信息监理的主要作用是监督、评价咨询公司的咨询质量，从这个意义上说咨询与监理的关系犹如建筑业中的建筑与监理的关系，是执行与监督的关系，目前信息监理机制也逐渐引入到我国 ERP 项目实施中。信息系统战略管理不同于传统的信息系统建设过程，它除了信息系统建设的功能和过程外，更强调对整个建设过程的控制，其中包括系统实施前的可行性分析和论证、实施过程中的战略评价和战略调控以及实施后对实施效果的评价等。在信息系统战略管理中引入信息监理机制，由信息监理来执行战略管理中的上述任务，其实就是前述普通意义上监理工作的外延和细化。也就是说，监理一方面能起到监督咨询公司咨询质量的作用；另一方面站在公正的角度对整个项目的实施过程进行战略评价和控制，可以最大限度地降低咨询公司由其利益驱动和企业由于经验不足而导致的风险。

四、企业业务流程重组

业务流程重组思想的倡导者迈克尔·哈默（Michael Hammer）曾一再强调，组织在引入信息技术之前，首先必须保证其流程的正确无误。而大部分企业的流程还是以部门为基本单位来组织的，以此为基础的信息系统必然就是一个个部门“信息孤岛”的零散集合，信息无法及时、有效和准确地沟通和传递，无法发挥信息系统的资源整合功能，导致信息资源的浪费。同时，以部门化为基础的机构设计还导致其他部门无法给予本部门更多的支持与帮助，最终使得信息系统无法真正更好地为企业其他业务部门服务。因此要想获得信息化所带来的巨大效益，就必须按照信息化对业务流程组织结构、制度等方面的新要求，在前期对企业进行一系列“再造”。

（一）企业业务流程重组的原则

企业对自身业务流程进行适应信息化要求的优化和重组，要求采用更宽广的整体眼光，以客户为中心，以流程为主线和导向，以系统观点实现总体优化，真正从业务流程上保证企业以最小的成本，提供高质量的产品和服务，实现所谓的从面向职能的管理到面向过程的管理。

1. *以流程为主线和导向的原则*

业务流程重组强调以业务流程为改造对象和中心，以关心客户的需求和满意度为目标，对现有的业务流程进行根本的再思考和彻底的再设计，利用先进的制造技术、信息技术以及现代化的管理手段，最大限度地实现技术上的功能集成和管理上的职能集成，以打破传统的职能型组织结构，建立全新的过程型组织结构。即要按照客户的需求将原来分散在各个功能部门、被分割成许多工序的流程整合成单一流程，删除不能增值的过程和活动，将交叉、重叠、断裂的流程改为并行的流程，从而实现企业经营在成本质量服务和速度等方面的“戏剧性”改善。1995 年，美国标准公司完全使自己转向了一种以流程为中心的管理哲学。它取消了老的称号，重新定义、组织和调整管理部门的任务，设立了新的评定和奖励制度，实施了与公司的流程观点相一致的大量变革，从而取得了极大的成功。以流程为中心的企业还意味着企业形态的弹性特征。流程是直接面对企业客户需求的，随着市场的变化。流程也必须随时变化。所以，仅仅一次的改进，即使是显著的改进，也没有多大价值。

以流程为中心的革命是一场持久的革命。一个公司必须持续集中地关注它的流程，这样才能与不断变化的企业环境相协调。有的企业还在沿用旧的管理思想，主要以质量、成本和生产周期这三个方面为核心进行管理，形成纵向一体化的大而全或小而全的经营方式，不能快速响应市场需求。有的企业虽然在竞争观念上已经基本确立了满足客户需要的市场营销思想，但是从企业运用方式来看，对供应链管理的认识尚不够完整，多停留于“供应商——制造商”这一层面，考虑范围局限于供应商的选择与定位、降低成本、控制质量等问题，较少从整个供应商、分销商、零售商到终端用户的完整供应链考虑，所以必须要围绕企业业务流程进行相应的改造。

2. *以客户为中心的原则*

企业业务流程是为实现既定目标而开展的系列活动，要以提高产品和满足客户需求的能力为中心。流程设计要始于客户需求，终于客户满意，也就是说，在进行企业业务流程设计时，在满足业务需求的基础上，需要流程的设计人员有开阔的视野和事业心，关注流程的输入及输出结果的增值和效率，尽最大努力消灭无效流程的存在。

目前的市场竞争，在很大程度上可以归结为对客户的争取。一个能充分满足客户需求的企业，必然是一家以客户为中心的企业。以客户为中心，就意味着企业在评判自身流程的绩效时，是站在客户的角度考虑问题，尽管这样做时常会和企业的其他需要发生冲突。以客户为中心必须使企业的各级人员都明确，企业存在的理由是为客户提供价值，而价值由流程创造。只有改进为客户创造价值的流程，企业的改革才有意义。所以任何流程的设计和实施都必须以客户标准为标准，以客户为中心，这是企业业务流程重组的成功保证和最根本的驱动力。当然改造和重组流程还要遵循其他一些操作层面的原则，如重组后流程要具有良好的适应性、有效性以及重组自身成本方面的考虑因素等。

（二）企业业务流程重组的基本步骤

流程重组在具体的实施过程中，也有其自身的先后次序，也就是流程重组本身的实施流程，即实施的基本步骤。当然，对于不同企业运营情况和再造目标的不同，其实施步骤不太可能完全相同，但基本都会遵循“目标——功能——载体”这一人工系统生成的基本逻辑。

1. 确定流程重组的目标

企业实施业务流程重组时，首先，不仅要确定流程重组要实现的目标，而且还要设置高水平的“延伸目标”。通常延伸目标可以以行业内世界一流“标杆”企业标准为基础，通过差异性调整来获得。其次，还要提供判断项目成功与否的流程属性标准。根据对流程的初步分析，流程重组的行为目标可能是非常宏大的，但重新设计流程其目标又是可以实现的。这种行为目标应当符合以市场为基础的公司目标，如较好的产品质量等。

为了准确地了解流程属性，进行流程用户（尤其是最终流程用户）的需求分析是必需的，其目的在于确保流程目标和属性能够支持所确定的用户需求。此外，尽可能地运用多种与战略目标相关联的指标，往往能取得最大的总体收益。

2. 对现有流程的分析诊断

首先需要对流程进行调研。应用流程描述工具对流程进行识别；以流程作为纽带，将企业中各个任务进行连接，并划分层次；按照流程分类的方式构建企业流程体系。其次需要向相关业务人员（客户、合作者、业内标杆、技术领先者）学习，提出流程标杆或者流程重组的绩效目标。最后是需要选择重组及优化对象。在实际流程重组过程中，对所有的流程进行重组或者优化并不容易实现。因此需要对重组和优化的业务流程进行优先顺序排序。具体可以采用比较成熟的方法，如关键成功因子法、权重分析法等。

3. 业务流程的重新设计、重组的实施

以流程为纽带，对部门、岗位的职责、职能和具体业务活动进行定义，这样可以及时发现并改进不合理的活动及其控制点；结合流程的要求，对流程的岗位职责、部门职责的要求进行重新设置，构筑适应流程的组织架构和岗位。具体方法上可以运用系统化改造策略、全新设计策略或系统化改造与全新设计相结合的策略对企业流程进行重新设计。

4. 业务流程评价及组织保障的设计

流程重组后，建立以流程为导向的绩效管理机制。以流程绩效指标为依据，对流程重组实施的效果进行评估，与事先确定的绩效目标进行对照，评价是否实现既定的目标，如在时间成本等方面的改进程度、流程信息管理的效率等。同时要在企业中建立长期有效的组织保障，这样才能保证企业业务流程持续改善的长期进行，具体包括建立专门的流程管理机构，制定各流程内部的运转规则与各流程之间的关系规则，逐步用流程管理替代传统企业中的组织机构图。

（三）适应信息化的企业业务流程新特点

1. 产品开发流程新特点

产品开发流程主要涉及加快产品设计、跟踪产品的状态、协调产品及各部件间的设计信息、资源的分配和投资决策等几个方面。而企业实施信息化建设后，其系统在产品开发研究过程中将起到重要作用，具体如下：①系统的并行设计思想和模型库为制造业和服务业中组件及过程的快速自动化原型设计提供了可能；②在研制、开发复杂产品时，系统可实现在其烦琐、复杂的开发过程中跟踪产品或设计在开发周期中的连续状态，以保证产品的准确开发；③在对新产品的开发进行分析决策时，决策者可根据系统中企业的资源及财务运作状况分析产品的市场投放时机或是否应停止开发，进行进一步改进后再投入市场等。

另外在产品开发流程中，企业中的其他组织可通过企业内部的信息通信系统对产品的开发进行了解，并提出中肯的建议，使得开发出的新产品更好地适应市场。

2. *生产流程新特点*

在生产流程中，企业主要借助信息系统可达到生产“双零”控制，即零缺陷和零库存。零缺陷主要是指生产过程中的质量控制方面，利用企业的生产信息系统对产品的各项指标进行标准化，并借助信息系统对整个生产过程进行质量跟踪，及时反馈及修正可能出现的一些失误。而零库存主要是在企业的生产过程中对产品的数量进行控制。生产计划管理系统可以动态保持企业计划接近实际需求，减少盲目计划造成的浪费，提高交货率，降低成本，真正实现低库存或接近于零库存。

3. *采购流程新特点*

在采购流程方面，通过大型信息系统平台，实现总部统一采购，可以实现将整个企业的进、销、存统一在一个系统中。采购部门可以更好地控制采购量和采购时机，形成规模优势，有效降低采购成本。另外，由于企业的所有信息都在信息系统中有所体现，采购部门可以通过比价采购，为企业获得更大的成本节约。

4. *营销与财务流程新特点*

在企业营销和财务活动中，企业可通过信息系统达到“双无”，即无积压和无坏账。首先在企业信息系统的帮助下，企业中所有产品的销售信息包括销售价格、日均销量等在企业信息系统中都有所记录，企业可以达到或接近于零库存，这样在企业的销售流程中可以自然达到无积压。另外在财务方面，企业的每笔应收账款都有详细记录，企业在与供应商交易时可以查到过往的每笔交易，从而降低企业经营风险，有效地减少和避免坏账的发生。

5. *服务流程新特点*

信息化平台的建立将使得市场信息被反映得更直接、及时和充分，首先，企业能够更为快捷地针对不同需求、不同爱好的客户提供个性化服务。而客户也可通过企业提供的信息化终端获得更为直接的联系，及时得到服务。现在很多企业可以通过网络 24 小时不间断地为客户提供支持与服务。其次，客户还可以随时登录企业网站查找所需信息、订购或定制商品。

五、企业信息化应用评估及改进

近几年，国内企业信息化的建设和应用正逐步走向成熟，一些大型企业的主要应用系统建设已经接近尾声。此外，一些在发展过程中逐渐崭露头角的企业也开始通过全面的信息化应用评估和规划来试图为企业持续性发展提供动力支持。然而，CIO 却面临着更困难的问题，因为他们需要考虑为什么要投入 IT、向什么方向投入是合理的？企业不断追加信息化方面的投资，实际效果却得不到明显的体现，在 CFO（首席财务官）的不断质疑面前，信息化投入变得很尴尬，而 CEO（首席执行官）也对信息化建设态度模糊。所以越来越多的 CIO 都在面临类似的问题；一方面，缺乏有效的评估严重制约国内企业信息化的进一步投入；另一方面，企业信息化建设正在因为缺乏合理的导向而走向困境。

（一）通过对企业信息化应用科学、系统的评估，确保能够找到合理的方法改进信息化建设

在企业信息化建设过程中，总是会出现各种各样的问题。有的企业出现了不同系统之

间难以进行数据交换，形成“信息孤岛”的现象；有的集团企业总部看不懂分公司的数据，也不能在 ERP 中合并财务和业务报表；有的企业老板在某天突然发现每个业务员都能导出公司所有客户的信息；有的企业将 IT 服务全部外包，逐渐发现自己的信息化已经有些难以控制；有的企业的业务部门经常抱怨 IT 部门的支持不及时、软件不好用等。企业信息化过程中出现一次或几次事故，往往就会造成企业各个层面、各个部门对信息部门的负面观点，使得信息部门的工作进展越来越困难。

要找出这些情况的根本原因和改进方法，将目光离开日常工作的烦扰，全面进行信息化评估是一项不错的选择。要从信息化对企业战略目标的支撑作用、业务特点对信息化的核心要求、IT 规划的执行情况、IT 项目的管理能力、IT 运维的规范程度，甚至包括 IT 人员的职业发展等多方面进行对比分析，明确成绩与不足，找出改进的方法，建立持续改进的机制。

其实，不仅是在企业信息化建设方面，企业很多其他实际工作都存在着评估和改进的问题。因为企业各方面因素都在时刻发生着变化，企业也需要在这个变化过程中不断停下来看一看，系统在实施过程中、在具体应用上存在着什么问题，进而考虑如何去改进系统。否则，如果只是一味地进行系统的实施，而不是去在实施和后续应用过程中发现其中存在的问题，最终可能会导致系统中途实施的瘫痪，造成严重的后果。

一个系统的上线，无论是在事前的规划、中期的执行还是在后期的定期检查和改进阶段，每一个环节都是至关重要的。可在大多数情况下，人们往往是愿意去“做事情”，而不愿意去定期地评估、检查，更不要说总结和改进了。这一点在从事信息系统应用开发工作的人员身上体现得尤为明显，因为在目前的企业里，大多数信息部门的员工本身是技术出身，他们更乐意去埋头搞研发，却不善于发现问题、总结反馈。

在评估过程中，要确定信息化投资与企业业绩之间的平衡点，让企业领导了解信息化的价值和信息化过程中资源投入的重点，让整个企业在信息化工作各方面达成共识。

简单地说，信息化应用评估和持续改进工作的价值可以归纳为以下三点：

（1）明确企业信息化应用的成绩和不足，找出持续改进的目标和方法。

（2）促进业务部门与信息部门之间的理解，对信息化应用的目标达成共识。

（3）让企业高层了解企业信息化的价值，确定资源投放重点。

当今时代，信息系统面临着巨大的挑战，因为它有别于其他传统系统，技术环境的发展日新月异，处于不断变化之中，如何在快速变化的环境中同时兼顾技术应用和管理、提升二者的关系是很多企业需要重视的问题。

总之，评价一个系统的成熟度，就是要看定期评估、持续改进这一环节，因为评估、改进环节是推动整个体系向前发展的关键。

（二）企业在信息化建设前后以及实施的过程中，要确定 IT 评估和改进工作的重点

不同阶段的评估重点是与评估的目的相关的。大规模的信息化改造前或重要系统建设项目立项前的评估，重点应该是标杆分析、核心业务需求的分析，为信息化规划或项目建设提供依据；建设过程中的评估应该以项目目标的实现为目的，通过将项目的现状与项目的目标进行对比分析，发现已经出现或可能出现的问题，进一步明确项目验收是应具备的条件；建设后的评估工作，其工作重点应放在改进信息化项目的管理、进行信息系统优化和深化应用、持续改进目标以及建立持续改进的有效机制。

企业信息化项目建设的不同阶段有着不同的侧重点。在信息化项目建设前，企业应当将重点放在基于核心业务的需求分析方面。也就是信息化项目规划要以企业的具体业务需求为依据，即由业务决定技术。在这个过程中，尤其需要避免目前一些企业在认识上的误区，它们往往会比较关注哪项技术在自己的行业领域应用比较广泛、效果比较明显，就以此为依据来决定实施哪项系统。这种工具决定业务的本末倒置的做法本身就是不可取的。

选择了适合企业需求的信息化软件产品，在系统建设过程中，除了要保证信息系统上线后能顺利步入正轨、满足总体的业务需求之外，还要解决和控制实施过程中的风险问题。在 IT 流程方面，企业需要逐步通过规范形成合理的 IT 项目管理体系，对 IT 项目进度、质量等进行有效管理和风险控制。同时，应注意是否保留了项目管理中的重要经验和知识。

信息化项目之后的评估就相对全面多了，一个是基于企业业务方面的评估，另一个就是从技术发展的角度进行评估。要在这二者之间寻找一个契合点，看看怎么去改进，从哪里突破。同时企业还要特别注意 IT 运行过程中潜藏的风险。例如，有的 IT 类企业，就是 200 多人去管理一个系统，而一般的企业，就只有 2～3 个人来维护很大的一个系统运作，这其中的风险问题不可忽视。

（三）在企业信息化建设过程中，更应注重信息化可持续发展能力的评估

信息化评估的体系和方法有很多，每种体系都有其自身的长处和短处，根据企业的不同需求可能需要采用不同的评估体系和方法。在大多数情况下，仅仅进行信息化应用水平或项目实施方法的评价或评分，价值是不大的。完全进行量化的评分，如果缺少横向对比，只是对信息化水平或信息化能力的评价，而不是对价值的评价，这样的评价结果难以说明企业信息化的价值。评估工作的目光还是要放到如何指导企业信息化的后续工作上，评估是手段，改进也是手段，目的是发挥信息化投资的价值。

目前，就大多数企业的现状来说，对于信息化应用水平评估的关注程度，远远大于对信息化可持续发展能力方面的价值评估。即使这样，真正实际操作信息化应用评估的企业也是寥寥无几。

在价值评估方面，企业的高层管理者应当将信息化投资的战略意义认识地更加透彻，如果高层管理者认识不到这个问题，IT 部门的主管又不能主动去找高层管理者商谈企业未来几年的信息化发展计划，那么企业的信息化则可能只停留在信息化应用阶段，没有可持续发展能力可言。

（四）在企业信息化建设过程中，由咨询公司协助企业推进信息化评估与持续改进工作

显然，评估工作并不是只有请咨询公司才能做，企业自己也可以进行这项工作，有的企业信息部门的年终总结就很像一个简单的评估报告。信息部门可以通过这种形式与业务部门进行沟通，达成共识。当然如果由咨询公司来进行评估，则具有特别的作用。相对于企业内长期从事具体事务的 IT 部门而言，咨询公司既有广阔视角，又拥有长期的企业信息化评估方面的研究成果。咨询公司的第三方角色，使它容易与企业各方进行沟通，所提供的观点是没有成见的、公平的、客观的，也更容易被企业内各方接受。还有一点最重要，评估咨询和其他咨询一样，需要咨询顾问与企业内各有关人员全力协作才能得到好的结果。

对于一般企业来说，只有当发展到了一定规模的时候，才会去寻求咨询公司在这些方面提供帮助。为什么这样说呢？暂且不论企业的 IT 部门有没有这个评估能力，关键是它们没有精力去做，因为它们需要对公司正常的业务运行负责，同时还要承担其他一些应用项目的推进工作。所以，如果是请咨询公司来做信息化评估工作，应该会有以下几个方面的推动作用：

（1）咨询专家具有广阔的视角，评价的角度更全面。

（2）咨询公司一般会有一套切实可行的、有效的评价体系或方法来进行评估。

（3）如果是公司内部提出问题和意见的话，往往不容易接受；咨询专家的意见更客观，很容易让人信服。

简要提示：

企业项目实施方法在传统管理咨询方法和应用产品实施方法基础上，可以创造性将管理咨询和信息系统实施结合，并行实施，缩短实施周期，降低成本，效果也得到较大改善。总体实施过程可依据图 6-3 所示，图 6-4 对图 6-3 进行了具体说明。

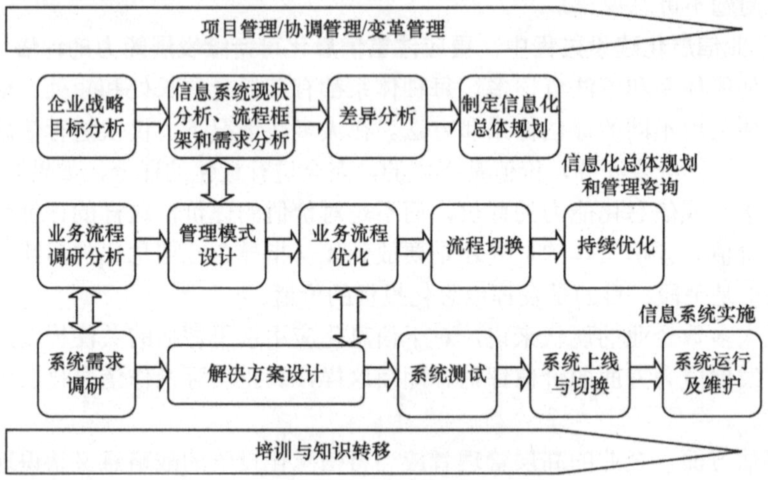

图 6-3 总体实施过程

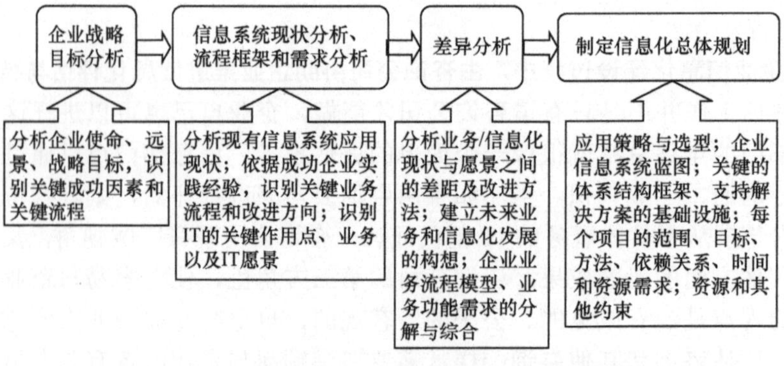

图 6-4 具体工作内容说明

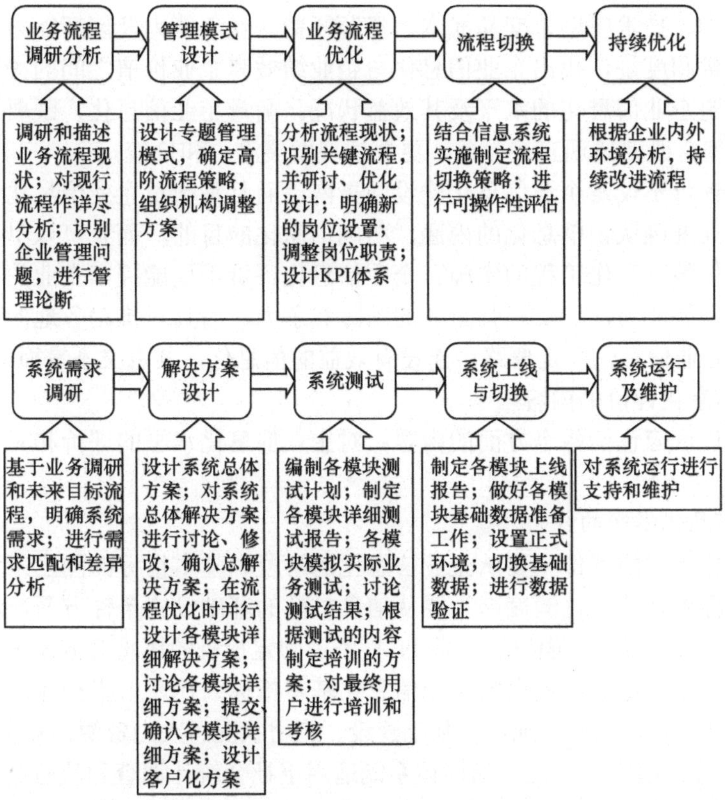

图 6-4　具体工作内容说明（续）

第六节　企业信息化评价

一、企业信息化评价概述

在实现信息化的进程中，常常需要对企业的信息化程度进行评价。首先，由于我国在信息化方面起步较晚，观念落后，基础设施薄弱，这就使得企业在实现信息化的过程中必须常常分析企业信息化的发展瓶颈，诊断企业的信息管理结构。其次，随着现代企业制度的建立，企业体制改革不断深入，企业兼并、重组不断发生，相关主体，包括国际国内相关企业、政府等对企业的综合评价的需求，尤其是对企业信息化的评价需求也变得越来越迫切。要对一个企业信息化进行准确的评价，需要首先分析影响一个企业信息化程度的主要因素。换言之，需要首先建立一个衡量企业信息化程度的指标体系。

（一）企业信息化评价及其意义

根据国家信息化测评中心的观点，企业信息化是企业从传统生产方式向现代生产方式根本性转变的过程，即信息技术从业务应用向业务核心渗透的过程；是从传统管理向现代管理转变的过程；是基础设施重建、技术应用、结构调整、资源拓展、管理再造和制度创新向信息化转变的过程；是提高经济主体活力、提高企业效益和竞争力、最终在国民经济中实现人的现代化转变的过程。那么，企业信息化评价就是对企业信息化的基础设施、信息资源、人力资本、技术应用、交易成本、资源耗费、竞争能力及创新能力、协同效应等方面进行全面测量和度量，找出企业信息化与企业绩效和企业价值之间的关系，建立评价指标体系，以确定企业信息化的水平及其效益状况。衡量企业信息化，既要体现水平，又要体现效益和效率；既要体现直接效益，更要体现发展潜力和价值。

企业信息化评价不仅是企业信息化建设的指南，而且是衡量企业信息化水平的尺度；不仅可以指导企业准确认识信息化的内涵，明确信息化的目的，而且可以引导企业正确制定信息化战略，保障信息化工程的实施。企业信息化评价不仅能提高企业的整体素质，提高企业的可持续发展能力，切实增强企业的国际竞争力，而且对推动各地的经济和社会的发展，特别是使企业信息化少走弯路，建设有效益的信息化，其意义不言而喻。

（二）企业信息化评价的内容

企业信息化评价应包括两个方面的内容：对企业信息化水平的评价和对企业信息化效益的评价。

1. 对企业信息化水平的评价

对企业信息化水平的评价主要从企业信息化的阶段和基本指标的测度来进行，以代表性的物化形态指标进行信息化测度，主要从信息扩散的基础设施条件方面，从信息资源的开发利用方面，从人力资本方面以及企业 IT 投资占固定投资的比重等方面来测度。这方面的工作以国家信息化测评中心提出的企业信息化基本指标为代表，指标体系的构成以及计算方法已基本成熟，共包括战略地位、基础建设、应用状况、人力资源、安全、效益指数 6 项一级指标和 21 项二级指标。这一指标体系既适用于社会统计调查和政府监测，又可以用于企业了解自身信息化基本状况，进行初步的横向行为对比分析。通过评价，企业可以具体掌握自身的信息化水平，为今后的企业信息化战略规划制定提供依据。

2. 对企业信息化效益的评价

对企业信息化效益的评价有两个方面：一是直接效益的评价，二是间接效益的评价。

（1）直接效益。直接效益就是信息化本身给企业所带来的直观可见的货币价值效益，如成本下降、效率提高、资金周转加快、收入增加等。企业信息化的直接效益主要建立在外部性和边际成本递减的理论基础之上，因此评价直接效益主要观察两个基本方面：一是观察成本，二是观察效率。由企业信息化前后产生的基本效益即成本的减少与时间的缩短，可以评价出企业信息化的直接效益。伴随着效益的产生，资金时间价值是企业信息化带来的潜在价值。成本减少，使可用现金流增加，占用资金减少；效率提高，使占用资金周转周期缩短，资金可重复运用频率就能增加，资金占用的提前期也将产生新的时间价值。

（2）间接效益。间接效益是指在企业信息化改造完成以后，使企业在财务报表记录的货币资本以外获得了其他非财务资产，其中一个就是社会资本，它包括基于网络的关系和信任，其中关系又包括企业内部关系、企业间关系、企业与客户关系等；再就是创新资本，或者说是对市场变化的快速反应能力和创新能力；除此之外，还表现为组织结构间的协同效应和企业可持续发展的能力。企业通过实施信息化工程，在提升企业竞争优势的同时，企业的社会效应也得到增强，不仅企业形象得到大幅提升，而且企业对社会的价值不断增加，从长远来看，这些都会为企业带来不可估量的效益。这些相对于企业的直接效益而言都是无形的，也可以称之为无形效益。对企业信息化无形效益的评价，重点是对企业财务报表以外的隐性资产进行评价，所以可以采用非财务的无形资产评价的一些方法。

（三）企业信息化评价的难点分析

由于对企业信息化水平的评价指标已经相对成熟，企业信息化评价中的难点就主要集中在对企业信息化效益的评价上，尤其是对间接（无形）效益的准确评价成为最大难点。对直接效益的评价可以分别从成本下降和时间缩短两个方面着手。有人提出了围绕“三流两周期”（即企业物流、资金流、信息流和产品生命周期、资产生命周期）分别核算出由企业信息化前后产生的成本减少、收入增加与时间的缩短、效率的提高，然后再考虑资金的时间价值，就可以评价出企业信息化的直接效益。

但是对间接（无形）效益的评价就不能做到准确量化。例如，对社会资本的测度目前主要是世界银行采用的一些在经验性研究中实际使用过的指标，依据外延由窄到宽的几种社会资本定义，主要分为测度横向社会资本、测度纵向社会资本、考察社会一体化和社会分裂对经济成果的影响以及将正式制度当做社会资本加以评价四类。从微观上测度企业的社会资本，并将它与效益结合起来，国内学者中边燕杰、丘海雄提出了一个适用中国企业的社会资本指标体系，分别从企业的纵向联系、横向联系和社会联系三方面评价企业社会资本。他们的工作主要体现在对企业社会资本存量的测度上。

此外，与关系和信任（社会资本的范畴）有关的另外一些指标，如营销对象、营销项目、营销网络分布和价格优势状态等信息在内部是否公开透明及透明程度，是否与企业供应商实时共享本企业产品的质量报告、客户反馈，是否与相关业务伙伴实时共享过程质量控制，是否与相关业务伙伴实时交流产品种类和数量的变化，甚至企业员工受处罚情况等，都可以作为企业信息化间接（无形）效益的评价指标。

对创新能力的测评主要包括响应能力和知识创新能力指标。根据国家信息化测评中心提出的效能指标，可以分别从适宜度和灵敏度两个方面来衡量企业信息化的效果和能力。其中适宜度指标主要反映企业信息化的效果“合适”还是“不合适”，灵敏度指标包括了企业对响应能力和创新能力的评价。但由于效能指标在计算上主要采用通过考察企业的实际情况与标杆值的相似度来作出判断，因此标杆值的选取和确定就成为评价的关键，而企业标杆值的确定是明显有难度的。即使通过建立标杆值数据库，并且不断进行修改，想要以此作为不同行业、不同规模、不同阶段的企业信息化的参照标准，所得出的结论还是难以令人信服的。因为标杆值数据库中所谓代表企业的选取本身还需要通过评价来确定。

对协同效应的测评，可以采用组织人际关系协同、价值链管理、协同 OA 商务以及虚拟企业、企业联盟之间的协同等指标；对可持续发展能力的测评，主要采用企业竞争能力、企业学习能力、人力资本的学习培训等指标。

二、企业信息化评价方法

20 世纪 70 年代以来，伴随着全球信息化的浪潮，我国越来越多的企业开始进行信息化建设，但是如何衡量一个企业信息化是否成功，是否达到了企业预期效果，企业信息化对企业和社会的贡献大小等一系列问题成为企业信息化建设中共同关注的焦点。截至目前，我国学者在研究企业信息化水平方面所提出的评价方法越来越多。

对于企业信息化测评，目前国内有两种观点：一种是测评企业信息化所达到的水平；另一种是在测评达到水平的基础上，主要应该测评企业信息化所提升的经济效益，即信息化绩效。按各方法所涉及的学科领域，可把目前国内常用的评价方法分成以下几大类：

（1）专家评价法。它是以各领域专家的主观判断为基础的一类评价方法，主要包括评分法、类比法和相关系数法等，具有操作简单、直观性强的特点，可以用于信息化定性或定量经济效益指标的评价，一般采用多位专家评价等措施来克服主观性强及准确度不高的缺点。

（2）经济模型评价法。它是一类定量的评价方法，主要包括生产函数法、指标公式法和费用/效益分析法等，具有客观性强、实用性高的特点，适合于对信息化直接经济效益的评价。

（3）运筹学评价法。它主要包括多目标决策、数据包络分析（DEA）和层次分析（AHP）法等。层次分析法将人的主观判断定量化，从而将定性分析和定量分析有机地结合在一起，是适用于复杂系统评价的一种简单而实用的决策方法，具有思路清晰、方法简单、适用范围广、系统性强、便于推广等特点，可对大量因素的相对重要性进行评价，被广泛用于分析那些涉及多重评价准则的大范围的问题。

（4）其他数学评价法。其他数学评价法包括模糊评判法、主成分分析法、因子分析法和聚类分析法等。它们具有完备的理论基础，适合对多因素的变化进行定量动态分析，尤其对那些含不确定性的、模糊因素的评价能够获得较好的结果。其主要缺点是由于因素多而产生的工作量大、处理困难等问题。模糊评判法应用模糊关系的合成原理，将一些边界不清、不易定量的因素定量化，将考核、评估内容量化，全面地考核、评估企业信息化的实施效果，能在较大程度上克服评估过程中的主观臆断，获得公正、合理的结果。主成分分析法通过一定的数学变换实现定性指标的定量化，实现定性评价和综合评价，同时避免信息重复，且权数是在指标合成过程中自动生成的，避免了人为确定权数时主观因素的影响。此外，它有很强的可操作性，如可以利用 SPSS 等统计软件可以方便地进行主成分分析。灰色评判法是从等级的不明确性出发，广泛应用于机制复杂、层次较多、难以从定量角度建立精确模型的系统研究工作中。它将受评企业的分散信息处理成一个描述不同灰类程度的权向量，并在此基础上对其进行单值化处理，便得到受评企业的综合评价值。BP 神经网络根据所提供的数据，通过学习和训练，找出输入与输出之间的内在联系，从而求取同类问题的解，而不是完全依据对问题的经验知识和规则，因而具有自适应的功能。其优点是：能处理模糊数据，有很强的容错能力；为处理各个因素之间因相互影响呈现出复杂的非线性关系问题提供了强有力的工具；避免了评价过程中人为确定标准值和权重的主观因素。

（5）组合评价法。它是指前述专家评价法、经济模型评价法、运筹学评价法和其他数学评价法中的具体模型或方法的有机组合应用，是一种扬长避短的一种评价方法。例如，APF 法就是一种十分典型的组合评价法，它把层次分析（AHP）法、主成分分析（PCA）法和模糊评判（Fuzzy）法等相组合，综合利用各种方法的不同特性对评价对象作出较全面的评价。

目前，理论体系比较完善而且应用范围较广的主要是专家评价法、层次分析法、多元统计分析法、多层次评价方法和组合评价法。

三、企业信息化评价体系

（一）企业信息化评价体系的组成

任何一个评价体系都要解决“谁评价，评价什么，如何评价”的基本问题。本书针对这些问题结合企业信息化评价目标研究、分析后，将企业信息化评价体系分为以下几个方面：

（1）企业信息化评价对象。企业信息化评价主要通过企业信息化水平以及企业信息化效益来衡量。直接衡量比较困难，必须对它们进行细分，将其分解成若干个子指标进行综合、全面的评价。

（2）企业信息化评价模型。企业信息化评价模型是指根据企业信息化的战略目标划分而形成能进行度量的企业信息化评价指标体系。在企业信息化评价中常用的评价模型有诺兰模型、能力成熟度（SW—CMM）模型、技术—信息卓越度模型等。

（3）企业信息化评价指标体系。企业信息化评价指标体系是指通过一些关键性指标来反映企业信息化的绩效，它是企业信息化评价的基础。没有科学、有效的评价指标体系，企业信息化评价只是一句空话，评价将无从下手。企业信息化评价指标体系主要反映企业信息化的状况、水平以及企业信息化的效益，它应是定量指标和定性指标相结合、经济指标和非经济指标相结合，能够为管理者提供决策支持。

（4）企业信息化评价标准。企业信息化评价标准，是进行信息化评价的标尺。选用什么标准作为评价的标准取决于评价的目的。企业信息化评价标准，一方面可以用以往的、现有的信息化评价数据来进行纵向比较，反映企业信息化的成效；另一方面可以和同行业企业进行横向比较，从而判断自身的信息化状况、水平，找出与标杆企业的差距，确定日后的优化和改进方向。

（5）企业信息化评价方法。评价方法根据评价对象的具体要求不同而有所不同，总的来说，要按系统目标与系统分析结果恰当选择成熟、公认的评价方法，并注意评价方法与评价目的的匹配，注意评价方法的内在约束，掌握不同方法的评价角度与评价途径。

（6）企业信息化评价数据。评价指标体系构建出来了，在具体的评价过程中需要有指标的具体数值，这样运用评价模型、评价方法才能真正对企业信息化进行评价。定量指标可以直接测算，定性指标可以设计问卷或者请专家进行测算。

（7）企业信息化评价组织。企业信息化评价组织，是负责选择企业信息化模型、评价方法，构建评价指标体系，设定评价标准的组织。评价组织通常由评价所需要的技术专家、管理专家和评价专家组成。参加评价工作的专家资格、组成以及工作方式等都应满足评价目标的要求，以保证评价结论的有效性和权威性。

（8）企业信息化评价报告。企业信息化评价报告是由评价组织完成全部评价工作之后，对企业信息化的水平、状况和信息化效益的评价结果进行客观判断后形成的综合结论的文本文件。评价结果要及时反馈给企业决策部门，作为经营管理改善和绩效监管的参考依据。

（二）企业信息化评价指标体系的构建

从理论上讲，企业信息化评价指标体系的建立可以弥补企业信息化研究领域的不足，进一步充实企业信息化评价的内容。世界各国政府无不对企业信息化建设高度关注，并纷纷展开专门研究，制定了许多套评价指标体系，但都存在着一定的不足。制定一套完善、科学、实用的企业信息化评价指标体系将对推动经济的快速增长具有重大的战略意义和现实意义。

从实践上讲，企业进行了信息化建设，如果没有一套科学、合理的评价指标体系，企业就无法判断自身信息化建设的状况，无法确定下一步信息化建设的重心，这可能会导致企业信息化建设的畸形发展。有了评价指标体系，在一定程度上就有了一定的参考依据，企业在实施信息化建设中就有了一定的参照，为企业提供信息化应用评价的工具，从而进一步提高企业改善自身信息化水平的能力和市场竞争能力，进一步优化企业的信息化系统，将有助推进企业信息化的进程。同时，企业信息化评价指标体系的建立能够客观评价企业信息化发展水平，比较企业之间信息化水平方面的差异和特点；对于政府制定经济发展战略、完善信息产业发展政策、优化信息化建设的大环境、正确指导企业信息化的发展具有十分重要的意义。

1. 企业信息化评价指标体系构建的原则

对企业信息化评价指标体系的研究不仅是一项具有现实意义的工作，并且是一项富有挑战性的工作。企业信息化指标体系涉及面广，蕴涵信息量大，其重点研究内容就是建立一套科学化、标准化、系统化、规范化的指标体系，能够全面、客观地反映企业信息化建设的全貌。企业信息化指标体系的建立必须遵循以下原则：

（1）合理构造指标层次和指标数量。对任何评价对象而言，都需要建立一定数量的指标层次和指标数目，才能达到预期的评价效果。但是，指标层次和指标的数量并不是越多越好，而是应该根据实际情况而定。如果指标层次和指标数量过多，会造成评价过程过于复杂、烦琐，降低评价精度；如果指标层次和指标数量过少，便不能科学、有效地进行评价。

（2）动态连续性原则。企业信息化是一个动态发展、不断提高的过程。因此，指标体系必须能够反映企业信息化的现状，同时反映其发展趋势和潜力，并揭示其内在规律。动态连续性原则体现在两个方面，一是利用各模块的独立评价和综合评价来反映企业信息化的效果；二是在指标选取时兼顾静态指标与动态指标的相互结合，利用静态指标反映企业信息化的现状和水平，利用动态指标反映企业信息化的发展前景，这样，动态指标便具有了预测功能。

（3）定量和定性相结合的原则。企业信息化的评价是一个十分复杂的系统工程，在辨别和综合评价企业信息化程度时应综合考虑影响企业信息化的定量指标和定性指标。企业信息化评价指标体系应以定量指标为主，适度采用定性指标。定量分析是准确评价企业信息化程度的关键。因为，企业信息化的评价过程中部分无法直接统计的定性指标，如企业信息化的无形经济效益、企业信息化的社会效益、企业信息化环境等指标就只能用来作定性判断。

（4）目的性原则。企业信息化指标体系的建立，旨在让企业认识到自身的信息化水平、如何有效地进行信息化建设。通过衡量信息化的现状，企业可以找出其中的不足，分析原因，总结经验，提出改善的手段和方法，为企业的决策层提供科学的依据，全面高效地实现企业信息化，提高企业的经济效益和核心竞争力。

（5）全面性原则。企业信息化水平的评价指标体系必须如实而全面地反映企业信息化的现状。因为企业信息化所涉及的不仅包含有物质方面的因素，而且包含有诸如人员的素质、企业文化等精神方面的因素，其目的是既要提高企业的经济效益，也要提高社会效益。

（6）科学性原则。企业信息化指标体系的建立，必须以信息经济学理论和统计学理论为依据，结合企业自身的特点，借鉴已公布的国家信息化指标和国际上比较通用的信息化测度的理论和方法，如波拉特方法和信息指数化方法，提出本企业信息化评价的指标体系和评价方法。

（7）可操作性原则。指标含义要明确，信息集中，数据资料容易获得，能与企业现有的数据衔接，否则评价工作难以进行或者代价太大。另外，所选取的指标要简化，计算方法简明易懂，使选取的指标能够客观地反映问题，减少或者去掉一些对评价结果影响甚微的指标。

（8）可比性原则。可比性原则指的是不同时期或者不同对象之间是可以比较的。这就要求所设计的评价指标体系不仅要在时间上延续，而且还可以在内容上拓展，既便于不同企业间的横向对比，又便于本企业不同时期的纵向对比。

（9）独立性原则。在设计评价指标时，各指标间应该尽量避免显而易见的包含关系，对隐含的相关关系在处理上尽量将之弱化、消除，力求各指标的独立，尽量减少指标间的重叠，使评价更加可信、高效。

2. 企业信息化评价指标体系设计思路

目前，关于企业信息化评价国内外学者已经提出了一些评价方案，但是由于对企业信息化含义的认识存在分歧，影响企业信息化水平的因素比较繁杂，以及信息化建设的成效在很多方面相互交叉体现等，这些评价方案多将重点放在信息技术在企业中的应用方面，或者过于强调软、硬件的技术条件，不太重视信息技术与企业管理经营的结合；或者是指标体系过于定性化，主观性太强，可操作性和量化程度不够。针对这些情况，应设计比较简明且具有一定可操作性、可决策性的指标体系，从企业信息化水平和企业信息化效益两个方面来对企业信息化进行评价。

企业信息化水平评价指标体系主要是用来对企业信息化的状况进行测评，有助于企业了解自身的信息化水平。该评价指标体系主要是从信息化环境、信息化支撑系统建设、信息化应用状况、信息化人才四个方面来进行评价。

企业信息化建设要立足于讲究效益信息化，信息化建设的成功与否可以从信息化建设的效益方面反映出来，有一点可以确定，不能产生效益的信息化建设肯定是失败的。企业信息化效益评价指标体系正是用来检验企业信息化成功与否的。该评价指标体系主要从经济效益和社会效益两个方面来进行评价，经济效益又细分为直接经济效益和间接经济效益。企业信息化评价指标体系的构成如图 6-5 所示。

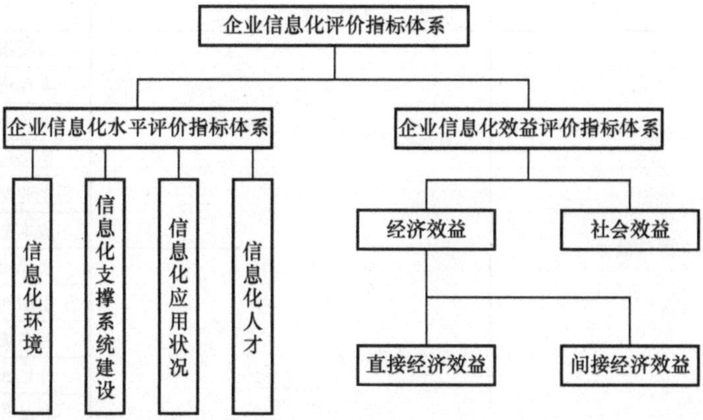

图 6-5　企业信息化评价指标体系的构成

3. 企业信息化评价指标体系的具体构建

为了对企业信息化进行了全面、综合的评价，在前人的研究基础上，根据前文提出的指标体系构建原则、指标体系的设计思路，本书提出了企业信息化水平评价指标体系和企业信息化效益评价指标体系，具体的指标如表 6-1 所示。企业信息化水平评价指标体系由四个一级指标构成：信息化环境、信息化支撑系统建设、信息化应用状况、信息化人才。企业信息化效益评价指标体系由两个一级指标构成：经济效益和社会效益。其中经济效益又细分为：直接经济效益和间接经济效益。每一个一级指标都由数个二级指标组成。

表 6-1 企业信息化评价指标体系架构

		一级指标	二级指标	三级指标
企业信息化评价指标体系架构	企业信息化水平评价指标体系	信息化环境	信息化重视程度	
			信息服务体系	
			公共信息资源量	
			国家、地方的支持力度	
		信息化支撑系统建设	信息化投资比重	
			因特网接入规模	
			每百人计算机拥有量	
			计算机联网率	
			数据库建设规模	
			信息安全技术建设水平	
		信息化应用状况	信息采集的信息化手段覆盖率	
			办公自动化系统应用程度	
			决策信息化水平	
			核心业务流程信息化水平	
			企业门户网站建设水平	
			电子商务应用	
			财务管理应用	
		信息化人才	信息化人才培训制度	
			人力资源指数	
			干部队伍的信息素质	
			信息技术人员素质	
			信息化技术普及率	
	企业信息化效益评价指标体系	经济效益	直接经济效益	增长指数
				库存资金占用率
				市场占有增长率
				资金运转效率
				企业财务决算速度
				成本节约程度
			间接经济效益	市场反应速度
				组织改善度
				业务流程改善度
				计划改善度
				产品和服务改善度
				人员素质改善度
		社会效益		信息化模式推广价值
				企业形象的改善
				企业文化水平
				环境效益

第七节　企业信息化项目管理

项目管理是现代管理学的一个重要分支，是指在有限的资源约束下，运用系统的观点、方法和理论，对项目涉及的全部工作进行有效的管理，以成功地实现预期目标的活动。项目管理的思想最早是在第二次世界大战时期出现的，它的出现引起了管理界的特别注意。20世纪80年代以后，项目管理迅速传遍世界各国，并且被广泛地应用于建筑、金融、财务、广告、医药、法律以及航天等社会、经济生活的诸多领域和各个层次。20世纪90年代以后，随着计算机和信息产业的迅速发展，项目管理产生了一次更大的飞跃，使项目的计划和决策、实施和跟踪可以实现快速、动态的时时管理。随着信息技术的迅猛发展，越来越多的企业认识到，通过项目管理可以在保证工期、降低成本、提高质量、预防和控制风险等诸多方面起到至关重要的作用，因此将信息系统建设视为项目、以项目管理方法来管理信息化项目的全过程得到越来越多的重视。

一、企业信息化项目管理概述

（一）企业信息化项目管理的重要性

企业信息化不仅包含信息技术基础设施建设，更包括了业务流程重组、管理观念更新、企业文化变革等多个方面。企业信息化是一个包含了多个子系统的复杂项目工程。

项目管理受范围、时间和成本三个方面的约束，管理这三项约束，就要在一个项目的范围、时间和成本三者之间进行权衡。项目管理从内容上由九大知识领域组成，包括项目综合管理、项目范围管理、项目时间管理、项目成本管理、项目质量管理、项目人力资源管理、项目沟通管理、项目采购管理和项目风险管理九大部分；从过程来看，包括五个项目管理过程，即项目启动、项目计划、项目执行、项目控制和项目收尾。项目管理是一项系统整合的工作，在某个时间、在某个知识领域所做的决定和行动常常会影响到其他方面。处理这种影响不得不权衡项目管理的三项约束（范围、时间和成本），同时还需要在其他知识领域进行权衡。

企业信息化建设是一个综合性的、跨领域的计算机信息系统集成项目。单凭简单的经验型的管理模式无法保证企业信息化建设项目的实施的管理需要，建设一个成功的企业信息化项目，必须采用科学的项目管理模式，抓住整个项目管理中的命脉，只有这样才能提高企业信息化建设项目的成功率，才能加快企业信息化建设进程。

对信息化建设深入且应用较复杂的行业用户，为保障信息化项目建设的顺利推进和有效控制，企业需要加强对信息化项目的管理，促进项目管理的科学化、规范化和程序化，保证项目顺利开展进行。而项目的有效管理必须构建一套标准的、适用的、可操作的组织架构、管理流程和制度体系，满足信息化统筹建设过程中的单项目和多项目管理，确保各方各司其职，实现对信息化项目在进度、成本、质量、成果等方面的有效监控。

（二）企业信息化与项目管理的关系

1. 企业信息化

企业信息化是企业利用现代信息技术获取竞争优势的主要手段，是企业经营战略的重要组成部分。

2. 项目管理生命周期

项目管理是一种管理方法体系，是一种获得公认的管理项目的科学的管理模式。项目管理将各种知识、技能、工具和技术应用于项目之中，以达到项目和利益相关者的要求，通过九大知识领域对项目的启动过程、规划过程、执行过程、控制过程、收尾过程进行有机的、系统的管理，项目管理强调在项目的范围、时间、成本三者间保持平衡。

项目生命周期有很多不同的划分方法，这里根据项目生命周期的一般样板将其划分为三个阶段：起始阶段、中间阶段和结束阶段。按照美国项目管理协会（PMI）的定义，项目管理的五个过程组分别为启动、计划、执行、控制、收尾，而项目管理九大知识领域的 39 个过程就分散在五个过程组中。

3. 两者的关系

企业信息化项目首先是一个项目，那么就应该按项目管理的规律、结合企业信息化建设项目特点，形成一套适合企业信息化建设项目的实施方法。要把企业信息化建设项目建设好、管理好，不能采取重实施不重规划、重测试不重评审、重结果不重过程，各管一段的模式；既要有一个明确可行立足本单位实际兼顾长远发展的规划，也要有一套切实可行的项目管理方法，对项目从立项到验收的每个阶段都要一步一个脚印、踏踏实实按确定的计划和方案推进，对项目自始至终实施全过程管理。

信息化建设项目全过程方法，就是将企业信息化项目看做由五个阶段组成的一个全过程的工程项目来考虑。根据项目的总需求、总目标确定每个阶段的工作重点，关键是抓住企业信息化项目生命周期中各阶段的核心问题和主要矛盾，即企业信息化项目管理五个过程组中的核心授权、沟通、确定项目范围、变更控制与文档建设问题，自始至终参与项目的全过程，结合质量、进度、费用的控制进行项目管理。

针对信息化项目技术发展变化快、需求变更多、人员变更频繁、形成记录少的特点，发挥重制度、重记录、重检查的特点，做到专家管理、需求明确、标准统一、独立测试、互为约束、公正守法、稳妥推进，从而对项目实施科学的管理，弥补信息化建设项目中重开发、轻管理的不足，使企业信息化项目始终处于有效的控制之下。

（三）企业信息化项目管理的方法

1. 信息化项目的组织模式

一般组织机构分为三种类型：职能制、项目制和矩阵制。职能制即层式结构，职能经理或负责专业部门（如工程、制造、信息技术、人力资源等）的副总对首席执行官负责。矩阵制组织中的项目经理来自不同的职能部门。一般项目根据项目内容的不同以及组织的不同的设置方式，一般采用项目制或矩阵制。信息化项目由于需要业务与技术的紧密结合，不能仅依赖于业务部门或者信息技术部门，需要业务部门和信息技术部门密切配合。在信息化项目的组织建立中，多从各职能部门抽调合适的人员代表部门参与项目，构成项目组。在项目组中设立项目领导组和项目实施组，项目领导组对项目目标、投资、时间期限等大的原则事项负责，项目实施组负责具体落实，向项目领导组负责；项目实施组在项目经理的领导下，根据工作内容分成业务组、技术组和综合组，业务组负责与信息系统业务流程、业务规则以及具体实施等方面相关的事宜，技术组负责保证信息系统正常运行所需的硬件、网络条件方面的事宜，综合组负责文档管理、综合联络方面的事宜。

2. 信息化项目的目标控制模式

由于信息化项目目标量化容易被忽视、在推进的过程中需求经常不断变更，因此导致信息化项目的任务边界也较为模糊，形成项目实施现场系统运行正常、项目现场实施结束系统即不能正常运行的被动局面。为降低项目实施风险，信息化项目必须界定有限的项目范围，并确定明确量化的项目目标，同时在目标范围内进行有效的控制。

通常可将信息化项目的目标分解为数据核对一致、操作方式按要求进行、制度成文并严格执行、培训完成人员能掌握系统以及过程文档完整。数据核对一致意味着现场实施并不仅仅是数据录入了系统，还必须验证录入系统中的数据在一段时间后运行结果的正确性，由于原有方式与新系统方式的并行，业务部门的工作量成倍增加，但这对于保证系统可靠运行、数据真实有说服力，以及业务部门人员掌握系统问题的处理方法都有裨益。操作方式按要求进行意味着业务部门原有的方式可能有与系统冲突的地方，在实施方案经过确认的前提下，业务部门需按照既定的方式进行调整，以保证原有处理方式与系统处理方式一致。制度成文并严格执行意味着新的系统中的处理方式需以制度的形式进行确定，业务部门严格执行，以保证业务部门持续以系统为平台并按正确的方式处理业务。培训完成人员能掌握系统意味着要求实施人员在现场实施阶段必须保证培训质量，达到培训的时间要求和内容要求，以保证业务部门人员经过培训后掌握系统。信息化项目的文档是描述项目从无到有整个发展与演变过程及各个状态的材料。信息化项目的文档管理的具体工作包括：保管项目建设与开发过程各阶段产生的各种文件与档案；更新项目运行过程中的文档资料。它是使信息化项目能正常运行的基础性工作。因此，保证信息化项目整个过程中文档的完整对项目的成功实施和完成有着重要的意义。

3. 启动过程中的项目管理方法

在启动过程中，一般项目管理所包含的内容为：明确项目目标；成立项目组织；对项目进行选型。信息化项目管理在启动阶段也包含上述内容，在明确项目目标、成立项目组织、对项目进行选型的过程中可采取以下措施：阐述组织的经营理念、使命、目标、目的，明确组织在目前和未来的战略发展方向，以及相应的技术需求；建立能够保障项目顺利推进的强有力的组织；项目领导组构成中需包括熟悉企业发展战略、熟悉企业管理模式、熟悉项目涉及业务范围的企业领导，且由于信息化项目与企业管理密切结合，企业“一把手”担任项目领导组组长对项目的顺利推进可起到重要作用；信息化项目由于覆盖业务处理和信息技术领域，必须经过由业务部门和信息技术部门共同参与的可行性论证，可量化的信息尽量全部量化。

4. 计划过程中的项目管理方法

项目管理的各个方面都包含了与计划编制有关的活动：项目综合管理需要制定整个项目的计划；项目范围管理包含范围计划编制与范围定义；项目时间管理包括活动定义、排序、历时估算和项目进度计划编制；项目成本管理包括资源计划编制、成本估算和成本预算；项目质量管理包括质量计划编制；项目人力资源管理包括组织计划编制和人员获取；项目沟通管理包括沟通计划编制；项目采购管理包括采购计划编制和询价计划编制；项目风险管理包括风险识别、风险量化，以及风险应对计划编制。由于信息化项目需要业务部门人员和信息技术人员的全力配合，因此在计划的编制过程中项目组应该共同参与，达成共识。

5. 实施过程中的项目管理方法

信息系统建成后，整个企业就换了一种新的思维方式，所有的业务以系统为平台进行处理。与此同时，在信息化项目实施的过程中，对于项目范围和进度也必须进行有效把握，项目经理必须在项目质量、成本、时间之间寻求平衡点。由于信息系统的建设投资大，随着企业管理的发展需求也会发展，因此企业在信息系统建设中多采用总体规划、分步实施的方式进行，这就要求信息系统建设必须以信息系统规划为依据，避免出现信息系统重复投资、“信息孤岛”的产生。另外由于信息系统产品缺乏标准判别尺度且信息技术发展迅速，信息部门对行业供应产品的判别具有一定难度，但选型对于后期的项目建设具有重要影响。好的产品能充分满足业务部门的需求，对于产品与企业管理的适应性认识得也比较充分，在合作实施的过程中，能够事前认识到实施中可能遇到的困难并考虑解决办法，从而在一定程度上规避项目实施的风险。

6. 控制过程中的项目管理方法

控制过程贯穿项目的始终。控制衡量朝向项目目标方向的进展，监控偏离计划的偏差，采取纠正措施使进展与计划相匹配。控制阶段超越项目生命周期的其他阶段，它涉及九个知识领域中的七个领域，包括：项目综合变更控制、项目范围变更控制、项目时间进度控制、项目成本控制、项目质量控制、项目沟通控制和项目风险控制。在信息化项目的控制过程中，对于项目质量的控制标准很难确定，对信息化项目的质量也很难进行标准量化的衡量。随着企业对信息化建设重视程度的提高，以及实施信息化项目经验的逐渐积累，信息化项目监理的概念也逐渐得到越来越多的关注。

二、企业信息化项目管理的主要内容

（一）人力资源管理

信息化项目是知识密集型的项目，与项目组人力资源关系密切，项目组成员的构成、责任心、能力和稳定性对信息化项目的质量以及是否成功有决定性的影响。项目主管应有效地使用人力资源，明确主要开发人员的职责和任务，提前作好有关人员力量的搭配，尽量使各个工程阶段中人员的变动不要太大。

（二）成本管理

首先，对项目按系统、子系统以及生命周期分解，分别估算出各个子系统在各个阶段的成本，然后再把这些成本汇总，估算出整个项目的成本。在实施过程中，对实际的费用进行控制，使项目成本不至于超出预算。

（三）质量管理

信息化项目的质量管理不仅仅是项目完成后的检查，而且应包括在信息系统实施过程中的全面质量控制，保证在整个开发过程中各个阶段性工作成果的质量。项目小组应组织有关的管理者和员工对阶段性工作成果进行审查和测试，这又称为里程碑式审查。通过保证各阶段性成果的质量，最终保证整体系统的质量。

（四）知识资产管理

在信息化项目实施过程中，不可避免地要将许多工作成果制成文档或电子化文档。为了获得高质量的文档，需要将此工作制度化、规范化、标准化。另外，这些工作成果中牵涉到企业的知识资产和业务信息，因此必须设置专人保管，并建立借阅制度，防止这些工作成果和业务信息流出企业。

（五）风险管理

信息化项目涉及组织变革的风险、经济风险、心理风险等。在项目推进过程中应提前对这些风险有所认识，一旦有关问题发生，则可从容冷静地处理、解决。

（六）沟通和范围管理

信息化项目经常涉及与多个公司的合作，例如，将部分工程委托给其他公司实施。在合作过程中，一定要将各自的工作范围和责任范围书面化，并不断进行信息交换和阶段性成果的确认。进度管理在实际的信息化项目推进中往往有各种各样的变动，完全按照计划日程推进工程是不现实的。当项目的进度计划需要调整时，调整的重点应放在对近期内即将发生的活动加强控制，或者对工期估计最长或预算估计最大的活动进行调整。

三、企业信息化项目管理中的注意事项

企业的信息化项目管理在认识和操作上的问题可归纳为以下几个方面：一是盲目跟风，没有弄清楚企业需求和信息化的作用，就模仿其他企业进行了信息化建设；二是力度不足，企业高层往往简单地认为信息化是服务商和企业 IT 部门的职责，就没有给予足够的支持和协调；三是急于求成，没有明确界定项目的范围与内容就匆匆上马；四是水平落后，企业现有信息化建设水平和人员技术素质相对较低。因而，企业信息化如果没与之适应的管理，很难取得竞争优势。

解决信息化项目管理实施问题必须要有相应的对策。一是从需求出发、抓住关键、总体规划、分步实施。二是企业领导的决心与认知是关键。信息化项目管理的成功实施，需要 60%以上的工作量投入在管理流程、管理架构的改进上，因此必须有包括中层在内的主管负责整个实施过程，解决好实施过程中的重大决策问题，做好管理与技术集成，使企业管理体制与改革相结合。三是技术基础工作和人员培训必须同步落实。信息化项目管理实施必须依靠各级人员完成，同时又涉及大量的技术基础工作，包括数据的收集、整理、归纳，标准化工作，制度的制定，岗位和人员的安排等，因此必须同步落实技术基础工作和人员的培训。四是要有必要的实施监理和优化调整。借助于监督机构对项目进行风险分析和跟踪，并提高防范措施，通过企业业务流程重组以及在实施过程的不断优化，完成适合管理项目高效运行的改造。

因此，在利用项目管理的方法建设企业信息化项目时，关键是要抓住项目管理五个过程组中的核心授权、沟通、确定项目范围、变更控制与文档建设等问题。

（一）企业信息化项目起始阶段中的授权与沟通

在企业信息化项目的起始阶段，最重要的就是得到项目章程和对项目经理的正式授权，换句话来说就是得到高层领导对项目的正式认可和足够的重视。如果这一步没有做好，将会对项目以后的开展造成极为严重的影响，甚至导致项目的失败。大部分项目的失败，虽然直接原因多种多样，但很多原因都与此有关。此外，PMI 把沟通管理和人力资源管理放在比较次要的位置。在整个项目管理中，实现项目的范围、时间、成本和质量的目标是一个项目的最终目的，但没有好的沟通和人力资源的管理，实现这样的目标是不可能的。实现对范围、时间、成本和质量的有效管理，这些都是技术问题，或者说是科学，都是可以定量控制的，而对沟通和人力资源的管理却是一门艺术，是难以实现定量控制的，这也恰

恰是项目管理的核心和魅力所在，也是为什么对项目管理（或者说管理）到底是一门科学还是一门艺术的争论的缘由所在。而 PMI 对项目管理所需的知识、技能工具进行的概括性描述（PMBOK）也在沟通管理中强调项目经理 80%～90%的时间用于沟通，所以沟通技能被认为是评定一个项目经理是否成功的重要因素之一，特别是在项目起始阶段，有效的沟通就成为项目成败的关键因素之一。良好的沟通技能也是前期项目经理获得项目授权和高层支持以及相关人员支持的必备技能。

（二）企业信息化项目中间阶段中的确定项目范围与变更控制

在企业信息化项目的中间阶段，也就是项目的计划和执行阶段，如果已做好了项目启动阶段的工作，这一阶段的主要问题就是解决好计划的问题，也就是和项目团队一起制定切实可行的项目计划（包括范围管理计划、项目进度计划、成本计划、质量计划以及风险管理计划和人员工作分配计划等）。这一阶段项目经理的主要工作是协调和安排好各部门和各团队成员的工作，监督项目团队的工作进程和解决工作中遇到的各种实际问题和突发问题，并制定团队成员的绩效评定计划，科学地安排各种资源。

在项目执行阶段，主要是解决时间进度和成本以及质量的矛盾问题，在时间和成本的约束条件下实现项目的质量目标，这就需要项目经理充分依赖项目团队的知识技能和充分发挥团队的主观能动性来实现项目的最终目标。在这一阶段，很多工作就不是项目经理个人能力的问题，与公司的资源、项目团队的技术水平和经验能力都有很大的关系，也是风险出现概率最大和影响最大的阶段，所以在这一阶段对风险的管理也要特别重视。由于这一阶段出现的变数特别多，因此在执行阶段最重要的问题是做好项目的控制，确保项目按计划执行，当然这一阶段也是计划修改和变更最多的阶段。因此，作好对项目的整体变更控制，就成为这一阶段的核心问题。

（三）企业信息化项目结束阶段中的文档工作

在企业信息化项目的结束阶段，最重要的就是文档工作，一定要作好详尽的文档记录，为以后的维护和保修带来极大的便利，否则将使日后的售后服务工作付出数倍的代价。

作为管理完善的项目文档，管理者完全可以依顺它的轨迹看清整个项目进展的脉络，同时通过对阶段性文档的把握使整个项目质量得到很好的掌控。因此，制定一套完整、有序的项目文档管理规定十分必要，其作用有以下六个方面：第一，项目文档是项目管理者了解开发进度、存在的问题和预期目标的管理依据；第二，大多数软件开发项目会被划分成若干个任务，并由不同的组去完成，文档管理则是不同小组任务之间联系的重要凭证；第三，它可提供完整的文档，保证了项目开发的质量；第四，项目文档是系统管理员、操作员、用户、管理者和其他相关人员了解系统如何工作的培训与参考资料；第五，项目文档将为系统维护人员提供维护支持；第六，项目文档作为重要的历史档案将成为新项目的开发资源。

本章小结：

本章阐述了企业信息化实施的思路、原则和方法，并在此基础上，进一步对企业信息化的咨询、总体规划、需求分析、实施、评价以及项目管理等内容进行了详细介绍，着重阐述了企业信息化实施的策略、方式，重点阐明了企业信息化实施过程中的选型、开发、集成以及应用评估和改进等各环节开展的内容及注意事项，力争为企业信息化建设提供思路和参考性建议，推动企业信息化建设的进一步应用和发展。

企业实施信息化是一个长期渐进、不断优化、逐步完善的过程，并没有统一、固定的模式，而是需要从企业实际情况出发，根据企业业务发展的实际需要，制定切实可行的信息化实施计划，并通过坚持不懈的努力，逐渐找到一条符合企业发展需要的、行之有效的企业信息化发展道路。

思考题：

1. 企业信息化实施的思路和原则是什么？
2. 企业信息化咨询的作用是什么？
3. 说明企业信息化总体规划在整个信息化实施过程中的重要作用。
4. 企业信息化实施过程中，需求分析和可行性分析的目的和意义是什么？请结合实例分析和理解。
5. 企业信息化实施策略是什么？
6. 企业信息化实施过程中选型的内容是什么？如何进行选型？
7. 企业信息化实施过程中集成的作用是什么？如何进行集成？
8. 企业信息化建设中业务流程重组的作用是什么？
9. 如果请咨询公司协助企业推进信息化评估与持续改进工作，与企业自己来做有什么不同？会带来哪些收益？
10. 简述企业信息化评价的内容和方法。
11. 目前的信息化评价体系存在哪些弊端？如何从关注信息化应用水平的评价过渡到关注信息化可持续发展能力的价值评价？
12. 企业信息化项目管理的重要性是什么？它包含哪些主要内容？

第七章
信息系统的管理

学习目标：

1．了解信息系统运行管理的目标、任务及主要内容。
2．了解信息系统维护管理的类型。
3．了解信息系统安全管理的目标、措施和手段。

开章案例：

POLIS 保险公司信息系统运行的外包管理

（资料来源：M. Looijen. 信息系统管理、控制和维护. 北京：电子工业出版社，2002）

荷兰 POLIS 保险公司开发了大批的信息系统用于支持公司的经营活动。20 世纪 80 年代末期，POLIS 保险公司的信息系统由有两台大型机的计算中心集中管理，分布在荷兰各地的成千上万台终端和 PC 与这两台大型机采用星形方式连接，而 PC 之间没有任何直接连接。

到了 20 世纪 90 年代初期，这种状况发生了变化。保险公司与周边国家的同行公司建立了多种联系，各个公司的网络连接到一起，办公室也建立了自己的局域网，直接处理内部事务。这些变化的结果使得计算中心不仅要负责最初星形结构网络的技术管理，还负责与其他公司的网络连接的管理，以及所有直接连接到大型机的信息系统数据库的管理。局域网的技术管理只由本地机构的一两位管理者负责。这样就产生了本地硬件和软件开发已超出传统计算中心的管理范围的问题。由于 POLIS 保险公司的管理与计算中心的联系比与各管理部门之间的联系要紧密得多，这样计算中心有限的管理能力问题就凸现出来了，这也说明了技术管理需要大量的人力、财力和物力资源。

POLIS 保险公司开始考虑从外部购买技术管理，然后计算中心的员工被告之将由第三方负责实施技术管理。这种行为的优势很快就得到体现，营运成本大幅缩减，技术管理也成为契约协议的主题，这样参与方就可以明确他们的权利和义务，技术管理所需的信息技术资源也可以尽可能地达到其他公司的水平。

这个方案导致计算中心的雇员数的缩减，POLIS 保险公司中的工会组织，要求管理部门采用不同的方案来实现他们的设想。因此公司决定开始项目外包，主要有以下两种外包方案：

方案 1：物理配置和当前硬件设备（大型机和网络）的所有权不变。所有计算中心的员工加入未来负责技术管理的新公司。

方案 2：物理配置和当前网络的所有权不变。大型机由负责技术管理的公司接管。所有计算中心的员工加入接管公司。员工根据新的硬件配置情况重新安排工作岗位。

案例思考：

1. 根据方案1和方案2各拟一份对与POLIS保险公司相关的公司的调查表，调查POLIS保险公司哪些技术管理工作应被替代?

2. 根据你的想法和你对问题1结果的理解，拟订一份对POLIS保险公司信息系统运行管理的建议书。

第一节 信息系统运行管理

一、信息系统运行管理的目标和任务

信息系统一旦建立起来，就进入了系统运行维护阶段。信息系统运行得好与坏，一是要看系统设计开发的质量，二是要看系统维护人员的素质。信息系统的运行管理就是对信息系统的运行进行控制，记录其运行状态，进行必要的修改与补充，以便使管理信息系统真正符合管理决策的需要，为管理决策服务。

信息系统的运行管理，不能简单地理解为只是对系统中的软件与硬件正常运行的管理。它真正的目标是要向企业提供有用的信息，以满足管理人员的需求，即信息系统运行管理的最终目的是要提供高质量的信息。

二、信息系统运行管理的人员及其职责

（一）信息系统运行的管理人员

信息系统是信息技术与管理结合的人机系统，其管理工作中必然要涉及多方面、具有不同知识水平及技术背景的人员。这些人员在系统中各负其责，互相配合，共同实现系统的功能。作为信息系统管理部门，其内部人员一般可分为CIO、系统维护人员或系统管理员、管理人员和系统操作人员。其中，CIO是信息系统管理部门的最高领导。

（1）CIO。由于信息系统在现代企业中的作用增大，越来越多的企业设立了CIO一职，其级别相当于企业副总经理甚至更高。CIO和他所领导的信息系统部门的主要职责是：负责企业信息化的规划；管理正在开发或实施的项目；负责信息系统的正常运行和维护；建立和实施企业内信息系统使用的指南和制度：向企业各业务部门提供信息技术服务；研究和开发。

（2）系统维护人员或系统管理员。系统维护人员或系统管理员主要包括硬件维护员、软件维护员、数据库维护员和网络维护员等。

（3）管理人员。管理人员包括耗材管理员、资料管理员、机房值班员和培训规划员等，其中培训规划员负责安排系统维护人员和操作员的培训工作。有时培训工作还需要采取请进专家和派出骨干的办法。

（4）系统操作人员。系统操作人员大多数都在各具体业务部门工作，他们负责各业务部门的信息系统操作和日常管理工作。

严格地说，信息系统管理部门的主要成员由系统维护人员和管理人员这两类人员组成。

一般来说，企业的信息系统管理人员配置最终还是应该根据企业管理需求和信息系统规模来设定，目标是有利于企业核心竞争力的提高。

（二）人员管理的内容

信息系统运行人员管理的内容主要包括以下三点：

（1）信息系统的人员管理应明确地规定各类人员的任务及职权范围和在各项业务活动中应负的责任，即要有明确的授权。

（2）对每个岗位的工作要定期地检查及评价，对每种工作要有一定的评价指标。这些指标应该尽可能有定量的尺度，以便检查与比较。

（3）对工作人员进行培训，以便使他们的工作能力不断提高，工作质量不断改善，从而提高整个系统的效率。

三、信息系统的运行管理制度

（一）信息系统的组织建设

系统运行的保障是首先要建立相关的组织机构。随着信息对企业所起作用的不断增加，管理信息系统组织的地位也越发显得重要，需要相应的组织部门来管理其日常的运行工作。从管理信息系统在企业中的地位来看，信息系统的组织建设一般有以下几种类型：

（1）成立信息管理中心。成立专门的组织机构，即信息管理中心，作为企业决策的参谋中心，共享信息并为领导决策提供依据。

（2）归业务部门所有。将信息管理部门作为某个业务部门所有，这样企业信息不能共享，只能为本部门提供。

（3）信息部门与企业的部门并列。企业既有专门的信息部门，又有其他业务部门，信息资源可以共享，各单位权利又对等，但一般要做好部门之间的协调工作。

（二）信息系统的制度建设

企业实现信息化后，企业的业务流程、工作方法、各职能部门之间以及企业与外部环境之间的相互关系都发生了一定的变化，企业原有的一套管理制度，如内部控制制度，已不再适应新环境下的管理需求，为此需要制定一系列新的管理制度。其中一项主要的规章制度就是系统安全运行管理制度。该制度包括机房管理的相关要求。设立机房主要有两个目的：一是给计算机设备创造一个良好的运行环境，保护计算机设备；二是防止各种非法人员进入机房，保护机房内的设备、机内的程序和数据的安全。机房安全运行是通过制定与贯彻执行机房管理制度来实施的。机房管理的主要内容包括：有关进入机房人员的资格审查，一般说来，系统管理员、操作员、录入员、审核员、维护人员以及其他系统管理员批准的有关人员可进入机房，系统维护人员不能单独入机房；机房内的各种环境要求，如机房的卫生要求、防水要求；机房内的各种环境设备的管理要求；机房中禁止的活动或行为，如严禁吸烟、喝水等；设备和材料进出机房的管理要求等。

（三）信息系统的其他管理制度

信息系统的运行制度，还表现为软件、数据、信息等其他要素必须处于监控之中。其他管理制度包括如下内容：

（1）必须有重要的系统软件、应用软件管理制度。

（2）必须有数据管理制度，如输入数据的审核、输出数据的备份保管等制度。

（3）必须有权限管理制度，做到密码专管专用、定期更改并在失控后立即报告。

（4）必须有网络通信安全管理制度。

（5）必须有病毒的防治管理制度，及时检查、清除计算机病毒，并备有检测、清除的记录。

（6）必须有人员调离的安全管理制度，人员调离的同时马上收回钥匙、移交工作、更换口令、取消账号，并向被调离的工作人员申明其保密义务；人员的录用调入必须经过人事组织技术部门的考核和接受相应的安全教育。

四、信息系统运行管理的主要内容

信息系统运行管理包括三个方面的工作：系统日常运行管理、系统文档管理以及系统的安全与保密。

（一）系统日常运行管理

1. 系统运行记录

从每天进入应用系统，选择功能与执行命令，到下班前的数据备份、存档、关机等，都要对系统软、硬件及数据等的运作情况作记录。运行情况有正常、不正常与无法运行等，对于后两种情况，应将现象、发生时间和可能的原因作详细记录。这些记录会对分析与解决问题有重要的参考价值。由于这些工作比较烦琐，在实际上往往会流于形式，因此一般应在系统中设置自动记录功能。但是作为一种责任与制度，对一些重要的运行情况及所遇到的问题，仍应作书面记录。应事先制定严格的规章制度来保证对系统运行情况作记录，具体工作由使用人员完成。无论是自动记录还是由人工记录，都应将记录作为基本的系统文档长期保管，以备系统维护时参考。

2. 系统运行的日常维护

系统维护根据其目的可分为日常维护与适应性维护。日常维护是定时、定内容地重复进行的有关数据与硬件的维护，以及对突发事件的处理等。

在数据或信息方面，日常维护包括备份、存档、整理及初始化等。大部分日常维护由软件来处理，但处理功能的选择与控制还是由使用人员来完成。为安全起见，每天操作完毕后，都要对新增加的或更改过的数据作备份。除正本数据外，至少要求有两个以上的备份，数据正本与备份应分别存于不同的磁盘上或其他存储介质上。数据存档或归档是指当工作数据积累到一定数量或经过一定时间间隔后转入档案数据库的处理，作为历史数据存档。为防万一，档案数据也应有两份以上。数据整理是指对数据文件或数据表的索引、记录顺序等的调整，可以使数据的查询更为快捷，对保持数据的完整性也有好处。在系统正常运行后，数据初始化主要是指以月度或年度为时间单位的数据文件或数据表的切换与结转数等的预置。

在硬件方面，日常维护主要有各种设备的保养与安全管理、简易故障的诊断与排除、易耗品的更换与安装等。这些工作应由专人负责。

信息系统运行中的突发事件一般是由操作不当、计算机病毒、突然停电等引起的。当突发事件发生时，轻则影响系统运行，重则破坏数据，甚至导致系统瘫痪。突发事件应由企业信息管理专业人员负责处理，有时需要系统开发人员或软硬件供应商来解决。对发生的现象、造成的损失、引起的原因及解决的方法等，也要作详细的记录。

3. 系统的适应性维护

企业处于不断变化的环境之中，为了适应环境，企业必然要作相应的变革，作为支持企业实现战略目标的企业信息系统自然也要作不断的改进。另外，一个信息系统难免会存在一些缺陷与错误，而且会在运行过程中逐渐暴露出来。为适应环境的变化及克服本身存在的不足，对系统作调整、修改与扩充即为系统的适应性维护。

实践证明，系统维护与系统运行始终并存，系统维护所付出的代价往往要超过系统开发的代价，系统维护的好坏将显著影响系统的运行质量、系统的适应性及系统的生命期。许多企业的信息系统开发好后，不能很好地投入运行或难以维持运行，在很大程度上就是重开发、轻维护所造成的。

系统的适应性维护以系统运行情况记录与日常维护记录为基础，其内容有以下几项：

（1）系统发展规划的继续研究与调整。

（2）系统缺陷的记录、分析与解决方案的设计。

（3）系统结构与功能的调整、更新与扩充。

（4）数据结构的调整与扩充。

（5）系统硬件的维修、更新与添置。

（二）系统文档管理

文档是以书面形式记录人们的思维活动及其工作结果的文字资料。信息系统实际上由系统实体和相应的文档两大部分组成，系统开发要以文档描述为依据，系统实体运行与维护要用文档来支持。

系统文档不是事先一次性形成的，它在系统开发、运行与维护过程中不断地按阶段逐步编写、修改、完善与积累而形成。如果没有规范的系统文档，信息系统的开发、运行与维护会处于混乱状态，这将严重影响系统的质量，甚至导致系统失败。当系统开发人员发生变动时，问题尤为突出。因此有专家认为：系统文档是信息系统的生命线，没有文档就没有信息系统。

文档管理是有序地、规范地开发与运行信息系统所必须做好的工作。目前我国对于信息系统的文档内容与要求基本上有了统一规定，将文档分为技术文档、管理文档及记录文档等类型，当系统变化较大时，系统文档将以新的版本被提出。系统文档管理工作主要有以下几项：

（1）制定文档标准与规范。

（2）指导文档编写。

（3）收存、保管文档与办理借用手续等。

所有文档都要收集齐全、统一保管、专人负责，并且要形成制度。

（三）系统的安全与保密

信息系统的各种软、硬件是企业的重要资产。在系统运行过程中产生和积累的大量信息也是企业的重要资源，无论是系统软、硬件的损坏或者是数据与信息的泄漏，都会给企业带来不可估量的损失，甚至危及企业的生存与发展。因此信息系统的安全与保密是一项极其重要的系统管理工作。

信息系统的安全与保密是两个不同的概念；信息系统的安全是为防止破坏系统软、硬件及信息资源行为的发生所采取的措施，信息系统的保密是为了防止有意窃取信息资源行为的发生而采取的措施。

信息系统的安全与保密是一项必不可少的极其重要的信息系统管理工作。为维护信息系统的安全性与保密性，应做好如下工作：

（1）制定严格的信息系统安全与保密制度，做深入的宣传与教育工作，提高人员的安全保密意识。

（2）制定信息系统损害恢复规程，明确系统遭到损害时应采取的各种恢复方案与具体步骤。

（3）配备齐全的安全设备，如稳压电源、电源保护装置、空调器等。

（4）设置切实可靠的系统访问控制机制，包括系统功能的选用与数据读写权限、用户身份的确认等。

（5）完整制作系统软件与应用软件的备份，并结合系统日常运行管理与系统维护，做好数据的备份与备份的保管工作。

（6）敏感数据尽可能以隔离方式存放，并有专人保管。

第二节 信息系统维护管理

一、信息系统维护管理概述

信息系统维护管理是为了使信息系统适应各种环境和其他因素的变化，当信息系统发生故障或者局部不理想的时候，应及时地进行维修和改进，以保证信息系统正常的工作来满足用户对系统的要求。信息系统维护管理主要包括系统运行情况记录、系统运行的日常维护及系统的适应性维护等工作。

信息系统维护也可称为信息系统支持，是系统运行阶段的主要任务。其主要工作是对信息系统进行检查、修改、增强等，目的是使系统满足用户和组织机构的需求。

根据国内外的经验，信息系统的维护主要是由下述几种原因所引起的：

（1）用户及组织机构的需求发生了变化。

（2）系统中存在着错误或故障。

（3）组织机构进行了调整和组合。

（4）政府颁布新的政策或法规。

（5）技术的更新、软硬件的发展等。

正确看待信息系统维护工作是做好维护的重要前提。在开发阶段，用户已经投入了大量的人力、物力，用户迫切希望系统能稳定、可靠运行，创造效益。但是，完全不需要后期维护的信息系统是不存在的。为了保证信息系统的有效工作，有必要投入一定的人力、物力，维护、完善系统。

统计资料表明，维护阶段的资金投入占整个软件生存期资金投入的 60%以上。如果轻视或忽略维护工作，在技术上、人力上、资金上不投入或少投入，甚至将该信息系统定性为不成功而打入另册，必定使已开发的信息系统无法发挥应有的作用，造成极大的浪费。

二、信息系统维护管理的类型

系统维护从维护的目的来说，可分为常规性维护和适应性维护，前文已简单介绍。系统维护从维护的内容来说，可分为硬件维护、应用软件维护、数据维护和代码维护。

1. *硬件维护*

硬件维护的目的是尽量减少硬件的故障率，当故障发生时系统能在尽可能短的时间内恢复工作。为此，使用单位在配置硬件时，要选购高质量的硬件设备，配备过硬的维护人员，同时还要建立完善的管理制度。硬件维护需要注意的事项有以下几项：

（1）实施对系统硬件设备的日常检查和维护，作好检查记录，以保证系统的正常运行。

（2）在系统发生故障时，及时进行故障分析，排除故障，恢复系统运行；在硬件维护工作中，小故障一般由本单位的维护人员负责，较大的故障应及时与硬件供应商联系解决。硬件维护工作可由网络管理员担任。

（3）在设备更新、扩充、修复后，由系统管理员与维护人员共同研究决定、并由系统维护人员负责安装和调试，直至系统运行正常。

（4）在系统环境发生变化时，随时做好适应性的维护工作。

2. *应用软件维护*

应用软件维护指的是改写一部分或全部程序。应用软件维护不一定在发现错误或条件发生改变时才进行，效率不高的程序和规模太大的程序也应不断地设法予以改进。一般来说，管理信息系统的主要维护工作量是对程序的维护。应用软件维护可细分为以下几种：

（1）改正性维护。系统测试不可能发现一个大型系统中所有潜藏的错误，所以，在大型系统运行期间，用户难免会发现程序中的错误，这就需要对错误进行诊断和改正。

（2）适应性维护。由于计算机科学技术的迅速发展，新的硬件、软件不断推出，使系统的外部环境发生变化。这里的外部环境不仅包括计算机硬件、软件的配置，而且包括数据库、数据存储方式在内的“数据环境”。为了适应变化了的系统外部环境，就需要对系统进行相应的修改。

（3）完善性维护。在系统的使用过程中，由于业务处理方式和人们对信息系统功能需求的提高，用户往往会提出增加新功能或者修改已有功能的要求，例如，修改输入格式，调整数据结构使操作更简单、界面更漂亮等。为了满足这类要求，就需要进行完善性维护。

（4）预防性维护。这种维护主要是采用先进的技术方法对已经过时的、很可能需要维护的软件系统，或者软件系统中的某一部分重新设计、编码和测试，以期达到结构上的更新。随着软件技术的进步，对于相对早期开发的软件系统，会发现有结构上的缺陷；或者是由于反复维修，软件系统的结构在衰退。如果这些情况发生，就需要在改善软件结构上下工夫，解决的办法就是进行预防性维护。

对于使用商品化软件的单位，维护工作通常由销售厂家负责，用户单位负责操作维护，用户单位可不配备专职维护员，而由指定的系统操作员兼任。自行开发软件的单位一般应配备专职的系统维护员，系统维护员负责系统的硬件设备和软件的维护工作，及时排除故障，确保系统的正常运行，负责日常的各类代码、标准规范、数据及源程序的改正性维护、适应性维护工作，有时还负责完善性维护。

3. 数据维护

数据维护主要包括数据的定期备份、数据恢复以及由于数据格式、精度等发生变化而引起的数据内容、结构等调整的修改。系统的数据维护根据其目的也可分为日常维护与适应性维护。

4. 代码维护

随着用户环境的变化，原代码已经不能继续适应新的要求，这时就必须对代码进行变更。代码的变更（即维护）包括订正、新设计、添加和删除等内容。当有必要变更代码时，应由业务人员和计算机有关人员组成专门的小组进行讨论决定，用书面格式写清并事先组织有关的使用者学习，然后输入计算机并开始实施新的代码体系。代码维护过程中的关键是如何使新的代码得到贯彻。

三、信息系统维护工作中常见的问题

一个系统质量的高低和系统的分析、设计有很大关系，也和系统的维护有很大关系。在维护工作中常见的绝大多数问题，都可归因于系统开发方法的缺点。在系统生命周期的前两个时期没有严格而又科学的管理和规划，必然会导致在最后阶段出现问题。

维护工作中常见的问题如下：

（1）需要维护的软件没有合适的文档，或者文档资料显著不足。理解他人写的程序通常非常困难，而且困难程度随着软件配置成分的减少而迅速增加。如果仅有程序代码而没有说明文档，会出现严重的问题。

（2）当要求对软件进行维护时，由于维护阶段持续时间长，再加上技术人员的工作流动，往往找不到原开发人员来对软件进行说明。

（3）绝大多数系统在设计时没有考虑将来的修改。除非使用强调模块独立原理的设计方法论，否则修改软件既困难又容易发生差错。

第三节　信息系统安全管理

一、信息系统安全管理概述

在信息化的进程中，企业经营管理越来越依赖于信息系统，因此其经济安全越来越依赖于信息化基础设施的安全程度。保证信息系统的有效、安全成为突出的大问题。

信息系统是组织用于执行自身职能的重要平台，企业管理信息系统的信息安全的宗旨就是通过在实现信息系统时充分考虑信息风险，从而确保一个企业能够有效地完成其既定的企业宗旨，实现企业目标和企业职能。因此，应当为信息系统建立安全目标和安全机制。

（一）信息系统的安全目标

信息系统的安全目标即信息系统在安全性能方面所应当达到的指标和要求，包括以下几项：

（1）可用性。可用性目标是指确保信息系统有效率地运转并使授权用户得到所需的信息服务。通常，可用性目标是信息系统的首要信息安全目标。

（2）完整性。完整性目标包括两个方面：数据完整性和系统完整性。通常，完整性目标是信息系统除了可用性目标之外最重要的信息安全目标。

（3）保密性。保密性目标是指不向非授权个人和部门暴露私有或者保密信息。通常，对于大多数信息系统而言，保密性目标在信息安全的重要程度排序中仅次于可用性目标和完整性目标。然而，对于某些特定的信息系统和数据，保密性目标是最重要的信息安全目标。

（4）可记账性。可记账性目标是指信息系统能够如实记录一个实体的全部行为。通常，可记账性目标是政府部门的一种策略需求。可记账性目标可以为拒绝否认、威慑违规、隔离故障、检测和防止入侵、事后恢复和法律诉讼提供支持。

（5）保障性。保障性是信息系统信息安全的信任基础。保障性目标突出了这样的事实：对于希望做到安全的信息系统而言，不仅需要提供预期的功能，而且需要保证不会发生非预期的行为。具体而言，保障性目标要求：提供并正确实现需要的应用功能；在用户或者软件无意中出现差错时，提供充分保护；在遭受恶意的系统穿透或者旁路时，提供充足防护。

（二）信息系统的安全机制

信息系统的安全机制是指实现信息安全目标的支持元素，主要包括支撑机制、防护机制和检测与恢复机制。

（1）支撑机制。作为大多数信息安全能力的共同基础，支撑机制是最常用的安全机制。而且，支撑机制总是和其他机制相互关联。支撑机制包括标示和命名、密钥管理、安全管理、系统保护。

（2）防护机制。防护机制被用于防止安全事故的发生。防护机制包括受保护的通信、身份鉴别、授权、访问控制、拒绝否认、事务隐私。

（3）检测与恢复机制。因为不存在完美无缺的信息安全防护机制组合，所以在信息系统中有必要检测安全事故的发生并采取措施减少安全事故的负面影响。检测与恢复机制包括审计、入侵检测和容忍、完整性验证、安全状态重置。

二、信息系统安全的影响因素

信息系统的安全取决于特定的安全环境。安全环境包含社会环境、技术环境和物理自然环境。社会环境是指各种社会组织机构和人员。技术环境是指信息系统的技术因素，包括硬件设施、软件设施、网络结构、局域网、信息流、信息存取方式、信息生成、信息处理、信息传输、信息存储、安全人员管理和技术安全管理等。物理自然环境是指物理基础支持能力和自然环境。信息系统的安全风险，来源于社会环境的威胁、技术环境的脆弱性和物理自然环境的恶化。

（一）社会环境的威胁

社会环境威胁方的主体包括个人、组织和国家三个层次。其具体攻击手段主要有以下几项：

（1）中断。它是指破坏系统的可用性，破坏系统中的硬件、硬盘、线路、文件系统，使系统不能正常工作。

（2）删改。它是指破坏系统的完整性，删改系统中的数据内容，修正消息次序、时间（延时或重放）。

（3）窃取。它是指破坏系统的机密性，通过搭线和电磁泄露等等获取机密信息，或根据窃取信息的大小变化、交换频次的统计分析，获取有价值的情报。

（4）伪造。它是指系统的真实性，将伪造的虚假信息注入系统，假冒合法人接入系统，重放截获的合法消息实现非法目的，否认消息的接收或发送等。

（二）技术环境的脆弱性

技术环境的脆弱性来源于信息系统技术上和管理上的缺陷。典型的缺陷和安全隐患有以下两项：

（1）缺陷或漏洞。它是指信息系统中各组成部分和整个网络在设计时，由于考虑不周或者是设计者本身的技术能力限制，在设计、开发、制造和施工时无意识地留下可供攻击者开发利用的一些特性。从系统集成、网络设计到计算机各个元器件、网络设备、安全专用设备、操作系统、网络协议、应用软件等都可能存在缺陷或漏洞。

（2）后门。它是指在各种软、硬件中有意或无意中留下的特殊代码，通过这些代码可以获得软、硬件设备的标志信息或操作系统的控制信息。

（三）物理自然环境的恶化

物理自然环境的恶化是指系统物理基础的支持能力下降或消失，包括电力供应不足或中断、电压波动、静电或强磁场的影响，以及自然灾害的发生等。

三、信息系统安全的管理措施和保障手段

既然信息系统存在着来自社会环境、技术环境和物理自然环境的安全风险，其安全威胁无时无处不在，那么对于信息系统的安全问题，就不能企图单凭利用一些集成化的信息安全技术的安全产品来解决，而必须考虑技术、管理和法律的因素，全方位地、综合解决系统安全问题，全面地采用信息系统安全管理的各种措施和手段。

（一）信息系统安全的管理措施

1. 系统开发的总体安全措施

（1）对新开发的信息系统项目要进行严格审查，严格地按照预算进行。

（2）对于需求规格说明书中的用户需求目标必须实现。

（3）要满足预定的质量标准。

（4）信息系统要建立相应的系统和业务操作文档实现。

2. 硬件的安全措施

选用的硬件设备或机房辅助设备本身应稳定可靠、性能优良、电磁辐射小，对环境条件的要求尽可能低，设备能抗震防潮、抗电磁辐射干扰、抗静电，有过压、欠压、过流等电冲击的自动防护能力，有良好的接地保护措施等。

3. 环境的安全措施

（1）合理规划中心机房与各部门机房的位置，力求减少无关人员进入的机会。

（2）机房内采取防火、防水、防潮、防磁、防尘、防雷击、防盗窃等措施，机房内设置火警装置。

（3）供电安全，电源稳定。

（4）安装空调设备，调节室内的温度、湿度和洁净度。

（5）防静电、防辐射。

4. 通信网络的安全措施

（1）采用安全传输层协议和安全超文本传输协议，从而保证数据和信息传递的安全性。

（2）使用防火墙技术。

（3）采用加密这种主动的防卫手段。

（4）采用 VPN（Virtual Private Network，虚拟专用网络）技术。

5. 软件的安全措施

软件是保证管理信息系统正常运行的主要因素和手段。软件的安全保障措施具体如下：

（1）选择安全、可靠的操作系统和数据库管理系统。

（2）设立安全保护子程序或存取控制子程序，充分运用操作系统和数据库管理系统提供的安全手段，加强对用户的识别检查及控制用户的存取权限。

（3）尽量采用面向对象的开发方法和模块化的设计思想，将某类功能封装起来，使模块之间、子系统之间能较好地实现隔离，避免错误蔓延。

（4）对所有的程序都进行安全检查测试，及时发现不安全因素，逐步进行完善。

（5）采用成熟的软件安全技术，软件安全技术包括软件加密技术、软件固化技术、安装高性能的防毒卡、防毒软件、硬盘还原卡等，以提高系统的安全防护能力。

6. 数据的安全措施

数据的安全管理是管理信息系统安全的核心。数据的安全保障措施主要有以下两项：

（1）数据存取的控制。存取控制常采用以下两种措施：①识别与验证访问系统的用户；②决定用户访问权限。

（2）数据加密。

（二）信息系统安全的保障手段

保障信息系统安全应当采用一系列的手段，包括健全安全法规、建立安全组织、进行安全宣教、实施安全监管、提供安全服务、加强安全防御和建设牢固的安全基础设施等。

（1）健全安全法规。健全系统安全法律法规，强化信息系统安全的法制管理是世界上很多国家非常重视的一项法律基础工作。我国虽然颁发了一些与信息安全有关的法律法规，却很零散，还没有关于信息安全的专门法规。今后，在完善信息安全法律法规的同时，还应该加大执法力度，严格执法，为信息系统信息安全提供法律保障。这一目标的实现不仅需要政府组织的努力，更要国家立法机构的参与和支持。因此，这个层面是安全保障的顶层。

（2）建立安全组织。它包括建立、健全组织体系，明确负责安全管理的主要领导、主管部门、技术支持部门和宣传、保卫部门；制定系统安全保障方案，实施安全宣传教育、安全监管和安全服务。

（3）进行安全宣教。安全宣教主要是指利用各种方式对信息系统用户以及全社会进行信息安全意识的培养和信息安全知识的普及，树立信息安全第一的思想，同时倡导信息伦理，提高信息系统从业者和企业员工的信息安全自律水平。

（4）实施安全监管。安全监管强调通过组织内一般性规章制度的实施来实现管理方式的安全保护，主要内容包括信息系统涉及的人员管理、设备管理、软件管理、介质管理、密钥管理、口令管理、文档管理等。

（5）提供安全服务。安全服务主要是通过各种技术手段实现技术层次的安全保护，主要技术包括主机监控、网络监控、身份验证、数字签名、访问控制、攻击监测、审计跟踪等。

（6）加强安全防御。安全防御就是通过分析网络结构和应用情况，在与公共网络连接的关键点上设置安全屏障，在局域网的不同级别子网之间放置安全屏障。安全屏障包括安全通道、安全隧道和安全门道。主要的安全技术有防火墙技术、安全路由器技术和信道加密技术等。

（7）建设牢固的安全基础设施。安全基础考虑构成系统实体的安全和实体环境的物理安全。它包括网络设备、服务器、工作站、操作系统、数据库的安全，以及机房场地、信息存储场地和器具符合国家规定的标准和具有完善的防护措施等。

本章小结：

本章介绍了企业信息系统的运行、维护和安全管理等内容，重点阐述了企业信息系统运行管理目标、任务以及主要内容，企业信息系统的维护的类型，企业信息系统的安全目标、机制、产生因素以及防范措施和手段等。

信息系统一旦建立起来，就进入了系统运行维护阶段。信息系统运行得好与坏，一是要看系统设计开发的质量，二是要看系统维护人员的素质。信息系统的运行管理就是对信息系统的运行进行控制，记录其运行状态，进行必要的修改与补充，以便使管理信息系统真正符合管理决策的需要，为管理决策服务。

信息系统维护管理是为了使信息系统适应各种环境和其他因素的变化，当信息系统发生故障或者局部不理想的时候，应及时地进行维修和改进，以保证信息系统正常的工作来满足用户对系统的要求。信息系统维护管理主要包括系统运行情况记录、系统运行的日常维护及系统的适应性维护等工作。

在信息化的进程中，企业经营管理越来越依赖于信息系统，因此其经济安全越来越依赖于信息化基础设施的安全程度。保证信息系统的有效性、安全性成为突出的大问题。

思考题：

1. 企业信息系统运行管理的目标是什么？
2. 企业信息系统运行管理人员设置及其职责是什么？
3. 企业信息系统运行管理的主要内容有哪些？
4. 企业信息系统维护管理的类型有哪些？
5. 企业信息系统安全管理的影响因素有哪些？
6. 企业信息系统做好安全的管理措施和保障手段是什么？

第八章
信息资源管理

学习目标：

1．明确信息资源管理与企业信息化的关系。
2．掌握信息资源管理的含义、狭义的信息资源管理的管理过程。
3．了解信息资源管理的产生背景，掌握信息资源管理的主要起源领域。
4．理解信息资源管理的理论基础。
5．理解信息资源管理的作用及实现途径。

开章案例：

Cemex：一个正在进行的数字化企业

（资料来源：http://www.cemex.com）

Cemex 是墨西哥一个有 100 余年历史的企业，它销售水泥和预制混凝土产品，在全球多个国家，包括美国、西班牙、埃及、哥伦比亚和菲律宾有 50 余个工厂并是世界第三大水泥和混凝土制造商。

混凝土行业是一个资产密集型、低效率、难以预测需求的行业。水泥配送商通常要把 8000 级的预制混凝土送到 6 个地区搅拌场，每个场地均有它们自己的货车运输队。由于天气的变化、交通阻塞或建筑审批等问题，多达一半的顾客经常改变他们的订单，有时就在运送前几小时才通知，订单的改动使得运送线路不得不变更。而顾客、货车司机和配送商之间的电话经常无法接通，这样也就无法对产品进行追踪。

直至二十几年前，Cemex 的信息技术部门才被看成是一个销售功能的支持部门。Lorenzo Zambranno，该公司创始人的孙子，1985 年接管公司业务，决定利用信息技术解决这些问题。他和 Cemex 的信息主管 Gelacio Iniguez 开发了一系列系统，这使其能比竞争对手更好地管理不可预测的需求。

Zambranno 和 Iniguez 访问了美国的许多公司，如 FedEx、Exxon 和休斯敦 911 急救调遣系统，去了解其他组织如何预测它们的服务需求。他们建立了一个系统，这个系统将 Cemex 的货车连接到全球定位系统卫星上，帮助调度员监控每一个货车的位置、方向和速度。这些信息有助于 Cemex 指派正确的货车运送特殊等级的水泥，或者重新指挥由最后一分钟的变化而引起的派送。

新系统使 Cemex 缩短了平均递送时间，由原来的 3 小时缩短至 20 分钟，实现了大量燃料、维修和人员成本的节约。Cemex 现在用不到原来 35%的货车运送相同数量的水泥。

Cemex 的生产设备原来独立地运行，没有关于顾客需求的精确信息。通信卫星系统

CemexNet 将公司的所有生产设备电子化地连接在一起，并由一个中央控制室来协调。调度员随时可以获知所有货车的精确位置、速度和方向，可以很快地选择最优的货车和搅拌场位置的安排以实现一个订单。同时顾客、分销商和供应商可以利用 Internet 直接投单订货、校核运送时间和评审支付记录，无须用电话联系顾客服务代表。

Zambranno 建立了一个复杂的主管信息系统，使他能在笔记本电脑上紧密监视 Cemex 所在的 35 个国家的运行情况，并用不同的颜色标注区域的运作情况。Zambranno 可以通过系统的分析去发现任何区域的细节问题。

Cemex 还设计了一些软件使公司和工厂的管理人员比较容易地控制能源消耗。经理应用软件计划每月的能量消耗，以保证传送带、电研磨机和其他设备主要在电费低谷时运行。因此，Cemex 在过去 4 年中减少了 17%的能源消耗。

Cemex 的生产率已经领先于其在墨西哥的所有主要竞争对手，在一个价格竞争激烈和利润微薄的行业，其产量不断翻倍增长的同时经营收入的增长率也在逐年升高。由于信息化的管理和运作，Cemex 充分显露出其领先于这个群体的真正原因。

案例思考：

Cemex 如何改进管理，管理什么信息，运用什么系统？

第一节　信息资源管理与企业信息化的关系

信息技术的诞生和应用，给企业带来一系列令人惊讶的变化，同时，也有一些弊端正迅速展露出来，一个重要的问题就是——不同的系统、不同的应用、不同的技术平台，将企业陷在信息难以全面流动的“信息孤岛”之间。如何帮助企业冲出孤岛？在现有的环境中，采用集成的技术及产品，将数据、系统或应用整合，是一种正在被重视的解决之道，但如果这样的措施仅仅停留在表面，没有抓住形成“孤岛”的重要因素——数据信息混乱，企业或许不久会陷入另一种困境之中：庞大的系统、低效的运行、决策的困难……为此，一些专家正在大力提倡冲出“孤岛”的“治本”之策——进行“信息资源规划”。

之所以信息资源开发利用薄弱，形成众多“信息孤岛”，一方面由于信息化技术发展的阶段性，加上人们追求“实用快上”，很难统一考虑数据标准或信息共享问题，往往围绕单项业务开发，引进孤立的应用程序，导致“信息孤岛”的不断产生。另一方面，存在认识误区和观念陈旧，“重硬轻软，重网络轻数据”、部门封闭、信息私有的狭隘观念，使一些人不重视数据资源的开发和共享。还有一点是需要了解的，当企业和部门的系统及应用越来越复杂，并深感“孤岛”的阻碍之际，再重新改造现存的数据环境，进行信息资源的规划和挖掘，常常缺乏良好而有效的实践方法和工具。

企业信息化是实现国民经济信息化的重要基础。在网络环境中，企业经济效益的提高、管理水平的增强、市场竞争力的扩张，完全建立在企业信息化的基石之上，离开信息化企业将一事无成，难以生存和发展。信息资源管理作为企业信息化建设中一种新的管理思想和管理模式，通过对企业信息化建设项目内容的科学整合与综合管理，将企业信息化的任务、方针、政策等内容落实到企业的每一个环节，从而真正实现社会生产力跨越式发展的战略目标。信息资源管理思想和模式是企业开展信息化工作的基础。

（一）企业信息化中信息资源管理的功能

信息资源管理是信息管理发展的新阶段，是社会信息程度日益提高过程中孕育和发展的产物。信息资源管理作为企业信息化建设的管理思想与管理模式，促进了企业信息化建设的快速发展，并推动了社会信息化的发展进程。

从企业经营的角度来看，企业信息化是企业利用信息技术手段，全部或部分替代商务活动的程序，全方位实现商务活动现代化的过程。信息资源管理的基本功能是利用信息技术、信息经济和信息人文手段，综合开发、利用、协调、控制信息网络和信息系统的信息处理和信息传输能力，以最大限度地消除商务活动中的人工干预。

（二）企业信息化中信息资源管理的模式

要保证信息资源在企业信息化中战略性资源的地位，必须要制定科学的管理机制，否则，因管理不善导致的信息冗余、信息污染、信息隐患等问题，将阻碍和制约企业信息战略目标的实现。因此，企业信息化中的信息资源管理应是集技术管理、经济管理、人文管理于一体的高层次、战略型的综合管理模式。

1. 技术管理模式

技术管理模式是根据企业信息化建设的总体规划，按实用、先进、性能价格比高的原则，开发管理信息网络和信息系统以及推广信息技术的应用，保证信息网络、信息系统和信息技术在企业电子商务活动中有效应用的管理手段。管理的重点内容是：有效地采用信息网络和多种信息系统对企业所需的各类信息进行收集、存储、加工、传递，并产生高价值的决策信息；普及应用防火墙、信息加密技术等措施，增强各类信息的保密性和安全性；增强对各种应用软件的开发管理，实现对企业各经营环节的数字化、网络化管理。

2. 经济管理模式

经济管理模式是根据企业信息化建设的目的，按信息经济学中有关信息资源的成本、价值与价格的形成规律，开发管理和利用各类信息资源，保证企业电子商务活动的信息资源能创造经济新增长点的管理手段。管理的重点内容是：合理配置信息资源；评估信息网络和信息系统的经济效益；分析信息成本；确定信息商品价格；预测信息资源的经济效益；预测企业电子商务的发展方向；研究竞争对手；了解商贸政策等。

3. 人文管理模式

人文管理模式是根据企业信息化战略发展要求，按现代管理科学中“以人为本”的管理思想原则，重视企业员工信息行为，关注企业信息文化建设，完善企业信息安全环境，保证企业电子商务创新性运营的管理手段。管理的重点内容是：企业员工的信息素质教育；企业信息人才的配备；电子商务信息战略的规划；制定信息政策保证信息资源（营销信息、信息人才、信息技术、信息设备等）发挥最大作用；利用信息法律解决电子商务中的信息安全隐患等。

（三）企业信息化中信息资源管理的措施

企业信息化的信息优势与竞争优势的运用与发挥，主要取决于企业信息资源管理措施的制定与实施。信息资源管理措施不仅制约着企业的市场竞争力，而且也决定了电子商务信息优势的发挥与创造。企业信息化建设中的信息资源管理的基本措施主要有以下几个方面：

（1）根据企业生产经营的需求，采用相应的信息技术和信息设备，以提高企业的经济效益及核心竞争力。

（2）借助安全的信息网络和信息系统，保证与企业生产经营活动相关的信息进入企业的营销活动中，以增强企业的经营决策能力。

（3）树立信息资源是战略性资源的观念，设置信息资源管理者的合理地位，保证信息资源的最佳配置，最大限度地实现信息资源的增值作用。

（4）建立并实施一系列有关收集、加工、传递营销信息及产生决策信息的规章制度和科学方法，充分实现企业内部的信息资源共享。

（5）寻求社会各界对企业信息化的信息技术、信息设备、信息人才及技术信息、经济信息、市场信息等方面的支持，尤其要广泛获取企业用户和消费者的支持，营造企业商务活动的最佳信息环境。

（6）贯彻执行政府有关信息技术与信息设备应用方面的法律、法规文件，采纳和接受社会各界对企业信息化的指导，降低来自信息网络、信息设备、交易人员及不法分子的威胁，保障企业电子商务活动的安全运营。

（7）为所有企业职员提供信息素质教育、培训的机会，使他们具备信息意识、信息能力和信息道德，创建企业信息文化氛围。

综上所述，信息资源管理与企业信息化密不可分，在企业信息化建设中必须有信息资源管理的支持，而信息资源管理是信息化推进的关键。

第二节 信息资源管理的产生

信息资源管理的思想源远流长，但其作为一个专有名词和一门学科在 20 世纪 70 年代末 80 年代初才产生。英文全称为 Information Resource Management，简称 IRM。美国信息资源管理专家霍顿（F. W. Horton）和马钱德（D. A. Marchand）是信息资源管理理论的奠基人、最权威的研究者和实践者。威廉·德雷尔（William Durell）在 1985 年出版了《数据管理》一书，论述了信息资源管理的基础标准。20 世纪 90 年代初，信息资源管理理论在理论研究和实践方面都已经走向成熟，美国众多的企业决策层专门设立了负责信息资源管理的岗位——CIO。中国关于 CIO 的研讨正如火如荼，设立信息管理部门及专门的数据管理人员已经提到议事日程之上，但需要企业行政上对其地位和职能的肯定，更需要对从事这一工作的从业人员进行信息资源管理理论的系统培训，才能更好地组织和实施好企业的数据管理工作，为企业的信息化工作服务。

从其发展过程来看，信息资源管理形成于不同的领域。

（一）按实践领域划分

如果按实践领域进行划分，信息资源管理起源于政府文书管理和企业信息管理、图书情报管理以及民间信息服务等领域。

1. 政府文书管理

政府是整个社会资源配置的宏观调控者，在信息化进程中，政府部门开发、利用了大量的信息资源，同时也采取了很多有效措施来促进信息资源的开发、利用和合理配置，例如，加强或者新建各种直接提供信息服务和进行信息管理的政府机构等。在文书管理工作中人们制定了相关政策，以提高行政管理效率，实现信息共享。

2. 企业信息管理

在企业管理活动中，信息及时、准确的传输是企业内部工作保持正常、高效运转的必要条件，而外部环境信息（如市场信息）则是企业得以生存和发展所必需的“养料”。因此，信息对企业生产、经营活动的重要性不言而喻。随着社会经济的发展和全球经济一体化环境下企业竞争态势的形成，信息日益成为与人、财、物等资源具有同等重要地位的战略经济资源。信息资源的开发与利用在组织内部的主导作用日益彰显，信息资源也就成为企业管理的一个重要支柱。

3. 图书情报管理

传统的信息管理的对象多为纸载体文献及相关设施，管理手段主要是手工，管理的内容是对这类信息的生产、存储、检索、利用、流通等进行计划、组织、控制等活动。

现代信息技术的迅速发展与广泛应用，不断地改变着图书情报管理这一领域的面貌，突破了纸载体文献管理的局限性，图书情报管理数字化、集成化、网络化迅速发展，在面向社会服务、实现信息资源共享和信息标准化、信息安全管理等方面都取得了显著的进展。在管理内容上也突破了传统的图书情报管理的范围，除了文献信息之外，各种动态的、多媒体的信息资源也成为重要的管理对象。图书情报管理领域已发展成为信息资源管理领域的重要组成部分。

4. 民间信息服务

民间信息服务机构也为信息资源管理领域的形成和发展作出了一定的贡献。例如，一些专家组织（如学会、协会、行业团体等）制定标准规范，进行技术和企业行为的协调，再加上风险经营企业和咨询服务企业的发展，所有这些都在一定程度上促进了信息资源的开发与利用。此外，科学研究机构和教育机构的发展，则促进了信息资源的生产与分配。上述民间信息服务组织已经成为信息服务业中信息资源管理的一支重要力量。

（二）按技术手段划分

如果按技术手段进行划分，则可将信息资源管理的形成领域划分为数据库管理和数据处理管理。

1. 数据库管理

20 世纪 60 年代，由于数据量急剧增长，计算机在组织机构中的应用得以实现，促使人们开发数据库管理系统，采用数据库存储信息，以解决信息资源管理问题。在经历了以技术为支撑的数据行政管理和以制定、控制数据库的规划为主要职责的数据库行政管理之后，人们逐渐意识到，无论是数据行政管理还是数据库行政管理，都没有赋予数据管理人员相应的地位和权力，很难实现组织从整体上完成数据管理。要解决这一矛盾，有必要从管理模式上加以调整，将数据行政管理与数据处理人员加以区分，并赋予数据管理人员适当的权力和地位，使他们能够解决信息管理中出现的诸多问题，这在一定程度上预示着新的信息管理模式产生的客观基础已经形成。

2. 数据处理管理

数据处理管理是贸易管理和管理信息系统的深化，也是信息资源管理的起源。随着计算机技术和数据处理技术的发展，人们在进行数据处理过程中，逐步意识到数据深加工的必要性。特别是组织机构中的高层管理者，他们从数据处理中获益，因而加深了建设管理信息系统必要性的认识。人们由于对数据处理的不断深化，逐步形成了对数据处理管理概念的不同理解。虽然对数据处理管理概念有着不同的认识，但其核心思想基本趋同，即集中体现在强调组织机构应建立适当的管理信息系统，从经营角度对其实施管理，并且立足于解决组织运营所需的信息。实现该核心思想的基点是设置高层信息主管职务，履行信息处理与组织决策等职责。在此背景下，信息资源管理应运而生。

第三节 信息资源管理的基本理论

一、信息资源管理的含义

1979年美国人迪博尔德（J. Diebold）发表了论文“IRM：The New Challenge”。从那时起，信息资源管理这一术语一直得到国内外学者们的广泛关注，他们试图从理论上对信息资源管理的内涵与外延进行界定。但是，东西方研究人员对信息资源管理的确切含义依然是仁者见仁，智者见智。总体来说，信息资源管理有狭义和广义之分。狭义的信息资源管理是指对信息本身即信息内容实施管理的过程。广义的信息资源管理是指对信息内容及与信息内容相关的资源如设备、设施、技术、投资、信息人员等进行管理的过程。

二、信息资源管理的理论基础

信息科学、管理科学和传播科学及其相关理论共同构成了信息资源管理的理论基础。

（一）信息科学的主要理论

信息科学是以信息为基本的研究对象，以信息的运动规律和应用方法为主要研究内容，以计算机技术为主要研究工具，以扩展人类的信息功能（特别是智力功能）为主要研究目标的一门新兴的综合学科。

信息科学源于香农信息论而形成于信息论、系统论、控制论这三者的统一。信息科学的建立和发展为信息资源管理学提供了一个重要的理论基础，包括基本概念和基本原理等。

1. 信息论

信息论是信息科学的前导，它是运用数据统计方法研究信息的度量、传递和变换规律的一门科学，主要研究通信地址控制系统中普遍存在的信息传递的共同规律，研究最佳地解决信息的获取、度量、变换、存储、传递等问题的基础理论。信息论有狭义信息论、一般信息论和广义信息论之分。狭义信息论又称香农信息论，主要研究信息的测度、信道容量和编码等问题。一般信息论又称通信理论，主要研究信息传输的一般理论，包括信号与噪声理论、信号过滤与检测、调制与信息处理等问题。广义信息论即信息科学，其研究范围涉及通信科学、心理学、语言学、语义学、遗传工程、决策科学等与信息相关的一切领域。但是，通常所说的信息论是指香农信息论。

2. 系统论

系统论是以一般系统为研究对象的理论，其创始人是美籍奥地利生物学家贝塔朗菲（L. Y. Bertalanffy）。系统论的主要观点包括系统观点、层次观点、功能观点、动态观点等。其中，系统观点是整个系统论的核心观点。

3. 控制论

1948 年，维纳正式出版了《控制论》一书，标志着控制论这一新兴学科的正式诞生。

他认为，控制论是研究生物系统和非生物系统内部通信、控制和调整的一门科学。一般认为，控制论是研究不同系统之间共同控制规律的科学，或者说控制论是研究系统控制规律的科学。控制论经历了三个发展阶段，即古典控制论、现代控制论和大系统理论三个阶段。

（二）管理科学的主要理论

信息资源管理源于管理领域，它从诞生之日起就大量汲取了管理科学的理论和方法来充实自己。因此，有人将信息资源管理看做管理科学的一种分支理论或者发展趋势。管理科学工作者将管理科学的发展分为古典管理理论、行为科学理论和现代管理理论三个阶段。

1. 古典管理理论

古典管理理论阶段是管理理论的最初形成阶段。其间，在美国、法国、德国等国分别活跃着具有奠基人地位的管理大师，即“科学管理之父”泰勒（F. W. Taylor）、“管理理论之父”法约尔（H. Fayol）以及“组织理论之父”韦伯（Max Weber）。

科学管理理论诞生的主要标志是泰勒于 1911 年出版了《科学管理原理》。泰勒科学管理的理论要点是：科学管理的中心问题是提高劳动生产率，为此必须配备“第一流的工人”，并且要使他们掌握标准化的操作方法；对工人的激励采取“有差别的计件工资制”；工人和雇主双方都必须来一次“心理革命”，变对抗为信任，共同为提高劳动生产率而努力；把计划职能同执行职能分开，变原来的经验工作方法为科学工作方法；实行职能工长制；在管理控制上实行例外原则。

法约尔在 1916 年出版的著作《工业管理与一般管理》一书中，从四个方面阐述了其管理理论：企业职能不同于管理职能，后者包含在前者之中；管理教育的必要性与可能性；提出劳动分工、权力与责任、纪律、统一指挥、统一领导、个别利益服从整体利益、人员的报酬、集中、等级系列、秩序、公平、人员的稳定、首创精神、团结精神十四条管理原则；提出管理的五项基本职能（又称“管理五要素”），即计划、组织、指挥、协调和控制。

19 世纪末 20 世纪初，德国著名社会学家韦伯最先开始对官僚制度进行研究。他对组织学的最大贡献就在于提出和建立了官僚模型（Bureaucratization Model）的组织理论，并因此被称为“组织理论之父”。韦伯的主要理论观点是：理性——法律的权力是行政组织的基础；必须建立一种高度结构化的、正式的、非人格化的“理想的行政组织体系”，他认为这是对个人进行强制控制的最合理手段，是实现目标、提高劳动生产率的最有效形式，而且在精确性、稳定性、纪律性和可靠性方面要优于其他组织。他的上述思想体现在其著作《社会组织和经济组织理论》之中。

古典管理理论阶段的研究侧重于从管理职能、组织方式等方面研究效率问题，对人的心理因素考虑很少或根本不去考虑。

2. 行为科学理论

行为科学理论阶段重视研究人的心理、行为等对高效率地实现组织目标（效果）的影响作用。这些研究起源于以梅奥（G. E. Meyao）为首的美国国家研究委员会与西方电气公司合作进行的霍桑实验（1924～1932 年）。该实验的结果表明：职工是“社会人”而非“经济人”，企业中存在着“非正式组织”，新型的领导能力在于提高职工的满足度。由此引起了管理学者对人的行为的兴趣，从而促进了行为科学理论的发展，该理论主要研究个体行为、团体行为与组织行为。该时期具有代表性的理论成果包括需求层次理论、双因素理论、激励需求理论、X 理论—Y 理论、波特—劳勒模式、全面质量管理理论。

3. 现代管理理论

第二次世界大战以后，组织所处的社会环境发生了极大的变化，工业生产迅速发展，组织规模进一步扩大，技术更新的步伐不断加快，导致原有的仅关注组织内部管理的理论日益脱离实践。在这种情况下，一大批学者开始探求组织如何在变化的环境中求生存、求发展的理论和思想，由此各派管理理论如雨后春笋般地产生了。美国著名管理学家孔茨（H. Koontz）分别在1961年和1980年发表了《管理理论的丛林》和《再论管理理论的丛林》两篇论文，将管理理论各派“群雄并起”的现象称为“管理理论的丛林”。在第二篇论文中，孔茨将当时的各种管理理论归纳成11个派别，即经验或案例学派、人际关系学派、群体行为学派、合作社会系统学派、社会技术系统学派、决策学派、系统学派、管理科学学派、权变学派、管理角色学派和经营管理学派。《中国企业管理百科全书》则将现代管理理论总结为六个主要学派，即社会系统学派、决策理论学派、系统学派、经验学派、权变学派和管理科学学派。

现代管理理论在传统组织理论和行为组织理论的基础上，注重组织的系统性和开放性，认识到组织环境对组织结构和管理的影响，强调信息资源、信息技术以及知识对组织管理的重要性，将组织理论提高到一个新的高度。比较有代表性的理论如战略管理、文化管理、业务流程重组、知识管理等。

（三）传播科学的主要理论

信息资源管理的另一理论来源是传播科学，包括图书馆学、档案学、情报学、大众传播学等学科领域。

1. 图书馆学

图书馆学是以图书馆实体作为研究对象的一门科学，它可以进一步细分为微观图书馆学、中观图书馆学和宏观图书馆学三个层次。

微观图书馆学研究经过抽象形成的科学概念的图书馆，其研究内容主要包括图书采访、图书分类、目录学、读者服务、文献检索、参考咨询等。

中观图书馆学的研究对象是中观层次的图书馆网络系统，该系统是指由一定数量的图书馆依据某种共同的标准相互联系而形成的图书馆统一体。

宏观图书馆学的研究对象是宏观层次的图书馆系统，该系统通常是针对一个国家的所有图书馆而言的，不仅包括各种类型的图书馆，而且包括图书馆事业的宏观调控与管理、图书馆学教育、图书馆社会学等。

2. 档案学

档案学是研究档案和档案事业发展规律的一门科学，它可以进一步细分为微观档案学、中观档案学和宏观档案学三个层次。

微观档案学研究档案和档案管理过程，包括档案的收集、整理、价值鉴定、保管、统计、检索、编纂和提供利用等。

中观档案学的研究对象是档案系统（档案馆）及其组织，主要包括档案馆学和档案类型学。其中，档案馆学主要研究档案馆及其发展规律、档案馆的布局与资源共享、档案馆管理体制、档案馆网络建设等内容；档案类型学主要研究不同类型的档案及其组织体系，包括科技档案管理学、家庭档案学、会计档案学、人事档案学、诉讼档案学等内容。

宏观档案学研究国家档案事业的组织、管理和发展规律，主要包括国家档案管理体制、档案政策与法规、档案的开发与研究、档案现代化、档案教育学等内容。

3. 情报学

情报学是以围绕情报而形成的知识体系，它可以进一步细分为微观情报学、中观情报学和宏观情报学三个层次。

微观情报学主要研究情报过程，是关于情报的产生、传播、收集、组织、解释和利用等过程的理论。

中观情报学的研究对象是情报系统，研究重点包括：计算机情报系统的分析、设计、实施和评价；情报系统资源的布局、开发、利用与管理；情报网络的建设与管理；国家情报系统的建设与管理。

宏观情报学的研究对象是国家情报事业，主要包括四方面的研究内容：管理体制、国家情报政策与法规、情报产业与情报经济、情报教育。

4. 大众传播学

大众传播学又称传播学或者传学，它是研究人们运用符号进行社会信息交流的规律性和行为的一门科学，它可以进一步细分为微观大众传播学、中观大众传播学和宏观大众传播学三个层次。

微观大众传播学的研究对象是传授和传播过程，主要包括传播现象、传播模式、传播者、传播内容、受传者、传播效果等内容。

中观大众传播学的研究对象是传播类型，主要包括舆论学、广告学、民意测验和公共关系等内容。其中，舆论学研究舆论的产生和形成过程、构成因素、类别与特性等内容；广告学研究广告的产生和发挥效用的基本规律；民意测验主要研究民意测验的起源与发展、特点与功能、主观态度的测量等内容；公共关系主要研究公文关系的性质、功能、模式、传播和公关人员的素质等内容。

宏观大众传播学从战略高度来研究传播活动与事业，主要包括传播与国家发展、传播与现代化、传播与国际信息新秩序、大众传播的社会作用与社会责任等内容。

三、狭义的信息资源管理过程

狭义的信息资源管理过程，由一系列相关、有序的环节组成，包括信息需求分析、信息源分析、信息资源采集、信息资源加工、信息资源存储、信息资源检索、信息资源开发、信息资源利用、信息资源传递、信息资源反馈等环节。其中，信息需求分析和信息源分析可以合称为“信息资源分析”，信息资源采集、信息资源加工、信息资源存储可以合称为“信息资源建设”，信息资源检索、信息资源开发、信息资源利用可以合称为“信息资源开发利用”，信息资源传递、信息资源反馈可以合称为“信息资源传递反馈”。围绕上述过程产生了管理理论与方法即是信息资源过程管理，它包括信息资源分析、信息资源建设、信息资源开发利用、信息资源传递反馈四个阶段，如图 8-1 所示。

由于信息资源管理过程是围绕用户信息需求的产生和满足而形成的闭环系统，所以该系统又称为“信息资源管理系统”。

从系统角度来看，信息资源管理系统本身是由信息资源、信息用户、信息技术等构成的一个整体，它的运行需要依赖于计划、组织、指挥、协调、控制等管理功能的实现。其中，用户既是信息资源管理过程的出发点，又是其必然归属，所以它是信息资源管理过程的中心。信息技术是信息资源管理的支持手段，它主要由硬技术（即计算机信息系统）和软技术（即信息资源管理所需的知识、程序和技能等要素之和）构成。信息资源管理过程主要是由信息资源管理人员所控制和操作的，用户信息需求的满足在很大程度上取决于信息资源管理人员的整体结构、素质和能力。

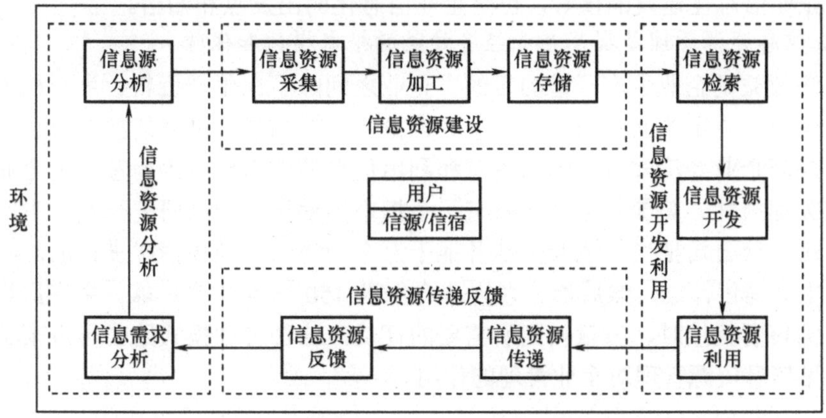

图 8-1 狭义的信息资源管理过程示意图

第四节 信息资源管理的作用

企业信息资源是企业在信息活动中积累起来的以信息为核心的各类信息活动要素（信息技术、设备、信息生产者等）的集合。企业信息资源管理的任务是有效地搜集、获取和处理企业内外信息，最大限度地提高企业信息资源的质量、可用性和价值，并使企业各部门能够共享这些信息资源。由于企业是以利润最大化为目标的经济组织，其信息资源管理的主要目的在于发挥信息的社会效益和潜在的增值功能，为完成企业的生产、经营、销售工作，提高企业的经济效益，同时也提高社会效益。一般而言，企业信息资源管理工作的内容主要包括：①对信息资源的管理；②对人的管理；③对相关信息工作的管理。企业信息资源管理是企业整个管理工作的重要组成部分，也是实现企业信息化的关键。在全球经济信息化和我国已加入 WTO 的今天，加强企业信息资源管理对企业发展具有非常重要的作用。

1. *企业信息资源管理是增强企业竞争力的基础和手段*

美国哈佛大学的研究小组提出了著名的资源三角形：没有物质，什么也不存在；没有能量，什么也不会发生；没有信息，任何事物都没有意义。这说明，当今社会信息资源已成为企业的重要战略资源，它同物质、能源一起成为推动企业发展的支柱。加强企业信息资源的管理，可使企业及时、准确地收集、掌握信息，开发、利用信息，为企业发展注入新鲜血液。这一方面为企业作出迅速灵敏的决策提供了依据；另一方面使企业在激烈的市场竞争中找准了自己的发展方向，抢先开拓市场、占有市场，及时有效地制定竞争措施，从而增强企业竞争力。特别是我国已加入 WTO，加强企业信息资源管理更显重要。

2. *企业信息资源管理是实现企业信息化的关键*

随着全球经济一体化和市场经济体制的建立以及现代信息技术的突飞猛进，企业生存和竞争的内外环境发生了根本的变化，企业信息化和信息管理也要和国际接轨。企业信息化是全方位的，不只是信息技术的延伸，更重要的是企业管理和组织的延伸。企业信息化的实质就是在信息技术的支持下，管理者及时利用信息资源，把握市场机会，及时进行决策。因而，企业信息化不但要重视技术研究，更要重视信息资源的集成管理，避免信息资源的重复、分散、浪费和综合效率低下，从而实现资源的共享。因而，企业信息资源的开发和利用是企业信息化建设的核心，也是企业信息化的出发点和归宿。

3. 企业信息资源管理是提高企业经济效益的根本措施和保障

提高经济效益是企业生产经营的目的。企业之间除了在生产资料、生产技术、产品价格等方面竞争外，更重要的是信息的竞争。谁抢先占有信息，谁就能把握市场动向，优先占有市场，提高企业经济效益。因而占有和利用信息的能力已成为衡量一个企业是否具有市场能力的关键指标。美国苹果公司就有一个把市场销售、产品研究开发、生产联系在一起的信息网络。该公司把当天遍及全球各地千万个销售商的销售情况进行汇总、分析，修订第二天的生产销售计划，然后把计划传送给全球 150 多个生产厂家。生产厂家按计划生产，各地的销售商就按时、按量收到所需要的订货，这种管理模式给公司带来了丰厚的利润。由此可见信息资源管理对企业管理的作用。

第五节 信息资源管理的实现途径

从技术层面讲，企业信息化是利用计算机技术、网络技术及数据库技术等，创建的一个信息共享和利用的平台。信息资源作为企业的管理客体，对企业的发展起到了决策支持的作用。为了更好地使信息资源为企业服务，提高企业的经济效益和市场竞争力，必须加强对信息资源的管理，而且只有更好地利用所创建的这一平台挖掘信息的潜在价值，提高企业信息资源的质量、可用性，才能使企业在竞争中立于不败之地。

本书从两方面来说明信息资源管理的实现途径。

一、建立数据环境方面

（一）数据环境建设是企业信息资源管理关键而基本的工作

而信息资源的开发利用却是无法靠花钱就能买到的。一个时期以来，不少人重硬轻软、重软件轻数据，只重视通信网和计算机网，不重视信息资源网，这对企业信息化建设来说，都是见木不见林。

企业集成信息系统的基础与核心是数据集成，或者说是标准化、规范化的信息资源管理，只有在这个基础上才能建立和运行集成化的信息系统。而数据集成的基本工作是通过总体数据规划创建企业共享数据库。

准确地理解和创建企业共享数据库是一个关键技术问题。例如，某公司最先开发了工资系统，按职工工资单建立了数据存储。后来开发了人事系统，按人事档案建立了人事数据存储。在管理工作中，工资系统要用人事数据，人事系统要用工资数据，这就需要编制数据抽取和格式转换的接口至少两个。随着公司的发展和职工人数的增加，公司又开发了职业历史跟踪系统，购买了劳动成本软件包。这样，四个应用相互使用数据，就至少需要 12 个接口。假定每个应用项目有 1 个数据存储（实际情况是每个应用都使用了多个冗余的数据存储），逐渐增加的应用项目要做到信息互用，接口数目还会继续增加，而且这些接口的数目和复杂性，随着新的应用的增加而按几何级数增加，因此，靠增加接口的方法实现系统集成是不可能的。

全企业信息系统建设必须进行总体数据规划的基本目的，就是要对相互有关的应用项目的信息资源作好规划和协调。通过这项工作，可以最大限度地提高数据的共享，而使数据冗余度最低。上例四个应用中有关职工的信息如果组织成共享数据库，四个应用都直接存取共享数据库，而不是通过接口互用数据，就简单、可靠、高效率地实现了四个应用的集成。工资单和人事登记表等，是管理人员使用的数据格式，称之为用户视图。一般来说，不能按用户视图的原样来建立数据库；然而，实际工作中许多应用系统都是这样建库的，这正是许多单位的信息系统做不好的根本原因。

詹姆斯·马丁（James Martin）在 20 世纪 80 年代初提出了企业的计算机信息系统是以数据为中心的原理，写出了数据集成的理论和方法专著——《信息工程与总体数据规划》。数据中心原理是说，只要企业的性质和目标不变，它的数据类就是稳定的，任何经营管理活动，都离不开对这些数据的存取。信息系统的开发应该面向数据，而不应该面向处理过程，因为处理过程是多变的。他明确提出数据环境（Data Environment）的概念，认为企业的计算机应用有四类数据环境，反映了由低级到高级的发展过程。的确，企业信息系统集成的基础与核心任务是数据集成，就是要改造以数据文件和应用数据库为主的、混乱的、低档次的数据环境。而企业信息系统集成的重要标志，是达到高档次的数据环境——主题数据库和信息检索系统。诺兰（Nolan）模型把集成和数据管理分为前后两个阶段，似乎可以先集成后再进行数据管理，但后来的大量实践表明这是行不通的。米歇（Mische）模型对此作了修正，揭示了信息系统集成与数据管理不可分，集成阶段的重要特征就是建好数据组织，或者说信息系统集成的实质就是数据集成。企业信息资源管理的技术工作，就是数据环境的建设，特别是强调以主题数据库为主体的集成化的数据环境的建设。

（二）信息资源管理基础标准

企业数据环境建设实际上包括两个方面的数据集成：企业内部的数据集成，以保证各部门的信息共享，从而使信息资源管理问题集中在共享数据库的标准化、规范化设计上；企业与外单位（政府部门、业务伙伴和客户等）的信息自动化交换，尤其是远程异地的信息自动化交换，使信息资源管理问题集中在数据交换的标准化、规范化的协调和设计上。这两个方面共同的关键，是信息资源管理的基础标准问题。把数据环境建设作为信息资源管理的重要工作来抓，就是要抓好信息资源管理的基础标准建设。信息资源管理基础标准有五项。

1. *数据元素标准*

数据元素（Data Elements）是最小的不可再分的信息单位，是数据对象的抽象。数据元素的定义是指用一简明的短语来描述一个数据元素的意义和用途。该短语的一般结构是：

修饰词—基本词—类别词

其中，类别词和基本词都只有一个，修饰词可以有一个或多个；类别词居后，修饰词和基本词居前。

数据元素名称是指数据元素的代码，是计算机和管理人员共同使用的标志。数据元素名称用限定长度的字母字符串表达，可按中文词抽取首音字母，也可按英文取其词首字母或按缩写规则得出。

数据元素名称和数据元素定义在全系统中要保持一致，要控制同名异义和同义异名的数据元素。由于数据元素具有原子意义，所以全行业中任一企业的数据元素，不仅数目有统计规律，而且还有共同的子集。

在采用 UN/EDIFACT 标准的情况下，数据元素应该尽量上靠国际标准，可建立数据元素名对照表，例如，缩写字母串数据元素名—四位数字编码数据元标志对照表。

2. 信息分类编码标准

信息分类编码（Information Classifying and Coding）对象，是一些最重要的数据元素，它们决定着信息的自动化处理、检索和传输的质量与效率。

应遵照《国家经济信息系统设计与应用标准化规范》和《标准编写规则　第 3 部分：信息分类编码》（国标 GB/T 20001.3—2001），按国际/国家标准——行业标准——企业标准序列，建立起全组织的信息分类编码标准。

首先要确定分类编码对象；随后要制定编码规则，即对每一编码对象要制定码长、分层和各码位意义的取值规则；最后编制编码表，即对每一编码对象，按既定的编码规则编制出该编码数据元素的所有可能的取值表。

某些代码表应与国际标准的数据元代码相一致。为方便系统内部的信息处理与共享，并满足与系统外的信息交换，可以制定简化编码规则标准与上级标准的自动换码表。

3. 用户视图标准

用户视图（User View）是一组数据元素的抽象表达，它反映了最终用户的信息需求和对数据实体的看法，主要包括单证、报表、账册、屏幕格式等。

规范并简化用户视图，是信息资源管理所必需的，这就需要规范用户视图的命名、分类编码和组成结构。

用户视图名称是表达用户视图意义和用途的短语；用户视图分类编码是其标志和分析处理的根据；用户视图组成是指顺序描述其所含的数据元素，一般格式是：

序号—数据元素名称—数据元素定义

对于规范化的存储类用户视图应该标出主关键字。

4. 概念数据库标准

概念数据库（Conceptual Database）是最终用户对数据存储的看法，反映了用户的综合性信息需求。概念数据库一般用数据库名称及其内容（简单数据或复合数据）的列表来表达。

总体数据规划的重要成果是产生总体数据模型，这种模型首先要做到概念级，即概念数据库的列表，以便反映用户信息需求的总体观点。规范概念数据库，需要较广泛深入的业务域知识和经验，因此需要业务行家参与，以便分析、识别、定义出各数据库的标志与名称，主关键字和数据内容。

5. 逻辑数据库标准

逻辑数据库（Logical Database）是系统分析设计人员的观点。在关系数据库模型中，逻辑数据库是一组规范化的基本表（Base Table）。

把概念数据库演化为逻辑数据库，主要工作是采用数据结构规范化原理与方法，将每个概念数据库分解成三范式的一组基本表，一个逻辑数据库就是这一组三范式基本表的统一体。逻辑数据库标准涉及各基本表的命名标志、主码和属性列表，以及基本表之间的结构关系。

二、企业内部管理方面

（一）提升企业各级管理人员对信息资源的重视

企业经营的基础在管理，重心在经营，经营的核心在决策。决策的正确与否是关系到企业生存和发展的大事，而决策的正确性是建立在准确预测的基础之上的，准确的预测又建立在及时把握信息的基础之上。所以说“控制信息就是控制企业的命运，失去信息就失去一切”。我国企业各级人员，特别是管理人员要充分认识到信息资源在企业发展中的重要地位和作用，高层领导要从战略高度来重视信息资源的开发与运用，加大对信息资源管理的力度，提高企业的竞争力。

（二）提高企业信息资源管理人员的素质

管理水平的高低取决于管理人员的能力和素质。企业要加强对信息资源管理的力度，首先要注重信息资源管理人才的培养、引进和任用，培养、任用具有经营头脑、良好信息素养、较强专业技术能力、创新能力、市场运作及应变能力的复合型高级管理人才。

（三）加强企业信息资源管理的基础工作

首先，企业应用先进的管理理论和方法加强企业生产经营管理，规范管理手段和方法，建立完善的规章制度，构建高效益的业务流程和信息流程。

其次，要建立一套标准、规范的企业信息资源库，使企业信息资源的获取、传递、处理、储存、控制建立在全面、系统、科学的基础之上，保证信息的完整、准确和及时。

（四）改革企业管理体制，建立、健全信息资源管理机构

为了加强对企业信息资源的管理，必须调整旧的不适应信息资源管理的体制和组织机构。

首先，企业应按照信息化和现代化企业管理要求设置信息管理机构，建立信息中心，确定信息主管，统一管理和协调企业信息资源的开发、收集和使用。信息中心是企业的独立机构，直接由最高层领导并为企业最高管理者提供服务。其主要职能是处理信息，确定信息处理的方向，用先进的信息技术提高业务管理水平，建立业务部门期望的信息系统和网络并预测未来的信息系统和网络，培养信息资源的管理人员等。

其次，加快推行 CIO 体制。由于信息资源是企业生存和发展的战略资源，信息资源管理必然贯彻“一把手”原则。为此，政府应在体制和激励机制上，企业应在管理制度上，个人应在能力和素质养成上下工夫。

（五）集成管理企业信息资源

集成管理是一种全新的管理理念和方法。集成管理作为高科技时代的管理创新，正在逐渐渗透和应用到社会经济的各个领域。集成管理是企业信息资源管理的主要内容之一。实行企业信息资源集成的前提是对企业历史上形成的企业信息功能的集成，其核心是对企业内外信息流的集成，其实施的基础是各种信息手段的集成。通过集成管理实现企业信息系统各要素的优化组合，使信息系统各要素之间形成强大的协同作用，从而最大限度地放大企业信息的功能，达到企业可持续发展的目的。

本章小结：

本章主要概述了与信息资源管理相关的若干理论问题，包括信息资源管理的含义、信息资源管理的产生、信息资源管理的内容、信息资源管理的理论基础、信息资源管理的作用及实现途径等。本章的重点内容是信息资源管理的概念、信息资源管理的内容、信息资源管理的理论基础。

思考题：

1. 信息资源管理的形成发展是哪些因素融合的结果？
2. 简述信息资源管理起源的主要领域。
3. 简述狭义信息资源管理的内容。
4. 实现信息资源管理的途径有哪些？

第九章

企业信息化人力资源管理

学习目标：

1．了解企业信息化人才培训的历程，掌握企业信息化全员培训的概念。

2．掌握企业信息化全员培训的目的、主要内容、方案，了解企业信息化全员培训的重要性。

3．掌握企业信息化人才的概念和人才队伍建设的方式、措施，了解信息化人才队伍建设的重要性。

开章案例：

安大公司信息化及其全员培训

（资料来源：摘自《中国航空报》）

贵州安大航空锻造有限责任公司（以下简称安大公司）召开BPR实施研讨会，标志着安大公司流程再造工作在前阶段信息化全员培训的基础上由此走向实施阶段。为了贯彻落实原中国航空工业第一集团公司关于3～5年内完成集团流程再造工作任务的精神，安大公司以流程再造为契机，努力推进管理现代化、管理信息化，并决定利用一年的时间，从2004年下半年至2005年10月，对公司内部的生产、管理、技术、物流进行优化设计和阶段性实施，再利用1～2年时间，不断完善企业的管理体系，最终实现以客户需求为导向的业务流程体系、以流程为导向的企业组织结构、以流程服务的量化绩效考核体系。

为了规范、系统地推进流程再造工作，使此项工作稳妥、有效地进行，公司于2004年7月成立了信息中心，全面推进公司信息化管理，2004年12月成立了流程再造办公室，负责流程再造的整体规划和实施。以深入分析、合理诊断、分步实施、全面推广、务求实效为原则，根据该公司的实际情况，流程再造工作分四个阶段逐步推行。

安大公司在初始阶段进行了流程再造的全员动员，加强宣传力度，提高全体干部职工对公司开展流程再造重要性的认识，普及流程再造知识，动员全体干部职工积极参与流程再造工作。公司结合自身情况，采取外出培训和公司内部培训相结合的方式进行，参观、考察了集团内部流程再造的先进单位，并先后邀请了南京航空航天大学教授对公司主管以上人员进行流程再造知识的培训，请利玛公司、用友公司、神州数码进行了企业管理咨询和企业管理及BPR培训。同时对咨询公司和EPR软件商进行考察，与神州数码加强合作，引进国际上先进的管理思想、管理方法和管理技术，将通过东海集团ERP系统的实施，改造传统的生产方式和管理模式，通过整合公司的业务流程，优化企业资源，提升公司内、外部的综合管理能力，提高核心竞争力。

对企业现有流程进行分析诊断、重新设计是该公司推行流程再造工作的重点。首先由工作小组会同相关单位绘制出现有流程图。再依据各单位现有流程情况，对流程进行总体分析和诊断，通过深入调查研究，听取、收集专业人员的建议并加以分析归类，保证对现有流程状况进行准确分析，找出不合理部分。最后根据对公司现有工作流程的分析、诊断，重新设计、建立一套适合公司的完整的业务工作流程，设计出新的流程方案，并组织相关专家对新设计的流程方案的可靠性、风险性进行全面比较论证。

案例思考：

1. 信息化全员培训在安大公司走向ERP实施阶段起到了什么作用？
2. 安大公司采取何种方式进行全员培训？

第一节 企业信息化全员培训

随着计算机和网络技术的迅速普及，企业信息化管理的发展极为迅速。然而与信息化飞速发展相悖的是企业信息化人才的缺乏。这是当前面临的一个严重的现实问题，必须培养一批具有高品质、专业化、创新应用型的专业人才，以缓解此类人才紧缺的问题。

企业信息化建设需要大量的复合型人才，他们既需要掌握现代信息技术，具备收集、整理、分析信息的能力，又需要精通管理的原理和方法，具备决策、协调、领导、沟通等才能，大量企业由于缺乏这方面的复合型人才，无法对企业信息化进行科学规划和建设，这自然影响了企业信息化的发展。总体来看，企业信息化人才应是具有一定的经济分析能力、企业生产、经营和管理能力，掌握电子信息技术和计算机基础知识和技能，具有信息系统规划、管理能力、信息资源获取和利用能力的高级专门人才。

世界各国政府和企业都将国家信息化和企业信息化作为国家和企业长期发展战略，投入大量人力、物力和财力抢占这一21世纪的制高点。信息化已经成为国家间、企业间激烈竞争的焦点。各级决策层、管理层和全体成员信息化的观念、意识、素质和技能，事关竞争成败的全局。人才队伍的建设是这场竞争的关键。因此，科学、有效地组织全员的信息化培训，在信息化的实践中，造就一大批复合型信息化人才队伍是实现国家信息化和企业信息化的基础。

一、企业信息化人才培训回顾

（1）20世纪70年代中期以前，接受信息化（计算机）培训是大学老师、科研人员才能享受的奢侈品，为科研计算和工程研究而进行的培训，称为“科研培训”。

（2）从20世纪80年代中期开始，结合引进国外计算机系统，为开发计算机软件需要而进行的“软件水平考试”培训主要面向计算机软件专业人员，称为“专业培训”。

（3）从20世纪90年代初期开始，配合计算机技术的应用，为普及计算机文化而进行的计算机等级考试培训，称为“文化培训”，实际上这仍是少数人的专利。

（4）从20世纪90年代中期开始，为适应企业管理信息系统的建设与应用，为少数企业高层管理人员进行的一些有关总体规划的培训，称为“高层培训”。

（5）从20世纪90年代末期开始，中央提出“信息化带动工业化”，“信息化是覆盖全局的战略举措”，而需要的培训是“全员培训”，反映在以下几个方面：

1）教育：从幼儿园开始到小学、中学、大学、成人教育、进修等全员的信息化培训。

2）政府：从公务员到各级领导干部的信息化观念、意识、信息技术、电子政务的培训。

3）社会：从现代通信、计算机及网络技术、互联网到电子商务的各种培训。

4）企业：从计算机及网络技术、信息资源开发与利用到 IT 应用、信息系统开发、信息资源利用等全员培训。

二、企业信息化全员培训的概述

（一）企业信息化全员培训的概念

全员培训是指企业针对各个层次、各个岗位的全体员工，通过发展其职业技能、提高其全面的思想和业务素质，以提高企业劳动生产率和经济效益为目标的内部培训。通过培训为企业培养、造就一支迅速适应和满足生产及经营需要的高素质人才队伍，这是一项长期的系统工程。全员培训的重点是培训各方面的骨干人才，特别是专业技术人才。

对企业员工的信息化培训，必须首先分析企业的现状，了解员工的状态，充分掌握培训的需求，对培训需求进行收集和分析，然后才能详细地、有针对性地作出规划，指导培训的顺利开展。

根据全员培训的定义，可总结出企业信息化全员培训的概念，企业信息化全员培训是指企业针对各个层次、各个岗位的全体员工，向他们普及企业信息化方面的知识，如企业信息化的现状、企业信息化的必要性、企业信息化的构成、企业信息系统规划方向等，通过企业信息化的全员培训从而提高企业劳动生产率和经济效益，最终实现企业人力资源管理的自动化，实现其与财务流、物流、供应链、客户关系等系统的关联和一体化。

（二）企业信息化全员培训的重要性

企业推进信息化的过程，同时又是企业自我发展、自我人才培养的过程。在企业信息化建设过程中应多层次、多途径、全方位地培养人才，将全员信息化培训计划纳入信息化建设规划中，分阶段、分层次地对员工进行不同内容的培训，并在企业内部建立全员信息化培训机制。

1. *加强对决策层的信息化理念培训*

企业信息化建设要想取得成功，企业决策层的融入至关重要，即实施“一把手工程”。因此，对决策层的信息化培训目标，应该是要使之理解企业信息化的目的、意义以及企业信息化系统各模块的管理理念，能够找到其所需的决策数据。

2. *深化对管理层的信息系统管理培训*

企业管理层是信息化建设的中坚力量，他们对信息化的认识程度直接影响着企业信息化建设的进程。

3. *强化对执行人员的信息系统操作培训*

信息化执行人员担负着大量的信息数据输入工作，其工作质量的高低，直接关系着信息系统的运行状态。

4. *突出对复合型信息化人才的培训*

复合型信息化人才不仅要掌握 IT，还要熟悉本企业的业务流程和管理模式，能够在企业信息化建设的各个阶段、各个层次发挥不同作用。

（三）企业信息化全员培训的目的

企业信息化全员培训是组织对全部成员员工进行的有计划、有针对性的教育和训练。企业信息化全员培训旨在提高员工的素质，促进组织的发展，具体地说，包括以下具体目标：

（1）适应职位要求。组织中的每个职位都有相应的任务和目标，组织员工必须具备一定的知识与技能，才能与特定职位相匹配，从而达到较高的绩效水平。为了保证新员工更好地适应工作要求，必须对其进行专业系统的岗前培训；为了防止在职员工知识与技能的老化，必须对其进行持续不断的在职培训，以补充与更新其与工作有关的最新知识与技能。

（2）提高综合能力。员工的综合能力是形成组织竞争优势的重要源泉，企业信息化全员培训的目标不仅要着眼于培养员工的基本技能，还要着眼于培养员工的综合能力，即沟通、创新等能力。这些能力对组织的未来发展至关重要，会使组织的各项工作更有成效，会给组织带来更大的发展机会，从而全面提高组织的竞争力。

（3）转变态度观念。组织员工对组织文化的认同将直接影响其工作态度和工作绩效，员工培训的目标不能仅局限于能力的培养，还应注重观念的培养。每个组织都有自己的价值观念和行为准则，全员培训的重要目标就是通过对组织成员特别是新聘主管人员的培训，使其逐步了解和接受组织文化，并融入组织文化中，按照组织共有的行动准则来从事各项工作。

三、企业信息化全员培训的实施

（一）企业信息化全员培训的方法和内容

企业培养自己的信息化建设、运营、维护软件、硬件的技术队伍，是系统有效运行的重要保证。培训是十分重要的环节，培训工作要贯穿实施的全过程，培训工作要分层次持续深化。从内容上分，培训包括理论培训、计算机和网络知识培训、应用软件使用培训等；从人员上分，培训包括企业领导层培训、工程项目工作组培训、计算机专业人员培训和业务管理人员培训。从培训范畴上分，培训可分为以下几类：

（1）信息化普及教育，包括信息化的基本知识、主要内容和实施方法等。

（2）现代管理技术培训，包括企业经营管理理论、先进的管理理念等。

（3）信息技术应用培训，包括信息技术理论知识、重要的方法论和信息系统应用知识等。

（4）信息技术技能培训，包括信息系统、自动化设备的使用与操作等。

（5）其他与信息化建设相关的知识培训。

（二）企业信息化全员培训计划的制定

信息化培训计划一定要明确而具体，必须明确培训的时间、地点、人员、条件和实际内容：必须通过岗位规范和工作说明书，明确各种岗位所需要的与信息化相对应的能力、程度。

一般而言，应根据决策层、管理层、操作层三层分别制定相应的信息化培训计划。对企业内专门负责信息技术应用的专职人员还需要制定另一套信息化培训计划。

1. 决策层的培训

对决策层培训的目标，是要使之理解企业信息化的目的、意义以及企业信息系统各模块的管理理念，能够找到其所需要的决策数据。在信息化进程中，还要对决策层进行信息化观念、意识的培训，使其能够支持信息化培训项目的进展以及整个企业的信息化工作。

在制定有关决策层的信息化培训计划时，应注意结合企业信息化现状以及其他先进企业的信息化成果，使决策层意识到信息化对企业的重要性。

2. 管理层的培训

对管理层培训的目标，是要使之能够熟悉企业信息化环境，提出对计算机及信息网络的应用需求，能够控制信息系统执行人员的工作。在制定相关信息化培训计划时，须注意企业信息化观念、意识、信息资源开发与利用，以及前沿信息技术和知识等内容，并采用适当的培训方法进行培训。

3. 操作层的培训

操作层人员培训的目标，是全面提高其企业现代化管理基础知识以及信息化素质和基本技能，使之能够完成计算机及网络应用软件的各项功能操作。

4. 专职信息技术人员的培训

对于专职信息技术人员，应使其全面了解信息化基本理论和信息化基础知识（包括信息技术、企业管理、法律法规基础知识）。除了要使之掌握信息系统的各项功能和具体操作，提高信息系统规划、设计和分析能力，成为所负责信息技术某一领域的专家外，还应该对其专门进行信息化系统管理方面的培训。

（三）实施企业信息化全员培训

1. 把握时机

企业信息化培训应当对信息技术和企业经营状况具有充分的灵敏度，应能及时地调整和修改培训计划，否则就会丧失有效培训的有利时机。因此，企业高级信息管理师需要树立超前意识，要有科学的预见性，要能有条不紊地组织、管理企业信息化培训。同时，企业信息化培训需求具有潜在性和不确定性，因此企业高级信息管理师要有很强的竞争意识，要熟知企业信息化培训的发展趋势，不断吸纳国内外培训的最前沿知识，养成超前思维的习惯，紧紧与自己企业内的部门和专家保持广泛的联系，及时捕捉各方面的信息，适时开发培训项目并组织实施。

2. 实施策略

（1）摒弃传统的低效率培训环节，改善培训模型，由上自下转变观念，寻求新的培训路线。企业信息化培训应该建立新型模式，进行培训创新，这也是企业信息化实施的新要求。新的培训模型要求对企业现行培训业务进行整理分析；从企业发展的战略目标出发，定义新型培训系统功能；对新模型进行原型测试；整理、总结培训模型；为新模型制定管理流程和操作规范；最终在新的信息化环境下，导出先进、科学、适用的培训模型和新的标准规则。

（2）制定切实可行的长期战略，抓住实施过程中的重点和弱点，分阶段地开展培训项目。策略是企业信息化培训的神经中枢。对于一个企业来说，没有策略的实施，就不能保证培训项目目标的实现。在策略的制定中，要注意目标的合理性和计划的切实可行性。目标庞大、没有重点和计划不够完整或可操作性差，都是企业信息化培训实施中常犯的错误。信息化培训要分析竞争策略，考虑公司运营的所有环节，从工作环节入手可以把企业各个部门的信息化功能都调动起来，然后逐步根据实际情况需要再延伸到相关的生产、物流、分销等领域，最终建立企业层次性信息化培训平台。

（3）建立完善的员工信息化培训体系，在企业内部形成信息化学习的氛围。信息化培训的过程，关系到企业管理理念、模式、手段和方法的重组，需要对企业人员进行从观念到行为的全面系统的培训，包括原理培训、流程培训和产品培训三方面。分别采取集中培训通用知识和单独培训个性知识的手段，确保信息化策略的成功。为此，需要研究切合实际的培训方案，建立专项的培训制度和计划，确保培训的质量。

（4）解决好各个阶段培训项目开发后的可扩展性，实行对培训效果评估的统一标准和管理。信息化培训应是让员工学习如何将企业的各项资源以数字的方式表现，利用网络技术的模式及时处理和跟踪企业的运营，以量化的形式评价企业的状况，并及时预测和调整企业的各项业务。企业的经营管理已从最初对人的管理转变到对信息流、资金流、物流、知识流等数据的管理重心上。因为信息准确是企业信息化的重中之重，所以要培训员工正确处理信息的编码方案，信息规范化技术方案，信息检查、修正措施，以及数据维护和管理规程制定等。信息化建设中的基础数据工作是企业信息系统实施成败的关键，必须让员工明确妥善解决数据问题的重要性，以促进企业问题的量化分析和解决。

3. 提高企业培训的效率

目前，企业信息化培训的效果并不十分理想。原因很多，但培训方法问题是造成这个结果的重要原因之一。信息化培训以讲授为主，教学方法单一，难以激发员工的学习兴趣，也就难以得到良好的培训效果。员工的信息化培训往往源于自身发展的需求，为解决在工作中的信息技术或管理问题而学习。同时，员工一般具有一定的工作经验，只有在培训内容与其经验相符的情况下，他们才比较容易接受培训。

因此，高级信息管理师不仅仅是讲授者，还要担当辅助者的职责，需要启迪学员的悟性。企业信息化培训应提倡理论联系实际的教学方法，帮助学员理解消化教学内容。互动式培训可以突破传统培训中以培训师为中心的思维定式，通过灵活多样的培训手段，激发员工主动学习。同时，信息管理机构和部门也应当与其他企业加强联系，以实现信息化培训资源的共享和优化配置。应根据企业规模、培训力量，决定在车间、部门聘请兼职教师或外请教师，或者外出委托培训等不同的培训方法和方式。除此以外，还可以充分使用网络教育。在线培训是一个巨大的教育资源，可提供智力共享的论坛，可以在线监控培训进度、开展网上考核，形成网上虚拟培训。综合多种培训方式，可以大幅度提高企业信息化培训的效率。

（四）信息化全员培训预算

1. 预算的确定

在制定信息化培训方案时，首先要考虑预算问题。如果企业的全员培训预算不能够支持信息化全员培训计划，培训计划制定得再漂亮也没有意义。不同的企业制定信息化全员培训预算的方式不尽相同，一般而言有以下三种处理方式：

（1）先制定信息化全员培训计划，根据计划的要求推算出全员培训预算，然后根据企业的实际承受能力，再对预算进行调整。

（2）先划定全员培训预算的范围，然后根据既定的全员培训预算来制定培训计划。

（3）先划定包括企业信息化全员培训费用在内的全年信息化管理费用总额，全员培训费用的额度可以从中自行分配。

由于信息化全员培训的效果很难进行量化评估，也很难将全员培训的作用与企业利润增长准确地联系起来，因此其额度也难以预先准确预算。最通常的做法是参考同行业企业信息化全员培训预算的数据。首先了解同行业企业信息化全员培训预算的平均数据，可以与行业同行就培训预算问题进行一次交流，相互了解对方企业的情况，然后取平均值（由于各企业的规模不同，取人均培训预算）。另外，同行业优秀企业的培训预算数据也很重要，将平均培训预算与优秀企业培训预算相比较，就可以看出培训费用对企业发展的贡献。上述方法具有较强的可操作性，但它无法精确地确定出本企业的培训预算。如果企业有培训预算的历史数据，参考这些数据会更有意义。

2. 预算的分配

虽然在确定全员培训预算时，可以采用人均培训预算的方式，但是在预算的分配时，往往不会人均平摊。有的企业会将70%的信息化培训费用花在30%的员工身上，甚至将80%的费用用于10%或20%人员的信息化培训上。

企业一般都会将全员培训预算向公司高级经理和骨干员工倾斜，因为很多企业80%的效益是由20%的员工带来的。另外，高级经理及骨干员工提高了管理及技术水平，可以有效地带动普通员工提高工作能力，这种从上向下的推动远比由普通员工从下向上的推动要容易得多。

但全员培训预算的不平均性，可能会导致普通员工的不满。所以在公布预算分配时，最好以部门或培训项目来分配，人均分配数额仅作为培训预算的一种计算方法。

对于信息管理类的培训，培训预算应重点集中在企业的高层经理上。这主要和信息管理本身的特性有关，只有企业的高层经理才能成为企业信息管理理念的传播者和信息管理方法的创新者。对于中层管理者和普通员工而言，他们更倾向于去适应上级的管理理念和管理方法。所以提高高层经理的信息管理水平对提高企业整体的信息管理水平具有决定性的影响。

对于信息技术类的培训，培训预算应该集中在企业骨干技术人员身上。信息技术培训的投资会使信息技术骨干们获得个人能力的成长，这是对信息技术骨干最有效的激励，由其将所学向其他信息技术人员传播时效率也较高。

3. 解决预算与计划的冲突

信息化全员培训预算往往会与信息化全员培训计划产生冲突，最主要的冲突是信息化培训预算无法满足培训计划，当然也会有培训预算费用花不完的情况。企业在费用紧缩时，往往会首先想到削减培训预算。最头疼的事情可能就是要用削减培训预算去完成原定的培训计划。解决这个问题最有效的办法是加强企业内部培训，因为企业内信息化全员培训的费用较企业外信息化培训来说要低得多。

加强企业内信息化培训，关键是在企业中寻找到信息化知识的传播者，在企业内部建立起信息化知识传播机制。如果能在企业内部就可以找到信息化培训讲师，可以在节省预算的基础上发挥很大的效用。加强企业内信息化培训，一方面可以大幅度地降低培训成本，另一方面也可以加强参加企业外信息化培训人员的责任感。参加企业外信息化培训的人员，可以及时将培训内容在企业内部传播开来，从总体上减少了培训成本。

（五）信息化培训存在的主要问题

伴随信息化热潮而来的各类信息化培训，种类繁多，然而客观地审视这些名目各异的培训，质量却参差不齐。目前来看，市面上极其缺乏专业化、有品牌效应、关注实际的企业信息化培训机构。

现有各类培训存在的主要问题如下：

（1）针对性不强。没有针对企业信息化建设的各细分层次提供相应培训方案，没有根据各细分层次提供有针对性的课程。相反，许多培训都没有作明确的对象定位，把信息化培训等同于传统的认证培训，这是当前信息化培训的一大误区。

（2）系统性不够。这是指没有基于信息化建设的全过程来提供整套培训方案。许多培训围绕某一产品或技术，或者围绕单一流程与方法。零敲碎打、分散割裂的培训解决不了企业的实际问题。结果是培训流于形式。

（3）层次和规格不高。目前，市场上缺乏面向企业高层、由一流专家主讲、由权威机构推进的信息化培训。目前市面上充斥的是素质参差不齐、以信息产品功能介绍为主的各类培训，难以上升到企业信息化规划与建设的高度。

（4）理论与实践脱节。常见培训或以理论为主，崇尚清谈；或把单一个体实践作为样板，无原则放大，试图放之四海而皆准。结果是企业接受培训后仍无法将其应用到自身信息化建设中。

（六）信息化培训可思考和借鉴的几个问题

（1）权威性。对企业高层的信息化培训，必须追求权威性。企业信息化作为国家“以信息化带动工业化”的重要一环，企业高层有必要深刻理解国家信息化战略，并根据国家政策来规划、制定本企业的发展纲要。因此既与中央政策保持一致，又能适合本企业发展的信息化建设，将会使企业在新一轮竞争中脱颖而出。

（2）针对性。信息化培训对象应定位清晰。例如，针对企业高层的培训，要做到有的放矢，着重解决领导层在规划、实施信息化建设过程中遇到的热点、难点问题。课程设置也应适合相应层次学员的特点和需求。以培养中国新一代既懂企业业务又熟悉信息化理论与实务的高级复合型信息化人才为目标，招生对象也集中在企业中高层领导。

（3）高层次。信息化培训首先应解决企业高层领导的观念问题。作为高层信息化培训，必须帮助企业决策者立足高远，宏观掌控信息化发展决策，并部署、实施、调整建设的步伐，培训应体现高规格、高层次以及开放性。

（4）务实性。信息化培训必须理论与实务相结合，关注信息化建设的实际问题，关注信息化难点和热点。研修班的课程体系均按照信息化建设全过程来设计，关注每一个关键环节，关注解决实际问题。

（5）延续性。信息化培训必须与信息技术的变革和企业信息化推进过程并行，同时注意将培训与培训后的支持结合，这样才能避免信息化培训的空洞化趋势。

以上五个方面的要素可用来作为评价信息化培训机构水准的重要指标，也是企业在考虑选择信息化培训合作伙伴的一个重要依据。总而言之，信息化是一个知识转化增值过程，培养既掌握信息技术又熟悉业务流程的复合型人才，是企业信息化建设取得成功的重要保障。

第二节　企业信息化人才队伍建设

一、信息化人才的界定

在国际上，各个国家对信息化人才的认识存在很大的差别，这里以美国、法国、加拿大为例进行比较说明。

（一）美国对信息化人才的界定

（1）从劳动的范畴定义。这种定义以职业的名称为主，美国劳动部劳动统计局就使用这种定义方法。不过，这种区分经常过时，也不能准确反映出一个人究竟在从事什么工作。

（2）从技能的范畴定义。这与第一种范畴有一些重叠，但对于估计和培养信息化人才十分有用。这种分类方法集中于对信息化人才进行划分，并将其分为四类：总体设计者（如计算机行业的企业家、产品设计师、研究工程师、系统分析人员、计算机科学研究人员、需求分析人员、系统体系设计人员等）、开发者（如系统设计人员、程序员、软件工程师、测试员、计算机工程师、微处理设计人员、芯片设计人员等）、修改/扩展者（程序维护员、程序员、软件工程师、计算机工程师、数据库管理人员等）和支持/照管者（如系统顾问、用户支持专家、硬件维护专家、网络安装人员和系统管理人员等）。

（3）从相关工作的范畴定义。例如美国计算机研究会1999年的划分法，把人们在工作中实际做什么作为基本的划分标准。这种标准首先将信息化人才与那些有时在工作中要使用信息技术的人区别开。这种划分方法根据IT知识或学科知识的多少将与IT有关的职业分成两类。如果一名员工产生的价值有一半以上涉及IT知识，则这名员工被认为是“IT人才”，如果他的职业涉及对IT的应用，但IT给这项工作增加的价值少于一半，则此人被认为是“以IT为手段的人才”。

（二）法国对信息化人才的界定

在法国，IT职业大致分为以下八种类型：

（1）信息、电信系统的设计和推动：数据库设计师、硬件设计师、网络和电信设计师、信息系统设计师、电子游戏设计者、网页设计者和开发人员等。

（2）信息、电信系统和产品开发：网站设计者、开发人员、软件开发工程师、硬件开发工程师、评估工程师、网络管理员等。

（3）项目主持：项目主任、项目主管等。

（4）咨询与鉴定：信息稽核员、通信与网络顾问、电子商务顾问、远程学习顾问、信息安全专家、技术咨询人员等。

（5）信息系统与网络的开发与管理：数据库管理者、开发分析师、网络开发工程师、系统与网络工程师、网页管理者、网络管理者、安全工程师、网络技师等。

（6）用户培训：培训师、售后服务人员、维护人员等。

（7）信息、电信产品和服务的商品化：商务主管、信息系统主管等。

（8）教学与研究课题的主持（信息研究专家、信息教员、研究人员等）及其他职业。

（三）加拿大对信息化人才的界定

为了应对IT部门、公共部门和教育机构对标准化技术的需求，加拿大软件人力资源委员会在咨询了政府部门、行业代表和IT专业人员的基础上，同人力资源发展部合作开发了“职业技能情景化模型”。该模型包括24个IT作业流，即问题管理、项目管理、数据管理、数据库管理、教育或培训、文件工程、商务分析与服务水准管理、容量和性能、技术架构、技术支持服务、网络支持、质量保证、安全、测试、用户或技术支持、监理、操作常规、系统程序、分析设计、分析程序、编程以及软件设计与自动化派送升级管理等。它为IT行业的求职者、人力资源经理、劳动力市场分析家、教育者和学生等提供了参考的工具。

除此之外，软件人力资源委员会还与人力资源发展部共同将21种职业定义为IT职业。

这21种职业被分为经理、工程师、分析师、程序员和技师5大类，包括人力资源经理、计算机与信息系统管理员、电子商务经理、电气和电子工程师、计算机工程师（软件专业除外）、信息系统分析员、系统安全分析员、信息系统质量保证分析员、系统监理、数据库管理员、数据库管理分析员、软件工程师、计算机程序员、互动媒体开发人员、网页设计开发人员、计算机与网络操作员、网络技师、用户支持技术员、系统测试技术员、文件工程师以及动画设计人员。

各个国家对信息化人才的不同定义，反映了IT行业自身的复杂性。由于IT行业发展迅速，同其他行业交叉多，因此，准确界定信息化人才是非常困难的。不过，通过分析美国、法国、加拿大三国对信息化人才的界定可以看出，对信息化人才的界定主要是通过职业、技能两种渠道，尽管各国对信息化人才的具体称呼不尽相同，信息化人才这一概念所涵盖的核心内容大体是相同的。

（四）本书对“信息化人才”的理解

我国对“信息化人才”至今没有一个比较明确的界定。根据人才专家王通讯对人才的定义，信息化人才就是以创造性劳动在信息化领域为社会发展和人类进步作出贡献的人。这个定义也符合2003年12月份召开的全国人才会议对人才的衡量标准。这些人才是信息化的核心力量，信息化人才和产业、规则、技术四个要素是信息化的四个支撑要素，信息化人才能否满足信息化建设的要求，将直接影响信息化进程和工业化速度。但是以信息化人才这个定义为标准是很难对信息化人才作出统计的。1982年，中国确立了一个人才的统计标准即“具有大专以上学历和初级以上职称的人员”，可这个定义忽视了人才所注重的能力。所以本书提出了信息化人才资源的概念。对这个概念，可以理解为成为人才的可能性比较大的群体。根据信息化所需人才的能力要求，本书把信息化人才资源的标准定为具有大专及以上学历，或虽不具有上述学历，但具有高、中级专业职称（职务），或职业认证的信息化人力资源。

根据信息化人才的定义，从掌握的知识类型来分，信息化人才可以分为单一型信息化人才即专业技术人才和复合型信息化人才（复合主要是指既有信息知识背景，又有传统行业背景），包括CIO、电子商务人才、电子政务人才等。

下面具体介绍五类信息化人才。

1. 企业信息化管理人员

企业信息化管理人员主要负责系统建设项目的组织与运行过程中的管理工作。企业信息化管理人员一般由有行政职务的各级领导层担任。这些管理人员应具备现代化企业管理观念、意识、企业生产经营管理的业务知识和领导艺术，理解项目管理和计算机网络环境下的业务处理规律。

2. 企业信息系统的维护人员

企业信息系统的维护人员负责系统日常使用中的硬件和应用软件的维护工作。硬件维护主要负责计算机机房、网络系统、计算机硬件等设备的维护与管理；软件维护主要负责应用程序故障的排除，根据业务处理的需要对应用程序中的项目进行增加、修改、删除的维护，对数据进行备份，并能解决操作系统升级和软件本身升级带来的问题，对系统的正常运行负责。企业信息系统的维护人员也就是通常的系统管理员，按照企业维护工作量的大小可分别设硬件维护人员和软件维护人员，如果业务量小，也可由一人担任。信息系统的维护人员要通晓计算机硬件工作原理，了解软件的总体结构和数据结构，熟悉软件中的数据处理流程，所以对系统维护人员的知识结构要求较高。系统维护人员应该具备较强的计算机专业知识、企业管理知识，熟知本单位的业务处理流程，掌握数据库理论与应用知识，熟练使用操作系统和各种工具软件，熟练掌握网络原理及管理技术。

3. 企业信息系统的操作人员

企业信息系统的操作人员主要负责系统日常运行中的经常性工作，包括数据的录入、日常业务的处理及其他数据的打印输出。这也是需要量最大的一类人员。企业信息系统的使用人员应熟悉本岗位的业务，具备相应的专业知识、基本的计算机操作技能，能按照信息系统使用说明书的要求正确、熟练地操作系统。

4. 企业管理信息系统的开发人员

企业是否需要软件开发人员取决于企业信息化解决方案的选择。如果企业选择自行开发管理信息系统，或者需要较多的、较为经常的二次开发，那就需要拥有系统分析员、系统设计员和程序员三类人员。大多数企业一般采用专业软件公司提供的成熟产品建设自己的管理信息系统，需要进行的二次开发通常也委托专业软件公司进行。对这类企业，开发人员就不是必需的了。在一些管理信息系统很庞大的企业，有一些具有从事系统开发能力的技术人员，对于加强应用软件系统的维护还是比较需要的。

5. 企业信息化复合型人才

信息及信息化的特点决定了企业信息化必须拥有一大批复合型人才，他们既要有专业管理技术，又要有信息化基础知识，能够综合管理和解决企业信息化的复杂问题。这类人才需要长期的培养，更主要的是在企业信息化工程实践中锻炼成长出来。创造良好的企业信息化建设与应用的环境，创造更多的锻炼机会让人才不断地在企业信息化的事业中涌现出来，企业信息化才有可能成功。

二、企业信息化人才队伍建设的重要性

信息化发展是一场不可逆转的潮流，《2006—2020年国家信息化发展战略》明确指出，要大力培养信息化人才，以满足市场的需求。“构建以学校教育为基础，在职培训为重点，基础教育与职业教育相互结合，公益培训与商业培训相互补充的信息化人才培养体系。鼓励各类专业人才掌握信息技术，培养复合型人才。”尊重信息化人才成长规律，以信息化项目为依托，培养高级人才、创新型人才和复合型人才。

（一）企业实施信息化过程中需要信息化人才

如前所述，企业信息化就是企业利用现代信息技术，通过对信息资源的深入开发和广泛利用，不断提高生产、经营、管理、决策的效率和水平，进而提高企业经济效益和竞争力的过程。企业信息化不仅仅是一个单纯的技术问题，更重要的是一个管理问题。许多成功企业的经验表明，在推进企业信息化过程中最根本的是人，不仅需要一批优秀的信息技术、管理人才，而且需要一大批信息化素质较高的执行层人员。

（二）员工的某些行为对信息化具有反作用，必须提高员工的信息化水平

企业实施信息化工程，对企业的全体人员来说，不仅仅是更换了一种技术，更重要的是其管理、操作、思考问题的出发点、路线的转换，引起了组织中角色、责任、权力关系的变化，进而使员工感觉到其个人的利益受到了威胁，这样往往会引起员工的抵制。

信息化项目失败的一个重要原因就是管理者忽视了员工的抵制行为。系统在组织内实施与应用的成功与否离不开员工的支持和参与，为了尽可能发挥信息系统的功能，需要员工须主动积极去钻研 ERP 的先进思想，灵活运用软件的其他功能来解决企业发展过程中的新问题。

（三）企业信息化人才需要靠企业自身不断的培养

目前社会信息化人才供应不足，学校培养出来的信息化人才知识结构主要偏重于信息技术，而企业则需要复合型的信息化人才。企业信息化建设的重要目的在于加强企业业务流程的协调性和流畅性，同时还要不断地提高企业所有员工的信息化意识，在实施信息化项目的过程中和各个阶段对不同的人员进行相关知识的培训，让员工在一定的认知情况下，调整自己的行为去适应新的管理模式。

（四）员工信息化水平的提高是企业保持持续竞争优势的有力保障

国内外许多学者将大量的精力用于信息化实施调查上，其目的就是寻找信息化实施成功的关键因素。他们普遍认为企业实施 ERP 的核心问题是业务流程重组，以及企业管理人员适应并学会利用新系统完成工作的技能。能够给企业带来持续竞争优势的不是 ERP 系统本身，而是 ERP 实施过程所积累的管理技能以及所形成的信息处理能力。

三、企业信息化人才队伍建设的方式

（一）信息化建设人才主要通过对员工的培训来解决

企业信息化人才，除特别关键岗位的技术人才和一些专业性很强的技术人才，如系统分析人员、系统设计人员和高层系统管理人员有时需要从外单位引入外，对于信息化建设需要的各种人才只能通过对已有员工的培训来解决。

当前，很多企业的经营者和员工素质不能适应管理信息化的要求，首先，要把加强培训作为推进企业管理信息化的一项基础工作摆上各级政府有关主管部门和企业的工作日程。要增强培训的实效性，有针对性地设计培训方案，并组织典型企业、大学科研机构、专业咨询公司和系统集成商等专家资源为企业提供培训服务。其次，要加强对中高级管理人员、IT 部门负责人和技术骨干的培训，对管理人员加强计算机知识的培训，对 IT 人员加强管理科学的培训，努力培养一批复合型的中高级管理人员和技术骨干。同时要加强全员性的计算机知识和实际应用能力的培训，尤其要加强对关键岗位人员的培训。有条件的企业应把信息化知识和计算机应用能力作为中、高级管理人员，甚至是企业的全体员工岗位竞聘的必要条件，激励职工素质尽快提高，以适应企业信息化管理的需要。

（二）从宏观的角度来考虑人才队伍建设问题

（1）由政府主管部门和相关部门配合，开展一个企业信息化人才培训工程。根据自愿的原则，从部分经营状况较好的企业中，选拔一批具有实践经验的技术骨干和管理骨干，送到有关院校进行企业信息化知识的专门培训。争取用一年的时间，培养一批企业信息化建设急需的复合型人才。

（2）委托专业咨询公司和系统集成商来完成企业信息化人才培训工作。在培养企业人才的同时，也要支持、培育中国自己的、能解决问题的专业咨询公司和系统集成商，向其他企业输出信息化管理技术和人才，推动企业信息化建设。

（三）从企业的角度来考虑人才队伍建设问题

信息化人才队伍的建设除了以上方法引入外部力量外，主要应立足于企业内部的全员岗位培训。企业岗位培训体系可以分为以下三类：

（1）在职培训。这是与工作实务紧密结合的一种培训方式，主要是根据工作需要和员工个人的需要，随时进行人才培育活动，如项目管理技术指导等。企业可以选择各部门中业务比较熟练的人员通过由企业自己的技术人员、外请的专家、软件提供商提供的培训进行有针对性的在职学习，应该说这是企业信息化人才建设的主要方式。

（2）脱产培训。大多数培训以脱产培训方式进行，按类别不同又分为技术培训、管理培训、财务培训、营销培训、国际化人才培训等。所有员工从进入企业的第一天起，即需接受一定时间集中的各种不同类别的脱产训练。关键岗位的工作人员每年也都应接受一定时间的脱产培训，以集中解决人员素质存在的共同问题。

（3）学历教育。为了全面提高企业高层管理人员和技术人员的业务素质，企业还应有计划地安排有条件的人员在必要时脱产进行学历教育。这主要是指硕士学位或其他研究生学历教育。这种培训方式既满足了员工提高自己学历层次的要求，又为企业培养了高素质的人才。

四、企业信息化人才队伍建设的措施

建设企业信息化人才队伍可分如下阶段进行：

（一）开发前的准备阶段：全面提高员工的素质

派中高层管理者进行系统的学习，如参加 MBA 学习；鼓励低层管理及全体员工提升学历，如参加一些大专学校举办的成人教育。

（二）开发前期：加强全体员工的信息化素养

要求所有员工提高计算机水平，加强信息系统理念的学习，使全体员工了解信息化的重要性并具备计算机操作能力，能很好地配合业务流程改革、系统分析与设计；使中高层管理者能很好地了解信息化的意义及信息化将会给管理与业务流程活动带来的影响。

（三）系统开发设计阶段：加强员工对信息系统的了解

请相关的专家和其他信息化建设取得成功的企业的管理者来举行讲座，主要以案例分析的方式来提高员工对信息系统的了解；借鉴其他企业的信息化建设的经验，提出信息化建设建议，密切配合信息化建设；对于一般员工，则以信息系统参考模型或开发的原型进行操作培训。

（四）信息系统实施阶段：加强信息系统操作能力的培训

对企业中高层管理者进行业务流程的进一步解释，让他们识别业务流程，了解系统的总体结构，用以确定自己工作内容，以及了解其工作在整个业务流程中的作用及与其他部门的相互关系；对于一般员工，则以信息系统参考模型或开发的原型进行操作培训。

（五）信息系统使用与维护阶段：信息人才逐步形成

信息系统建设运行后，企业各方面的运作都通过信息系统来管理，它要求员工改变传统的管理模式，运用信息技术与处理方法来管理与处理业务。这时候管理的侧重点要有所改变。例如，仓库管理者的侧重点由以前的保证安全库存的反复盘点转化为对库存信息的管理，仓库管理员要学会应用现代的决策模型来辅助管理。信息系统使用与维护阶段即为信息化人才在实际的操作中进一步的形成阶段。

本章小结：

本章主要介绍了企业信息化全员培训与信息化人才队伍建设两个方面的内容。企业信息化全员培训，不仅要注重技术培训，更要注重信息化思想培训，增强信息化意识。信息化人才队伍建设要注重队伍建设的系统性。

企业信息化人才是企业信息化建设与应用的核心要素，信息化人才不仅是企业信息系统的组成部分，更是企业信息系统的使用者，因此，企业信息化建设与应用必须把信息化人力资源的建设与管理放在重要的位置，这样，才能把信息化建设好、使用好，使信息化应用为企业发展发挥更大的作用。

思考题：

1. 信息化全员培训、信息化人才培养之间有何关系？
2. 假如你是一个制造业企业的领导者，你如何设计企业的信息化全员培训的方案和管理制度？

第十章
企业信息化发展与思考

学习目标：

1．了解企业信息化应用现状以及未来发展的趋势。
2．深刻理解企业信息化需要面对的各类问题。

开章案例：

客户多变的需求导致企业信息化建设的失败

（资料来源：比特网）

某半导体设备制造商，年产值2亿多美元。1995年3月，该公司从某软件公司购买了一套在当时算是比较不错的ERP软件，并计划在一年内完成项目实施，取代公司原有的、已经过时的MRP系统及其他管理软件。

为此，该公司专门成立了包括所有高层主管和主要中层主管在内的指导委员会，由公司的执行副总裁具体负责整个项目，并由IT部门技术人员和公司各部门的主要业务骨干组成了多个相关的实施小组。表面上看，该公司ERP项目得到了足够的重视：有足够的人力物力，计划了足够的时间。应该说项目能比较容易获得成功，但到了1995年11月，项目的进展却大大地落后于预定的时间，要在计划的1996年3月投入使用已经没有可能。

IT部门的负责人告诉公司，这种状况是由技术力量不足所导致的。由于软件需要修改的地方太多，于是公司决定再多请一些技术顾问，同时缩小软件修改范围，并把投入使用的时限推后了三个月。

此时项目的咨询顾问对公司的感觉就是一个字："乱"。大家都在忙，却又只是各忙各的。各种会差不多天天开，却没有实质性的内容。顾问意识到，这个ERP项目的问题远远不只是技术力量不够或软件修改难度大，而是来自用户的多变需求。

该公司提出了一些不切实际的要求和计划，并且实施方法总是在摇摆不定，差不多每个部门都对软件提出了各种各样的修改要求，并得到了项目负责人的肯定。大家都认为，新系统应该具有他们想要的任何功能，所以公司就决定根据自己需求定制软件，但问题是很少人考虑自己的要求是否合理，以及自己公司的能力和时间上的紧迫性，后来虽然被迫缩小了软件修改范围，但是这些不切实际的要求和计划给项目造成的影响已经难以逆转。

来自领导层的问题使得公司的需求毫无方向。领导层只会空洞地发号施令，下面也缺少真正能领导ERP实施的技术骨干。到底什么需求才是真正、有效的需求根本没有人去判断。

这种混乱局面一直持续到1996年8月，此时，项目仍然没有实质性的进展，投入使用遥遥无期。这时，该公司突然雇用了一个新的IT部门主任（原IT部门主任自己宣布退休）。

大家都传言，这个项目要有大的变动，整个项目组人心惶惶。果然，刚进 9 月份，公司就宣布项目停止，IT 部门的几个中层主管被解雇。

案例思考：

1. 客户对自身需求的表述对于企业信息化建设的影响是什么？
2. 软件厂商还有咨询顾问应如何帮助客户明确自身的需求？

第一节 企业信息化发展

一、企业信息化应用现状

企业信息化已成为企业实现可持续化发展和提高市场竞争力的必由之路。企业已经不可能独立于信息化之外，因此企业应该采取积极的应对措施，以推动企业信息化的建设进程。随着计算机技术、网络技术和通信技术的深入发展和应用，企业信息化建设进入了全面发展的历史时期，信息技术在更大范围得到广泛的应用。IT168 信息化频道曾对 2010～2011 企业信息化状况及趋势进行过调查与统计，得知：①超过 90%的被调查企业已经开展信息化建设，拥有自己的信息化系统。②超过 70%的被调查企业信息化建设已经达到中高级水平，对企业管理和决策产生价值。企业信息化建设水平分布随着企业所属行业而呈现出不同的特点。金融、IT 行业企业信息化应用水平达到高级阶段的明显高于平均水平；制造行业信息化应用水平达到高级阶段的则明显低于平均水平，呈现出非常显著的差异。③财务管理系统和办公自动化（OA）系统依然是最普及的信息化系统；商业智能（BI）系统则成为“未来一年企业最重要、最急需建设的信息化管理系统”首选。④90%的被调查者认为云计算或多或少会对本企业的信息化建设产生影响，但超过半数的被调查者认为“短期内不会产生影响，长期将会产生影响”。降低信息化建设成本和改变信息化建设模式被认为是“云计算可能对信息化建设产生影响”最重要的两个因素。⑤IT 整合和商业智能超越移动互联、行业方案和云计算成为未来企业信息化建设中最关注的发展方向。而 2011 年企业信息化建设投资预算超过 500 万元的比例和预算在 10 万元以下的比例同为 19.1%。

随着我国信息化建设和移动互联网的高速发展，新媒体营销已经成为信息化社会发展的主旋律。3G 移动互联网高达 7 亿元的巨大行业市场已经形成，3G 市场的火热、4G 时代的即将到来以及移动信息化商业应用标准的出台，为中小型企业发展模式的全面改变奠定了良好的基础。从国家政策角度来看，在“十二五”规划中，移动互联网产业作为国家战略性新兴产业的重要组成部分，市场价值和未来发展空间巨大。2011 年作为企业移动应用元年，移动应用在企业中的广泛普及对于企业移动信息化建设将起到不可或缺的作用。“十二五”规划将进一步推进企业的信息化进程，而新时期涌现出的新技术、新商机、新理念，也将为企业的信息化提供更广阔的发展前景。

2010～2012 年是企业布局移动互联网战略、开展企业移动信息化建设的最佳时机，因为等到 2013 年以后三网融合全面展开之时，企业便有充足的准备应对竞争，并将在竞争中脱颖而出。尤其是 3G 乃至 4G 技术下的移动互联网无疑将迎来前所未有的发展机会，12114

作为移动寻址进入移动互联网的入口，必将迎来又一个高潮。迎合时代发展趋势，进一步推动中国企业信息化普及应用服务，实现信息资源共享，对企业认识移动信息化，体验移动营销，探寻和创新营销模式，开启移动商务具有重要意义，中国企业在营销战略布局上正迎来全新的时代机会。

二、企业信息化建设的总体趋势

当前，全球企业信息化建设的技术趋势主要体现在三个方面：集成化、协同化、虚拟化。

首先，集成的思想得到深化和升华。过去的企业生产系统仅强调信息的集成，现在更强调技术、人与管理的系统化集成。一是技术的集成，以三维产品模型为核心，研发产品设计、分析仿真、工艺规划、数控加工以及质量检测的一体化的设计制造；二是业务管理的集成，针对制造企业内部生产、销售、成本、采购等业务内在需求，开发以数字化综合资源模型为核心的生产管理和经营管理集成功能，实现对企业信息流、物流、资金流、工作流的经营管理。

其次，协同的理念用以实现全局最优，企业产品的研发与制造要进行多目标、全性能的优化设计，以追求产品的效率、精度、使用寿命、可靠性、制造成本与制造周期的最佳特性组合。企业的协同技术包括多学科、多功能综合产品设计、生产过程管理与控制、物流管理与控制技术、分布式并行处理智能协同求解技术等。利用信息化的技术和手段，实现企业生产系统中各种问题的协同求解，摆脱区域极值陷阱，获得系统的全面最优解决方案，最终实现系统的最佳决策。

最后，用虚拟的技术拓展制造的空间。虚拟现实是人造的计算机环境，使人处在这种环境中有身临其境的感觉，并强调人的介入与操作。虚拟现实技术在当前企业中的应用越来越广泛。该项技术可以用于培训、制造系统的仿真，可以实现基于制造仿真的设计与制造，实现虚拟装配、虚拟样机等功能。当前，许多设想已经在一些先进制造企业成为现实，虚拟化的潮流不可阻挡，势必将在未来发挥出更大的作用。

总之，集成化、协同化、虚拟化的技术发展趋势在企业的研发设计、生产过程、企业管理、产品流通和采销渠道等各个环节上都有体现，同时又分别表现出不同的特点。

三、促进企业信息化与电子商务的协调发展

当前，电子商务是各个国家争夺的焦点，也是我国信息化的重点内容。现在各国都在积极发展电子商务，逐步从工业经济转向信息经济。把电子商务作为从工业社会转向信息社会的决定性措施，作为迎接经济全球化的关键手段并不为过。发展电子商务已经不仅仅是经济问题，而是关系到社会转型时期国家生存与发展的关键问题，信息化和电子商务的协调发展将决定在新经济中一个国家或一个地区的地位和今后发展的命运。为此要做好以下两点：

（一）加大信息基础的投资，为电子商务发展打好基础

企业要促进电子商务的应用和发展，首先要解决的就是建设信息基础设施的问题。要想使电子商务信息系统正常工作和高效运行，真正实现网上交易，就必须在硬件、软件上加大投入，做好系统的规划和计划工作，提高系统的标准化程度，同时要加大信息基础建设的力度，提高投资效益，改变网络通信方面的落后面貌，促进电子商务的普及应用。企业只有真正实现自身的信息化，才有能力介入到电子商务市场环境中。因此，企业信息化

是实现电子商务的基础，发展电子商务一定要与企业自身的信息化水平相结合，统一规划。

（二）根据企业信息化的程度，大力推进电子商务发展

在加快推进企业信息化的同时，积极、稳妥地引导电子商务的发展，逐步实现企业内的应用集成；通过对信息流、资金流和物流的逐步整合，建立起企业信息交流的网络平台，进而实现区域内和行业内的信息共享和集成。电子商务其实就是企业商务活动的信息化，是企业信息化建设的一部分，它取决于企业信息化、政府信息化和家庭信息化的发展程度，特别是企业内联网、外联网、网际网的发展。企业利用网络环境开发各类应用软件系统，是实现技术（设计、制造）信息化、企业管理信息化、企业办公信息化、企业商务活动信息化（电子商务）等各项信息化的过程。企业在信息化建设过程中，通过网络环境下的信息整合，可以把信息化建设与工业化建设紧密结合，以信息化建设带动工业化建设，实现产业结构与产业素质的整体提高，这正是电子商务被大力推广的原因所在，也是企业电子商务应用的真谛所在。

在电子商务的背景下，信息将成为推动商务的力量。依托电子商务，提高信息管理水平，促进二者的协调发展将为我国的经济发展插上腾飞的翅膀。

第二节　企业信息化思考

一、企业信息化建设思考

企业的生命周期一般分为四个阶段，创业期、成长期、成熟期、衰退期，如何确保企业长青，是很多企业管理所面临的课题。在各个阶段，都有不同的管理重点，包括产品、企业文化、创新、制度等，在不同的阶段应该予以不同的管理手段。

作为时代最新的技术工具信息化，在企业的各个阶段应该如何利用它呢？

如果仅从处于成长期和成熟期的企业来进行分析，那首先看看处于成长期和成熟期企业的特点。对于处于成长期的企业，其表现主要是盈利不断增长、规模越来越大，在这一阶段，企业的目标非常明确，就是要利用机会赶快发展壮大，企业员工都会看到企业的美好未来，因此活力很足，其标志是制度逐渐完善，不断适应企业日益壮大的需要；对于处于成熟期的企业，其重要标志是制度和流程已经非常完备（不是完善，毕竟变化的环境要求企业制度不断改善），企业有非常严谨的、积累多年的完整的制度。这时企业的目标是巩固和改进已有的地位，企业员工都想巩固和维护自己及部门的收益，整个企业的活力显得不足。

在这两个时期，对于信息化的应用，企业的各层员工的想法是不同的。

一是企业领导者的想法：企业已经有一套成熟、稳定并有效的信息化系统，这套系统已为企业的大部分人员所接收并运用。虽然这套系统不能提供最新的功能，但是已经足够了，如果换一套新的系统，暂且不论投资多少，员工就不一定能习惯，万一员工使用不习惯，造成效率的倒退怎么办？这样的例子还是有的，很多不成功的信息化项目让企业领导层心有余悸。

二是企业管理层的想法：已经根据本部门的业务需求进行了需求调研等工作，现有的系统已经满足领导的要求了，如果有需要再在合适的时候向信息部门提需求吧；换新的系统？那会不会改变以前的习惯？最好是别上了，否则降低我们部门的工作效率，用原来的就很好了。

三是企业操作层的想法：已经有一套非常熟练的、闭着眼睛也能操作的信息化系统来辅助工作了，如果用新系统，就要把本来要休闲的时光浪费在适应新系统上了，那怎么行，我会不断地向信息管理人员求助，然后不断地向上反映新系统不好用，最终企业领导对新的信息系统的应用也就不了了之了。

从以上分析可以看出，处于成长期和成熟期的企业，各层员工对于信息系统的要求是稳定压倒一切。所以，处于成长期、成熟期的企业的信息人员，一定要避免为了追求新技术而不断对已经成熟的信息系统进行革命性的改变，否则大家都会抵制这个应用，虽然这个新系统会带来更高的效率，但那需要的时间较长。在此阶段，信息化是要做到由点及面、逐步完善，跟进最新技术，保持适当的领先。这方面就要向微软学习，微软的 Windows 视窗和 Office 办公套件是最成功的软件之一，版本也有很多，操作系统从 DOS 到 Windows 是个革命，但从 Windows95 之后，从表面应用来说，几乎没有很大的改变，当然其核心已经完全不同了，但给用户的体验却是很快能适应。以 Office 为例，从最初的 4.2 版本到最新的 2010 版本，对于一般人来说，Word、Excel 的界面和操作也是没有多大的改变，而且用户感觉是越来越好用了，功能越来越强大了。而一般企业的信息开发人员，因为技术水平、所处位置和视野、掌握资源的限制，总想上线一套大而全的、利用最新技术开发的信息管理系统，这正好与大多数应用者的操作习惯相违背，当然软件也就不可能推行下去了。其实，即使是企业信息系统的革命，也应该是内核或框架的革命，而不是操作习惯和界面的革命，否则，谁也不会愿意使用。但是，能做到这些并有清醒认识的信息管理人员，毕竟还是少数。当然这种思路也是由大多数非 IT 企业信息人员的地位和成长机会决定的。做了很多工作却不能被领导所赏识，就会让一些信息管理人员放弃了。

所以，在处于成长期、成熟期的企业，信息系统一旦推广普及就基本定型了，很难再有大的发展。有远见的领导会在此方面继续加大投资，将原来的系统不断完善，跟踪信息技术新的功能，提高效率，而不是经常“革命”。在这些企业中（除了 IT 企业之外），信息人员不要求有多高的技术水平和管理思想，信息人员的地位也不会很高，其积极性也不会高，只要保持系统稳定运行即可。这样是由于其对信息化的认识还是不够深刻，没有认识到环境总在变化。不能培养出深刻理解自己企业文化和管理的高水平信息管理人员，久而久之，企业的信息系统就会落后了，当企业发现信息系统已经滞后并形成惰性之后，再想改变，就为时已晚。

因此，企业信息化建设是一个持续不断的过程，是一项长期的系统工程，需要随着环境的变化不断地完善和改进。

二、企业信息化建设过程中关键问题的思考

（一）企业的信息化建设要落实到实际效果上来

企业信息化既要考虑前瞻性，也要考虑实用性。前瞻性是指信息化建设使用的相关技术必须是先进的，不要系统一建立后就淘汰了；实用性是指并不只是片面地强调什么都是最新的才是最好的，说到底，就是已投入的部分都要充分利用起来，这是一个相对的问题，必须从两个方面看待。

（二）管理者须对企业信息建设中资金的使用情况有一个全面的了解

企业管理者必须做到心中有数，企业信息化是一个资金投入高、存在问题比较多、回报相对快的系统工程，和普通的企业技术改进工程在资金管理上有显著的区别。在从事项

目的投资设计时，第一要从企业客观的现实出发，规划出相应的硬件投资说明；第二在资金的计划中须作出采购相应软件、进行专业技能培训、进行服务及第二次合作开发的计划，有时还可能需要作出咨询服务所需的资金的预算。

（三）充分利用好技术和应用培训

在企业信息化建设过程中，管理者和信息化实施者的思想、考虑问题的方式也要信息化。因此，利用好科学技术和应用培训在开始的数据调查和分析阶段是不可缺少的，在后期的系统设计、系统实施和维护过程中也是必不可少的。

（四）信息服务提供单位与使用信息单位的结合

信息服务提供单位提供的信息，要把用户实际需求放在第一位，信息服务提供单位要提供性能高、价格低、实用性强的处理方案。

（五）认真实行企业负责人参与的原则

国内外的实践证明，要使企业的市场与发展转到依靠以信息技术为先导的科技进步和本企业员工素质的轨道上来，首先需要领导班子特别是企业负责人重视并亲自过问企业信息化。企业领导班子中要设立 CIO，CIO 和企业负责人的共同加入，将会让企业的信息化建设更具体和丰富。

（六）企业信息化的关键在于人才

企业要设立信息部门，而且要有一支能战斗的信息技术队伍。这要求企业要有专门的从事网络、计算机、信息方面的专业人才。

（七）企业的领导人和信息建设者要具备超前的管理知识和思想

在思想上，管理者要知道走信息化之路的概念。在现代社会，作为第一生产力的科学技术变化迅速，使得市场竞争达到白热化的程度，企业实施信息化建设，是一场高科技比武，比武的结果是新的经营管理思想诞生，并且督促着所有的管理者要跟上。企业信息化绝非仅是超前的、能够提高生产效率的途径，还体现了企业职员的平均素质水平，体现了企业管理经营的综合水平。因此，企业要建立现代企业管理体制，整体提高市场竞争综合实力，力求获得最高收益，要不断从提高员工整体素质的全局思想出发，加强认识，作好系统设计来实施企业信息化。

（八）组织建设的好坏是做好企业信息化的关键

经过分析很多成功企业的经验，可以发现决定企业信息化建设成功与失败的主要原因是信息建设后的关系处理。企业信息化建设应该由企业的高级管理者亲自参与并实施。作为一项比较烦琐的系统工程，企业的信息化的实施一直都要求有企业最高管理者的帮助，在现实中需要企业管理者的协同调解、组织、安排。它不仅涉及 PC 技术、网络知识、符合现代企业管理要求的企业管理原理知识，还触及企业管理的各个方面和各个层次，影响到人、财、物的调配等环节。

（九）企业要培养一批技术和管理精英

拥有自己的人才队伍是企业信息化建设所必需的。因为随着企业现代管理模式和管理方法的不断变化，信息建设的目标也会有相应的改变。所以，企业在信息化建设的落实过程中培养一批既懂技术又懂管理的人才队伍，对信息系统的利用、维护尤其重要。

（十）在企业的信息化建设中要选择好的合作伙伴

好的合作伙伴是顺利、高效地完成信息化建设的关键所在。合作伙伴不但要具备很强的设计能力，而且要有高度的敬业精神。如果合作伙伴只具有技术精湛的软件设计人员，但办事马虎，没有一点时间紧迫感，就不能顺利完成项目，势必造成人、财、物上的浪费。除此之外，系统集成方面的丰富经验也是合作伙伴要有的，这样做起来就事半功倍。

三、企业准确判断自身信息化需求的思考

在企业信息化建设的过程中，CIO 常常会面对这样两种极端的情况：一方面有的部门对于信息化建设的需求如同雪片一般纷纷飞来，而且需求大到要上一整套的系统，小到增加一个功能甚至一个表单的一个字段，打不完的补丁、加不完的功能让信息部门人员无所适从；另一方面，有的部门对信息化建设的态度冷若冰霜，对于 IT 部门在信息化建设工作中付出的种种努力置若罔闻，建好的信息系统被束之高阁，这种情况更是让企业 CIO 感到非常无奈。

来自业务部门的信息化建设需求是否都需要一一满足？提不出信息化建设需求的部门，就真的没有信息化建设需求了吗？企业的信息化建设需求究竟如何确认？IT 管理人员通过什么手段确认需求呢？

可以通过审视信息化建设工作的目的和价值，来锁定这些根本性的原则，明确自身需求。

（一）明确企业发展战略

企业信息化建设是一项系统工程，它有着一定的发展阶段和顺序，在循序渐进的过程中也要面对观念、体制和机制的不断转变。信息化工作作为企业发展过程中重要的管理基础，需要根据企业的整体发展战略有目的、有计划地进行。因此，信息化部门应当与企业的高层管理人员一起，站在企业全局的高度，根据企业的发展战略和具体情况，对信息化建设需求进行梳理并统筹规划，保证企业的信息建设工作能够有序地开展。

（二）明确信息化建设需求所指向的问题

企业的信息化建设需要极力避免的一个局面，就是“为信息化而信息化”。随着信息化风潮在现代科技蓬勃发展的动力下越吹越劲，越来越多的公司加入了这股潮流之中。其中不排除有很多公司是抱着盲从的、攀比的心态。“大家都在上 ERP，我们也上一个”、“我们的竞争对手上了一套系统，我们也要上一套”。基于这种心态产生的需求往往不能给企业带来价值，只能浪费更多的投资，产生更多的累赘。

在企业确定信息化建设需求的时候，不能以特定的技术或系统的实现来衡量是否信息化。每个企业的运营方式都存在区别，信息化部门需要更多地将信息化的工具与企业运营中产生的实际问题相结合，这样才能把信息化变成各个业务部门都喜欢的工具，因为信息化能够切实地解决问题。

因此，信息化部门在明确信息化建设需求的时候，需要以问题为导向，对业务部门提出的需求需要刨根问底地弄清楚。需求指向什么问题、能解决什么问题，以此为依据来判断业务部门提出的信息化建设需求。对于提不出需求的部门，也应当本着共同研究的态度，与业务部门一道分析运营中可能存在的问题以及问题相对应的解决办法，以此来引导出业务部门提出需求。这种行动也可以让冷若冰霜的业务部门感受到信息化部门是能够解决他们问题的朋友，从而改善对信息化的态度。

（三）明确信息流转关系

信息的流动性是信息最重要的属性之一，在企业的信息管理工作中，最重要的目的之一就是要确保正确的信息流转到正确的业务节点上。

为此，明确企业信息化建设需求的一个重要前提就是要明确这些信息的流转关系。而信息的流转是以业务流程为载体的，因此，明确信息流转关系的直接工作，就是与业务部门共同了解业务部门的流程。

（四）明确重要决策节点的分布

大部分人都知道信息化的价值是“提高效率、降低成本”，其实这并不是信息化给企业带来的最大的价值。因为即便是在开展了信息化建设工作之后，信息本身也不能创造价值，只有在企业的管理人员通过信息化的手段，及时地获取了正确的信息并作出了正确的决策后，才能够为企业创造价值。

也就是说，信息化给企业带来的最重要的价值和作用，是为企业管理运营过程中的重要决策提供及时的、正确的信息支撑。因此，信息化部门需要在业务部门的帮助下，深入了解企业运营中的各个业务领域、各个层级的关键决策点，这些决策点将会是信息化建设需求的重要来源。

（五）明确业务的发展趋势

再来看信息系统与业务之间的关系，信息系统常常被理解成业务的一个支撑者，基于这样的理解，很多信息化建设需求就不能被正确地发掘出来。

信息系统不仅仅是一个业务的支撑，还能够对业务起到规范和固化的作用。对于企业来说，只有以相对稳定和成熟的业务作为基础才能成功地进行信息系统建设。因此，企业各项业务的发展情况和趋势，是明确信息化建设需求的重要参考。对于业务部门提出的信息化建设需求，应当根据该业务领域目前的情况作出判断，避免因为业务的不断变动而对信息系统产生大量的变更需求。

上述的“五个明确”能够帮助信息化部门在一定程度上更好地发掘和明确企业的信息化建设需求。

本章小结：

本章简要介绍了企业信息化应用现状，并对其发展趋势进行了阐述，提出了企业信息化建设应与电子商务协调发展，企业信息化的建设应与企业发展所处的不同阶段的特点相结合，同时也应明确企业对信息化的真实需求，解决好企业信息化建设过程中的诸多关键问题，从而保证企业信息化的科学和可持续发展。

思考题：

1. 通过多种渠道搜集资料，了解和分析企业信息化应用与发展现状。
2. 企业信息化与电子商务的关系是什么？
3. 作为时代最新的技术工具信息化，在企业的各个阶段应该如何利用它呢？
4. 企业信息化建设中需要解决的关键问题是什么？请结合实际应用分析和理解。
5. 企业信息化需求的明确对企业信息化建设的影响是什么？

参考文献

[1] 张志檩. 企业信息化实用指南[M]. 北京：中国石化出版社，1997.
[2] 薛华成. 管理信息系统[M]. 3 版. 北京:清华大学出版社，1999.
[3] 严怡民. 信息系统理论与实践[M]. 武汉:武汉大学出版社，1999.
[4] 梁滨. 企业信息化的基础理论与评价方法[M]. 北京:科学出版社，2000.
[5] 钟守真，等. 信息资源管理概论[M]. 天津：南开大学出版社，2000.
[6] 顾永才. 企业信息化运营[M]. 北京：同心出版社，2000.
[7] Ralph M Stair. 信息系统原理[M]. 张靖，等译. 北京：机械工业出版社，2000.
[8] 汪星明. 企业信息化管理[M]. 北京：企业管理出版社，2001.
[9] 霍国庆. 企业战略信息管理[M]. 北京:科学出版社，2001.
[10] 王众托. 企业信息化与管理变革[M]. 北京:中国人民大学出版社，2001.
[11] 张玲玲. 企业信息系统战略管理及支撑技术研究[M]. 北京:北京航空航天大学出版社，2002.
[12] 俞立平. 企业信息化与电子商务[M]. 南京：东南大学出版社，2002.
[13] 黄海嵩. 企业信息化建设指南[M]. 合肥：安徽科学技术出版社，2002.
[14] 俞立平. 企业信息化与电子商务[M]. 南京：东南大学出版社，2002.
[15] 潘明惠. 计算机及信息网络基础知识[M]. 沈阳：东北大学出版社，2003.
[16] 丁秋林. 企业信息化咨询[M]. 北京：华夏出版社，2003.
[17] 杭永宝. 企业信息化教程[M]. 南京：东南大学出版社，2003.
[18] 郑会颂，等. 企业信息化与信息系统[M]. 北京：人民邮电出版社，2003.
[19] 马峻，等. 企业信息化导论[M]. 北京：中国铁道出版社，2003.
[20] 财政部企业司. 企业信息化管理[M]. 北京：经济科学出版社，2004.
[21] 游战清，等. 企业信息化理论与案例[M]. 北京：机械工业出版社，2004.
[22]《企业信息化工程师技术水平考试认证教程》编辑委员会. 企业信息化工程师技术水平考试认证教程[M]. 北京：企业管理出版社，2004.
[23] 杨路明. 客户关系管理理论与实务[M]. 北京：电子工业出版社，2004.
[24] 潘明惠. 信息化工程原理与应用[M]. 北京：清华大学出版社，2004.
[25] 卢国志. 新编电子商务概论[M]. 北京：北京大学出版社，2005.
[26] 北京市质量技术监督局组织. 信息化标准化工作指南[M]. 北京：北京邮电大学出版社，2005.
[27] 程刚. 现代企业信息管理创新[M]. 合肥：合肥工业大学出版社，2005.
[28] 李宗民，王文兴. 管理信息系统理论与实务[M]. 重庆：重庆大学出版社，2005.
[29] 吴小梅. 管理信息系统教程[M]. 杭州：浙江人民出版社，2005.
[30] 常广庶，盛吉虎. 信息系统规划与企业电子商务[M]. 西安：西北工业大学出版社，2006.
[31] 欧阳峰，傅湘玲. 企业信息化管理导论[M]. 北京：清华大学出版社，北京交通大学出版社，2006.
[32] 傅湘玲. 企业信息化集成管理——理论与案例[M]. 北京：北京邮电大学出版社，2006.
[33] 刘仲英. 管理信息系统[M]. 北京：高等教育出版社，2006.
[34] 石道元. 管理信息系统[M]. 北京：电子工业出版社，2006.
[35] 张亚东，程云喜. 管理信息系统[M]. 郑州：河南人民出版社，2006.

[36] 朱勇国. 信息化人力资源管理[M]. 北京：中国劳动社会保障出版社，2006.
[37] 周艳军. 供应链管理[M]. 上海：上海交通大学出版社，2008.
[38] 杨思远. 供应链管理[M]. 北京：冶金工业出版社，2008.
[39] 马刚. 客户关系管理[M]. 大连：东北财经大学出版社，2008.
[40] 伊辉勇，游静. 企业资源计划[M]. 北京：石油工业出版社，2008.
[41] 赵守香，姜同强，王雯. 企业信息化[M]. 北京：清华大学出版社，2008.
[42] 韦沛文，等. 企业信息化教程[M]. 北京：清华大学出版社，2008.
[43] 肖明. 信息资源管理[M]. 北京：电子工业出版社，2008.
[44] 苏强，等. 电信企业信息系统建设理论与实践[M]. 北京：电子工业出版社，2009.
[45] 赵莉，吴学霞. 电子商务概论[M]. 武汉：华中科技大学出版社，2009.
[46] 刘化君. 物联网技术[M]. 北京：电子工业出版社，2010.
[47] 王睿，顾伟华，江勇. 企业信息化基本要求与评价[M]. 上海：上海科学技术出版社，2010.
[48] 赵丽芬. 管理理论与实务[M]. 北京：清华大学出版社，2010.
[49] 肖勇. 企业信息管理模式的发展与演化——从数据管理到知识管理[J]. 情报理论与实践，2001(1).
[50] 张玲玲，佟仁城. 企业信息系统建设中若干问题[J]. 管理评论，2003(2).
[51] 张贵荣. 企业信息化与信息资源管理[J]. 情报科学，2004(6).
[52] 温建伟. 企业信息化建设的趋势[J]. 中国科技投资，2009(2).
[53] 雷华桂. 对企业信息化标准规范的探讨[J]. 装备制造技术，2008(1).
[54] 柯明. 关于企业信息化实施原则的探讨[J]. 物流技术，2008(8).
[55] 尹华川，等. 基于总体模型的企业信息化总体规划方法[J]. 工业工程与管理，2008(2).
[56] 曹瑞奇. 企业信息化的实施要点[J]. 企业改革与管理，2008(6).
[57] 吴春芬，张晋平. 我国信息化发展演进探析[J]. 西安石油大学学报，2009(4).
[58] 廖瑾，汪礼俊. 加速普及深化应用智能融合——全球信息化发展新趋势[J]. 上海信息化，2010(12).